KB214918

헤르만 바빙크의
성도다운 성도

신실한 헌신으로 예수님을 따르는 그리스도인의 삶

Bavinck
on the Christian Life

다함
도서출판 다함은

1. 다윗과 아브라함의 자손
아브라함과 다윗의 자손으로, 하나님 구원의 언약 안에 있는 택함 받은 하나님 나라 백성을 뜻합니다.

2. 마음과 뜻과 힘을 다하여 하나님을 사랑하라
구약의 언약 백성 이스라엘에게 주신 명령(신 6:5)을 인용하여 예수님이 가르쳐 주신 새 계명
(마 22:37, 막 12:30, 눅 10:27)대로 마음과 뜻과 힘을 다해 하나님을 사랑하겠노라는 결단과 고백입니다.

사명선언문
1. 성경을 영원불변하고 정확무오한 하나님의 말씀으로 믿으며, 모든 것의 기준이 되는 유일한 진리로 인정하겠습니다.
2. 수천 년 주님의 교회의 역사 가운데 찬란하게 드러난 하나님의 한결같은 다스림과 빛나는 영광을 드러내겠습니다.
3. 교회에 유익이 되고 성도에 덕을 끼치기 위해, 거룩한 진리를 사랑과 겸손에 담아 말하겠습니다.
4. 하나님 앞에서 부끄럽지 않도록 항상 정직하고 성실하겠습니다.

헤르만 바빙크의 **성도다운 성도**
신실한 헌신으로 예수님을 따르는 그리스도인의 삶

초판 1쇄 인쇄   2023년 6월 15일
초판 1쇄 발행   2023년 7월 3일

지은이   존 볼트
옮긴이   박재은

교 정   김성민
펴낸이   이웅석
펴낸곳   도서출판 다함
등 록   제2018-000005호
주 소   경기도 군포시 산본로 323번길 20-33, 701-3호(산본동, 대원프라자빌딩)
전 화   031-391-2137
팩 스   050-7593-3175
블로그   blog.naver.com/dahambooks
이메일   dahambooks@gmail.com

디자인   디자인집(02-521-1474)

ISBN   979-11-90584-73-9(04230) | 979-11-90584-00-5(세트)

신실한 헌신으로 예수님을 따르는
그리스도인의 삶

헤르만 바빙크의
성도다운 성도

Bavinck
on the Christian Life

Following Jesus in Faithful Service

존 볼트 지음
박재은 옮김

다함
도서출판

목차

신실한 헌신으로 예수님을 따르는 그리스도인의 삶
헤르만 바빙크의 성도다운 성도

Bavinck on the Christian Life
Following Jesus in Faithful Service

추천사

01. 이 책은 그리스도의 제자도를 바빙크의 시각 속에서 살필 수 있는 좋은 책이다. 신자들이 주님의 제자들로 잘 성장하기 위해 무엇을 해야 하는가에 대한 성경적인 답을 제시하면서, 세속화된 사회 속에서 그리스도를 따르는 삶이 무엇인가를 깊이 성찰하게 한다. 주님을 따르는 사람들을 교회에만 묶어두지 않고 삶의 다양한 영역 속에서 구속받은 존재로서의 가치와 의미를 온전히 실현하고 누리도록 기독교 세계관에 근거한 새로운 지평을 열어준다. 이를 통해 신자들이 그리스도의 제자들로서 어떤 삶을 살아가든지 "세상을 이기는 승리는 이것이니 우리의 믿음이니라"(요일 5:4)는 말씀이 오늘날에도 여전히 유효함을 확신케 한다.

박상봉 교수

(합동신학대학원대학교 역사신학)

02. 이 책의 저자는 나의 신학석사학위 지도 교수님이셨는데, 나는

그의 이름(BOLT)의 네 글자를 가지고 "바빙크를('B'avinck) 지나치게-사랑하는('O'ver-'L'oving) 신학자('T'heologian)"라는 언어유희를 하곤 했다. 그만큼 그의 바빙크 사랑은 유별나다. 돌이켜 보면, 볼트 교수와 함께 바빙크『개혁교의학』 전체를 강독했던 1년은 나의 유학시절 중 가장 성장했던 시간이었다. 20대 중반의 젊은 바빙크는 박사논문에서 츠빙글리를 다루면서 신학적 윤리의 전반을 논했는데, 이 책은 그와 비슷한 느낌을 준다. 바빙크를 다루면서 그리스도인의 삶의 전체적인 모습을 논하고 있기 때문이다. 이 책의 독자들은 삶의 모든 영역에서 그리스도의 주권을 드러내고자 했던 신칼뱅주의(Neo-Calvinism)의 목표와 내용이 과연 무엇이었는가를 잘 알 수 있을 것이다.

저자는 바빙크의 가장 핵심적인 작품들을 엄선하여 다루면서 그의 실천적 사상을 매우 흥미로우면서도 아주 유익하게 그려낸다. 이 책에 밑줄을 쳐가면서 읽던 나는 문득 거의 모든 페이지마다 절반 이상의 문장에 밑줄을 치고 있는 것을 발견하게 되었다. 그만큼 배울 것이 많은 책이다. 저자는 내가 아는 사람 중에 바빙크를 가장 잘 알고 있는 분이며, 글 솜씨가 매우 뛰어난 학자다. 직접 읽어보시면 독자들은 반드시 그 진가를 알게 될 것이다. 우리는 이 책으로 인해 이제 "그리스도인은 어떻게 살아야 하는가?"에 대한 분명한 대답을 얻게 되었다!

우병훈 교수

(고신대학교 신학과 교의학)

03. 존 볼트의 이름은 바빙크의 주저들인『개혁교의학』과『개혁파 윤리학』의 편집자로 한국 신학계에서도 널리 알려져 있다. 하지만 그의 저술들은 그간에『이야기가 있는 학교』(IVP) 외에는 소개된 적이 없다. 그는 바빙크 저작들의 영어 번역과 편집 작업에 기여가 클 뿐 아니라, 그 자신이 역량 있는 바빙크 전문가이다. 1989년 토론토에서 통과된 그의 박사논문이 바빙크의 저술들 중 간과되어온 "그리스도를 닮아감"에 대한 연구였고, 2013년에 수정 보완하여 출간되었다. 그 후 대중적인 형태로 수정하여 출간된 책이 이번에 볼트의 박사 제자인 박재은 교수에 의해 완역 소개되는 본서이다. 본서에서 볼트는 그리스도의 신실한 제자였던 바빙크의 삶으로부터 시작해서, 그리스도인의 삶과 관련된 여러 주제에 관한 바빙크의 견해들을 명쾌하면서도 흥미로운 필치로 풀어주고 있다. 바빙크의 그리스도인 됨과 그리스도를 따라가는 삶의 이야기가 많은 그리스도인 독자들에게 읽혀지기를 염원한다.

이상웅 교수

(총신대학교 신학대학원 조직신학)

04. 이 책을 쓴 존 볼트는 바빙크 사상의 자판기와 같아서 어떤 질문의 버튼을 눌러도 정확하게 답변한다. 바빙크의 신학 전체를 생각의 서랍에 정돈해 두고 바빙크가 지금 살아 있다면 했었을 법한 대답을 재구성해 제시한다. 이 책은 바빙크의 세계관에 기초한 성

도다운 성도의 삶과 제자도를 소개한다. 한국에서 각광을 받은 "제자훈련" 운동은 신학적 기초와 궁극적인 전망이 다소 부실했다. 그러나 바빙크가 제시하는 제자도는 하나님의 절대적인 주권에 기초하여 온 우주를 대상으로 한 문화명령 수행과 온 천하의 모든 만민을 대상으로 한 지상명령 수행으로 구성되어 있고 한 사람도, 한 뼘의 땅도 배제됨이 없이 모든 사람과 전 영역을 아우른다. "제자도"의 이름으로 양적인 부흥이 아닌 질적인 부흥의 비책을 소개하는 유익한 책이다.

한병수 교수

(전주대학교 교의학)

05.   19세기 네덜란드 신학자에 관한 책을 두고 '시기적절한'이란 용어를 사용하는 것은 적절하지 않아 보인다. 하지만 이 책 같은 경우 이런 형용사 사용은 정확히 옳다. 많은 사람들은 헤르만 바빙크의 신학적 관점이 오늘날의 교회와 선교의 갱신을 위해 많은 기여를 할 수 있다는 사실을 더 많이 알리고 싶어 했다. 이제 존 볼트는 이 책에서 간결하고도 설득력 있는 방식으로 이 일을 하고 있다!

리처드 마우

(풀러 신학교 전 총장, 신앙과 공공의 삶 영역 교수)

06. 명백히 사랑 어린 이 수고는 바빙크의 생각에서 중요하지만 충분하게 강조되지 못했던 점들을 탐구한다. 볼트는 바빙크의 생애와 그의 출간물들을 통해 사실상 온갖 종류의 적절한 수를 다 사용하며 바빙크의 관점에 대한 온전한 제시와 더불어 그 제시들이 오늘날의 기독교 제자도와 어떤 지속적인 관련이 있는가에 대한 바빙크의 이해를 제공한다.

이 책은 현재 발흥되는 문제들에 대한 독자 스스로의 생각을 자극할 수 있는 방식으로 제시된 바빙크의 생각에 대한 가치 있는 가르침이다."

리처드 개핀 주니어

(웨스트민스터 신학교 명예 교수, 성경 신학과 조직 신학 교수)

07. 삼위일체적이며 그리스도 중심적일 뿐만 아니라 문화와도 교감하는 헤르만 바빙크는 예수 그리스도의 복음이 갖고 있는 선명한 관점으로 우리를 이끌고 있다. 바빙크의 풍성한 신학적 상상력은 오늘날의 매력 없는 실용주의적인 신앙을 향한 수많은 접근들에 대해 매력적인 대안을 제공한다. 존 볼트는 그리스도인의 삶에 대한 바빙크의 신학을 향한 접근과 이해를 돕는 안내서를, 하나님과 다른 사람들과도 교제하는 그리스도인의 삶, 가정, 일터, 정치 영역까지 폭넓게 다루는 가운데, 가장 확장적으로 선사하고 있다. 볼트는 오늘날의 교회를 위해 바빙크가 가진 보물들을 찾기

위해 능숙하게 항해하고 있다.

토드 빌링스

(웨스턴 신학교 고든 지로드 개혁 신학 연구교수)

08. 어쩌면 교회 시대의 모든 세대는 그리스도인의 삶에 관한 바빙크의 관점이 필요하다는 사실에 대해 외칠 것이다. 우리는 우리 소금의 짠맛을 잃게 놔둘 수 없으며 우리 빛의 밝기를 잃게 내버려둘 수도 없다. 지금은 그럴 때가 아니다. 바빙크는 세상에 속하지 않으나 세상 속에서 살아가고 세상으로 보냄 받게 될 우리를 격려한다. 볼트는 이 매끄러운 한 권의 책을 통해 하나님의 말씀은 일상 속에서도 활동적으로 살아있다는 바빙크의 확신에 우리를 묶어 우리의 좁은 시야를 바빙크가 어떻게 교정하고 있는지 보여주고 있다.

글로리아 퍼만

(『은혜의 일별』과 『당신의 손이 가득 찼을 때 그리스도를 귀하게 여김』의 저자)

09. 나는 헤르만 바빙크의 생애와 신학에 관한 이처럼 질 높고 생생한 개관을 읽어본 적이 없다. 존 볼트는 왜 바빙크 연구가 전 세계적으로 활발한지에 대해, 왜 바빙크의 신학이 오늘날의 그리스도인들에게 큰 도움을 줄 수 있는지에 대해 선명하게 보여주고 있

헤르만 바빙크의 성도다운 성도

다. 바빙크와 볼트는 위대한 팀이다!

헤르만 셀더르하위스

(아쁠도른 신학대학교 교회사 교수, 네덜란드 Refo500 디렉터)

10.   자연, 일, 문화, 역사의 작은 한 부분도 헤르만 바빙크의 그리스도
      중심적 세계관의 드넓은 범주 바깥에 존재할 수 없다. 위대한 개
      혁파 신학자 중 한 명인 바빙크는 '은혜가 자연을 회복한다'는 그
      의 격언만큼 넓은 마음을 가진 너그러운 거인이다. 복음에 신중
      히 뿌리박은 채 이 세상 속에 일하시는 주권적인 구원자에 대한
      바빙크의 관점은 그로 하여금 이 세상 속에서 그리스도인의 자리
      에 대해 권위 있게 외칠 수 있게 한다. 이 책은 그 누구 못지않게
      바빙크의 마음을 잘 아는 존 볼트로부터 탄생된 걸작이다.

토니 레인키

(desiringGod.org 전속작가 및 연구가, hermanbavinck.org 관리자, 『독서신학』 저자)

10.   바빙크와 그의 신학에 대한 볼트의 묘사는 선명하고 우아하며 성
      경적으로 충실할 뿐만 아니라 신학적으로도 깊으며 철학적으로
      는 미묘하고 다툼을 싫어하며 그리스도인의 삶에 목표를 두고 활
      동했던 바빙크 자신에 대한 기록이다. 볼트는 다양한 자료들을 섭
      렵하며 현재의 신학적 우려들과 대화하는 가운데 바빙크의 성숙

한 신학의 풍성함을 제공할 뿐만 아니라 동시에 신앙생활, 결혼, 가정, 직업, 문화와 같은 매우 실천적인 요소들에 바빙크의 신학을 적용하기도 한다. 볼트는 자연을 회복하는 하나님의 은혜의 활동과 원래의 목적에 따라 창조계가 회복되고 고양되는 우주적인 구원의 한 부분으로서의 그리스도인의 삶에 대한 바빙크의 관점을 독자들에게 능숙하게 소개하고 있다. 무엇보다도 바빙크의 관점은 성부 하나님께서 자신의 영광스러운 이름을 위해 성령의 권세로 자기 자녀들을 아들의 형상으로 빚으심으로 이 세상 속에서 예수님을 본받게 한다.

데릭 리쉬마위

(캘리포니아 산타 아나의 트리니티 연합 장로교회 대학생 및 젊은이 사역 디렉터)

헤르만 바빙크의 성도다운 성도

서문

왜 사람들은 기독교 복음에 저항할까요? 기독교에서 주장하는 것들이 비합리적이기 때문에, 정말로 똑똑한 사람들에게 걸림돌이 되기 때문일까요? 기독교 신앙에 저항했던 지적인 반대들은 그리스 철학자 켈수스(Celsus) 같은 2세기 반대자들이 살았던 시대 이후로 늘 제기되었습니다. 순교자 유스티누스(Justin Martyr) 혹은 보다 더 최근의 C. S. 루이스(Lewis) 같은 기독교 변증가들은 사려 깊은 반론들로 이에 응답해왔습니다. 훌륭하고 지적으로 성실한 반론들이 기독교 진리를 위해 마련되었습니다. 이 교리들은 비합리석이지 않습니다.

그러나 우리의 신앙은 그리스도인의 삶을 실천하는 데 더 취약해 보입니다. 신자와 불신자들은 종종 한 마음이 되어 교회 속에서 발견되는 위선을 비난합니다. 벤자민 프랭클린(Benjamin Franklin)의 문구로 널리 알려져 있는 "얼마나 많은 사람이 그리스도의 탄생에 주목하는가! 얼마나 적은 사람들이 그의 계명에 주시하는가!"[1]
와 같은 문구를 보십시오. 그리스도인들은 고상하게 말하며 지속적
으로 호소하지만 그들의 삶은 설득력이 없습니다. 그리스도인으로
서의 삶이 복음에 의해 설정된 높은 기준에 부합하지 못할 때, 우리
는 그것이 과연 가능한 기준들인지 의문을 가질 수 있습니다. 프리
드리히 니체(Friedrich Nietzsche)는 이에 대해 매우 직설적으로 묘사
했습니다. "사실상 그리스도인은 단 한 사람이었고 그는 십자가에서
죽었다."[2] 그러나 니체를 기독교 혐오자로 일축하는 그리스도인들도
디트리히 본회퍼(Dietrich Bonhoeffer)가 말한 "값싼 은혜"에 대한 경
고와 "값비싼 제자도"에 대한 요구까지도 묵살할 수는 없습니다.[3] 그
리스도인이 주류인 상황 속에서 그리스도인이 되기란 너무나 쉬운
일일 수 있습니다. [그리스도인이 아닌] "다른 사람들"이 품위 있고
존경 받을 만한 삶을 살아갈 때 "자기를 부인하고 자기 십자가를 지
고 나를 따를 것이니라"(마 16:24)라는 기독교 제자도의 보다 급진적
인 요구들은 심지어 가장 복음주의적이며 정통적인 그리스도인들
에게도 극단적이거나 광신적이라고 여겨질 수 있습니다.

---

1 이런 진술은 *Poor Richard's Almanack* (1743)에서의 인용과 더불어 다양한 인터넷 사이트
   에서 종종 인용되며 발견된다. 예를 들면 http://en.wikiquote.org/wiki/Poor_Richard%27s_
   Almanack#1743을 참고하라.

2 F. W. Nietzsche, *The Antichrist*, trans. H. L. Mencken (New York: Knopf, 1918), 111-12 (sec.
   39).

3 Dietrich Bonhoeffer, *The Cost of Discipleship*, vol. 4 of *Dietrich Bonhoeffer Works*, ed. Geffrey B.
   Kelly and John D. Godsey, trans. Barbara Green and Reinhard Krause (Minneapolis: Fortress,
   2001), 37-198.

이런 상황 속에서 전적 타락과 같은 좋은, 그리고 성경적인(특별히 개혁파적인) 요소에 호소함으로써 "값싼 제자도"를 합리화하는 일이 수월해지고 있습니다. 우리 모두는 "하나님의 영광에 이르지 못[하였고]"(롬 3:23) "선은 행하지 아니하고 도리어 원하지 아니하는 바 악을 행[할 뿐입니다]"(롬 7:19). 이로 인해 "하늘에 계신 너희 아버지의 온전하심과 같이 너희도 온전하라"(마 5:48)는 성경 자체의 결정적인 시험에 실패할 뿐만 아니라, 동시에 기독교적 증언과 증인에게도 심각한 상처를 입히게 됩니다. 불신자들에게 기독교 복음이 어떻게 보이는가 하는 것은 그리스도인들이 어떤 삶을 사느냐와 직접적으로 엮여 있습니다. 우리 주님께서는 친히 제자들에게 "열매"로 알게 될 것이라고 가르쳐주셨습니다(마 7:20). 이런 도전은 모면하거나 피할 수 없는 것입니다. 보다 과장된 표현으로 말하자면, 미국 싱어-송라이터인 케빈 맥스(Kevin Max)의 다음과 같은 주장은 모든 그리스도인을 당황하게 만들 것입니다. "이 세상 속 무신론의 가장 큰 한 가지 원인은 그리스도인들이다. 그들은 입술로만 예수를 인정하고 문밖을 나서 그들의 삶의 방식으로 예수를 부인한다. 이것이야말로 믿음 없는 세상이 왜 믿을 수 없는지를 발견하는 가장 간단한 일이다."[4]

이런 주장 속에 한 줌의 진실이라도 있다면, 그것은 초대 교회의

---

[4] *Goodreads*, October 10, 2012에 접속, http://www.goodreads.com/author/quotes/739520.Kevin_Max.

증언으로부터 크게 벗어나 있다는 것을 의미합니다. 2세기 작품인 "디오그네투스에게 보내는 편지"(The Letter to Diognetus)는 다음과 같은 표현으로 그리스도인들을 묘사합니다.

> 그들은 자기 나라에서 단지 체류자로서 거한다. … 그들은 육체로 살지만 육체를 따라 살지는 않는다. 그들은 이 땅에서 매일을 살아가지만 하늘에 시민권을 둔 자들이다. 그들은 규정된 법에 복종함과 동시에 그들의 삶으로 규정된 법을 능가한다. 그들은 모든 사람을 사랑하지만 모두에게 박해받는다. 그들은 이름 없이 비난받는다. 그들은 죽임을 당하지만 생명을 회복할 것이다. 그들은 가난하지만 많은 이들을 부요케 한다. 그들은 많은 것을 소유하고 있지 않지만 모든 것이 풍부하다. 그들은 치욕을 당하지만 그런 치욕 안에서 영광을 누린다. … 그들을 경멸하는 사람들은 그 경멸에 대한 어떠한 이유도 댈 수 없다.[5]

교부 테르툴리아누스(Tertullian)는 로마인들이 그리스도인들에 대해 "그들이 서로 얼마나 사랑하는지 보라"라고 선언했다고 기록합니다.[6] 그리스도인의 삶의 행위는 기독교적인 증언에 필수적입니다.

---

5 "Epistle of Mathetes to Diognetus," in *Ante-Nicene Fathers*, ed. Alexander Roberts and James Donaldson, 10 vols. (New York: Christian Literature, 1885-1896; repr., Grand Rapids: Eerdmans, 1950-1951), 1:23-30.

6 Tertullian, "The Apology," in *Ante-Nicene Fathers*, ed. Alexander Roberts and James Donaldson, 10

우리의 걸음은 우리의 말과 일치해야 합니다.

이를 염두에 둔 그리스도인들은 머리, 마음, 손이 서로 조화를 이루어야 할 필요성에 대해 분명히 말합니다. 여기서 추가로 눈살을 찌푸리게 하는 부분은 우리의 말이 우리의 마음을 건드리지 못하고 우리의 행위에 반영되지 못한 채 기독교 진리에 대한 단순한 지적 이해로만 그치게 될 우려와 관계가 있습니다. 대뇌에만 머무르는 기독교는 식어버린 마음과 아무것도 하지 않으려는 손에 묶여 있습니다. 이는 교리적 엄밀성, 건전한 신학, 철학적 성취로 대변되는 개혁파와 같은 기독교 전통을 향해 자주 겨냥되는 불평입니다.

1970년대 후반 칼빈 신학교(Calvin Seminary) 동료인 존 쿠퍼(John Cooper)와 필자가 캐나다 토론토에서 대학원생으로 지냈던 시절 어느 날, 우리는 저녁 전차를 타고 가면서 영혼에 대해 깊은 철학적-신학적 논쟁을 벌였었습니다. 우리가 활기차게 대화를 나눌 때 우리 뒤에 앉아 있던 한 젊은이가 어깨를 두드리며 다음과 같이 말했습니다. "만약 당신들의 마음에 예수님의 사랑이 있다면 그 모든 철학으로 당신들의 머리를 어지럽힐 필요가 없을거예요." 우리는 그의 이런 우려에 감사를 표했고 이런 철학이 예수 그리스도의 주재권에 영광을 돌리는 수단 중 하나라는 사실을 짧게나마 짚어주려 노력했습니다. 사도 바울은 "우리 마음을 제거함"으로써가 아니라 오

---

vols. (New York: Christian Literature, 1885-1896; repr., Grand Rapids: Eerdmans, 1950-1951), 3:46 (chap. 39).

히려 마음을 "새롭게 함"(renewing)으로 변화를 받으라고 로마서에 기록했습니다(롬 12:2).

하지만 이 젊은 형제의 우려가 멸시를 받아서는 안 됩니다. 지성주의는 성숙한 기독교적 제자도를 향한 실제적인 위협입니다. 19세기 남장로교 신학자였던 제임스 헨리 쏜웰(James Henley Thornwell, 1812-1862)은 다음과 같이 이에 대해 선명히 인지했습니다.

> [지성주의에 물든 신학은] 기독교적 감정이 뛰어놀 여지를 주지 않는다. 이런 신학은 결코 경외, 예배, 흠모로 이끌지 않는다. 이런 신학은 성령 하나님의 영향 아래 있는 주관적인 상태에 대한 언급 없이 객관적인 실재 속에서 진리를 적나라하고도 대담하게 보여줄 뿐이며 진리는 생산되도록 의도될 뿐이다. 이런 신학은 완벽한 형식으로 논제와 명제들을 무미건조하게 소화하지만 해골처럼 차갑고 생명이 없는 신학이다.[7]

한 세대 다음 사람인 헤르만 바빙크(Herman Bavinck)는 쏜웰의 이런 우려에 반향을 울리며 자신의 동료인 네덜란드 개혁교회 지도자들을 향한 판단을 명백히 표현했습니다. 1921년 바빙크가 죽은 후 바빙크의 동시대인 중 한 명은 삶과 행동이 기본적인 기독교 도덕과 뚜렷하게 반대됨에도 불구하고 항상 "개혁, 개혁"을 외쳤던 교회 지도자들 때문에 바빙크가 특히 골머리를 앓았다고 지적했습니

---

7 *The Collected Writings of James Henley Thornwell*, 4 vols. (Richmond: Presbyterian Committee of Publication, 1871-1873), 4:34.

헤르만 바빙크의 성도다운 성도

다.[8] 제1차 세계 대전 직후, 바빙크는 자신의 네덜란드 개혁교회 구성원들 가운데 존재했던 심각한 경제적 죄악들을 날카롭게 비판하는 글 중 하나를 다음과 같이 마무리했습니다. 그 죄악은 "심지어 가장 엄격한 정통으로도 개선할 수 없는"[9] 죄악입니다. 바빙크의 생각 속에는 아브라함 카이퍼(Abraham Kuyper, 1837-1920)의 "세계 변혁" 지지자들 중 일부를 염두에 두었다는 것이 분명합니다. 이는 바빙크의 고전 작품인 『믿음의 확실성』(*The Certainty of Faith*)에서 그들을 보다 더 "경건주의적"이며 "세속과 거리가 먼 다른 세상을 살아가는" 개혁파 공동체 구성원들을 비판하기 좋아하는 사람들로 그려낸 구절에서도 명확히 나타납니다.

이런 19세기 [경건주의적] 그리스도인들은 자신들을 위해 세상을 잊어버렸지만, 우리는 세상 속에서 우리 자신을 잃어버리는 위험으로 치닫고 있다. 우리는 요즘 전 세계를 회심시키기 위해, **그리스도를 위하여 삶의 모든 영역을 정복하기 위해** 나간다. 하지만 우리는 우리 자신이 참으로 회심했는지 혹은 살아서나 죽어서나 그리스도께 속해 있는지 묻는 일은 소홀히 여긴다. 이것이야말로 삶의 본질이다. 우리는 경건주의나 감리교주의라는 명목 하에 우리의 개인적인 삶이나 교회적 삶으로부터 이런 질문을 내몰아서는 안 된다. 만약 한 사람이 **기독교적 원리들을 위해** 온 세상을

---

8 Landwehr, 72.

9 Analysis, 440.

얻고도 자신의 영혼을 잃어버린다면 과연 무슨 유익이 있겠는가?[10]

그리스도인의 삶에 대한 헤르만 바빙크의 생각을 다루고 있는 이 책의 시작 지점에 필자가 던지고 싶은 질문은 대단한 학식과 신학적 천재성으로 잘 알려져 있는 이 위대한 개혁파 신학자가 과연 자신이 설교하고 가르친 대로 살았는지 아닌지와 관련 있습니다. 그의 신학은 그의 윤리학과 어떤 관련이 있는가? 다른 말로 표현하자면, 그의 위대한 정신이 주님을 향한 따뜻한 마음과 그리스도인다운 섬김으로 연결되었는가? 그의 삶은 그의 신학에 대한 철저한 검토 위에 세워져 있는가?

영광스럽고 기쁜 지점은 이후에 펼쳐질 지면에서 이런 질문에 대한 답이 긍정적으로 그려진다는 점입니다. 이 책의 시작 부분은 바빙크의 소망, 즉 레이든 대학교(the University of Leiden) 학생 시절 "예수님의 합당한 제자가 되려고 했던"[11] 그의 소망에 대한 탐구입니다. 1부는 특히 창조/법과 그리스도와의 연합이라는 내용으로 요약되는 기독교 제자도에 대한 바빙크의 신학의 근거를 살피고, 그다음 두 장은 그리스도를 본받는다는 의미와 바빙크의 세계관이 가진 윤곽들을 파악하면서 기독교 제자도의 형태를 그립니다. 마지막 네

---

10 *Certainty*, 94. 필자가 강조한 이탤릭체는 아브라함 카이퍼의 신칼뱅주의적 옹호자들을 노골적으로 지칭하는 표현이다(역자 주: 한글 번역본에는 이탤릭체를 볼드체로 표기했다).

11 바빙크 전기 작가였던 R. H. 브렘머(Bremmer)에 따르면, 이런 심상은 학생 시절 바빙크의 일기에서 종종 드러났던 심상이었다(*Tijdg.*, 32).

헤르만 바빙크의 성도다운 성도

장은 이런 바빙크의 시야를 결혼과 가정, 일과 소명, 문화와 교육, 시민 사회 속에 구체적으로 적용합니다. 이 책은 유일하게 출판된 바빙크의 설교문(요일 5:4下)으로 마무리 되는데, 이 설교문은 승리한 기독교 제자도에 대한 요약입니다. 이 책을 위해 필자는 이 설교문을 영어로 번역했습니다. 결국 이 책의 모든 장은 헤르만 바빙크의 사상에 대한 소개와 간략한 입문의 역할을 감당합니다.

그리스도인의 삶에 대한 바빙크의 이해와 이 책의 내용을 설명하기 위해 필자가 사용했던 방식들에 대해 몇 마디 남기겠습니다. 각 장에서 필자가 사용한 방법을 절충주의적 방식으로 묘사하는 것이 아마도 최선일 것입니다. 즉 필자는 일관적인 이야기를 구성할 수 있을 것이라는 믿음 하에 바빙크의 작품들 속에서 중요한 인용문들을 대량 취합했습니다. 이야기의 구조는 필자가 구성했지만, 바빙크 자신의 목소리가 더욱 강하게 부각되길 원했습니다. 이는 단일 문단에서도 수많은 블록 인용을 사용했다는 것을 의미합니다. 필자는 인용문과 이야기 전체를 가능한 매끄럽게 구성하려고 노력했으며, 만약 독자들이 어떤 부분이 바빙크의 글이고 필자의 글인지 애매하다면, 필자는 기꺼이 바빙크에게 신뢰를 양보하고 싶습니다. 필자 고유의 생각은 바빙크의 생각에 깊은 영향을 받았고 필자는 종종 바빙크의 말들이 나의 말인 양 스스로 반복합니다. 바빙크와 필자는 만물을 선하고 아름답게 창조하신, 압도적으로 은혜로운 구원 사역을 주신, 영광스럽게 진리를 계시하신, 그리고 도저히 예상할 수 없는 사랑을 주신 하나님께 모든 영광이 종국에는 드려져야 한다는 것을 독자들에게 상기시킬 것입니다. 바빙크와 필자가 우리의 삶, 일, 이야기를 위해 호소하는 것은 복음의 기쁨이요, 하나님 말씀의 진리입니다.

이 책의 구조는 건축 양식을 가지고 있는데 1부는 건물의 기초, 2부는 건물의 상부구조, 3부는 건물의 다양한 방으로 기능합니다. 이런 구조는 삼위일체 하나님을 비유한 것과 같습니다. 삼위일체 하나님의 형상으로 창조된 존재는 그리스도인의 제자도의 삶의 근거입니다. 하지만 건물 그 자체는 그리스도 중심적입니다. 우리의 주, 우리의 구원자이신 예수 그리스도를 따르는 일은 모든 참된 제자도의 형상입니다. 제자도는 개혁파 기독교 세계관 속에서 인간 경험의 모든 범주, 즉 결혼과 가정, 일과 소명, 문화와 교육, 시민 사회 등을 포괄합니다.

이 시리즈의 편집자들인 스티븐 니콜스(Stephen Nichols)와 저스틴 테일러(Justin Taylor)께서 이 책의 준비를 위해 필자를 초청했을 때, 나는 망설임 없이 그 초청을 수락했는데 그 이유는 이 책이 추구하는 내용이 토론토의 세인트 마이클 칼리지 대학교(the University of St. Michael's College)에서 대학원생으로 공부했던 시절 이후로 줄곧 내 삶의 주요한 부분을 차지해 온 내용이었기 때문입니다. 필자의 박사 논문은 헤르만 바빙크의 문화-윤리적 이상향 속에서의 그리스도를 본받는 임무에 대한 논문이었으며,[12] 현대 교회를 위한 바빙크의 개인사, 그의 신학, 그리고 중대한 사회 문제와 지속적으로 관계 맺는 그의 사상은 지금까지도 내 뇌리를 사로잡고 있습니다. 학계 너머에서 이 일을 가능케 하는 일과 보다 더 보편적인 교회와 자신의 믿음이 성장하가를 열망하며 기독교적 삶을 살고자 하는 그리스도인들에게 유익을 끼치는 일이야말로 필자가 반드시 해야 할 일입니다. 이 일을 가능하게 해 주신 편집자들과 크로스웨이(Crossway) 출판사에게 깊은 감사를 표합니다. 스티븐과 저스틴을 비롯한 출판사의 능숙한 편집자들, 그리고 훌륭한 선임 편집자 톰 노타로(Thom Notaro)는 이 책의 개선을 위해 수많은 제안을 해주었고, 불필요한 세부 사항들을 걷어내기도 했으며, 중요한 개념에 대해서는 보다 더 명확하게 표현될 수 있도록 도움을 주었습니다. 모든 저자는 이런 편집자들의 노고를 통해 큰 복을 누릴 수 밖에 없습니다. 모두에게 감사를 표합니다.

---

12 Analysis는 토론토 온타리오의 세인트 마이클 컬리지 대학교에서 1982년에 완성된 내 박사논문의 개정판을 지칭한다(역자 주: John Bolt, *A Theological Analysis of Herman Bavinck's Two Essays on the Imitatio Christi* [Lewiston: Edwin Mellen, 2013]를 지칭한다).

한국어판 서문

기독교 제자도에 대한 헤르만 바빙크의 이해를 다룬 제 작은 책이 한국어로 번역되어 기쁩니다. 저자로서 이 책이 번역되는 것은 참으로 영광스러운 일입니다. 그 이유는 한 책이 다른 나라 언어로 번역된다는 것은 한 사람의 작업이 다른 사람에게도 가치를 지니게 된다는 것을 의미하기 때문입니다. 우리는 궁극적으로 우리 자신의 기쁨을 위해 책을 집필하지 않습니다. 오히려 우리는 다른 사람들을 교훈하기 위해 책을 집필합니다. 그러므로 저는 정말로 영광스럽고 이를 위해 수고해주신 번역자와 출판사에게 감사를 표합니다.

이야기할 내용은 이보다 더 많습니다. 제가 대학원 공부를 마친 후 헤르만 바빙크에 대한 박사논문을 작성했을 때만 해도 저는 이후에 벌어지게 될 일, 즉 바빙크의 『개혁교의학』이 영어로 번역되리라고는 전혀 예상치 못했습니다(이후 다양한 언어로도 번역되었으며 한국어로도 번역되었습니다). 다양한 번역본이 등장한 이후 바빙크 신학 연구는 폭발적으로 증가했습니다. 어떻게 이런 일이 가능하게 되었을까요? 제가 1989년에 칼빈 신학교에서 교편을 잡기 시작했을 때, 유학

헤르만 바빙크의 성도다운 성도

을 마치고 고국으로 돌아갔던 교수님들에게 영감받아 헤르만 바빙크 신학을 더 깊이 공부하기 위해 저에게 찾아왔던 한국 학생들이 있었습니다. 심지어 일부 학생들은 네덜란드어를 미리 공부해 와서 바빙크의 『개혁교의학』을 네덜란드어로 읽기도 했습니다!(저는 저와 함께 공부했던 한국 학생들의 작업량과 인내심을 관찰했고 그들을 존경하게 되었습니다). 하지만 또 다른 학생들은 자신들이 관심 있는 주제가 실려 있는 『개혁교의학』일부 영역을 번역하기 위해 (매일 칼빈 대학교와 칼빈 신학교의 헤크만 도서관에 앉아 작업했던) 번역자 존 브리엔드(John Vriend)의 도움을 구했습니다. 즉석에서 벌어졌던 이런 접근과 요청은 효율적이지 않았기 때문에 존 브리엔드는 저와 그 당시 칼빈 신학교 총장이셨던 제임스 드 종(James De Jong)에게 찾아와 총 4권짜리 『개혁교의학』전체를 체계적으로 번역하는 협회를 설립할 가능성에 대해 타진했습니다. 그 결과 네덜란드 개혁파 번역 협회가 창설되었고, 바빙크의 글이 영어로 번역되었으며, 비로소 바빙크 연구에 중대한 부흥이 이루어지게 되었습니다. 이렇게 된 것은 개혁파 신앙에 열정을 가진 채 끈질긴 개척 정신을 소유했던 한국 학생들과, 바빙크의 글이 한국어로 번역되는 과정 속에 인내심을 가지고 작업을 이끌었던 한국 학자들 덕분입니다. 한국 장로교회는 그들 모두에게 감사를 표해야 합니다. 그들을 통해 한국 공동체, 한국 신학교, 한국 학자들은 자부심을 가지게 되었습니다.

이 책의 방향과 핵심 논점에 대해 잠시 짚고 넘어갈 필요가 있습니다. 저는 이 책에서 핵심적인 신학 주제들을 다루었지만, 이 책은 바빙크의 신학에 대한 소개가 아니라 오히려 그리스도인의 삶, 제자도, 경건 등에 대한 바빙크의 이해를 다룬 책입니다. 제가 25년 동안 한국 학생들에게 배운 바, 저는 폭넓은 한국 독자들에게 바빙크를 소개하는 데 이 책이 최선의 방법이라고 믿습니다. 신학적으로 표현하자면, 삼위일체적으로 형성되고 하나님께 순종하는 삶 가운데 예수님을 따르고 본받는 것에 집중하는 영성은 한국 장로교회가 추구하는 제자도와 정확히 같은 영성이라고 생각합니다. 이 한글 번역본이 한국 성도들과 한국 교회에 복이 되길 기도드립니다.

존 볼트(John Bolt)

내 인생의 커다란 기쁨 중 하나이며

그들의 삶이 그리스도인으로서의 제자도로 번영하기를

매일 기도하는

나의 자녀들을 위해,

미쉘

데이빗 (그리고 킴)

저스틴 (그리고 로리)

그리고 손자 손녀들,

아드리아나, 마이켈라

케이든, 에반, 샬롯

조던, 에밀리, 올리비아, 애니카

약어표

Analysis

Bolt, John. *A Theological Analysis of Herman Bavinck's Two Essays on the* Imitatio Christi. Lewiston, NY: Edwin Mellen, 2013.

"Catholicity"

Bavinck, Herman. "The Catholicity of Christianity and the Church." Translated by John Bolt. *Calvin Theological Journal* 27 (1992): 220-51.

Certainty

Bavinck, Herman. *The Certainty of Faith*. Translated by Harry der Nederlanden. St. Catha-rines, ON: Paideia, 1980.

"Com. Grace"

Bavinck, Herman. "Common Grace." Translated by Raymond C. Van Leeuwen, *Calvin Theological Journal* 24 (1989): 38-65.

Dogmaticus

Bremmer, R. H. *Herman Bavinck als dogmaticus*. Kampen: Kok, 1961.

Dosker

Dosker, Henry Elias. "Herman Bavinck: A Eulogy by Henry Elias Dosker." In *Herman Bavinck, Essays on Religion, Science and Society*, edited by John Bolt, translated by Harry Boonstra and Gerrit Sheeres, 13-24. Grand Rapids: Baker, 2008. 원래는 *the Princeton Theological Review* 20 (1922): 448-64에 출간.

ERSS

Bavinck, Herman. *Essays on Religion, Science, and Society*. Edited by John Bolt. Translated by Harry Boonstra and Gerrit Sheeres. Grand Rapids: Baker, 2008.

Family	Bavinck, Herman. *The Christian Family*. Translated by Nelson D. Kloosterman. Grand Rapids: Christian's Library, 2012.
"Gen. Prin."	Bavinck, Herman. "General Biblical Principles and the Relevance of Concrete Mosaic Law for the Social Question Today (1891)." Translated by John Bolt. *Journal of Markets and Morality* 13, no. 2 (Fall 2010): 437-46.
Gleason	Gleason, Ron. *Herman Bavinck: Pastor, Churchman, Statesman, and Theologian*. Phillip-sburg, NJ: P&R, 2010.
Handboekje	Bavinck, Herman. *Handboekje ten dienste der Gereformeerde Kerken in Nederland voor het jaar 1894*. Middleburg: Le Cointre, 1893.
Hepp	Hepp, V(alentijn). *Dr. Herman Bavinck*. Amsterdam: W. Ten Have, 1921.
"Imit. I"	Bavinck, Herman. "The Imitation of Christ" [1885-1886] ("De navolging van Christus, I, II, III, IV," *De vrije kerk* 11 (1885): 101-13, 203-13; 12 (1886): 321-33. ET in *Analysis*, "Appendix A," 372-401. 각주에서의 꺽쇠 괄호([ ])는 Analysis 페이지 번호를 뜻함.
"Imit. II"	Bavinck, Herman. "The Imitation of Christ and Life in the Modern World" [1918] ("De navolging van Christus en het moderne leven"). In *Kennis en leven: Opstellen en artikelen uit vroegere jaren*, 115-45. Kampen: Kok, 1918. ET in Analysis, "Appendix B," 402-40. 각주에서의 꺽쇠 괄호([ ])는 Analysis 페이지 번호를 뜻함.
Landwehr	Landwehr, J. H. In *Memorian: Prof. Dr. H. Bavinck*. *Kampen*: Kok, 1921.

"Moral Infl."   Bavinck, Herman. "The Influence of the Protestant
                    Reformation on the Moral and Religious Condition of
                    Communities and Nations." In *Alliance of the Reformed
                    Churches Holding the Presbyterian System*, 48-55.
                    Proceedings of the Fifth General Council, Toronto, 1892.
                    London: Publication Committee of the Presbyterian
                    Church of England, 1892.

PofR   Bavinck, Herman. *The Philosophy of Revela-tion: The Stone
                    Lectures for 1908-1909, Princeton Theological Seminary*.
                    New York: Longmans, Green, and Co., 1909.

RD, 1-4   Bavinck, Herman. *Reformed Dogmatics*. Edited by John
                    Bolt. Translated by John Vriend. 4 vols. Grand Rapids:
                    Baker, 2003-2008.

Saved   Bavinck, Herman. *Saved by Grace: The Holy Spirit's Work
                    in Calling and Regeneration*. Edited by J. Mark Beach.
                    Translated by Nelson D. Kloosterman. Grand Rapids:
                    Reformation Heritage, 2008.

Tijdg.   Bremmer, R. H. *Herman Bavinck en zijn tijdgenoten*.
                    Kampen: Kok, 1966.

Wereldb.   Bavinck, Herman. *Christelijke wereldbeschouwing*. 2nd ed.
                    Kampen: Kok, 1913.

헤르만 바빙크의
성도다운 성도

Bavinck
on the Christian Life

예수님의 합당한 제자
바빙크를 소개합니다.

1장

예수님의 합당한 제자 바빙크를 소개합니다.

가장 널리 알려진 바빙크의 얼굴 사진이든 혹은 서재의 책상에 앉은 덜 익숙한 학자의 모습이 담긴 사진이든, 헤르만 바빙크의 사진들은 진지해 보이는, 어쩌면 완고해 보이기까지 하는 모습을 묘사하고 있다. 빅토리아 시대의 초상화 전통을 감안하더라도 이 사진들이 주는 인상은 확실히 바빙크를 헌신적이며 단호하고 흐트러짐 없으며 엄숙한 사람으로 그려내고 있다. 분명 그의 사진은 경솔하거나 가벼운 인상을 품고 있지 않다.

"진지한"(serious)이라는 말이 옳은 표현인 것은 사실이다. 바빙크를 침울해 보이는 "청교도"로 묘사하여 심어준 고정관념도 전혀 이해가 되지 않는 것은 아니다. 분리 측 기독개혁[1] 공동체와 관계를

---

1   이 교회의 공식적 명칭은 네덜란드 기독개혁교회(*Christelijk Gereformeerde Kerken in Nederland*)이다. 이 교회는 1834년 네덜란드 국가개혁교회(the National Dutch Reformed Church)로부

맺고 있었던 바빙크의 아버지 얀(Jan)은 목회자로 섬겼기 때문에 이런 공동체에서 자랐던 바빙크를 이렇게 묘사하는 것은 옳은 평가로 생각되기도 한다. 기독개혁교회는 교리적 정통과 예배 문제로 인해 네덜란드 국가개혁교회[2]로부터 분리되어 나온 교회였다. 청교도들처럼 헌신적으로 예수님을 따랐던 그들은 교리의 순수성과 삶의 거룩성에 열정을 가졌던 사람들이었다. 결과적으로, 그들은 어느 정도 세상과 분리된 것을 특징으로 하는 비주류 공동체의 구성원들이었다.

바빙크의 전기 작가 중 한 사람은 바빙크의 가정의 특징을 묘사하기 위해 *Kulturfeindlichkeit*라는 용어를 사용했는데 이 용어의 의미는 문화를 향한 적대적 자세(a posture of hostility toward culture)를 뜻한다.[3] 바빙크의 어린 시절부터 친구였고 미국으로 이민 가서 종국에는 루이빌(Louisville)에 위치한 켄터키의 장로회 신학교(the Presbyterian Seminary of Kentucky) 교수가 되었던 평생의 친구 헨리 도스꺼(Henry Dosker)는 헤르만의 부모에 대한 다음과 같은 묘사로 이런 평가를 공유한다.

나는 바빙크 박사의 부모님들과 친숙한 관계이다. 그분들은 주어진 환

터 중대한 분리를 경험한 후 형성된 교회다.

2 공식적인 네덜란드어 표현은 *Nederlandse Hervormde Kerk*이다.

3 *Hepp*, 14.

경에서 전형적인 삶을 사셨고 청교도적인 모든 내용과 종종 시골스러운 개념들과 초기 분리 교회의 이상향 등을 소중하게 생각하셨던 분들이었다. 그들의 삶의 방식은 단순하고 엄격했으며, 독일 사람들이 *Kulturfeindlichkeit*라고 불렀던 무엇, 즉 경건이 중심이 되고 가르치기보다는 모범으로 자녀들을 양육하고, 어머니는 자신의 생각들을 선명하게 제시하고 표현하는 것을 두려워하지 않았고, 아버지는 소심했고 어려움이 그를 자극했지만 그럴 때마다 보기 드문 힘을 발휘했다. 이런 분들이 바로 헤르만 바빙크 박사의 부모님들이셨다.[4]

바빙크 가정 ───

최근 다른 전기 작가들은 바빙크의 가정이 대체로 문화를 향해 분리주의적인 적대감을 표출했던 가정으로 특징화 할 수 있다는 주장에 이의를 제기했다.[5] 이 전기 작가들은 1921년 바빙크가 사망한 직후 바빙크의 학생 중 한 명이었던 J. H. 란트베어(Landwehr)가 제공한 바빙크 가정에 대한 묘사에 호소한다. 란트베어는 바빙크의 가정을 율법주의와 도덕주의로 비난하는 모든 것으로부터 그 가정을 변호하기 위해 다음과 같은 특별한 말을 남겼다.

---

4 *Dosker*, 15.

5 *Gleason*, 27; *Tijdg.*, 15.

참된 기독교적 정신이 노년의 목회자 가정을 지배했다. 그 가정 속에서는 명령을 위한 명령, 규칙을 위한 규칙을 찾기 힘들었다. 하지만 주 하나님의 말씀에 사로잡힌, 기쁨이 있는 기독교적 자유가 존재했다. 이런 자유야말로 바빙크의 가정의 규칙이었다. 소박함은 참된 것의 전형적인 특징이다.[6]

또 다른 전기 작가도 발렌떼인 헤프(Valentijn Hepp)가 이런 소박함을 문화적 적대감으로 혼동했을 수 있으며 "내부에서 순수하게 교화된 사람들이 자기 생각을 표현하는 방식대로 그것을 바라보는 일에 실패했을 것이다"[7]라고 추정했다.

여기서 우리가 직면하게 되는 질문은 이것이다. 과연 바빙크의 가정은 실제로 어떤 모습이었는가? 바빙크의 가정에서 볼 수 있는 소박함이 모든 문화를 향한 적대감을 의미하는가? 아니면 19세기 네덜란드 문화의 특정한 측면에 대한 적대감만을 의미하는가? 율법주의가 결여되었다는 것은 문화의 좋은 측면들에 대한 어느 정도의 개방성을 의미하는가? 이 모든 질문은 단순히 그렇다 아니다로 답해서는 안 되며 그럴 수도 없다. 바빙크의 가까운 친구였던 도스꺼는 바빙크를 수수께끼 같은 인물로 생각했다. "나는 그의 혈통의 관점에서 봤을 때 어느 정도는 바빙크 박사가 수수께끼라는 사실을

---

6   *Landwehr*, 7-8.

7   *Tijdg.*, 15.

인정할 것이다. 그는 정말 수수께끼와도 같았고 확실히 그의 부모님 같지는 않았다."[8] 하지만 도스꺼가 바빙크의 아버지에 대해 짧게 묘사할 때는 바빙크 아버지도 경건과 문화에 관한 주제에 대해서 양면적 관점을 가지고 있었다는 증거를 내비쳤다는 식으로 묘사했다.

얀 바빙크(Jan Bavinck, 1826-1909)는 네덜란드 국경 근처 벤트하임(Bentheim)이라는 작은 독일 마을에서 왔고, 도르트 회의(the Synod of Dort)로 대변되는 개혁파 신앙 전통을 강하게 고수하며 경건을 추구한 것으로 알려진 독일 옛 개혁파 교회(Alt-Reformierten Kirche)의 회원이었다.[9] 아버지가 죽었을 때 얀의 나이는 고작 세 살이었으며, "[6명의] 아이들을 신실하게 양육하여, 하나님을 사랑하고 기독교적 성품을 드러내며 가정에서나 학교에서나 성경적인 영예와 진실함을 소유한 자들로 키워낸" 용감하고도 헌신된 그리스도인인 한 미망인 밑에서 자랐다.[10] 얀은 자서전에서 자신이 받은 가정 교육이 다소 형식적이었고 "기독교 신앙의 내적인 삶"은 결여되어 있었다고 회상했다.[11] 이 모든 것은 얀이 열여섯 살 때 삼촌 하름(Harm)이 설교자 얀 베런트 쉰다흐(Jan Berend Sundag)의 야외 설교를 듣기 위해 그를 데려갔을 때 바뀌었다.

젊은 시절 쉰다흐는 독일교회 생활의 영적인 퇴보에 환멸을 느끼

---

8   *Dosker*, 14.

9   *Gleason*, 2-4.

10 *Gleason*, 5.

11 *Gleason*, 6.

기 시작했고, 그에게 신학 연구를 지도해주었던 분리 측 지도자 헨드릭 드 콕(Hendrick de Cock)과의 관계를 발전시켜 나갔다. 드 콕과의 신학 공부를 마친 후 독일로 돌아온 쉰다흐는 부흥을 위해 교회 지도자들을 일깨우려 했지만 노력은 무위로 돌아갔다. 쉰다흐는 야외에서 설교하기 시작했고, 그의 설교에 깊은 감명을 받아 결국 네덜란드 국가개혁교회로부터의 분리를 이끈 얀 바빙크를 포함하여 작은 회중을 이끌었다. 말씀의 사역자가 되고자 했던 얀의 어린 시절의 갈망은 궤도에 올랐지만 재정의 어려움 때문에 목표로 가는 길은 멀게만 느껴졌다.[12]

분리 측 기독개혁교회 속에서의 얀 바빙크의 목회를 향한 여정의 이야기는 얀 자신뿐만 아니라 그가 속한 공동체를 들여다볼 수 있는 중요한 창을 제공해준다. 얀의 교단에서는 지역적 권위를 클라시스(classis)라고 불렀는데, 이는 장로교회 정치에서는 노회(presbytery)와 등치될 수 있는 개념이었다. 쉰다흐는 자신의 강도 높은 사역을 도와줄 인물을 클라시스에 요청했는데, 이 요청으로 클라시스는 정확히 반반으로 갈라지게 되었다. 쉰다흐는 "목양 사역으로 섬길 준비를 하기 위한 신학 교육을 받을 후보자"를 요청했다. 클라시스 모임은 찬반을 가리기 위해 "무릎 꿇고 기도하며 제비뽑기를 통해 하나님의 인도하심을 구했다."[13] 다섯 명의 후보자들은 목

---

12 *Gleason*, 10-12.

13 *Gleason*, 11; *Hepp*, 11.

회를 위한 공부에 관심을 표했고, 제비뽑기 이후 얀과 또 다른 후보자 총 두 명으로 후보가 좁혀졌다. 다시 투표했으나 또 동점표가 나왔고, 부엌에서 음식을 준비하던 한 젊은 여인이 결정된 답이 적힌 제비 쪽지를 뽑았다. 첫 번째 답은 "찬성"이었고 "바빙크"라는 이름은 두 번째 답안에서 선택되었다.[14] 얀 바빙크의 "운명"이 "제비뽑기"로 결정된 것은 이번이 마지막은 아니었다. 제비뽑기 절차는 분리 측 공동체에서 하나님의 섭리적 인도하심에 순종하는 심오한 생각을 반영하는 절차였다. 겸허함, 심지어는 지나칠 정도로 과도했던 겸손함은 아버지 얀과 아들 헤르만 바빙크의 인생과 사역 전반을 특징짓는 요소였다.

다른 사람들 말에 따르면, 얀은 "헌신적이며 조숙한 학생"이었다.[15] 도스꺼에 의하면, "그는 감탄스러운 학생이었을 것이며, 그가 다닌 호허페인(Hoogeveen)의 작은 신학교에서 라틴어, 그리스어, 히브리어를 배웠기 때문에, 비교적 이른 시기에 상당한 유익을 누렸을 것이다." 그 후 얀은 기독개혁교회에서 목회자 후보생 교육을 도왔으며, 기독개혁교회가 1854년에 깜폰(Kampen)에서 신학교 설립을 결정했을 때 "아버지 바빙크는 교수진 중 한 명으로 총회에 의해 지명된 첫 번째 사람이었다." 무엇을 어떻게 했는지는 정확하지 않지만, 얀은 또다시 "제비뽑기를 했고 그 부름에 사양을 표했다." 왜 그랬

---

14 *Gleason*, 12.

15 *Gleason*, 12.

을까? 도스꺼도 이에 대해 다음과 같이 의문을 표한다. "그의 내적인 겸손함, 자기 자신의 능력에 대한 과소평가, 앞날에 펼쳐질 난관을 향한 비관적인 관점 등을 그의 걸출했던 아들도 공유했던 것일까?"[16]

지금까지 우리가 그린 초상화는 진정으로 경건했던 한 사람, 국가개혁교회의 안녕에 대해 고민했던 한 사람, 부흥에 관한 설교에 매력을 느꼈던 한 사람, 그리고 하나님의 인도하심에 온전히 순종했던 한 사람을 우리에게 보여준다. 게다가 우리는 투철하게 교육받은 사람, 그래서 학식 있는 목회자를 길러내는 사역에 헌신했던 한 사람을 보고 있다. 뿐만 아니라, 얀은 목회 사역 가운데 기독개혁교회 동료들과 경건주의적인 교감을 나누었고, 그의 설교는 하나님의 심판에 대한 자기 성찰과 경고에 관한 전형적인 강조점을 포함했지만, 그의 아들 C. B. 바빙크(Bavinck, 1866-1941)는 "아버지의 지성적인 명석함은 그 자신을 진저리나는 과도함으로부터 보호했다"라고 기록했다.[17]

요약하자면, 얀 바빙크는 건강한 경건과 더불어 인간 교육과 문화를 향한 개방성을 특징으로 하는 사람이었다. 이런 얀의 개방성은 아들 헤르만 바빙크가 기독개혁교회의 깜폰 신학교가 아니라 레이든 대학교에서 신학을 공부하려 했던, 교회에 혼란을 불러일으킨

---

16   *Dosker*, 14-15.
17   *Hepp*, 22; *Tijdg.*, 15.

1874년의 결정에 대한 얀의 반응을 통해 더 분명해진다. 헤르만의 젊은 시절 부모는 아들 바빙크의 결정에 지원을 아끼지 않았다. 이런 지원을 향한 비판에 대해 아버지 얀은 다음과 같이 고백했다. "전제 아이를 차고 넘치는 능력으로 보호하실 하나님의 은혜를 믿습니다." 얀은 추가로 다음과 같이 고백했다. "가장 훌륭한 교회 교사들은 경건한 부모님의 기도 가운데 세속 학교에서 종종 교육을 받았습니다."[18] 바빙크의 전기 작가인 R. H. 브렘머(Bremmer)는 바빙크의 어머니를 "결코 편협하지 않은" 인물로 그려냈다.[19]

바빙크의 분리 측 뿌리 ────

지금까지 묘사했던 바빙크 가정의 모습은 확실히 신학적으로는 보수적이며 문화적으로는 소외된 1834년 네덜란드 국가개혁교회로부터 분리되어 나온 기독개혁교회라는 범위에 자리잡고 있다. 헤르만 바빙크의 경건과 헌신은 이런 공동체에서 자란 배경을 제외하고 이해할 수는 없기 때문에, 이에 대해 더 깊이 살펴볼 필요가 있다. 1834년 분리(Afscheiding)는 1815-1816년에 빌름 1세(William I)가 단행한 네덜란드 국가개혁교회의 재구성에 대항했던 교회적 저항 운동이었으며, 1618-1619년 도르트 회의 때 규정된 개혁파 정통

---

18 *Landwehr*, 9.

19 *Tijdg.*, 15.

교리에 대한 국가교회의 무관심에 저항한 운동이었다. 교회 권위의 소재가 지역 교회를 떠나, 왕에 의해 임명되고 국가 종교부에 의해 관리 감독되는 교회 이사회로 이동하자, 흐로닝언(Groningen) 윌뤔(Ulrum)의 개혁파 목사였던 헨드릭 드 콕 목사에 의해 주도된 시위대와 반대자들은 "분리와 되돌아감"(Separation and Return)[20] 즉 국가교회로부터 분리하여 도르트 회의의 가르침과 정치 형태로 되돌아가는 일이 필요하다는 결론에 이르렀다. 이 선언의 첫 문장은 다음과 같다.

> 윌뤔에 있는 예수 그리스도의 개혁파 회중에 속한 서명한 감독관이자 회원인 우리는 오랜 시간, 네덜란드 개혁교회의 타락의 모습, 하나님의 말씀에 기초한 우리 선조들의 교리를 수정하거나 부정하는 모습, 하나님의 말씀 속에서 그리스도의 법령에 따라 행해진 거룩한 성례의 실행을 퇴보시키는 모습, 교회 권징을 거의 완전히 없애는 모습, 즉 우리의 개혁파 신앙고백서[벨직 신앙고백서] 29장에 따른 참된 교회의 표지들 모두를 없애는 모습을 목도했다.

윌뤔의 교회 목회자가 "잘못된 교리와 타락한 공 예배에 대항하는 공개적 증언" 때문에 국가교회 위원회로부터 정직 처분을 받았

---

20 분리 운동의 공식 선언문의 제목은 "분리 혹은 되돌아감에 관한 법"이었다. 이 법률의 영어 번역본은 다음을 참고하라. http://www.gcc-opc.org/docs/DeCock.dir/scaneva.html.

을 때, 교회의 치리회는 교회의 노회와 지역과 총회의 이사회들에 호소했지만 아무런 소용이 없었다. 그들이 했던 호소와 심사 요청은 주기적으로 거부되었고, 오히려 교회는 국가교회 권력에 대해 평가할 자격을 박탈당한 채 회개하고 복종하라는 요청을 받았다.[21]

특별히 반대자들을 "하나님의 말씀과 우리의 신앙고백서 29장에 의하면 네덜란드 개혁교회는 참된 교회가 아니라 거짓 교회이다"라는 결론으로 이끌었던 것은 사회 권력에 의해 그들이 받았던 박해였다.[22] 목회자들은 설교를 금지당했고 체포되었다. 분리 측 사람들은 공 예배로 모이는 행위를 금지당했고 재산을 몰수당했으며 군인들에게 자신들의 집을 임시 숙소로 제공해야만 했다. 1869년까지 국가 권력은 기독개혁교회에게 완전한 법적 지위를 부여하지 않았다.

심지어 이런 간단한 개관은 "청교도적"이라는 표현을 포함하여 이 장의 처음 문단에서 부여된 특징들이 적절하다는 점을 시사한다. 19세기 기독개혁교회 공동체는 국가교회로부터 분리되어 나온 공동체였으며, 순결한 교리와 거룩한 삶을 중시했던 공동체였고, 교회 권징과 성경적인 정치 구조에 대해 주장했으며, 네덜란드 주류 문화 및 사회와 보조를 맞추지 않은 소외된 공동체였다. 이 교회에서

---

21 이 모든 내용은 "분리 혹은 되돌아감에 관한 법"에 상세히 기술되어 있다.

22 벨직 신앙고백서(the Belgic Confession) 29장은 분리 측 사람들이 당연하게 자신들의 상황에 적용했던 "거짓 교회" 특징을 다음과 같이 제공한다. "[거짓 교회는] 하나님의 말씀에 따라 거룩한 삶을 살아가며 교회의 결점, 탐욕, 우상숭배를 질책했던 사람들을 박해한다."

맡은 아버지 얀 바빙크의 중요한 역할 때문에, 바빙크 가정이 문화를 향해 적대감을 보였던 기독개혁교회의 특징을 공유했다고 하는 헤프 교수의 판단은 일견 매우 그럴 듯 보인다. 그럼에도 불구하고 두 개의 중요한 조건이 이런 인상을 약화시킨다. 첫 번째 조건은 바빙크의 가정에 관한 것이며 두 번째 조건은 분리 운동 자체의 성격과 관련된 것이다. 우리는 이미 첫 번째 조건에 대해 살펴보았다. 이제 우리는 두 번째 조건에 대해 살펴볼 것이다.

분리 운동은 네덜란드 개혁교회에서 독특하거나 새로운 현상이 아니었다. 오히려 분리 운동은 교회적으로 일어난 경건한 반대 운동의 오랜 역사와 주요한 헌신을 공유하던 운동이었다. 신학적이고 고백적인 정통을 향한 우려나, 국가 권력과 교회 권력 간의 긴밀한 연합으로 이루어진 정치 체제에 대한 반대는 19세기의 산물이 아니었다. 주류 네덜란드 개혁교회를 향한 불만족은 훨씬 더 거슬러 올라갈 수 있다.

17세기에 개혁교회는 네덜란드에서 가장 선호하는 교단이 되었는데, 이는 1571년 엠든(Emden)에서 열린 네덜란드 개혁교회의 첫 회의 때 박해 받던 개혁파 그리스도인들이 스스로를 가리켜 "십자가 아래 있는 개혁파 교회"(kruiskerken)로 여겼던 시점과 비교하면 현격한 변화라 할 수 있다. 처음부터 네덜란드에서의 개신교 종교 개혁은 로마 가톨릭 스페인의 통제 아래 있던 국가와 교회 권력의 가혹한 반대에 직면했었다. 예배와 양심의 자유를 위한 종교적 투쟁이 카를 5세(Charles V)와 특히 펠리페 2세(Phillip II, 1566-1648)의 독재 통치에서 정치적으로 해방되기 위한 사회적 투쟁과 결부되면서, 칼뱅주의자들은 오란여의 빌름(William of Orange)이 주도한 혁명을 지원하는 근간을 제공하게 되었다. 칼뱅주의 설교자들은 네덜란드를 스페인과 로마의 노예 상태에서 하나님이 구해 내신 새 이스라엘로 여기는 사상적인 관점을 제공했다.

비록 국가 권력은 이 투쟁에서 칼뱅주의자들의 지원과 도움을 환영했고 개혁파 신앙의 "확립"도 수용했지만, 동시에 교회에 대해 지나치게 통제하며 교회 내의 이단적 가르침과 교회 밖의 반대자들까지도 보호하는 모습을 보였다. 도르트 회의에서 정통 칼뱅주의가 아르미니우스주의적 항론파들에게 승리를 거머쥔 것은 피상적이고 오래 가지 못할 승리라는 사실이 증명되었다. 총회에 의해 수용된 새로운 교회 질서는 교회에 대한 목회자의 청빙을 승인하거나 거부할 수 있는 중요한 역할을 국가 권력에게 부여하였고, 국가 재정으로 목회자 사례비를 충당하게 되었으며, 국립 대학교에서의 신학 교육을 통제했고, 전국적인 총회가 열리기 전에 국가 권력과 협의하도록 요구했다. 그런데도 국가 삼부회나 주요 지방들은 도르트 교회 질서를 수용하지 않았는데, 그 이유는 교회적 사안에 대해 그들이 행사할 수 있는 영향력에 만족하지 않았기 때문이다. 네덜란드 개혁교회가 누렸던 작고도 소중했던 자유가 권력자들에게는 여전히 과한 자유라고 여겨졌다.

흔히 네덜란드의 "황금시대"라고 묘사되는 17세기의 네덜란드 개혁교회는 종교적 박해로부터 자유를 얻었고 국가 권력으로부터

헤르만 바빙크의 성도다운 성도

법적 지위와 권한을 받게 되었지만, 이런 수용이 큰 영적 쇄신과 활기를 동반하지는 않았다. 오히려 반대였다! 세속성과 부도덕, 예를 들면 술 취함, 방탕, 신성모독, 안식일 모독 등을 향한 설교자들의 불만은 17세기 문서들에 많이 등장한다. 설상가상으로, 여전히 건전한 교리에 관심이 있던 교회들 안에서 차갑고 죽은 정통주의가 감지되고 있었다. 합리주의와 지성주의는 경건과 종교적 경험을 업신여기고 함부로 대했다. 이런 상황 가운데 나더러 레포르마치(Nadere Reformatie) 혹은 "더 진전된 종교 개혁"(Further Reformation) 혹은 "제2 종교 개혁"(Second Reformation)으로 알려진 경건주의적 부흥운동이 무르익게 되었다.

이런 네덜란드 부흥 갱신 운동은 잉글랜드 청교도주의나 독일 경건주의에 영향을 받은 운동이었다. 그러나 제2 종교 개혁 운동의 뿌리는 일찍이 네덜란드의 얀 판 라위스브루크(Jan van Ruysbroeck, 1293-1381)나 『그리스도를 본받아』(The Imitation of Christ)의 저자 토마스 아 켐피스(Thomas à Kempis, 1380-1471) 같은 인물들을 통해 저지대 국가의 종교 생활에 더 일찍, 그리고 더 깊이 뿌리내렸다. 제2 종교 개혁의 영성은 그리스도의 인격에 강하게 집중된 영성이며, "새 탄생" 즉 거듭남의 필요성을 강조하는 영성일 뿐만 아니라, 그리스도를 따르는 도덕성을 강조하는 영성이었다. "제2 종교 개혁"이라는 용어는 유명한 종교 개혁 표어인 개혁된 교회는 항상 개혁되어야 한다(ecclesia reformata semper reformanda est)는 표어와 밀접한 관련이 있다. 이 표어 이면에는 재세례파들이 그랬던 것처럼 종교 개혁이 가졌던 논리적 결론을 향한 열망이 존재한다. 성경, 교회, 성례 등에 대한 바른 이해는 필수적이지만 충분하지는 않았다. 개인과 공동체에서 새롭고 거룩한 삶을 위한 성령의 능력은 반드시 진정한 개혁에 포함되어야 했다. 제2 종교 개혁은 거듭남에 대한 개혁이며, 더 중요하게는 성화와 거룩한 삶을 향한 개혁이었다.

　이런 이유로 청교도주의, 그리고 특히 경건주의가 개인주의적이며 금욕적이고 탈세속적이며 반문화적인 기독교라는 묘사는 분명히 제2 종교 개혁 운동에 적용되지 않는다. 회개, 회심, 살아있고 활동적인 믿음, 경건 생활, 그리고 개인의 삶에 대한 점진적 개혁을 강조한 것은 교회와 사회의 점진적인 개혁에 대한 관심과 일치했다. 흔히 옛 저자들(de oude schrijvers)로 칭해졌던 제2 종교 개혁의 저자들은 단순히 19세기 네덜란드 분리 측에게만 익숙했던 사람들이 아니었다. 그들의 작품은 많은 사람들에게 읽혔고 많은 사랑을 받았다. 바빙크 자신도 특별히 죄와 은혜를 강하게 강조했던 제2 종교 개혁 전통의 영성에 감사를 표했다. 스코틀랜드 설교자 랄프(Ralph Erskine)와 에버니저 어스킨(Ebenezer Erskine)을 네덜란드 청중들에게 소개하는 책의 서문에서, 바빙크는 개인 회심을 강조했던 스코틀랜드 설교의 종교적이고 실천적인 특징에 대해 다음과 같이 호의를 표했다.

[스코틀랜드 설교는] 죄와 은혜, 율법과 복음이라는 양극 사이에서 끊임없이 움직인다. 한편으로 그 설교는 인간 마음의 깊은 곳까지 내려가, 하

나님의 거룩하심에서 인간 자신들을 비호하기 위해 사용된 모든 덮개와 속임수를 아낌없이 제거하며, 하나님의 면전에서 그들의 가난함과 초라함을 드러낸다. 다른 한편으로 그 설교는 영적으로 회개하는 사람들에게 복음의 약속으로 다가와, 복음이 가진 풍성함을 모든 방면에서 드러내고 삶의 모든 상황 속에 그 풍성함을 적용시킨다.

그다음 바빙크는 당대의 경건 서적들에 대해 다음과 같이 짧은 한탄을 덧붙인다.

[현재의 경건 서적들 속에서] 영혼에 대한 영적 이해가 사라졌다. 죄와 은혜, 죄책과 용서, 중생과 회심이 무엇인지 잘 모르는 것 같다. 우리는 이 개념들을 이론적으로는 잘 알지만, 그것이 삶의 장엄한 현실에서 어떻게 작동하는지에 대해서는 모른다. 이런 이유로 이전 시대의 경건 서적들은 현재의 서적들과는 다른 인상을 남긴다. 왜냐하면 비록 우리가 이전 시대의 경건 서적과 어느 정도 떨어져 있고 그 형태도 오래 됐지만, 그 책들은 언어 본연의 감각을 자연스럽게 유지하고 있는 반면, 영혼을 다루는 현재의 경건 서적들은 부자연스럽고 인위적인 느낌이 있기 때문이다. 옛 저자들의 작품을 읽을 때 우리는 삶의 일부를 제공받는 듯한 느낌을 받는다. 그것은 현실 그 자체이며, 우리는 그것을 볼 수 있는 특권을 가지고 있다.[23]

---

23 Herman Bavinck, introduction to *Levensgeschedenis en werken van Ralph en Ebenezer Erskine*, by R. Erskine and E. Erskine (Doesburg: J. C. van Schenk Brill, n.d. [1905-1906]), 5.

바빙크는 분명히 옛 저자들을 인정했다. 하지만 바빙크는 자신의 공동체 내에서 탈세속적인 신비주의로 사회와 동떨어져 살아갔던 사람들의 문제를 발견했다. 바빙크는 기독교 교회와 복음의 보편성에 대한 권위 있는 강연에서 박해와 압제를 피하기 위해 네덜란드를 떠났던 사람들을 꾸짖으며 자신의 우려를 다음과 같이 분명히 밝혔다.

많은 사람들은 예배당에서 하나님을 예배하거나 복음 전도에 참여할 수 있다는 것에 만족한 나머지, 국가, 도시, 사회, 예술, 학문을 자기 마음대로 버렸습니다. 많은 이들이 삶에서 완전히 물러났고, 문자 그대로 모든 것으로부터 자신을 분리시켰으며, 더 심각하게는 불신앙으로 길을 잃은 조국을 버리고 미국으로 떠나는 경우도 있었습니다.[24]

바빙크는 그의 강연에서 제자도를 향한 예수님의 부르심에 신실하게 반응하려는 강렬한 열망에 대해 이해하고 있고 심지어 그 열망에 감사를 표하기까지 하지만, 탈세속적인 신비주의가 "기독교의 온전한 진리를 잃게 만들고 있습니다. 하나님이 세상을 사랑하신다는 진리를 거부하고 있습니다. 세상과 갈등을 일으키고 심지어 거부하

---

24 "Catholicity," 246. 여기서 바빙크는 분리 측 목회자들이었던 알베르투스 판 랄터(Albertus van Raalte)와 헨드릭 스홀터(Hendrik Scholte)가 각각 1840년대에 미시건 주 홀랜드와 아이오와 주 펠라로 이민 갔던 일을 염두에 두고 있다. 이 이민자들은 북아메리카에서 기독개혁교회 설립을 이끌었다.

헤르만 바빙크의 성도다운 성도

는 데 힘을 쏟고 있지만, 믿음 안에서 '세상을 이기는 승리'에는 힘을 쏟지 않습니다"[25]라고 불만을 토로했다.

여기서 우리는 갈등에서 스스로 물러나는 방식으로 그 당시 사회적, 문화적 격변에 대응했던 공동체로부터 바빙크가 스스로 거리를 두는 모습을 볼 수 있다. 그들과 대조적으로 바빙크는 당시 사회적, 문화적 격변과 교감하기 위해 노력했으며, 그 예는 왜 자신이 레이든 대학교에서 신학을 공부하게 되었는지에 대한 바빙크의 설명에서 명백히 알 수 있다. "나는 김나지움[대학 준비 학교]에서 공부를 마쳤고 현대 신학에 직접 능숙해지기 위해 레이든에서 공부하고 싶은 열망을 강하게 가지고 있었다."[26] 바빙크의 부모들이 깜픈으로 이사한 직후였기 때문에, 그들은 1년만 깜픈 신학교에서 공부해보라고 아들 바빙크를 설득했었다. 바빙크는 마지못해 이를 받아들이기는 했지만, "[깜픈] 신학교가 제공할 수 있는 것보다 더 학문적인 훈련을 받고 싶은 열망"이 여전히 남아 있었고, 부모의 허락을 받아 1874년 9월에 레이든 대학교에 입학할 수 있었다.[27] 이때는 바빙크의 삶에서 더 확장된 모습을 보여주는 가치 있는 시절이었다.

---

25 "Catholicity," 246-47.

26 *Tijdg.*, 20.

27 *Tijdg.*, 20, 22.

레이든에서 겪은 바빙크의 갈등 ─────

바빙크는 1874년 9월 23일에 부모를 떠나면서, 시작하려는 그 여정이 자신의 믿음에 도전을 줄 것임을 인지했다. 바빙크는 김나지움 교육을 받았던 도시 즈볼러(Zwolle)의 기독개혁교회에서 1년 전인 1873년 3월 30일에 공개적으로 신앙을 고백했다. 전기 작가들은 바빙크가 즈볼러의 교회에서 적극적으로 교회 생활에 참여했다는 사실을 언급한다.[28] 레이든으로 떠나면서 바빙크는 자기 일기에 다음과 같은 염려를 내비쳤다. "나는 [믿음 안에] 서 있을 수 있을까? 하나님께서 그렇게 해 주시기를."[29]

바빙크가 레이든에 등록했을 때, 신학 교수진들은 확실히 근대주의적인 학문적 성향으로 국제적인 명성을 날리고 있었다. 교수진의 중심축은 교의학 분야에서는 요한네스 헨리쿠스 스홀튼 (Johannes Henricus Scholten, 1811-1885), 구약 신학 분야에서는 아브라함 꾸우는(Abraham Kuenen, 1828-1891)이었지만, 학문적인 종교 연구 분야의 꼬르넬리스 틸러(Cornelis P. Tiele, 1830-1902), 철학자였던 로더베이끄 라우언호프(Lodewijk W. E. Rauwenhoff, 1828-1902)와 얀 란트(Jan P. N. Land, 1834-1897) 등도 훌륭한 학자들이었다. 바빙크가 직면했던 근대주의 신학은 경험론적이었고 확실히 반(反)초자연

---

28   *Tijdg.*, 19.

29   *Tijdg.*, 22.

주의 신학이었지만, 동시에 근대성과 기독 종교 사이의 새로운 결합을 꾀한 신학이었다. 스홀튼은 하나님의 주권에 대한 전통적인 개혁파의 강조를, 일원론적이며 만유재신론적인 결정론으로 재구성한 새로운 신학 체계를 창출해냈다. 하나님은 만물 속에 존재하는 모든 결정적인 힘으로 생각되었다. 스홀튼은 여전히 참된 종교를 우리의 모범이신 예수님의 영과 원리들과 동일시했는데 그 이유는 예수님이야말로 하나님의 영에 의해 완전히 다스림을 받는 유일한 인물이었기 때문이다.

나는 지금까지 1834년 분리 측의 두드러진 특성과 네덜란드 경건주의 역사와의 연관성에 대해 짧게 논의했고 레이든 대학교에서 가르쳤던 근대주의 신학에 대해 소개했는데, 그 이유는 이 두 가지 지점이 바빙크의 인생을 구성하는 데 중요한 영향을 끼쳤기 때문이다. 예를 들어 얀 페인호프(Jan Veenhof)는 이 두 가지 요소들이 바빙크의 삶을 지배했던 두 극이라고 말했다.[30] 바빙크의 자유대학교 동료 중 한 명인 A. 아네마(Anema)는 바빙크를 "분리 측 설교자이자, 근대 문화의 대변자"로 특징화하며 다음과 같이 결론 내렸다.

이것이야말로 놀랄 만한 특징이었다. 이런 이중성에서 바빙크의 중요성이 발견된다. 이런 이중성은 바빙크의 삶 속에서 긴장(때로는 위기)으로 드러나기도 한다. 여러 측면에서 분리 측 교회의 설교자가 되는 일은 간단

---

30 Jan Veenhof, *Revelatie en inspiratie* (Amsterdam: Buijten & Schipperheijn, 1968), 108.

한 문제이며, 어떤 의미에서 근대적인 인물이 되는 것도 그리 어려운 일이 아니다. 하지만 이 두 가지를 동시에 지닌 인물이 되는 것은 결코 간단한 문제가 아니다.[31]

바빙크를 잘 아는 다른 사람들도 이와 비슷한 관찰을 내비쳤다. 이 사안에서 가장 중요한 지점은 비록 레이든에서 바빙크가 받았던 압박이 컸음에도 불구하고, 바빙크는 여전히 분리 측과 경건주의에 충실히 뿌리 내렸다는 증언이 큰 이견 없이 공유되었다는 것이다. 1855년부터 1862년까지 레이든에서 바빙크를 가르쳤던 교수에게 배운 적이 있는 동시대 사람 아브라함 카이퍼(Abraham Kuyper)도 자신의 자서전적 글인 "비밀리에"에서 한 교수가 그리스도의 부활에 대해 힘껏 거부했을 때 자신과 일군의 레이든 학생들이 열광적으로 박수갈채를 쏟아냈다고 기록했다. 바빙크에게 이런 일이 있었는지에 대해서는 남아 있는 자료가 없고 단순히 상상할 수도 없는 일이다. 사실 바빙크는 1880년 6월 10일 레이든에서 박사 시험을 칠 때 자신의 공동체와 그 공동체의 교회적 반대가 정당하다는 사실을 확고히 옹호했다. 바빙크는 네덜란드 개혁교회의 자유주의적 "설립"과 근대주의 신학의 주요 대변자들 앞에서 다음과 같은 전제를 옹호했다. "개혁파 원리들의 기준에 따라 평가할 때(벨직 신앙고백서의 38장과

---

31 Ibid.

39장[역자 주: 하지만 39장은 없다]에 따라 평가할 때) 1834년 분리는 정당하며 필요했다."[32]

바빙크는 거짓 교회와 구별되는 참된 교회의 표지들을 정의한 [벨직 신앙고백서] 28장과 29장을 염두에 두었다. 비록 레이든에서 보낸 바빙크의 시간은 여러 측면에서 어려운 투쟁이 있었지만, 바빙크의 기도는 응답 되었다. 그는 믿음 위에 굳게 서 있었고 그의 교회 공동체는 크게 안심했다. 이런 안도감은 기독개혁 언론 「드 프레이 께르끄」(De Vrije Kerk)에 실렸던 바빙크의 레이든 박사 논문에 대한 논평에서 감지할 수 있다. 논평 저자는 레이든에서 공부하기로 했던 바빙크의 결정을 위험천만한 모험이었다고 회상했으며 이 결정이 잘 진행된 것에 대해 다음과 같이 감사를 표했다.

우리는 이런 내기가(이런 결정은 항상 내기와 같다) 잘 진행된 것에 대해 하나님께 감사를 표한다. 기독교 가정의 수많은 젊은이들이 그런 환경에 놓였을 때 실세로 도덕과 종교를 잃어버리고, 이후에는 회의주의자가 되고, 심지어 하나님의 사람들의 적이 되고 하나님의 진리를 반대하는 사람이 되는 경우도 있다. 하나님께 감사하게도 바빙크 박사는 그렇게 되지 않았다. 우리는 선한 권위로 이런 상황을 소유하게 되었다. 바빙크가 레이든에 있는 동안 그의 행동은 흠잡을 데 없었고 그의 공부 습관도 모범이 되었다. 이보다 더 중요한 지점은 바빙크가 여전히 개혁파 원리들 가운데 진

---

32 H. Bavinck, *De ethiek van Ulrich Zwingli* (Kampen: Zalsman, 1880), 182.

심으로 머물렀으며 자신의 교회 공동체에 신실했다는 점이다.[33]

바빙크는 1880년 레이든에서의 공부를 마친 후, 레이든에서 자신이 겪었던 갈등과 그 시간으로 인해 영적으로 궁핍하게 된 점을 솔직히 인정했다. "레이든은 많은 측면에서 나에게 유익함을 안겨주었다. 나는 항상 이를 감사하게 생각한다. 하지만 동시에 레이든은 나에게 큰 궁핍함을 선사했고 (내가 행복해 한) 안정감을 강탈했는데, 특별히 최근 설교할 때 내 영적인 삶에 필수라고 인지하는 것들까지도 빼앗아 갔다."[34] 그럼에도 불구하고 바빙크는 교회에서 주기적으로 설교하면서 기독개혁교회와 밀접한 관계를 계속 유지해나갔다. 1878년 7월 21일에 했던 학생 시절 바빙크의 첫 설교는 요한일서 5장 4절 하반절 말씀, 즉 "세상을 이기는 승리는 이것이니 우리의 믿음이니라"라는 말씀이었다. 바빙크는 이 본문으로 설교하기를 좋아했고, 남아프리카의 대통령 폴 크루거(Paul Kruger)가 청중으로 참석했던 1901년 6월 20일 깜픈에서 했던 설교가 유일하게 출간된 바빙크의 설교였다.[35]

바빙크가 레이든 시절에도 자신의 정통 칼뱅주의의 경건과 신학

---

33 *Hepp*, 84.

34 *Hepp*, 84.

35 *Tijdg.*, 34n66. 이 설교문의 영어 번역을 이 책의 마지막에 수록했다(역자 주: 바빙크의 출간된 설교문의 한글 번역본은 헤르만 바빙크, 『헤르만 바빙크의 설교론: 설교는 어떻게 사람을 변화시키는가』, 제임스 에글린턴 편, 신호섭 역 [군포: 도서출판 다함, 2021]이다).

을 유지한 것은 분명하지만, 레이든 교수들이 바빙크에게 영향을 끼친 것도 분명하며 특히 바빙크의 신학 방식과 접근법에 영향을 끼쳤다. 스홀튼과 특별히 아브라함 꾸우는의 역사-경험론적 방식은 신중하고도 주의 깊게 바빙크에게 지속적인 영향을 미쳤다. 사료에 근거하여 반대자들에게 온화하고 공정하게 접근했던 바빙크의 방식은 개인적인 성품에 영향을 받은 것이지만 이런 성향은 레이든에서 더 강화되었다. 바빙크는 자신의 친구 스눅 후르흐론여(Snouck Hurgronje)에게 다음과 같이 편지했다. "만약 내가 레이든에 감사해야 할 것이 하나 있다면 바로 이 점이라네. 반대자를 이해하려고 노력했던 점 말일세."[36]

교회 지도자와 교수로서의 바빙크 ———

얀 페인호프는 바빙크가 자신의 교회적, 영적 배경으로부터 스스로를 절대 멀리 두지 않았고 항상 자기 스스로를 "분리 측의 아들"로 여겼다고 주장한다.[37] 페인호프는 바빙크를 "참으로 실존적이며 때로는 치우친 경건주의적 자아 성찰로 특징지어지는, 그럼에도 불구하고 죄와 은혜의 현저한 실재에 대한 개혁파적인 경험으로 대변되는 옛 분리 측 교회의 영적인 분위기에 평생 애착을 가

---

36 *Hepp*, 84.

37 Veenhof, *Revelatie en inspiratie*, 95.

진" 인물로 그려냈다.[38] 바빙크가 분리 측의 참 아들로 머물렀다는 또 다른 증거는 그가 기독개혁교회를 위해 지치지 않는 헌신과 노력을 다했다는 점이다. 박사논문을 다 마친 후, 바빙크는 프리슬란트(Friesland)의 프라너꺼르(Franeker)에 있는 기독개혁교회의 청빙을 수락했으며, 그곳에서 1880년부터 1882년까지 목회 사역을 감당했다. 비록 짧은 기간이었지만, 프라너꺼르 시절 바빙크의 목회 사역은 기억에 남을 만한 것이었다. 바빙크 직전의 두 명의 목회자들로 인해 교회는 혼란과 분열로 점철된 역사 가운데 있었다. 하지만 바빙크의 목회 사역을 통해 교회는 치유와 성장을 경험하게 되었다. 교회 당회 회의록과 클라시스의 회의록을 살펴본 브렘머는 이 회의록들이 "바빙크의 목회로 인해 프라너꺼르 교회가 하나님의 복을 두드러지게 경험했다"라는 일관된 증언을 하고 있다고 언급했다.[39]

바빙크의 목회적인 마음을 보여주는 한 예로, 브렘머는 바빙크에게 젊은 시절에 직접 목양 받은 한 사람을 소개한다. 1921년 바빙크 사후, 이 사람은 신체적으로 발달 장애를 가지고 있었던 사람들을 향한 바빙크의 연민 어린 감정을 다음과 같이 회상했다.

[바빙크가 한 가정을 방문했는데] 그 가정의 노부인에게는 신체적으로 장애가 있고 말을 잘 못하며 가난한 환경에서 지내는 두 딸이 있었다. 어

---

38 Ibid., 94.
39 *Tijdg.*, 42.

머니 역시 단정하거나 깔끔한 사람이 아니었다. 이 자매는 교회 구성원이 되고 싶다는 소망을 표했고 당회와 대화를 나눈 후 이들은 언약의 식탁에 기쁨으로 참여할 수 있게 되었다.

몸이 불편하여 주일 예배에 나오기 어려울 때도 "그들은 구급차를 타고 교회로 와서 설교단 가까이에 앉아 기쁨으로 귀 기울여 설교를 들을 수 있었다." 이 사람은 40년 전 젊은 시절의 기억을 회상하면서 이런 "작은 광경"이 교회의 젊은 사람들에게 강렬한 인상을 남겼다고 기억했다. 이 사람은 "바로 여기가 세상이 '하찮은' 사람으로 멸시하는 이런 순박한 사람들과 함께 하는 곳"이며 교회는 "예수님 안에 있는 구원으로 이들을 변화시키는 곳"이라는 바빙크의 주장을 기억했다.[40] 감사하게도 장애가 있는 사람들을 보다 더 연민 어린 관심으로 바라보는 오늘날의 관점에서, 바빙크의 시대에는 그런 일이 거의 드물었다고 생각하지 않을 수 없다. 어느 시대의 기준으로 보나, 이런 일화는 바빙크의 기독교적이고 목회적인 마음을 잘 보여주는 훌륭한 창이다.

프라너꺼르에서 보낸 바빙크의 짧은 시기는 그가 하지 않았던 두 가지 결정으로도 주목할 만하다. 우리는 이미 바빙크가 신실하고 유능한 목회자라는 사실을 살펴보았다. 동시에 바빙크는 학계에

---

40 *Tijdg.*, 38.

서의 활동을 그리워했으며 바쁜 목회 생활 가운데 공부에 대한 열정을 쏟아 붓지 못했던 점을 애석해했다. 레이든 친구였던 스눅 후르흐론여에게 보냈던 편지에서, 바빙크는 매우 바쁜 일상을 살고 있고 "중요한 시간을 버리고 있다"고 인정했으며, 동시에 자신이 왜 그런지 모르겠다는 마음을 피력했다. 심지어 바쁜 시간을 쪼개 공부를 하고자 할 때도, 바빙크는 자신이 "공부를 좋아하고 있는지"에 대한 넋두리를 토해냈으며 공부를 향한 열정이 점점 식어가고 있는 자신의 모습에 불평을 토했다.[41] 이 상황에 대해 멀리서 정확히 진단하는 것은 다소 위험성이 따르긴 하지만, 이는 아마도 목회자로서의 소명과 좌절된 신학자로서의 소명 사이의 긴장으로부터 비롯된 가벼운 우울감의 한 예임은 분명해 보인다.

이런 상황 속에서 암스테르담(Amsterdam)에 소재한 큰 규모의 기독개혁교회로부터 1882년 2월에 받은 부름(프라너꺼르 교회에서 받은 사례비의 두 배를 제시했던 부름)은 바빙크에게 큰 유혹으로 다가왔을 것이다. 1880년 아브라함 카이퍼가 암스테르담 자유 대학교를 막 설립했기 때문에, 암스테르담으로 옮기는 결정은 아마도 바빙크에게 공부에 대한 열정을 재점화 시키고 학문적 역량을 발휘하는 데 도움을 받을 수 있는 충분한 기회를 주었을 것이다. 하지만 바빙크는 이 부름을 사양하는 데 2주 밖에 걸리지 않았다. 그는 자유롭게 떠

---

41 *Tijdg.*, 40.

날 수 없었다.[42]

같은 달 바빙크는 암스테르담 자유 대학교 이사회로부터 해석학과 신약 주해학 교수직 임명 가능성에 대한 문의를 받았다. 이번이 카이퍼의 학교가 바빙크에게 손짓했던 두 번째 문의였다. 바빙크는 1880년 10월 자유 대학교가 공식적으로 문을 열기 전, 구약학 및 셈어 문학 교수로도 초청 받았었다. 바빙크는 이 초청에 응하지 않았고 자신의 일기에 다음과 같이 남겼다. "만약 내가 수락했다면, 나는 그저 카이퍼를 위해, 그의 영광을 위한 결정을 하게 되었을 것이다." 두 번째 결정에서 바빙크는 이 제안에 대해 기꺼이 고려해보겠다는 의사를 내비쳤지만, 동시에 기독개혁교회를 향한 자신의 깊은 사랑과 [깜픈] 신학교의 안녕을 위한 생각들이 결정을 미루게 만들었는데, 그 이유는 교단이 자체적으로 목회자 신학 교육을 발전시키려는 열망이 있었기 때문이다. 자유 대학교 이사회 이사장에게 보낸 편지에서 바빙크는 다음과 같이 기록했다. "저는 저희 교회를 사랑하며 교회를 세우는 일에 마음을 쏟고 싶습니다. 교단 신학교의 발전이 제 마음 가까이에 있습니다. 시급한 개선이 필요한 것이 많습니다." 바빙크는 기독개혁교회 회의가 신학교의 발전에 헌신하고 있다는 사실을 발견했다. 바빙크는 다음 회의 때(1882년 8월) [깜픈] 신학교에 교원으로 임명될 것을 기대하고 있었다. 바빙크는 다음과 같이

---

42 *Tijdg.*, 38-39.

덧붙였다. "매력적인 장소로 볼 수는 없겠지만, 제가 섬기는 교회의 안녕을 염려하여 마음이 쓰입니다." 결국 이런 결정에 실망할 수도 있음을 인정하면서, 바빙크는 깜픈 신학교에서 자기 위치가 확실해질 때까지 자유 대학교의 제의를 사양했다.[43]

1882년 8월 24일 회의 때 [바빙크가 교원으로] 임명되었고 그 임명이 통과되었다. 헤르만의 아버지의 삶에 대한 앞선 우리의 시각으로 비추어볼 때, 얀 바빙크의 자서전 내용은 주목할 만한 가치가 있다. 얀은 자신과(1854년) 자신의 아들(1882년) 둘 다 28세의 나이 때 깜픈에 소재한 기독개혁교회의 신학교 교원으로 교회 회의에서 임명되었다는 사실을 밝혔다(각각 네덜란드 깜픈 가까이 즈볼러에서 열렸던 회의에서 임명되었다). 얀은 다음과 같이 소회를 밝혔다. "나는 믿음이 부족해서 감히 수락하지 못했던 그 자리를 내 후계자가 아니라 내 대리자로서 아들에게 맡기신 하나님께 감사를 올려드린다."[44]

바빙크는 20년 동안 깜픈에 머물렀고, 네덜란드 수상직을 맡게 된 카이퍼를 대체하기 위해 자유 대학교로부터 받았던 부름에 결국에는 귀를 기울이게 되었다. 바빙크가 깜픈을 떠났다는 의미는 교회를 향한 그의 관심이 줄어들었다는 뜻이 아니었다. 오히려 반대였다. 기독개혁교회는 1834년 네덜란드 국가개혁교회로부터 분리된 덕분에 생겨났었다. 그로부터 50년이 지난 1886년 카이퍼는 돌레안치

---

43 *Tijdg.*, 34.

44 *Tijdg.*, 34.

헤르만 바빙크의 성도다운 성도

(Doleantie, '애도하다'는 뜻의 네덜란드어 동사 돌레런[doleren]에서 유래)라고 불리는 또 다른 분리파를 이끌었다(이 분리는 네덜란드 국가개혁교회[Nederlandse Hervormde Kerk]로부터의 분리였다). 비록 이 두 그룹 모두 전통적인 개혁파 신앙고백 정통에서 교리적으로나 실천적으로 이탈했다는 이유로 네덜란드 국가교회를 떠났지만, 이 두 그룹 사이에도 상당한 신학적, 교회적 차이점이 존재했다. 특별히 신학 교육의 차이점에 대해 주목해 볼 필요가 있다. 카이퍼와 그의 지지자들은 암스테르담의 자유 대학교 같은 기독 대학교에 의해 제공되는 "학문적인" 신학 교육을 원했다. 하지만 기독개혁교회는 깜픈에 자체적으로 신학교를 설립하여 거기서 신학을 교육하는 것을 교회의 책임으로 여겼다.

이 두 그룹이 단지 각자의 길을 걸어갔다면 큰 문제는 없었을 것이다. 하지만 1892년에 1834년 분리 측 교회의 주류와 1886년 돌레안치 교회 사이에 교회 연합이 이루어졌고, 그 결과 새로운 교단인 네덜란드 개혁교회(Gereformeerde Kerken in Nederland)가 만들어졌다. 이제는 신학 교육과 목회자 훈련에 대한 질문들이 현실적으로 시급한 문제가 되었다. 간단히 요약하자면, 중재자 바빙크의 노력에도 불구하고 두 그룹은 서로 합의에 이르지 못했다. 바빙크가 원했던 바와 같이 깜픈과 암스테르담 두 학부를 한 기관 안으로 통합하는 대신, 두 학교들은 평소와 같이 분리된 채로 운영되었다.

여기서 우리는 바빙크의 제안이 양측, 즉 어떤 대가를 치르더라도 교회의 날개 아래 신학 교육을 유지하기 원했던 기독개혁교회 지도자들과, 대학교 상황에 맞는 학문적 신학을 주장했던 카이퍼와 같은 돌레안치 지도자들 모두의 반대에 부딪혔다는 사실을 주목할 필요가 있다. 바빙크는 기독개혁교회 지도자들을 반대하며 하나님에 대한 학문인 신학은 반드시 인간 지식의 다른 영역과 관계를 맺어야만 하기 때문에, 대학교는 신학교 교수진을 위한 장소로 적합하다고 주장했다. 연합되기 전 두 그룹이 서로 "연모하던" 시절, 바빙크는 신학교 교수진을 위한 장소로 대학교가 어울린다는 생각을 자신의 공동체에 강조했다. 하지만 1892년 연합 이후 잔인하게도 카이퍼와 그의 막료들이 신학 교육의 연합을 위한 바빙크의 제안을 격렬하게 거부함으로써, 이에 자극을 받은 바빙크는 신학 교육에서 교회의 역할이 참으로 중요하다는 생각을 강조하기 시작했다. 1890년대 후반 연합된 교회에서 격렬한 논쟁이 벌어지는 가운데 바빙크는 『교회의 권리와 학문의 자유』(*Het recht der kerken en de vrijheid der wetenschap*)라는 80페이지의 중요한 책자를 집필했다. 이 책에서 바빙크는 이 논쟁에 대한 자신의 생각을 다음과 같이 구성했다. "1896년에 신학적 학문 훈련의 권리와 자유는 서로 관계가 있었다. 현재 1899년에는 교회의 권리와 자유가 서로 관계 있는 것 같다."[45]

바빙크가 암스테르담으로 옮긴 것이 바빙크 자신에게 개인적으로나 경력 상으로도 유익이 되었고, 이후 자유 대학교에서의 작업들

---

[45] *Gleason*, 256.

도 놀랄 만큼 생산적이었다는 사실은 의심할 나위 없이 분명하다. 동시에 바빙크가 교회의 유익을 위해 암스테르담으로 이동했다는 사실을 염두에 두지 않는다면, 바빙크를 정당하게 이해하지 못하게 될 것이다. 그는 학문적 신학 교육에 헌신하면서 신학이 교회를 섬기고 신학이 교회에 의해 형성된다고 주장하며 자유 대학교로 적을 옮겼다. 이것이야말로 카이퍼주의 고등 교육이라는 악보에 포함되어야 하고 심지어 포르티시모(매우 세게)로 연주되어야 한다고 믿었던 음표였다. 좋은 신학을 위해서는 좋은 신학자들은 두말할 나위도 없고 교회가 반드시 필요하다. 바빙크는 1895년 『개혁교의학』 제1판 서문에서 이를 다음과 같이 표현했다.

> 일반 신자 못지않게 교의학자도 반드시 성도의 교제를 고백해야 한다. 그리스도의 사랑이 얼마나 넓고 길고 높고 깊은가. 모든 지식을 뛰어넘는 사랑은 모든 성도의 교제 가운데서만 이해될 수 있다. 신학자가 기독교 신앙을 명확히 표현하는 교회의 교의를 이해하는 것은 무엇보다 성도의 교제를 통해서이다. 그 어떤 것보다도 성도의 교제는 힘을 북돋아주고 강력한 위로를 제공한다.

이런 바빙크의 글로 바빙크의 전기적 개관을 마무리하려고 한다. 바빙크는 깊은 경건의 사람이었으며 자신의 헌신적인 경건주의적 뿌리를 버리지 않으면서도, 개혁파 정통주의에 대한 근대성의 도전을 정면으로 마주하여 배움을 얻고자 했던 위대한 배움의 사람이었다. 우리는 다음 다섯 장에서 바빙크의 생애, 이를테면 신학자로서의 생애, 네덜란드 정치 속에서의 생애 등을 더 구체적으로 살펴볼 것이다. 이를 통해 우리는 그리스도인의 삶에 관한 바빙크 신학과 기본적인 사상의 범주를 탐구하게 될 것이다. 바빙크의 정치적 참여에 관한 전기적인 세부 내용은 6장에서 다루게 될 것이다.

헤르만 바빙크의
성도다운 성도

Bavinck
on the Christian Life

1부.
그리스도인의
삶을 위한 기초

2장

하나님의 형상으로 창조됨

로마의 극작가였던 테렌스(Terence, 195/185-159 BC)는 다음과
같은 유명한 말을 남겼다. "나는 인간이다. 그래서 인간의 일 중 나
와 상관없는 일은 없다고 생각한다"(*Homo sum, humani nihil a me alienum
puto*).[1] 비록 이 문구는 칼 마르크스(Karl Marx)가 가장 좋아하는 경
구로 알려졌으며 미국 시인 마야 안젤루(Maya Angelou)와도 종종 연
관되지만, 이 문구 안에 담긴 정서는 헤르만 바빙크와도 적절히 연결
되며 그리스도인의 삶에 대한 바빙크의 이해에 있어서도 중요한 위
치를 차지한다. 우리는 인간이 되어야 하는 그리스도인이다. 그리스
도의 인격과 사역을 통해 다가오는 구원은 우리를 온전하고 건강한
인간이 아닌 어떤 다른 존재로 만들지 않는다. 구원은 원래 창조된

---

1   희극 "자책하는 자"(*Heauton Timorumenos*, The Self-Tormentor)에 등장한다.

대로 우리가 하나님의 형상의 담지자로 살아가는 것을 방해하는 죄악들을 제거한다. 수많은 바빙크 해석자들이 주목한 것처럼, "은혜가 자연을 회복한다"라는 개념이야말로 바빙크 신학의 근본 토대이다. 그리스도는 성령 하나님의 능력 안에서 하나님과 관계 맺을 수 있도록 타락한 인간을 회복시키시고 하나님의 형상을 담지한 존재로 다시 살아갈 수 있게 하신다.

형상에 대한 삼위일체적 관점 ─────

하나님은 삼위일체, 즉 성부, 성자, 성령 하나님이시기 때문에 하나님께서 자신의 형상대로 우리를 만드셨다는 것은 삼위일체적 형상으로 우리를 지으셨다는 뜻이다. 바빙크는 하나님의 형상의 담지자를 "완전하고 참된 의미에서[의] 인간" 혹은 "성령을 통하여 하나님과의 교제 가운데 살아감으로써 하나님의 형상, 하나님의 아들, 하나님의 소생"인 존재로 묘사한다. [바빙크는 이에 덧붙여 하나님의 형상으로 창조된 인간을] "전적으로 거룩한 삼위일체의 거처, 성령의 가장 아름다운 성전"[2]으로도 묘사한다. 바빙크에 따르면, 창조 전체는 하나님의 삼위일체적 존재를 반영한다. "창조가 어디서나

---

2 *RD*, 2:558-59(바빙크, 『개혁교의학』, 2:698. 역자 주: 한글 번역은 헤르만 바빙크, 『개혁교의학』, 총4권, 박태현 역 (서울: 부흥과개혁사, 2011)을 인용했다. 앞으로 『개혁교의학』 본문 인용 시 영역본(*RD*)와 함께 한역본 페이지도 함께 기재하도록 하겠다).

삼위일체의 흔적들을 드러내 준다는 사실에는 중요한 진리가 담겨 있다. 이 흔적들은 인간 안에서 가장 분명하게 드러나고, 인간은 심지어 삼위일체의 형상이라고 불릴 수도 있기 때문에, 인간은 소위 내재적 충동에 의해 어디서나 이 흔적들을 발견한다."[3]

하지만 우리는 타락한 세상에 살고 있으며, 삼위일체 하나님을 형상화하는 것이 우리에게 무엇을 의미하는지 물을 때 기독교 제자도에 대한 우리의 이해에는 그리스도 안에 있는 하나님의 은혜와 함께 죄의 실재가 고려되어야 한다. 그러므로 예수님의 제자가 되고자 하는 그리스도인은 반드시 삼중적 관점에서 그리스도인의 삶에 대해 생각해야 한다.

1) 우리가 어떤 사람으로 창조되었는가? 그리고 무슨 목적으로 창조되었는가? (창조론)
2) 우리는 현재 누구인가? (인죄론과 구원론)
3) 우리는 영광 중에 어떤 사람이 될 것인가? (종말론)

또한 우리는 이 삼중적 관점이 서로 어떻게 연결되는지도 살펴볼 필요가 있다. 영광에 대한 종말론적 목적이 창조에 대한 우리의 이해를 결정하는가? 우리는 과거 곧 하나님께서 우리의 영원한 운명

---

3 RD, 2:333(바빙크, 『개혁교의학』, 2:420).

에 대해 계시하신 목적이 시작되는 지점으로 돌아가 생각하며, 그것을 사용하여 본래의 인간 창조를 이해해야 하는가? 지금 우리는 그리스도인의 삶에 대해 다루고 있는데, 예수 그리스도는 과연 이 중요한 지점들과 각각 어떤 관련이 있는가?

인간은 하나님과 관계를 맺기 위해 창조되었다. 바빙크는 이를 다음과 같이 묘사한다. "인간은 하나님의 형상의 담지자로서 우리의 창조주 하나님을 바르게 알고 전심으로 그분을 사랑하고 영원토록 그분과 함께 살아가야 할 소명이 있다."[4] 이 시점에서, 아담은 하나님의 선한 형상으로 창조되었지만, 그의 순종에 따라 앞으로 더 위대한 운명이 그를 기다리고 있었다는 사실을 인식하는 것이 중요하다.

비록 아담이 하나님의 형상으로 창조되었다고 할지라도, 창조 즉시 전체적인 의미에서 완전한 하나님의 형상이었던 것은 아니며, 아담 자신만 단독으로 그 형상인 것 또한 아니었다. 따라서 이 삶과 다가올 삶에 대한 인간의 목적이 하나님의 형상에 포함될 때, 하나님의 형상은 비로소 우리 앞에 전체적으로 풍성하게 제시된다.[5]

---

4 "Gen. Prin.," 437.

5 *RD*, 2:564(바빙크, 『개혁교의학』, 2:703). 이 문단과 다음 문단에 뒤따르게 될 인용들은 모두 *RD*, 2:564(바빙크, 『개혁교의학』, 2:703-704)에서 발견할 수 있다.

바빙크는 고린도전서 15장에 나오는 아담과 그리스도 사이의 연속성과 불연속성에 대한 사도 바울의 논의를 이 주장의 근거로 삼고 있다.

고린도전서 15장 45-49절에서 바울은 두 언약의 머리들, 아담과 그리스도를 대조하여 비교하는데, 로마서 5장 12-21절과 고린도전서 15장 22절처럼, 그들이 초래했던 것의 관점에서가 아니라 그들의 본성과 인격과 연관해서 비교했다. 이 비교는 여기에서 가장 깊은 곳까지 내려가, 그 둘의 근본적 차이까지 꿰뚫는다. 타락 이전과 이후의 전체적인 아담은 부활 이전과 이후의 전체적인 그리스도와 대조된다[바빙크, 『개혁교의학』, 2:703].

바빙크는 비록 순결한 상태의 아담이라 하더라도, "영적으로 영화롭게 된 영적인 몸을 가진 것이 아니었다"고 하면서, 그 이유를 "그의 자연적 육체는 아직 완전히 영혼의 도구가 된 것은 아니었기" 때문이라고 언급하며, 아담과 그리스도 사이의 차이점을 요약한다. 바빙크는 둘 사이의 대조를 다음과 같이 길게 제시한다.

아담은 그와 같은 존재로서 그리스도보다 낮은 단계에 있다. 아담이 첫 번째이고, 그리스도는 아담을 전제하고 아담을 뒤따르는 두 번째이며 마지막이다. 아담은 더 적고 더 낮은 존재인 반면, 그리스도는 더 크고 더 높은 존재다. 따라서 아담은 그리스도를 가리키고, 그는 타락 전에 또한 이미 그리스도의 모형이었다. 아담의 창조에 있어서 이미 그리스도가 고려되었다. … 자연적인 것이 먼저 있고, 그 다음에 영적인 것이 있다[바빙크, 『개혁교의학』, 2:704].

비록 바빙크는 고린도전서 15장으로 시작하고 있지만, 인간의 운명에 대한 이런 시각은 이미 창세기 1-2장에서 발견된다고 주장한다. 창조 자체는 종말론적으로, 즉 창조의 영광스러운 운명을 위한 하나님의 목적이라는 관점에서 이해되어야 한다. 비록 아담에게는 "생기"가 주어졌고 "낙원이 그의 거처가" 되었지만, 동시에 그에게는 "지침"으로서의 "계명"과 이를 "위반할 경우 형벌의 위협"까지도 주어졌다. 개혁 신학에서는 이런 개념을 "행위 언약"으로 지칭하는데, 행위 언약은 하나님과 인간 사이에 신적으로 부과된 관계이며 이는 승인과 제재 하에 있는 관계를 뜻한다. 즉 순종은 복을 가져오고 불순종은 죽음을 초래하는 내용을 가지고 있다. 바빙크는 이를 다음과 같이 설명한다. "이 모든 것으로부터 첫 번째 인간이 얼마나 높은 수준에 올려졌든지 간에 아직 최상에는 이르지 못했다는 사실이 드러난다. 자연적인 것과 영적인 것, 완전한 상태와 영광의 상태 사이에는 매우 큰 차이가 있다"[바빙크, 『개혁교의학』, 2:704]. 요약하자면, 우리는 참된 인간이 되기 위해 그리스도인이 되는 것이지, 그 반대가 아니다.

이런 신학적 통찰은 기독교 제자도에 대한 개혁파적인 이해에서, 인간의 창조적, 자연적 소명이 기본적이고 일차적인 것임을 내포한다. 물론 여전히 죄가 남아 있는 현시대에 복음 선포와 선교, 교회 사역이 긴급한 우선순위를 지닌다는 것은 분명한 사실이다. 바빙크는 우리가 기독교적 대의에 참여하는 것이 "우리 자신이 참으로 회심했는지, 살아서나 죽어서나 그리스도께 속해 있는지에 대한 질문을 간과하게끔" 해서는 안 된다고 주장했다. "왜냐하면 이것이 삶의 본질이기 때문이다." 이런 근본적인 질문이야말로 참으로 긴급한 질문이다. 바빙크는 자신들의 신앙 고백적 정체성 가운데 비뚤어진 자부심을 가졌던 특정한 개혁파 무리들, 스스로를 가리켜 오늘날의 "복음주의자" 혹은 심지어 "근본주의자"와 다르다고 자만하는 사람들을 부드럽게 꾸짖었다. "우리는 경건주의 혹은 감리교주의라는 꼬리표를 달아 다음 질문을 우리의 개인적인 혹은 교회적인 삶에서 몰아낼 수 없다. 만약 온 천하를 얻더라도, 심지어 그것이 기독교적 원리라 하더라도 자기 영혼을 잃는다면, 과연 무슨 유익이 있겠는가?"[6] 모든 소명이 가진 가치를 "하나님 나라에 대한 섬김"으로 강조하는 전통적 개혁파 원리를 공유하는 그리스도인들은 세상을 향해 복음을 선포하고 모든 민족을 제자로 삼으라는 우리 주님의 명령의 긴급성을 결코 경홀히 여겨서는 안 된다. 바빙크의 말을 반복하자면, "이것이야말로 삶의 핵심이기 때문이다."

그렇다면 이런 긴급성은 창조의 우선성과 인류의 자연적인 삶의 우선성에 대한 앞선 확언보다 더 우위를 차지하는가? 아니면 이전

---

[6] *Certainty*, 94.

단락에서 논의한 것과 반대되는 위험에 대해 스스로 경계해야 하는 가? 현시대 속에서 "급진적 제자도"라 불리는 것으로부터 비롯된 일상의 "평범한" 소명 안에서 참된 기독교적 제자도를 향한 도전을 탐구함으로써 이 질문에 관한 답을 찾아보려고 한다. 이런 용어들은 물질주의적이며 쾌락주의적 문화를 향한 가치와 기대에 부합하는 안락한 삶을 살아가는 북미 그리스도인들을 날카롭게 비판하는 것으로 시작하여 복음서에 나오는 예수님의 급진적인 요구를 따르라는 부름으로 끝난다. 이런 그리스도인들은 우리의 삶 구석구석이 반드시 반(反)문화적이어야만 하며 산상수훈에서 예수께서 선포하신 하나님 나라의 가치를 따라가야만 한다고 말한다. 복음은 완전히 다른 문화를 창조해낸다고도 주장한다. 단순한 삶과 심지어 신(新)수도원주의 운동은 이런 급진적 기독교의 핵심적 특징이 된다. 이런 운동이 추구하는 영웅은 디트리히 본회퍼(Dietrich Bonhoeffer), 테레사 수녀(Mother Teresa), 그리고 셰인 클레이본(Shane Claiborne) 같은 인물들이다.

우리가 우리 자신의 기독교적인 행보를 되돌아볼 때, 이런 강조는 우리에게 많은 도전을 주며 자성의 기회를 만들어주기도 한다. 세상의 가치에 순응하는 것은 신약 시대 이후로 언제나 유혹과 위험이었으며, 사도 바울과(롬 12:1-3) 요한은(요일 2:15-17) 이에 대해 강력하게 경고한다. 하지만 동시에 우리는 급진적 제자도에 대한 이런 강조가 일으킬 수 있는 의도치 않은 잠재적 결과를 우려해야 한다. 복음 사역이나 다른 명시적인 기독교적 섬김의 일부가 아니라, 직업으로 하나님을 영광스럽게 섬기는 그리스도인들은 어떠한가? 의도적으로 급진적 기독교를 추구하는 공동체에 참여하지 않고 자신의 직업과 도시나 도시 밖의 교회에 남아 있는 그리스도인들은 또 어떠한가? 이런 삶을 향한 날카로운 비판, 즉 급진적인 제자가 됨으로써 "참된 그리스도인"이 되라는 부름 가운데 일어나는 비판은 쉽게 죄책감을 만들어 내는데, 내 생각에 이런 죄책감은 타당하거나 생산적인 것은 아니다.

급진적 제자도의 관점에서 볼 때, 사업, 법, 의학, 혹은 정보 통신 기술 분야의 직업에 자신을 헌신하는 것은 정당한 일이긴 하지만, 만약 급진적인 방식으로 그 소명이 발휘되지 않는다면 가치가 높다고 말할 수 없다. 높은 봉급을 버리고 스스로를 가난한 자들을 위해 헌신하는 변호사들과 의사들은 칭송받는다. 월가의 중개인들은 말할 필요도 없고 연구 병원 혹은 연구 협회의 전문의들과 기업 변호사들도 마찬가지이다. 나는 지금 예수님을 더 신실하게 따르기 위해 자신의 삶과 삶의 방식을 급진적으로 바꾼 사람들의 희생을 폄하하고 싶은 생각은 전혀 없다. 오히려 반대이다! 예수님께서 우리를 부르실 때, 우리는 그분의 부르심에 귀를 기울일 수 밖에 없다. 나의 우려는 한 사람의 부르심과 한 종류의 부르심이 모든 사람에게 규범화된 표준이라는 식으로 결론짓는 그리스도인들을 향한 것이다. 급진적 제자도는 마치 이 관점이 모든 사람을 위한 표준적 시각이라고 그리스도인의 소명을 해석하게 만드는데, 이런 해석은 (헌신된 젊은이들로 하여금 특정한 소명만 좇게 만들고) 결국 명시적인 기독교적 섬김이 일상의 "평범한" 직업들 속의 기독교적 제자도보다 더 높은 소명이라는 식으로 소명을 계급화 하도록 이끌기 마련이다. 이런 생각은 의도치 않게 지나치게 많은 이상을 가진 사람들을 실망시키는 결과를 낳을 수 있다. 그들은 스스로가 순교자 혹은 심지어 선교사가 되는 것을 보지 못하며, 결국 기독교적인 삶 자체가 불가능하다는 식으로 잘못된 결론을 내릴 수 있다.

소명을 계급화 하는 이런 생각이 낳는 (의도치 않은) 결과는 역설적이게도 종종 일반 신자를 평가 절하하는 방식, 즉 (모든 사람을 위한) "규칙들"(precepts)과 ("종교인" 즉 종교적 질서를 가진 구성원들을 위한) "완전한 덕행에 대한 권고"(counsels of perfection) 사이를 가르는 전통적인 로마 가톨릭의 구분 방식을 우리에게 상기시킨다. 종교 개혁 신학이 소명과 만인 제사장직을 외친 것은 바로 이런 로마 가톨릭의 이분법에 대항하는 것이었다. 급진적 제자도 개념은 예수님을 진정으로 따를 수 있는 유일한 곳이 기독교 복음으로 확립된 대체 반문화의 틀 안에 있다고 암시하는 것 같다. 바빙크는 "결혼, 가정, 사업, 직업, 농업, 산업, 상업, 학문, 예술, 정치, 사회는 기독교의 특별한 산물로 볼 수 없다"라고 말하며, 인간 문화의 영역에 대해 다른 관점으로 논의를 시작한다. 심지어 신약과 구약의 관계성이 이를 바빙크의 관점에 반영한다. "반대로 신약성경은 구약성경을 전제하며, 구원은 창조의 토대 위에 성취되고, 아들의 사역은 아버지의 사역에 묶여있으며, 은혜는 자연에 뒤따르고, 거듭남은 오직 태어난 후에 가능하다."**7**

우리는 이것으로, 바빙크가 문화와 사회 속에서 종종 사회의 가치 및 규범과 근본적으로 다른, 독특한 기독교적 방식으로 살아가는 삶을 거부한다고 선불리 결론지어서는 안 된다. 사실 바빙크는 복음으로 변화되어 주류 문화에 대립되는 삶을 살아간 그리스도인들이 문화를 극적으로 변화시켰다고 굳게 믿었다. 바빙크는 이 점을 지적하기 위해 천국에 대한 주님의 비유에서 진주와 누룩이라는 짝을 이루는 두 은유를 활용하기를 좋아했다. 무엇보다도 복음은 모든 것을 버리더라도 반드시 사야 할 "값비싼 진주"이다. "복음의 중요성은 문화에 미치는 영향이나 오늘날의 삶에 실용적인가 아닌가에 의존하지 않는다. 복음은 누룩이 아닐지 모르지만 그 자체로 보물이며, 값진 진주이다."**8** 하지만 바빙크는 바로 다음과 같은 내용을 덧붙였다. "비록 기독교의 가치는 확실히 문명에 끼친 영향에 의해서만 결정되는 것은 아니며 그것만이 독점적이고 우선적인 요소라고도 볼 수 없지만, 그럼에도 불구하고 기독교가 실제로 [문명에] 영향을 끼쳤다는 사실은 부정할 수 없다. 천국은 진주뿐만이 아니라 누룩이기도 하다." 그런데 심지어 여기에서도 "성경의 출발점은 창조인데 그 이유는 모든 관계가 창조와 연결되며 오직 창조됨으로 말미

---

7 "Imit. II," 135-36[429].

8 *ERSS*, 140.

헤르만 바빙크의 성도다운 성도

암아 드러나기 때문이다."[9] 바빙크의 시각으로 볼 때 완전히 새로운 "급진적 기독교식의" 문화 혹은 반문화를 꾀하려는 시도는 실수다. 문화를 위한 규범들은 창조로부터 오지 복음으로부터 오지 않는다. 복음은 새로운 사회적 질서나 정치적 질서를 창조해내지 않는다. 오히려 복음은 사람을 새롭게 하며 하나님의 자녀인 그들을 가장 고귀한 존재로 고양시킨다. 복음은 새로운 영적 인류를 창조해낸다.

이에 대해서는 4장에서 더 구체적으로 살펴볼 것이므로 지금은 이런 시각이 지닌 한 가지 중요한 함의에 대해 집중할 것이다. 이런 시각은 복음 사역이나 특별히 기독교적 섬김의 분야로 하나님의 부름을 받지 않은 그리스도인들이 다른 직업으로 하나님을 섬기는 것에 대해 마치 가치가 떨어진다거나 소명에 대한 신실함이 부족한 것 같은 죄책감을 느끼지 말아야 한다는 것을 의미한다. 모든 합법적인 직업은 독특하게 그 자체로서 거룩한 것이며, 심지어 복음 사역의 특별한 소명보다 앞서기도 한다. 하나님의 창조 행위와 인류를 향한 하나님의 창조적이고 자연적인 선물 모두는 아브라함을 부르심으로 시작된 구속보다 앞선다. 바빙크는 이에 대해 다음과 같이 주장했다.

문화, 결혼, 가정, 국가의 모든 산물은 빛들의 아버지로부터 내려온 선하고 완전한 선물이다. 그것들은 일반적인 선하심으로 의인과 악인에게 햇빛과 비를 주시며, 양식과 기쁨으로 사람들의 마음을 만족하게 하시는

---

9 *ERSS*, 141.

하나님께서 우리에게 주신 것이다.[10]

가정, 교육, 의학, 법, 사업, 정부 등에서 하나님의 "선하고 완전한 선물들"을 활용하여 하나님을 섬기는 청지기 그리스도인들은 책임 있는 기독교적 제자로 활동하고 있는 것이며 이를 위해 그들은 존중받아야 한다. 기독교적 제자도 개념은 명백히 복음 사역, 기독교적 증인, 혹은 기독교적 섬김으로 연결된 사역에만 국한되어서는 안 된다. 우리는 어떤 모습이든지 우리를 부르시는 하나님의 부르심 안에서 그리스도인의 삶을 살아간다.

일반 은혜? ──────

우리는 한때 선하게 창조되었을지 몰라도, 지금은 확실히 "타락"했다. 나는 이 장 초반부에서 죄의 문제에 대해 소개했지만, 기독교적 제자도에 미친 죄의 결과에 대해서는 조심스럽게 논의를 피했었다. 그리스도께서 재림하시고 만물이 완성되기 전에 우리의 삶은 얼마나 "기독교적인" 삶이 될 수 있을까? 우리가 얼마나 "선한" 존재가 될지에 대한 한계가 존재하는가? 바빙크 같은 개혁파 신학자에게 이런 질문은 특별히 성가신 질문이다. 결국 개혁파 신자들은 도르트

---

10 "Imit. II," 135-36[429].

헤르만 바빙크의 성도다운 성도

신조(the Canons of Dort)를 요약한 유명한 약자인 튤립(TULIP)의 첫 글자 T, 즉 "전적 타락"(total depravity)을 단언하고 있지 않은가? 이 교리는 이 땅에서 우리가 기대하는 성화의 총량을 제한하지 않는 가? 바빙크와 동시대에 활동했던 프린스턴 신학교의 벤자민 워필드 (Benjamin Warfield) 교수가 완전주의(perfectionism) 이단에 응전한 2 권짜리 신학 연구서에 자신을 헌신했을 때 이 지점을 목표로 한 것이 아닌가?

이런 질문들에 의해 소개된 골치 아픈 신학적 가시덤불에 들어 가지 말고, 종종 "일반 은혜"라고 칭해지는 또 다른 중요한 개혁파 교리를 살펴봄으로써 이 질문들에 접근하고자 한다. 내 개인적인 생 각에 일반 은혜라는 용어는 만족스럽게 선택된 용어가 아니며, 그 결과 수많은 오해들이 불거졌고, 잠재적으로는 그리스도인들 사이 에서도 세속성에 대해 변명할 여지를 주어 도덕적 실수로 이어질 수 도 있다고 생각한다. 일반 은혜 교리의 지지자들이 염두에 두고 있 는 것은 나도 건전하다고 확증하고 있는 바인데, 그것은 바로 하나님 께서 창조 세계와 타락한 인류를 섭리적으로 계속 보살피고 계시며, 이런 보살핌은 택자들에게만 국한되지 않고 그들을 넘어서는 확장 성을 가진다는 신앙고백이다. 보통 전통적으로 이 교리를 지지하는 성경 구절이라고 여겨 온 말씀은 마태복음 5장 45절이다. "이같이 한즉 하늘에 계신 너희 아버지의 아들이 되리니 이는 하나님이 그 해를 악인과 선인에게 비추시며 비를 의로운 자와 불의한 자에게 내 려주심이라."

바빙크가 1894년에 출간된 깜픈 신학교 "학장 연설"에서 이 교리에 대해 고찰했을 때, 그의 주요 관심은 하나님께서 타락 후에도 자신의 현존이나 계시를 인류에게 중단하지 않으셨다는 것을 보여주는 것이었다. 인간 종교는 여전히 계시에 대한 하나의 반응이다. 그러나 죄의 유입은 인류가 필요로 하는 계시의 본질을 변화시켰다. 그 변화는 인간의 상태가 변화되었기 때문에 오게 된다. 에덴동산을 함께 거닐며 즐겁게 열려 있던 하나님과의 교제가 두려움으로 악화되었고, 인간들은 하나님의 현존으로부터 숨으려 하게 되었다.

종교는 항상 종교가 가진 토대와 관계성 때문에 계시를 필요로 한다. 그러므로 계시 없는 종교란 존재하지 않는다. 실제로 타락은 변화를 가져왔다. 하지만 이런 변화는 하나님이 자신을 계시하기 시작하거나 중단하시는 것을 포함하지 않는다. 계시는 지속되며 하나님은 스스로 계시를 중단하지 않으신다. 하나님은 또다시 남자와 여자를 찾으신다. 하지만 그들은 하나님의 음성을 두려워하여 하나님의 면전에서 달아나 숨게 된다(창 3:8-9). 죄 의식은 그들을 하나님의 현존으로부터 몰아냈다. 그들은 죄악의 날에 받는 죽음의 형벌에 대해 알고 있었다(창 2:17).[11]

하나님은 자신의 피조물에게 자신의 존재를 계속해서 계시하셨다. 시편 19편, 사도행전 17장 24-28절, 로마서 1장과 2장 같은 성경

---

11 "Com. Grace," 40. 이후 문단에서의 인용들도 이 페이지에서 발췌했다.

헤르만 바빙크의 성도다운 성도

말씀이 증언하듯 하나님은 자신의 손으로 만드신 만물 속에서 지속적으로 자신을 계시하신다. 하지만 이제 우리는 일반적 혹은 보편적 의미에서의 하나님의 현존 및 계시를, 특별한 혹은 구원하시며 은혜로운 하나님의 임재와 구별할 필요가 있다. 바빙크는 장 칼뱅(John Calvin)까지 거슬러 올라가는 개혁파 신학의 전통을 지지하며, 은혜라는 용어를 사용할 때 "일반 은혜"와 "특별 은혜" 둘 모두를 언급하면서도 이 둘을 구별했다. 설사 우리가 일반 은혜라는 용어에서 잘못을 발견한다 하더라도(나는 잘못을 발견해야 한다고 생각하지만), 우리는 바빙크가 왜 이 용어를 계속 사용하는지에 대해서도 살펴볼 필요가 있다. 하나님의 계시가 악한 사람들, 죄책으로 죽어 마땅한 사람들에게 임할 때, 그들은 자비와 긍휼이라는 새로운 요소를 수납하게 된다.

계시는 계속되지만, 그 성격이 변화되며 다른 내용을 받게 된다. 이제 계시는 죽어 마땅한 죄인에게 은혜의 계시로 임한다. 이제 죄를 지은 죄인임에도 불구하고 하나님께서 그를 부르시고, 그를 찾으셔서, 사라져 버린 우정의 자리를 적대감이 대신하게 될 때, 완전히 새로운 요소가 이 계시 속에 드러나게 되는데, 그것은 바로 하나님의 긍휼과 자비이다.

타락 이후에도 창조가 지속된다는 사실에서 바빙크 같은 개혁파 신학자들이 일반 은혜라는 용어를 사용할 때 강조했던 것이 바로 이 "자비"이다. 창조주의 강력한 손으로 만물을 붙들고 계신 것과 더불어, 세상이 지속되고 있다는 단순한 사실이 그 자체로 은혜의 한 증표가 된다. 반드시 지속되어야만 하는 것은 아니다. 하나님은 이 세상을 멸망시키실 권리를 늘 가지고 계셨다. 비록 바빙크 자신이 이 용어를 사용하지는 않았지만, 이를 타락 이후의 "이중 우발성"(double contingency)으로 말하는 것도 적절하며, 이런 이중적 개념은 일반 은혜 교리로 다루어야 할 모든 것을 포함하는 개념이다. 앞서 말한 바와 같이, 창조 전체가 만물을 붙잡고 계시는 하나님의 섭리적 붙드심에 의존했는데 이는 그러실 필요가 없는 붙드심이라고 볼 수 있다. 이것이 바로 첫 번째 우발성이다. 하지만 이에 더하여, 타락 이후에도 하나님께서 자신의 능력으로 만물을 지속적으로 붙잡고 계시는 것은 은혜로운 붙드심이다. 이런 자비가 바로 두 번째 우발성이다. "생명, 일, 음식, 의복은 더 이상 행위 언약 안에 주어진 합의나 권리에 기초하지 않고 오직 은혜로 [인간에게] 주어진다. 은혜는 인류의 모든 생명과 모든 복의 원천 및 근원이 되었다. 은혜는 모든 선한 것이 차고 넘치는 샘이다(창 3:8, 24)."

그러나 이런 일반 은혜는 우리를 구원하지 못한다. 삶은 계속되지만, 그 삶은 하나님의 저주와 진노 아래 놓여 있다. 그 이상의 새로운 무언가가 필요하다. 여기서 결정적인 구분이 등장한다. "그러나 이 은혜는 단일하게 구분 없이 존재하지 않는다. 이 은혜는 그 자체로 일반 은혜와 특별 은혜로 구별된다." 바빙크는 일반 은혜와 특별 은혜 모두 삼위일체적 용어로 묘사한다. 모든 사람에 대한 하나님의 보편적인 임재는 창조주 하나님이 만물, 즉 움직이고 삶을 영위하고 숨 쉬며 느끼고 생각하고 말하고 사랑하는 모든 것의 근원이라는 사실에서 비롯된다. 이 창조주 하나님은 삼위일체 하나님, 즉 성부, 성자, 성령 삼위 하나님이시다.

> 온갖 좋은 은사와 온전한 선물이 빛들의 아버지로부터 모든 나라에 내려 온다(약 1:17). 만물을 창조하시고 유지하시는 말씀이 세상에 와서 각 사람 에게 빛을 비춘다(요 1:9). 성령은 모든 생명, 모든 권세, 모든 덕의 창시자이 다(창 6:17; 7:15; 시 33:6; 104:30; 139:2; 욥 32:8; 전 3:19).[12]

우리의 구원 역시 같은 삼위일체 하나님으로부터 온다. 이스라 엘에서 시작하여 성육신에서 절정에 이르렀던, 구속하시는 하나님 의 임재와 계시는 철저히 삼위일체적이다. 바빙크는 이를 구약에 서 하나님을 칭했던 중요한 두 개의 이름, 즉 엘로힘(Elohim)과 야훼 (YHWH)를 염두에 두고 설명한다. 구약은 하나님을 "가장 높은 곳 에 영원히 거하시며, 모든 피조물과 모든 부정함과 구별되시는 거룩 한 엘로힘"으로 계시한다. 하지만 온 우주의 창조주요 주권자이신 분은 아브라함과 언약을 맺으시고 영원토록 아브라함에게 하나님 이 되시고 그의 후손들의 하나님이 되신다고 약속하신 분이다. "그 는 또한 언약의 하나님 여호와, 곧 '[주의 종] (Malak Yahweh)'에게 나

---

12 "Com. Grace," 41.

타나셔서, 애굽으로부터 이스라엘을 건져주시고, 희생 제사를 통해 이스라엘을 정결하게 하시는 분이시다." 이처럼 정결하게 하고 거룩하게 하며 온전하게 하시는 분은 성령 하나님이시다. "그분은 또한 영으로서 건강과 복의 창시자이시며, 이스라엘이 언약에 정초한 삶을 살게 하시고 하나님의 길로 행하게 하심으로, 이스라엘을 거룩하게 하여 제사장 나라가 되게 하시는 분이다[출 19:5-6]." 결국 "이스라엘의 믿음의 본질은 그리스도 안에서 그 목적과 성취를 발견할 때 더욱 명백해진다. 그리스도야말로 [은혜 언약](foedus gratiae)의 궁극적인 내용이다. 그리스도 안에서 하나님의 모든 약속이 '예와 아멘'이 된다."[13]

그러므로 제대로 이해한다면 일반 은혜 교리는 심지어 타락 후에도 창조주 하나님께서 당신의 섭리로 은혜롭게 만물을 붙드시며 모든 피조물에게 현존하신다는 것에 대한 확증이다. 이 용어에 대한 반대들은 그 용어를 오용하여 일어난 것이기 때문에, 개혁파 신학자들이 왜 이 용어에 대해 공언했는지 상기하는 것이 중요하다. 장 칼뱅은 성령께서 "인류의 공동선을 위해 그분이 뜻하신 자들에게 [선물들을] 나누어 주시는 분"이라고 인정하며 일반 은혜에 대해 간결하고 선명하게 진술했다. 칼뱅에 따르면, "인생에서 가장 훌륭한 모든 것에 대한 지식은 하나님의 영을 통해 우리에게 전달된다고 말할

---

13 "Com. Grace," 43.

헤르만 바빙크의 성도다운 성도

수 있다."[14] 이를 인정하는 것이 왜 중요한가? "만약 우리가 하나님의 영을 진리의 유일한 원천으로 여긴다면, 하나님의 영의 명예를 더럽히고 싶어 하지 않는 한 우리는 진리 자체를 거부하지도, 진리가 드러나는 것을 멸시하지도 않을 것이다. 그 이유는 성령의 은사들을 경시하는 것이 곧 성령 그 자체를 멸시하고 비방하는 것이기 때문이다." 칼뱅은 다음과 같이 덧붙인다. "하지만 동시에 하나님으로부터 온 것임을 인정하지 않은 채, 어떤 것을 훌륭하거나 고귀하다고 여길 수 있는가? 이런 배은망덕을 부끄럽게 여기자."[15]

일반 은혜 교리가 긍정하는 지점은 감사(gratitude)이다. 일반 은혜 교리는 이 땅의 선하고 고귀하고 참되고 아름다운 모든 것에 대한 우리의 관심이 그것들을 주신 분보다 그 은사들 자체에 더 집중될 때 오용된다. 아우구스티누스(Augustine)는 요한일서 2장 15절 [상반절], 즉 "이 세상이나 세상에 있는 것들을 사랑하지 말라"라는 본문에 대한 탁월한 설교에서 이런 왜곡을 지적했다. 그는 청중들에게 "하나님께서 만드신 것을 사랑하십시오."라고 호소하면서도, 로마서 1장 25절 말씀 "이는 그들이 하나님의 진리를 거짓 것으로 바꾸어 피조물을 조물주보다 더 경배하고 섬김이라 주는 곧 영원히 찬송할 이시로다"를 인용하며 과도하고 무절제한 그 어떤 사랑도 조심

---

14 John Calvin, *Institutes of the Christian Religion*, ed. John T. McNeill, trans. Ford Lewis Battles, 2 vols. (Philadelphia: Westminster, 1960), 2.2.16.

15 Ibid., 2.2.15.

하라고 경고했다. "하나님께서는 여러분이 이것들을 사랑하는 것을 금하지 않으시지만, 복 받음에 대한 기대감 가운데서 이것들을 사랑해서는 안 됩니다. 오히려 여러분은 여러분이 창조주를 사랑하는 방식 속에서 그것들을 애호하고 칭송해야만 합니다." 아우구스티누스는 보다 확장된 신랑-신부 은유로 이를 설명한다.

형제들이여, 만약 신랑이 신부를 위해 반지를 준비했는데 신부가 신랑보다 반지를 더 사랑해서 "이 반지로 저는 만족해요. 이제 당신의 얼굴을 더 이상 안 봤으면 좋겠어요."라고 말한다면 과연 그녀는 어떤 사람일까요? … 그 누가 이런 신부의 불순한 마음을 책망하지 않을 수 있을까요? 그녀는 남자보다 금을 사랑하며 신랑보다 반지를 사랑하는 것입니다. 만약 이 상황이 여러분의 상황이라면, 그래서 여러분이 여러분의 신랑보다 반지를 더 사랑하고 더 이상 신랑을 보길 원치 않는다면, 신랑은 여러분에게 스스로 서약하기 위함이 아니라, 여러분을 멀리하기 위한 약조금을 줄 것입니다. 신랑은 자신의 서약으로 [신부로부터] 사랑을 받기 위한 목적으로 약조금을 줍니다. 이것이야말로 하나님께서 여러분을 위해 모든 것을 주신 이유입니다. 그 모든 것을 만드신 분을 사랑하십시오. 하나님께서 여러분에게 더욱 주시고 싶어 하시는 것은 바로 모든 것을 만드신 자기 자신이십니다. 하지만 하나님께서 그 모든 것을 지으셨음에도 불구하고 여러분이 그것들을 사랑한다면, 창조주를 무시하면서까지 세상을 사랑한다면, 여러분의 그 사랑은 불순한 사랑이 아닐까요?[16]

선물을 주신 하나님을 향한 감사가 아니라 문화가 주는 유형의 선물에 우리의 마음을 기울이는 방식으로 일반 은혜 교리를 다룬 다면, 이 세상의 "재화들"을 향한 우리의 욕망이 우상숭배로 변질되 는 위험에 놓이게 될 것이다. 아우구스티누스가 이스라엘 사람들이 "애굽 사람의 물품을 취하였더라"[출 12:36하]라는 표현을 언급하 며 일반 은혜에 대해 확언했지만, 그는 그리스도인들이 금에 대한 집 착을 합리화하고 정당화하기 위해 일반 은혜 교리를 사용해야 한다 는 식으로 생각한 것은 분명히 아니다. 오직 혹은 주로 우리에게 "좋 아 보이는" 이방 문화나 세속 문화에만 집중할 때, 우리는 "세상은 그렇게 나쁘지만은 않다"는 메시지를 우리 안에 내면화한다. 우리가 항상 기억해야 할 점은, 일반 은혜 교리가 우리에게 불신 문화를 칭 송하고 사용하도록 허락하는 차원에서 의도된 것이 아니라, 오히려 "온갖 좋은 은사와 온전한 선물"을 주신 하나님께 우리의 마음을 올 려 드리기 위해 의도된 교리라는 점이다.

---

16 Augustine, *Homilies on the First Epistle of John*, in *The Works of Saint Augustine*, ed. Daniel E. Doyle and Thomas Martin, trans. Boniface Ramsey (Hyde Park, NY: New City, 2008), 2.11.

일을 위해 창조? ———

우리의 첫 번째 관심사는 하나님의 형상으로 창조된 주된 목적과 목표인 하나님과의 교제에 대해 강조하는 것이었다. 이제 우리는 하나님께서 자신의 영광과 우리를 위해 창조하신 이 세상 속에서, 하나님의 형상의 담지자로 살아가는 존재의 일상적이고도 실천적인 측면을 고려할 필요가 있다. 바빙크는 이 두 가지 사안이 서로 통합적으로 연결되어 있다고 주장한다.

> 이 영원한 운명은 결코 이 땅에서 부름 받은 우리의 소명을 배제하지 않는다. 영적인 것이 먼저 오지 않는다. 오히려 자연적인 것이 먼저 온다. 첫 사람은 땅에서 났으며(고전 15:45-47) 이 세상을 위한 소명을 받았다. 첫 사람은 자신의 몸 덕분에 이 땅과 연결되어 있으며, 그 존재가 이 땅을 의존할 뿐만 아니라 다양한 측면에서 땅의 생명들과 교감한다. 땅의 관점에서 볼 때 인간들은 생육하고 충만해야 할 이중적 임무를 부여받았다(창 1:[26]; 2:15).[17]

여기서 바빙크는 구분, 즉 이분법적인 분리가 아닌 이중적 구분을 인정한다.

---

[17] "Gen, Prin.," 438.

주중 노동 시간과 더불어 안식일 제도가 [서로 구별된 채] 존재하는 것처럼 이런 세속적인 부르심도 인간의 영원한 운명과는 구분된다. 하지만 세속적인 부르심과 영원한 운명은 서로 부딪히거나 모순되지 않는다. 이 땅에 부름받은 우리의 소명의 성취는 영원한 구원을 위해 정확히 우리를 준비시키며, 위에 있는 것들에 우리의 마음을 두는 것은 이 땅의 열망을 진정으로 만족시키기 위해 우리를 준비시킨다.[18]

바빙크는 우리의 "영원한 운명"과 "이 땅에서의 소명"의 이중성 가운데 우리가 하는 일의 의미를 다음과 같이 해석한다.

우리의 일은 사람들 앞에서 책임감을 가지고 일하는 이중적 소명이다. 항상 일하시고(요 5:17) 자신처럼 항상 일하도록 우리를 부르시는 하나님은 게으르거나 더없이 무기력한 존재로 우리를 창조하지 않으셨다. 그러므로 하나님은 우리가 이 땅을 정복하기 위해 우리의 지정의가 기능하는 모든 종류의 일을 하도록 6일을 주셨다. 우리의 일 또한 하나님이 만드신 제도이다.

우리는 동시에 우리의 일로 의롭게 되지 않으며, 그 일이 우리를 규정하지도 않는다. 일곱 번째 날인 안식일은 쉴 수 있는 기회일 뿐

---

18 "Gen. Prin.," 438.

만 아니라, 최종적으로는 "이 땅이 아니라 하늘이 [우리의] 일의 목표"라는 사실을 상기시키는 기회이기도 하다. 우리는 하나님과 교제를 맺기 위해 창조되었고, 하나님의 법을 의도적으로 따름으로써 사회적 관계와 이 땅에서의 소명 가운데 이 교제를 행사한다. "인간의 마음에 새겨진 하나님의 법은 우리 존재의 내적, 외적 영역에서, 즉 일상생활과 교제 가운데 우리의 전 존재를 이끌어가고 규정하는 법칙으로 주어졌다. 이 법은 하나님과 이웃을 사랑하라는 의무로 요약된다."[19] 1891년 암스테르담 기독교 사회 총회의 첫 번째 결의안에서, 바빙크를 통해 작성된 "오늘날 사회 문제에 대한 일반적인 성경의 원리들과 구체적인 모세 율법의 관련성"이라는 글은 이 총회의 가장 중요한 논의의 토대를 제공해주었다. 이 문서에서 바빙크는 다음과 같이 기록했다. "성경은 인간 사회의 질서가 우리의 선호에 따라 규정되어서는 안 되며 오히려 하나님께서 친히 피조 세계와 자신의 말씀 속에 굳건히 확립해주신 법에 매여 규정되어야 한다는 사실을 가르친다."[20]

기독교적 제자도의 삶을 형성하는 하나님의 법의 역할은 다음 장에서 더 구체적으로 다루게 될 것이다. 이 장을 마무리하며 하나님의 형상, 인간의 존엄성, 자유에 대해 몇 마디 덧붙이려고 한다. 창조된 인간의 자연적인 삶을 향한 바빙크의 찬사와 인간의 소명을 가

---

[19] "Gen. Prin.," 438-39.

[20] "Gen. Prin.," 445.

헤르만 바빙크의 성도다운 성도

장 높은 수준까지 끌어올리는 바빙크의 생각은 하나님의 형상을 담지한 존재인 인간이 누리는 왕 같은 존엄성을 가리킨다. 바빙크는 인간의 피조성과 하나님의 법이라는 테두리 안에서 심지어 인간을 하나님의 "동역자"라고 지칭하기까지 한다.

그러므로 칼뱅주의자는 자신이 개인적으로 하나님과 화해하고 하나님께서 주신 구원을 확신하는 것으로 만족하지 않는다. 그때부터 인간의 일은 본격적으로 시작되며, 인간은 하나님의 동역자가 된다. 그 이유는 하나님의 말씀은 구원에 관한 진리의 원천일 뿐 아니라 전 생애를 관통하는 규범이기 때문이며, 영혼 구원을 위한 기쁜 소식일 뿐 아니라 몸과 전 세계를 위한 구원의 기쁜 소식이기 때문이다. 그러므로 개혁파 신자는 자기 존재와 자신의 마음에서 시작된 개혁을 "외부를 향해"(ad extra) 계속해 나가게 된다.[21]

그리스도인의 삶에 대한 바빙크의 개혁파적 시각은 고등 인간론 또는 인간에 대한 교리에 근거한 큰 시각이다. 하나님께서 자신의 형상 담지자들에게 위대한 존엄성, 책임감, 자유를 허락하셨다. 개혁파의 중요한 신학적 특징을 강조하여 표현하자면, 우리는 하나님의 언약적 동반자이다. 바빙크에 따르면, 하나님은 우리를 아주 가치 있

---

21 "Moral Infl.," 52.

게 여기시므로 우리에게 자유를 주셨고 이 자유는 하나님을 대항할 자유까지도 포함한 것이다. 바빙크는 말하기를, 하나님이 악을 허용하신 이유는 그분이 "절대적으로 거룩하고 주권적인 방식으로 악을 다스릴 수 있는 분"이기 때문이다. 우리는 순전히 "벽돌과 돌처럼" 꼭두각시로 창조된 것이 아니다.[22]

만일 하나님이 죄의 실재를 허락하지 않았더라면, 하나님은 자신의 모든 미덕 가운데 창조 자체와 더불어 주어졌던 가능성의 능력을 초월하지 못했다는 생각이 항상 자리를 잡았을 것이다. 왜냐하면 모든 이성적 피조물은 유한하고, 제한되며, 변하는 존재인 피조물로서 타락의 가능성을 포함하고 있기 때문이다[바빙크, 『개혁교의학』, 3:73].

그럼에도 불구하고 하나님은 인간의 배반과 죄악의 가능성을 배제하지 않으셨다. "하지만 하나님은 스스로 하나님이기에 자유의 길, 죄의 실상, 불의의 분출, 사탄의 능력을 두려워하지 않았다." 바빙크는 그다음 아우구스티누스를 인용하며 다음과 같이 기록한다. "하나님은 죄를 절대적으로 다스릴 수 있다는 것을 알았기 때문에, '악이 전혀 없도록 허용하는 것보다 악으로부터 선을 이끌어내는 것이 더 좋게 생각했다.'"[23]

---

22 Canons of Dort, 3/4.16.

23 *RD*, 3:64–65(바빙크, 『개혁교의학』, 3:74).

우리 인간들은 고귀하게, 자유를 가진 존재로 창조되었다. 하지만 우리는 타락했고, 심각하게 왜곡되어, 하나님의 법이 필요하게 되었다. 이를 염두에 두고 다음 장으로 넘어가고자 한다.

3장

그리스도인의 순종의 법과 의무

우리는 앞 장에서 하나님께서 자신의 형상과 모양으로 인간을 지으심으로 그들에게 주신 왕 같은 존엄성을 논의하는 데 집중했다. 이런 성경적 가르침의 가장 중요한 결론은 우리가 안식일에 하나님과 교제하도록 지음 받았다는 점이다. 하나님과 맺은 이 언약 관계는 사회와 문화 속에서 우리의 일과 삶이 높은 존엄성을 가지게 한다. 다소 제한적이지만 여전히 실제적인 의미에서, 우리는 하나님의 "동역자"이다. 이 땅에서 우리가 하는 일은 영원을 위해서도 중대한 가치를 지닌다. 생명 그 자체에 가장 기본적으로 필요한 기능에 이르기까지, 모든 일은 이런 영원의 관점에서 살펴볼 필요가 있다. "그런즉 너희가 먹든지 마시든지 무엇을 하든지 다 하나님의 영광을 위하여 하라"(고전 10:31). 우리의 모든 행동은 결과를 만들어 낸다. 그 결과들은 우리를 영원으로 이끌 것이다. "또 내가 들으니 하늘에서 음성이 나서 이르되 기록하라 지금 이후로 주 안에서 죽는 자들은

헤르만 바빙크의 성도다운 성도

복이 있도다 하시매 성령이 이르시되 그러하다 그들이 수고를 그치고 쉬리니 이는 그들의 행한 일이 따름이라 하시더라"(계 14:13). 우리 인생은 그리스도 안에서 하나님과 맺는 관계를 통해 새로운 의미를 지니게 된다. 우리 인생은 주를 위한 보다 더 높은 목적으로 고양되고, 이런 방식으로 우리의 여정을 위한 힘과 확신을 부여 받는다. "그러므로 내 사랑하는 형제들아 견실하며 흔들리지 말고 항상 주의 일에 더욱 힘쓰는 자들이 되라 이는 너희 수고가 주 안에서 헛되지 않은 줄 앎이라"(고전 15:58).

이 장에서 우리는 우리의 제자도에 대한 방법에 집중하려 한다. 그리스도 안에서 하나님과 교제하는 삶을 살 때, 우리의 행위를 형성하는 실천적이고도 구체적인 인도를 받기 위해 우리는 무엇을 해야 할까? 바빙크가 이 질문에 답할 때 그는 하나님의 율법으로 돌아감으로써 스스로를 개혁파 전통에 굳건히 정초시킨다. 이런 바빙크의 자세는 그리스도인으로 사는 방법에 대한 첫 번째 성경적 자원으로 예수님의 모범과 가르침으로 돌아가려는 경향이 짙은 북미 복음주의자들의 기본자세와 등치시킬 수는 없다. 5장에서 살펴보겠지만, 바빙크도 그리스도를 본받는 것을 윤리적 이상향으로 무겁게 다루지만, 그럼에도 그것이 그가 시작하는 지점은 아니다. 오히려 바빙크의 시작점은 창조와 율법이다.

바빙크는 이런 흐름 속에서 개혁파 신앙고백과 전통 가운데 있는 율법에 대한 강조를 따른다. 하이델베르크 요리문답(the Heidelberg Catechism, 1563)은 감사하며 살아가는 기독교적 삶의 첫 번째 열쇠로 십계명을 강조하며, 이는 개혁파 윤리학이 신자로 하여금 예수 그리스도의 선한 제자로 살도록 가르치는 데 초점을 두고 있는 지점이다. 우리는 율법과 십계명에 대한 바빙크의 강조점을 알아갈 것이다. 그러나 십계명의 각 계명에 대한 바빙크의 해석을 단순히 풀어 해설하는 것만으로는 충분하지 않다. 오히려 율법에 대한 이런 강조가 왜 이루어져야 하는지 이해하는 것이 더욱 중요하다. 그러므로 소위 행위 언약(covenant of works)이라고 불리는 또 다른 개혁파 신학 개념을 먼저 살펴볼 필요가 있다.

행위 언약 ────

은혜 언약 교리와 마찬가지로 행위 언약이라는 용어에 매달리지 않는 것이 중요하다. 언약과 연관된 행위 개념은 하나님의 은혜가 아니라 우리의 행위로 구성되는 하나님과 인간 사이의 관계로 쉽게 전락될 소지가 있다. 그러므로 먼저 행위 언약 교리의 핵심 사상을 파악하고 왜 개혁 신학이 이 교리를 크게 강조했는지 살펴볼 필요가 있다.

웨스트민스터 신앙고백서(1647) 7장 2절만큼 행위 언약에 대해 간결하고 신앙고백적으로 명료하게 내린 정의는 없을 것이다. "사람과 맺으신 첫 언약은 행위 언약이었는데, 거기에서 완전하고 개인적인 순종을 조건으로 아담과 그 안에서 그의 후손들에게 생명이 약속되었다."

하나님께서 인간을 창조하셨을 때, 하나님은 인간에게 조건을 부여하셨다. 순종하면 살 것이고 불순종하면 죽을 것이라는 조건이 었다. 태초부터 하나님과 인간 사이에 맺어진 관계는 명령에 의해, 곧 율법에 의해 구성된다. 이에 대해 웨스트민스터 신앙고백서가 제공하는 주요한 성경적 "증거는" 주로 갈라디아서 3장 12절에서 찾아볼 수 있다. "율법은 믿음에서 난 것이 아니니 율법을 행하는 자는 그 가운데서 살리라 하였느니라." 이 구절에서 인용된 구약성경은 레위기 18장 4-5절 말씀이다. "너희는 내 법도를 따르며 내 규례를 지켜 그대로 행하라 나는 너희의 하나님 여호와이니라 너희는 내 규례와 법도를 지키라 **사람이 이를 행하면 그로 말미암아 살리라** 나는 여호와이니라"

웨스트민스터 신앙고백서 저자들은 로마서 10장 5절 말씀도 인용한다. 이 본문에서 바울은 같은 레위기 본문을 인용하며 로마서 5장 12-20절에서도 아담과 그리스도를 비교한다. 마지막으로 신앙고백서는 율법에 대한 불순종은 저주와 정죄라는 사실을 우리에게 상기시키기 위해 갈라디아서 3장 10절과 창세기 2장 17절에 기록된 시험적인 명령에 대해서도 언급하고 있다.

웨스트민스터 신앙고백서와 더불어 "행위 언약은 형식적으로 『아일랜드 신조』(The Irish Articles, 1615), 『웨스트민스터 신앙고백서』(The Westminster Confession of Faith, 1647), 『스위스 교회 합의서』(Formula Consensus ecclesiarum Helveticarum, 1675), 그리고 『발케스

신조』(Walchersche artikelen, 1693)에 포함되었다."[1] 바빙크는 다음과 같이 행위 언약 교리를 관찰한다. "[개혁파] 신앙고백서들은 이 언약에 대해 많이 언급하지 않는다. 하지만 그것은 실질적으로 이미 『벨직 신앙고백서』(1561) 14조와 15조에 포함되어, 아담이 생명의 계명을 위반함으로써 인간의 전체 본성이 부패되었다고 가르친다." 바빙크는 그다음 문장에서 다음과 같이 설명한다. "『하이델베르크 요리문답』(1563) 3주일과 4주일에서 인간은 하나님의 형상으로 창조되었다고 불리는데, 이는 인간이 하나님과 더불어 영원한 복 가운데 살도록 의도 되었으나, 아담의 타락으로 인해 전적으로 부패되었다고 묘사된다." 게다가 바빙크는 다음을 덧붙인다. "『도르트 신조』(1618-1619) III/IV 2조는 아담의 부패성이 '하나님의 의로운 심판을 따라' 우리에게 전이되었다고 진술한다."[2] 이처럼 행위 언약은 개혁신학에서 금방 눈에 들어올 정도로 중요한 교리이다. 네덜란드 개혁신학자 빌헬무스 아 브라끨(Wilhelmus à Brakel)의 전통적이고도 유명한 작품인 『우리의 합당한 예배』(Our Reasonable Service)에 나오는 정의로, 이 교리에 대한 짧은 소개를 마치려고 한다. "행위 언약은 아담으로 대변되는 인간과 하나님 사이에 맺어진 협정인데, 하나님께서 순종의 조건으로 영생을, 불순종의 조건으로 영원한 사망을 약속하

---

1   *RD*, 2:566(바빙크, 『개혁교의학』, 2:709).

2   *RD*, 2:566-67(바빙크, 『개혁교의학』, 2:708-9).

신 협정이다. 아담은 이런 약속과 조건 둘 다를 수용했었다."[3]

이런 짧은 증거로부터 행위 언약 교리의 근거와 목적이 분명해진다. 처음부터 맺어진 하나님과 인간 사이의 관계는 법정적이고 언약적이었으며, 순종이 요구되고 이에 대한 보상이 주어졌으며, 불순종은 금지되었고 그에 대해서는 저주와 형벌이라는 제재가 주어졌다. "순종하면 살 것이고 불순종하면 죽을 것이다."

그러나 특히 최근 모든 개혁파 신학자들과 성경 학자들이 행위 언약을 교리로 인정하는 것은 아니다.[4] 일부 신학자들은 이 교리를 반대하는데 그 이유는 언약에 대한 성경의 단어(berith)가 창세기 1-2장에 등장하지 않기 때문이다. 어떤 학자들은 만약 순종했다면 아담은 더 높은 운명에 다다를 수 있다는 생각에서 문제점을 찾는다. 그들은 하나님께서 자신의 백성과 맺은 언약의 조건성이 하나님의 확실한 약속들을 훼손하고 모든 계획이 마치 공로주의처럼 보일 수 있다고 생각한다. 게다가 행위 언약 교리에 대한 궁극적인 반대는 종종 하나님과 맺은 관계를 법적 관계로 보기를 거부하며 제기된다. 그들이 생각하기에, 하나님과 인간 사이의 관계는 법적 개념이 아니

---

3 Wilhelmus à Brakel, *Our Reasonable Service*, trans. Bartel Elshout, vol. 1 (Ligonier, PA: Soli Deo Gloria, 1992), 355.

4 헤르만 혹세마(Herman Hoeksema), 존 머리(John Murray), 앤서니 후크마(Anthony Hoekema), 존 스텍(John Stek) 등이 반대자들이다. 하나님의 면전에서의 인간의 삶을 율법의 특징으로 선명하게 이해한 Bryan D. Estelle, J. V. Fesko, and David VanDrunen, eds., *The Law Is Not of Faith: Essays on Works and Grace in the Mosaic Covenant* (Phillipsburg, NJ: P&R, 2009)을 참고하라.

라 인격적이고 관계적인 개념이라는 것이다.

이 모든 질문은 정당하며 이에 대한 적절한 답변들도 존재한다. 하지만 이 장의 목적은 행위 언약을 긍정적으로 확증하는 바빙크의 관점을 간단히 보여주는 데 있다. 여기서 간단히 지적하고 싶은 것은 행위 언약에 대한 수많은 반대들이 사안의 주변부만 불필요하게 빙빙 도는 것 같다는 점이다. 심지어 행위 언약을 비판하는 사람들도 보통 하나님께서 아담과 "언약 같은 것"을 맺었다는 사실을 인정하려 한다. 아담은 인류를 대표하는 머리였으며 자신의 순종을 시험하는 "시험적인 명령"을 하나님께 받은 존재였다. 게다가 하나님의 명령에 대한 아담의 불순종은 세상에 죄, 죽음, 정죄를 불러왔다. 중요하게도 아담은 고린도전서 15장 45절에 언급된 대로, 첫 아담의 죄의 결과로부터 우리를 해방시킬 "마지막 아담"으로 칭해지는 우리의 두 번째 머리, 곧 그리스도의 모형이었다. 이런 생각이야말로 행위 언약을 확증해야 할 실제적인 이유이다. 즉 로마서 5장과 고린도전서 15장에서 바울에 의해 전개된 법적 대표로서의 아담과 법적 대표로서의 그리스도 사이의 유사 관계가 행위 언약을 확증해야 할 실제적인 이유이다. 이 모든 생각을 건전한 기독교 교리의 핵심적인 자리에 놓을 때, "행위 언약"과 관련된 논쟁들은 대부분 나에게 수사적인 논쟁으로 다가올 뿐이다. 적어도 우리는 여기에서 태초부터 하나님과 맺은 관계의 법적 성격의 본질과 바빙크가 이 교리를 확증한 이유에 대해 관심을 가질 수 있다. 행위 언약 교리는 계시 된 사안이기 때문이다.

바빙크는 종교와 계시 사이를 분리시키는 일이 불가능하다고 생각했다. 심지어 타락 전에도 하나님께서 인격적인 방식으로 아담과 하와에게 스스로를 계시하셨다. "하나님과 완전한 상태의 인간의 관계는 인격적 만남과 접촉으로 그려진다. 하나님은 인간에게 말하고(창 1:28-30), 인간이 천성적으로 알 수 없던 계명을 주고(창 2:16), 자기 자신의 손으로 주듯 돕는 배필로 여자를 그에게 주었다(창 2:22)."[5] 행위 언약은 계시의 산물이다. "행위 언약(foedus operum) 역시 인간의 자연적 기질에서 저절로 나온다는 의미에서 자연 언약(foedus naturae)이 아니라, 초자연적 계시의 열매다." 그다음 바빙크는 개혁파 신학 전통이 "행위 언약"이라고 칭했던 것의 핵심을 다음과 같이 요약한다. "행위 언약은 하나님의 형상을 따라 지음 받되, 아직 궁극적 목적을 성취하지 못한 인간에게 있어서 다름 아닌 종교의 형태이기에, 성경은 초자연적 계시 없이는 순수한 종교를 생각할 수 없다고 말할 수 있다." 초자연계시가 없는 종교는 존재하지 않는다.

초자연적인 것은 인간 본성과 충돌하지 않으며, 피조물의 본성과도 충돌하지 않는다. 그것은 말하자면 인간의 본질에 속한다. 인간은 하나님의 형상이며 하나님과 연관되고, 인간은 종교를 통해 하나님과 직접적인 관계를 갖는다. 이러한 관계의 속성은 하나님이 자기 형상을 따라 지음 받은 인간에게 하나님 자신을 객관적으로 그리고 주관적으로 두 가지 방편

---

5 *RD*, 1:308(바빙크, 『개혁교의학』, 1:423).

으로 계시한다는 사실을 포함한다.[6]

물론 하나님의 법은 명백하게 십계명에 계시되어 있으며, 그렇기에 유대교와 기독교 성경의 핵심적인 부분이다.

앞의 문단에서 묘사된 하나님과 인간의 관계에 나타나는 밀접한 인격적 특징을 강조하는 것은 중요하다. 개혁파만큼이나 율법을 강조하는 다른 종교 전통도 도덕주의와 율법주의로 가는 지속적인 유혹에 직면한다. 그것이 하나님 앞에서 그리스도인의 삶을 형성해 나갈 때, 우리가 단순히 십계명을 구체적으로 해석하는 것 이상으로 나아가야 할 이유이다. 십계명은 "애굽 땅, 종 되었던 집에서 인도하여 낸"(출 20:2) 이스라엘의 하나님과 맺은 언약적 협정 조항이다. 언약은 관계적 용어이며, 바빙크에 따르면 "이성적이고 도덕적인 피조물들 가운데 모든 고차원적 삶은 언약의 형태"를 지니기 때문에 언약은 "일반적으로 사람들 사이의 동의"이다.[7]

바빙크는 다음과 같이 예를 들면서 언약에 대해 설명한다. "사랑, 우정, 결혼, 그리고 무역, 산업, 과학, 예술 등의 모든 사회적 협동은 궁극적으로 언약, 즉 상호 신뢰와 일반적으로 인정되는 온갖 도덕적 의무들의 토대 위에 기초한다. 그러므로 인간의 가장 고상하고 풍성한 삶, 즉 종교 역시 이 특성을 지닌다는 것은 놀라운 일이 아니다."

---

6 *RD*, 1:308(바빙크, 『개혁교의학』, 1:423).

7 *RD*, 2:566(바빙크, 『개혁교의학』, 2:710).

사실 바빙크는 "성경에서 언약은 하나님이 자기 백성에게 제시하고 묘사한 확정된 형태의 관계"라고 믿는다. 언약의 핵심은 심지어 언약을 설명하기 위한 정확한 용어가 부재했을 때도 존재했다. "심지어 그 명칭이 나타나지 않는 곳에서도, 우리는 두 상대방이 말하자면 서로 대화하고, 서로 협상하고, 하나님이 인간에게 회개를 요구하고, 인간의 의무들을 상기시키며, 인간에게 모든 선한 것을 주기로 자기 자신을 묶는 것을 항상 보게 된다." 바빙크는 다음과 같이 부연한다. "만일 내용이 확실했더라면, 개혁파 신학자들이 그렇게 편협하게 그 명칭을 주장하지 않았을 것이다. '사물이 온전하다면, 명칭은 의심될 수도 있다'(*de vocabulo dubitetur, re salva*)." 바빙크에 따르면, "언약은 참된 종교의 본질"이다.[8]

그러므로 하나님의 법을 제자도로 이끌어 주는 삶의 지침으로 생각할 때, 우리는 이를 외부적 규칙의 집합 혹은 법적인 형식보다는, 오히려 자녀들의 삶을 이끌어 주고 인도해 주는 부모의 사랑 어린 인격적 돌봄으로 이해해야 한다. 하나님의 언약적 법은 인격적이며 관계적이다. 바로 이 지점에서 우리는 참된 종교의 핵심을 갖게 된다. 하나님은 창조주시며 우리 인간은 피조물에 불과하다. 하나님과 인간 사이에는 무한한 격차가 존재한다. 이런 격차는 마치 하나님과 우리 사이에 그 어떤 종류의 관계도 불가능하게 만드는 것처럼 보인

---

8 *RD*, 2:569(바빙크, 『개혁교의학』, 2:710).

다. "둘 사이에 그 어떤 교제도, 그 어떤 종교도 존재할 가능성이 생각되지 않는다. 오로지 차별, 거리, 무한한 격차만 있을 뿐이다. 만일 하나님이 자신의 주권적 위대함과 위엄 가운데 인간을 초월하여 존재한다면, 종교란 불가능한데, 적어도 교제라는 의미에서의 종교는 불가능하다." 그러므로 우리 모두에게 남은 것은 "주인"과 "종"의 관계뿐이다. 만약 하나님과 인간 사이에 교제가 있어야 하고, 이런 교제가 사람들 사이의 다른 모든 관계의 원형이 되어야 한다면,

종교는 반드시 언약의 특성을 지녀야만 한다. 왜냐하면 이 경우에 하나님은 반드시 자신의 위대함으로부터 내려와 자기 피조물을 굽어 살피고, 인간에게 자신을 알리고, 계시하고, 주어야만 하기 때문이다. 높고 거룩하며 영원한 곳에 거하는 하나님은 또한 반드시 마음이 겸손한 자와 함께 거해야 하기 때문이다.

이런 것이야말로 언약을 묘사하는 정확한 조건들이다. "만일 종교가 언약으로 일컬어진다면, 이로써 그것은 참되고 진실된 종교로서 지시된다." 바빙크에 따르면, 하나님과 인간 사이의 관계를 이해하는 이런 언약적 특징은 성경적 종교가 가진 독특한 특징이다. 다른 종교적 전통들은 하나님을 세상 너머로 들어 올리거나 아니면 세상 아래로 내려버린다.

그 어떤 종교도 이것을 이해한 적이 없었다. 모든 민족은 하나님을 피조

물 가운데 범신론적으로 끌어내리거나, 또는 그를 피조물 위에 이신론적으로 무한히 들어 올렸다. 이 둘 중 그 어디에서도 참된 교제, 언약, 진실한 종교는 발견되지 않는다. 하지만 성경은 그 둘 다를 견지한다. 하나님은 무한히 크지만 자신을 낮추는 선한 분이다. 그는 주권자이지만 또한 아버지다. 그는 창조자이지만 또한 원형이다. 그는 한마디로 언약의 하나님이다(사 57:15).[9]

우리의 삶을 인도하는 율법은 우리와의 언약적 교제에 참여하신 하나님으로부터 오는 인격적 말씀이다.

이런 생각에 관한 몇몇 중요한 실천적인 결과들이 있다. 첫째, 하나님은 우리를 창조하셨고 우리는 그분께 "우리의 존재"를 빚지고 있기 때문에 하나님 앞에서 그 어떤 "권리"도 내세울 수 없다. "피조물은 피조물로서 모든 것, 그 존재와 소유를 자신의 창조자에게 빚지고 있다. 하나님에 대해 아무것도 주장할 수 없으며, 아무것도 자랑할 수 없으며, 전적으로 아무런 권한이나 요구를 갖지 못한다." 우발적이며 의존적인 피조물인 우리들은 그 어떤 권리도 없다. 그저 우리가 존재하는 것 자체가 선물이다. "피조물에게 있어서 하나님에 대해 공로란 언급된 적이 없으며 언급될 수도 없다. 창조자와 피조물의 관계는 근본적으로 그리고 단숨에 피조물의 모든 공로를 절

9   *RD*, 2:569-70(바빙크, 『개혁교의학』, 2:711).

단한다."[10] 바빙크는 누가복음 17장 10절을 인용한다. "이와 같이 너희도 명령 받은 것을 다 행한 후에 이르기를 우리는 무익한 종[douloi achreioi]이라 우리가 하여야 할 일을 한 것뿐이라 할지니라." 이 말씀은 하나님을 향한 완전한 순종의 자세를 제안하고 있다.

하지만 바빙크는 우리에게 어떤 권리도 없다는 말을 끝내자마자 피조물로서 하나님께 부여받은 자유에 대해 곧바로 강조하기 시작한다. 참된 성경적 종교는 언약적 종교이며, 언약 안에서 우리는 하나님과 교제하고 대화한다. 말씀으로 세상을 창조하신 하나님께서는 좋은 말이든 나쁜 말이든 서로 말을 주고받을 수 있는 존재로 우리를 지으셨다.

그러나 이제 성경의 종교는, 인간이 그 가운데서 말하자면 하나님께 대하여 권리를 주장할 수 있는 성격을 지닌다. 결국 인간은 기도와 감사로 하나님께 나아가, 자기 아버지인 하나님에게 말하며, 모든 어려움과 죽음에서 하나님을 의지하며, 하나님에게서 모든 좋은 것을 바라고, 심지어 하나님에게서 구원과 영생까지 기대할 자유를 갖기 때문이다.

우리는 하나님의 법에 순종하지만 단순히 순종하거나 혹은 맹목적으로 순종하지 않는다. 우리의 순종은 우리와 교제하시는 살

---

10 *RD*, 2:570(바빙크, 『개혁교의학』, 2:711).

아계신 언약의 하나님을 향한 인격적 순종이다. "이제 이것은 오로지 하나님이 선으로 자신을 낮추어 자기 피조물에게 권리를 준다는 사실 때문에 가능하다. 피조물들의 모든 권한은 값없이 자발적으로 주어진 혜택, 은혜의 선물이다."[11]

하나님께 찬양, 송축, 혹은 비참한 저주로 대화할 수 있는 우리의 능력은 하나님께서 인간을 장난감이나 꼭두각시가 아니라 "이성적이고 도덕적인 존재"로 지으셨다는 사실을 우리에게 상기시킨다.

> 하나님이 인간을 그와 같이 창조했고, 따라서 또한 인간을 그렇게 취급한다. 하나님은 자신이 창조한 것을 보존한다. 그러므로 하나님은 인간에게 강요하지 않는다. 왜냐하면 강요는 합리적 피조물의 본성과 충돌하기 때문이다. 하나님은 인간을 이성 없는 피조물, 식물이나 짐승, 나무토막이나 막대기처럼 취급하지 않고, 합리적, 도덕적, 스스로 결정하는 존재로서 대우하여 일한다. 하나님은 인간이 자유로운 존재가 되며, 기꺼이 사랑으로 자유롭게 자신을 섬기기를 원한다(시 110:3). 종교는 자유이며, 강요되기를 허용하지 않는 사랑이다.[12]

바로 이것이 왜 참되고 성경적인 종교가 언약적 형태를 지니는가에 대한 답이다. "종교는 또한 본래 언약의 형태를 지니는데, 하나

---

11   *RD*, 2:570(바빙크, 『개혁교의학』, 2:712).

12   *RD*, 2:570(바빙크, 『개혁교의학』, 2:712).

님은 그 가운데서 강요하지 않고, 다만 가르치고, 경책하며, 경고하며, 요구하며, 호소하는 반면, 인간은 그 가운데서 강요나 폭력에 의해 하나님을 섬기는 것이 아니라 기꺼이 자기 자신의 자유로운 동의로, 사랑에 감동되어 다시금 하나님을 사랑한다." 우리가 하나님께 해야 할 의무는 외적인 법이나 뜻에 대한 맹목적인 순종이 아니라 사랑으로 감사하는 특별한 섬김이다. "우리가 하나님에게 유익이 되고, 하나님에게 무엇인가를 제공하고, 상급에 대한 권리를 갖는 것은 노동이 아니다. 우리가 하나님을 섬길 수 있도록 허락된다는 것은 은혜다. 하나님은 우리에게 빚진 적이 한 번도 없는 반면, 우리는 우리가 행하는 선행에 대해 늘 하나님께 빚을 진다(『벨직 신앙고백서』 24조)." 바빙크는 행위 언약이라는 용어로 인해 잘못된 결론을 내리지 않도록 다음과 같이 강조한다. "하나님은 그 어떤 면에서도 자신의 법을 준수하고, 더불어 오로지 마땅히 해야 할 바를 행한 인간에게 하늘의 복과 영생을 줄 의무를 갖지 않는다는 사실이 점차 분명하게 가르쳐졌다. 여기서 노동과 상급 사이의 자연적인 연관은 존재하지 않는다."[13]

그러므로 하나님을 향한 우리의 의존은 우리 모두가 관계에서 자주 부정적으로 경험하는 파멸적 의존과는 꽤 다른 부류의 의존이다. 부모가 자녀의 발달에서 목표로 두는 것은 적절한 독립성이

---

13 *RD*, 2:571 (바빙크, 『개혁교의학』, 2:713).

다. 훌륭한 부모들은 자녀에게 나이에 걸맞은 책임과 의무를 부여해 그들이 어른으로 성장할 수 있도록 양육한다. 선한 의도를 가진 부모들은 자녀의 필요에 충분한 도움을 주며, 그들의 잘못된 행동에서 야기되는 부정적인 결과들을 제거해 나가고, 그들이 성숙한 어른이 될 수 있도록 지속적으로 돕는다. 임시적으로 도움이 필요한 사람들을 단순히 돕는 것 이상으로 정부의 복지가 실행된다면, 시민들의 의존성을 조장하여 결국 책임감 있는 시민으로서의 존엄을 앗아가게 만들 수 있다. 하나님께서는 이런 식으로 우리를 대하지 않으신다. 하나님은 그분의 음성을 들을 수 있는 존재, 순종으로 반응할 수 있는 존재, 복을 누릴 수 있는 존재로 우리를 창조하셨다. 하지만 동시에 우리는 하나님의 지시를 거부할 수 있고 그 불순종에 대한 결과를 감내해야 하는 존재로도 우리를 창조하셨다. 인간의 자유와 성숙은 우리의 행동에 결과가 따르는 방식으로 우리의 삶이 질서 있는 삶이 되도록 요구한다. 비록 좋은 의도라 하더라도 사람들을 보호할 피난처를 자신의 행동의 결과에서 찾으려 할 때, 우리는 그들의 존엄을 약화시키고 그들 안에 존재하는 하나님의 형상의 핵심적인 부분을 앗아가게 만들 수 있다.

순종에 대한 우리의 언약적 의무 ─────

그렇다면 우리는 어떻게 살아야 할까? 우리는 우리를 순종으로 이끄는 의존과 겸손이라는 근본적인 종교적 자세에 대해 확증하는 것부터 시작해야 한다. 우리가 해야 할 순종의 의무는 주인의 종이 아니라 하늘에 계신 아버지의 자녀로 순종하는 것이다. 게다가 행위 언약과 율법에 대한 이런 강조에는 애초에 우리의 직관과 반대되는 것으로 느껴질 수 있는 두 가지 결과가 있다. 그것은 바로 기독교적인 자유와 책임이다. 그렇다. 이런 강조는 상상할 수 있는 가장 위대한 자유와 가장 큰 개인적 책임을 우리에게 요구한다. 그 이유와 방법을 파악하기 위해서는 순종의 언약적 의무에 대해 상기할 필요가 있다.

앞에서 다룬 것처럼 언약 덕분에 "하나님은 그 가운데서 강요하지 않고, 다만 가르치고, 경책하며, 경고하며, 요구하며, 호소"하신다. 반면 "인간은 그 가운데서 강요나 폭력에 의해 하나님을 섬기는 것이 아니라 기꺼이 자기 자신의 자유로운 동의로, 사랑에 감동되어 다시금 하나님을 사랑한다."[14] 바빙크는 심지어 또다시 다소 반(反) 직관적인 관점으로, 구약 시대 이스라엘은 비록 신정국가였지만 그럼에도 참된 종교적 자유를 누렸다고 주장한다. 우선, 종교 지도자들이었던 제사장과 레위 지파들은 "확실히 계급적이지 않았으며 양심의 구속력도 없었다." 다른 일들 가운데서도 그들의 일은 "사람들에게 율법을 설명하고 가르치는" 일이었다. 여기에는 하나님의 율법을 향한 사전 동의가 필요하다는 것이 분명히 암시되어 있다. 바알

---

14 *RD*, 2:571(바빙크, 『개혁교의학』, 2:713).

　　　　　　　　　　헤르만 바빙크의 성도다운 성도

의 제사장들을 죽이라는 엘리야의 명령처럼 종교적 불순종이 벌을 받았던 것은 "특별한 신적 명령에 의한 경우들 속에서 규정된 분리된 사건들"이었다. 그러므로 바빙크는 다음과 같이 결론짓는다. "이스라엘은 종교적으로 꽤 많은 자유를 누렸다. 불신앙과 이단은 벌받지 않았다. 종교재판도 없었다. 양심의 제약에 대해서도 전혀 알려진 바가 없다." 일반적으로 하나님은 선지자적 말씀의 수단과 설득으로 자기 백성들을 자신에게로 돌이키게 하려 하신다. "선지자들이 하나님으로부터 멀어지는 상황에 대해 반대 증언을 하고 왕과 제사장들에게 저항할 때도 그들은 율법으로 돌아가길 말로 호소했지 절대 무력 사용을 주장하지 않았다." 심지어 구약의 이스라엘에서도 "교회"와 "국가" 사이의 구분(분리가 아니다)이 존재했다. 이 구분은 "구성원"과 "직분과 행정, 기관과 율법"에 적용되었다. 놀랍게도, "이방인들도 이스라엘의 영적 특권에 참여했고, 그러므로 말하자면 이스라엘 백성이 아님에도 불구하고 교회의 구성원이 되었다. 불결하다고 여겨진 나환자들과 추방된 사람들도 이스라엘 백성으로 남아 있었다. 그럼에도 그들은 고립되었으며 공동체 밖으로 보내졌다."[15]

물론 말은 모욕적이고 조작적일 수 있지만, 대인과의 언어 소통에는 자유와 책임을 향상시키는 무언가가 있다. 우리는 반드시 말

---

[15] *ESSR*, 124-25.

에 반응해야 한다. 말을 확신하거나 거부해야 한다. 우리 머리에 총이 겨눠지는 것, 불에 탈 위협 등 추가적인 외부의 강압 조건들이 없다고 가정한다면, 다른 사람이 우리에게 요구하는 것을 할 필요가 없다. 건강한 언약 관계에서는 누군가가 요구하는 것을 행한다. 이상적으로, 남편들은 "사랑하는 사람을 위해 해야 할 일" 목록을 완성하는데 그 이유는 그들이 배수통 정리와 같은 특정한 일을 수행하기 원하는 아내의 생각을 공유하기 때문이다. 하지만 만약 이런 공유된 생각이 없을 경우, 남편은 결혼을 위해 그 일을 할 것인데 그 이유는 그가 아내를 사랑하기 때문이다. 이런 남편의 행위는 자유로운 행동이며 동시에 책임감 있는 행동이다. "자발성"은 자율적인 도덕적 주체가 가지고 있는 미온적인 자유 의지와 혼동되어서는 안 된다. 언약의 자유 안에서 순종은 사랑을 통해 촉진되고 사랑 안에서 제한된다. 이런 자유로운 순종도 책임감 있는 행동인데 그 이유는 남편이 이런 순종을 거부할 수 있기 때문이다. 물론 거부할 경우 남편은 그 결과로 인해 고통받게 될 것이며, 이는 하나님과의 관계 속에서도 마찬가지이다.

결국, 우리의 자유와 책임은 공동체 안에 자리한다. 우리는 혼자가 아니다. 바빙크에 의하면 이런 생각 역시 행위 언약 교리로부터 발견할 수 있다.

아담은 홀로 창조된 것이 아니었다. 남자로서 그는 그 자체로 불완전했다. 그는 저급한 피조물이 보상할 수 없는 무엇인가를 소유하지 못했다

헤르만 바빙크의 성도다운 성도

(창 2:20). 그러므로 그는 남자로서 홀로 완전하게 전개된 하나님의 형상이 아직 아니었다. 하나님의 형상에 따른 인간의 창조는 여섯째 날에 비로소 완성되었는데, 그때 하나님이 남자와 여자, 둘 다를 서로 결합하여(cf. *'ōtām* 창 1:27) 자신의 형상으로 창조했다.

하지만 이런 처음 창조 이후에 하나님은 "인간과 함께 하는 여정"을 시작하셨고 "[남자와 여자] 그들 모두에 대해 즉시 번성의 복을 선언했다(창 1:28). 인간 혼자도 아니고, 남자와 여자가 함께하는 것도 아닌, 단지 전체 인류만이 완전히 전개된 하나님의 형상, 하나님의 아들, 하나님의 소생이다."[16] 아담은 모든 인류의 대표적 머리이며 유기적 통일체의 근원이다. 우리는 모든 인류의 유기적 통일체 안에서 하나님 형상의 총화를 발견한다.

온 우주가 통일되고 인간을 그 머리와 주로 받는 것처럼, 온 세상에 흩어신 하나님의 흔적들이 인산 내부의 하나님의 형상 가운데 요약되고 거기로 들어 올려지듯이, 마찬가지로 차례로 그 인류 역시 바로 그 자체로, 비로소 완전히 전개된 하나님의 형상인 하나의 유기체로 여겨질 수 있다. 일대의 토지 위에 있는 수많은 영혼들이나 분리된 개인들의 집합으로서가 아니라 한 핏줄, 한 가정, 한 가족에서 창조된 인류는 하나님의 형상과 모

---

16 *RD*, 2:576-77(바빙크, 『개혁교의학』, 2:720).

양이다.[17]

바빙크는 하나님의 형상에 대한 자신의 이해에 역사를 포함시킴으로 하나님과 언약적 동반자인 인간의 자유와 책임을 강조했다.

하나님의 형상은 오로지 연속적으로 그리고 나란히 존재하는 인류 안에서만 전체적으로 그려질 수 있다 … 인류의 발전, 역사, 지속적으로 확대되는 땅에 대한 통치, 지식과 예술에서의 진전, 모든 피조물에 대한 정복이 또한 이 인류에 속한다. 이 모든 것은 또한 인간이 창조되었던 하나님의 형상과 모양의 전개다.[18]

이 지점에서 오해를 막기 위해, 이런 생각이 인류 역사의 모든 문화적 발전을 긍정하고 신성시하는 길로 이어지지 않는다는 점을 지적할 필요가 있다. 바빙크는 단지 창조 세계와의 관계에서 우리 인류의 완전한 잠재력은 처음부터 존재하지 않았고, 오히려 창조 세계와 우리 자신 안에서 그 잠재력은 이 땅을 향한 우리의 합법적 통치가 진행되는 과정에서 드러났음을 지적하고 싶어 했다. 이처럼 하나님께서 처음부터 스스로를 완전하게 계시하지 않고 오히려 시간이 지남에 따라 계시하시는 것과 같은 방식으로, 하나님 형상의 담지자가

---

17 *RD*, 2:577(바빙크, 『개혁교의학』, 2:720-721).
18 *RD*, 2:577(바빙크, 『개혁교의학』, 2:721).

어떻게 발전되고 성장하는지 이해할 필요가 있다. "하나님이 창조 시에 자신을 단번에 계시한 것이 아니라 그 계시를 매일 그리고 세기를 거쳐 진전시키고 증대시킨 것처럼, 마찬가지로 하나님의 형상 역시 불변하는 실체가 아니라 시공간의 형태로 확대되고 전개된다." 놀랍게도, 하나님은 우리 인간들에게 하나님의 형상을 드러내는 중요한 역할을 맡기셨다. 인간의 역사도 이런 점에서 매우 중요한 위치를 차지한다. "하나님의 형상은 선물(*Gabe*)인 동시에 사명(*Aufgabe*)이다. 그 형상은 이미 창조 시에 첫 번째 인간에게 즉각적으로 부여된 과분한 은혜의 선물인 반면, 동시에 풍성하고 영광스런 발전 전체의 원리와 근원이다."[19]

언약적 순종은 가능한데 그 이유는 그것이 하나님의 선물이기 때문이며 책임 있는 자유 가운데 행사되어야 한다. 게다가 언약적 순종은 합법적 순종이기 때문에, 우리는 언약과 율법에 대해 간략히 살펴보며 이 장을 마무리할 필요가 있다.

합법적인 언약적 순종 ———

이 장의 주제는 그리스도인의 삶에 대한 바빙크의 이해에서 율법의 역할이 무엇인지 다루는 내용이다. 지금까지 우리의 관심사는

---

19 *RD*, 2:577(바빙크, 『개혁교의학』, 2:721).

모든 형태의 율법주의나 도덕주의를 가능한 한 많이 반대하는 하나님의 율법에 대한 이해를 발전시키는 것이었다. 개혁파 신학이 끊임없이 받는 이런 유혹에 대한 더 완전한 해독제는, 구속에서 그리스도의 사역을, 성화에서 성령 하나님의 사역을 반드시 숙고해보는 것이다. 이 두 가지 내용은 다음 두 장에 걸쳐 다룰 것이다. 이 장에서 다뤘던 것은 먼저 율법을 이해하기 위한 적절한 틀로서, 하나님과 인간 사이의 언약적 관계를 성경적으로 묘사하는 것이었다. 우리는 하나님의 형상으로, 언약 가운데 하나님과 교제를 맺기 위해 창조되었다. 죄와는 별개로, 처음부터 하나님과 맺은 관계는 언약적이고 법적인 관계였다. 하나님은 자신의 뜻을 우리에게 숨기지 않으셨다. 하나님은 즐겁고 복된 교제를 위한 조건들을 우리에게 알려주셨다. 우리가 이런 언약적 관계에서 율법을 분리시켰을 때, 그 율법은 죽음으로 인도하는 재판관으로 탈바꿈하게 되었다. 율법은 은혜로운 법이며 살아계신 하나님과 교제를 맺기 위한 지침과 규범으로 의도된 법이다. 이런 방식으로 생각할 때, 율법은 자유와 책임을 위한 초대장이 된다.

율법에 대한 이런 관점이 지닌 실천적 함의가 일상적인 그리스도인의 삶에 어떤 영향을 끼치는지에 대해 조금 더 다룬 후에 이 장을 끝내려고 한다. 우리는 "하나님을 본받는 자"가 되어야 하기 때문에 (엡 5:1; 마 5:45), 가장 우선되고 중요한 지점은 항상 우리 이웃의 자유와 책임을 증진시키는 방식으로 우리 자신의 행동을 취해야 한다는 점이다. 예를 들면, 부모들은 자녀들이 성장할 수 있도록 자녀들의 나이에 맞는 방식으로 자유로운 책임감을 증진시켜 나가야 한다. 이 뿐만 아니라, 이런 생각은 교회가 제자들을 길러낼 때 그들의 기독교적 자유를 존중할 필요가 있다는 것을 의미한다. 그리고 그것은 그리스도인들이 동일한 원리로 공공 사회 정책을 평가해야 함을 의미한다. 게다가 그것은 사회 정책과 정치적 행동에 관한 문제에서, 그리스도인들이 아디아포라(*adiaphora*) 문제든 합의된 도덕적 원칙에 대한 적용 문제든, 다른 사람들의 자유를 존중할 의무가 있음을 의미한다. 가난과 구제의 예도 생각해 볼 필요가 있다. 성경은 가난하고 도움이 필요한 사람들을 하나님의 자녀로 생각하고 그들에게 책임감 있는 행동을 취해야 한다는 사실을 꽤 선명히 말하고 있다. 가난한 사람들을 향한 이러한 헌신이 높은 세금과 높은 정부 복지를 지지하는지에 대한 여부는 꽤 다른 문제이다. 그리스도인들이 가진 자기 자신의 정책 선호도를 성경적 원리의 자명한 적용으로 취급하는 것은 실수이다. 그리스도인들은 자신과 다른 방향으로 기독교적 책임을 지는 사람들의 자유를 존중할 필요가 있다.

하지만 실제적 율법 그 자체인 십계명을 적용하는 문제는 또 어떤가? 우리는 구체적인 삶의 영역인 결혼과 가정, 일과 소명, 문화와 교육, 시민 사회 등에 대해 다루는 이 책의 후반부(7-10장)에서, 구체적인 각 계명에 대해 살펴볼 것이다. 이 장을 마무리하며 바빙크가 십계명의 여러 계명을 구체적이고도 실천적으로 적용하는 한 예를 제시하고자 한다. 1891년 암스테르담에서 열린 기독교 사회 총회에서 바빙크가 발표한 "오늘날 사회 문제를 위한 일반적인 성경 원리들과 구체적인 모세 율법의 관련성"이라는 제목의 연설은 논쟁이 되었지만 최종적으로 일부 수정되어 수용된 일곱 개의 결의안으로 마무리되었다. "하나님께서 친히 창조와 그분의 말씀 속에서 굳건히 확립하셨던 법들에 매여"(1번) 인도 받는 것의 중요성, 그리고 "모든 사회적 병폐와 오용은 … 이런 법령과 율법을 제쳐두었기 때문"(3번)이라는 점을 확증한 후, 바빙크는 다섯 번째 결의안에서 "사회 문제 해결을 위한 중요한 일반적 원리는 정의[*gerechtigheid*]가 존재한다는 것이다"라고 선언했다.[20]

이런 개괄은 이 장과 앞 장에서 논의했던 모든 사안, 즉 영원한 운명과 지상의 소명, 안식, 공동체 안에서 그리고 공동체를 위해서 창조된 인간의 삶, 그리스도 안에서의 구속, 하나님 형상의 담지자인 각 사람들의 존엄성, 가치, 책임 등을 한데 모아 다룬 여섯 번째 결의안으로 이어진다. 바빙크와 총회 참가자들은 일반적인 원칙 수준에 머무르는 것에 만족하지 않고 사실에 의거해 구체적으로 주장했다. 이 장에서 다루었던 시각에 대한 적용의 한 예로서 여섯 번째 결의안을 소개하도록 하겠다.[21]

그러므로, 다음은 전적으로 성경과 일치하는 내용이다.

---

20 "Gen. Prin.," 445.

21 "Gen. Prin.," 446.

a. 사람들의 영원한 운명을 위해서만이 아니라, 이 땅에서의 소명을 성취할 수 있도록 그들을 준비시키라.

b. 정치적 영역에서 우리의 이중적 소명의 통합과 구분을 유지하기 위해 주중 노동 시간과 더불어 안식일 제도를 붙잡으라.

c. 하나님과의 화해를 선포하는 그리스도의 동일한 십자가를 통해 우리 삶의 모든 관계를 새로운 방식으로 인도하고 본래의 모습으로 그 관계를 회복하라. 이는 [우리가 반드시 추구해야 할] 사회적 영역과 특별한 관련성을 가지고 있다.

　- 가난과 고통, 특별히 빈곤화를 경계하고,

　- 자본과 부동산의 축적을 반대하고,

　- 가능한 한 모든 사람을 위해 "최저 생활 임금"을 보장하는 것이다.

이 결의안은 창조에 근거하고 있고, 하나님의 법을 창의적으로 책임감 있게 지상의 소명에서 인간의 존엄성을 증진시키기 위해 사용하며, 동시에 "영원한 운명을 위한 준비"가 우리가 가진 소명의 핵심이라는 기독교적 제자도를 상기시킨다. 이 결의안은 안식 개념에 대해서도 상기시킨다. 안식은 이 땅에서의 우리의 소명이 끝이 아니라는 표시이다. 우리는 아담 안에서 타락한 죄악 된 피조물로서 우리의 운명에 도달할 수 없기 때문에, 둘째 아담의 생명에 참여할 필요가 있다. 우리는 반드시 예수 그리스도와 연합해야 한다. 그것이 우리를 다음 장으로 이끈다.

4장

그리스도와의 연합

 이 장은 이 책에서 가장 길고 어려운 장이다. 이 장은 1부("그리스도인의 삶을 위한 기초")와 이 책 전체의 심장의 역할을 한다. 이 장은 1부 중 세 번째 내용인데 그 이유는 그리스도와의 연합이 논리적으로는 창조와 하나님의 법을 따르기 때문이다. 앞에서 나눴던 격언, 즉 우리는 그리스도인이기 이전에 인간이며, 참된 인간이 되기 위한 그리스도인들이라는 격언을 회상해보자. 인간이면서 그리스도인이라는 이중 정체성의 근본적인 상호성은 그리스도와의 연합에 대한 바빙크의 이해의 핵심이다. 우리는 이미 바빙크가 몇몇 핵심적 이중성들, 즉 지상의 소명과 영원한 운명, 일반 계시와 특별 계시, 일반 은혜와 구원에 이르는 은혜 등을 신학적으로 운용하는 모습을 살펴보았다. 이런 이중성들은 바빙크의 사상에서 중요한 구분들이지만, 그것들을 결코 분리로 이해해서는 안 되며, 서로를 대항하는 상태로 이해해서도 안 된다. 우리는 하늘을 버리고 땅만 선택해서는 안 되며

　　　　　　　　헤르만 바빙크의 성도다운 성도

동시에 땅을 버리고 하늘만 선택해서도 안 된다. 세상을 버려서도 안 되며 세상만 지지해서도 안 된다. 우리는 자연만 선택할 수도, 혹은 은혜만 선택할 수도 없다. 이 장의 목적에 따라 우리는 우리의 인간됨을 우리의 그리스도인 됨으로부터 결코 분리해서는 안 된다. 바빙크는 이생에서 편파성이 개인뿐만 아니라 집단까지도 특징짓는다는 사실을 깨달았다. 우리는 삶 속에서 조화와 균형을 추구해 나가지만 "그 누구도 이 시대 속에서 완전히 조화로운 답변을 완성하지 못한다. 모든 사람과 모든 활동은 이생에서 많든 적든 편파성이라는 죄를 범한다."[1]

바빙크는 이에 대해 절망적으로 반응하지 않았으며 오히려 주의 깊은 구분으로 반응했다. 바빙크는 우리 모두가 "이생에서 많든 적든 편파성이라는 죄를 범한다"라고 말하자마자 다음과 같은 중요한 요건을 추가한다. "그러나 이런 이원론을 절대적으로 생각하는지 상대적으로 생각하는지는 거대한 차이를 만들어 낸다."[2] 여기서 바빙크는 모순적으로 들리는 용어인 관계적 이원론을 통해 무슨 의미를 드러내려 했을까? 바빙크는 이원론의 일부 형태는 불가피한데 그 이유는 우리가 여전히 "시간 속에서" 살고 있기 때문이라는 사실을 상기시켰다. 우리는 아직 하나님의 영원한 안식의 완전함에 도달하지 못했다. 우리의 삶은 역사적으로, 즉 종말론적으로 죄의 실재에 의

---

1   "Com. Grace," 56.

2   "Com. Grace," 56.

해 제약을 받는 상태다. 우리는 우리의 삶 속에서 긴장을 경험하는데 그 이유는 우리가 양쪽 편 모두에 정당하게 일어나는 경쟁의 열망에 이끌리는 것을 피할 수 없기 때문이다. 모든 이원론은 궁극적으로 시대의 완성 속에서, 즉 그리스도 안에서 하나님의 은혜의 승리가 완성되고 모든 피조물의 왜곡이 치유될 때 비로소 극복된다. 그때까지 일부 이원론은 여전히 남아 있다. 우리는 이 땅에 존재하며 하나님의 형상을 담지한 존재로서 청지기처럼 하나님의 창조 세계 가운데 살도록 부름받았다. 동시에 우리는 이 세상을 우리의 완전한 집으로 느껴서는 안 된다. 우리의 진짜 집은 다른 곳에 존재한다. 이런 긴장은 우리의 기독교적 실존으로부터 결코 사라져서는 안될 긴장이다.

이중성과 이원론 사이에 이런 긴장이 있음에도 불구하고 이 장을 이런 논의로 시작했다. 그 이유는 바빙크가 사상의 통일성을 성취한 것이 그리스도와의 연합에 대한 이해에 있기 때문이다. 앞에서 수차례 살펴본 것처럼, 바빙크는 중요한 구분으로 이를 이루어냈다.

연합의 중보자/구속의 중보자 ───────

그리스도와의 연합에 대한 거의 모든 논의는 그리스도의 구속 사역과 오순절에 성령께서 임하신 사건을 시작점으로 둔다. 사실 이렇게 생각해도 큰 지장은 없어 보인다. 그리스도와의 연합에 대해 다룬 위대한 신약 신학자 사도 바울은 "그리스도 안에" 있는 것과

헤르만 바빙크의 성도다운 성도

"성령 안에" 있는 것을 크게 구별하지 않았다. 이런 사실이 기록된 많은 성경 구절들 가운데, 로마서 8장 9절부터 11절까지의 말씀만큼 선명히 말하는 구절도 없을 것이다.

> 만일 너희 속에 하나님의 영이 거하시면 너희가 육신에 있지 아니하고 영에 있나니 누구든지 그리스도의 영이 없으면 그리스도의 사람이 아니라 또 그리스도께서 너희 안에 계시면 몸은 죄로 말미암아 죽은 것이나 영은 의로 말미암아 살아 있는 것이니라 예수를 죽은 자 가운데서 살리신 이의 영이 너희 안에 거하시면 그리스도 예수를 죽은 자 가운데서 살리신 이가 너희 안에 거하시는 그의 영으로 말미암아 너희 죽을 몸도 살리시리라.

물론 바빙크는 이 중 어느 것도 거부하지 않는다. 그리스도의 구속 사역과 신자들에게 그리스도의 사역을 적용하는 성령의 사역에 대한 바빙크의 생각은 그리스도와의 연합에 대한 강조 속에서 풍성하게 드러나며, 이에 대해서는 이 장의 후반부와 다음 장에서 구체적으로 살펴볼 것이다. 하지만 바빙크는 그리스도와의 연합을 단순한 구원 사역 이상으로 폭넓게 이해하며, 바로 이 지점에서 바빙크는 자신의 신학적 관점이 가진 놀랄 만한 일관성과 논리적 정합성을 우리에게 보여준다. 바빙크의 기독론적 성찰은 창조와 더불어 시작되는데 그 이유는 성육신이 성자의 첫 사역이 아니었기 때문이다. 삼위일체 하나님의 두 번째 위격이시며 로고스, 곧 말씀이신 성자는 창조주셨다. "육신을 입고 이 땅에 오신 로고스가 이 세상을 만드신 바로 그분이다. 죽음에서 처음으로 부활하신 분이 곧 모든 피조물의 부활의 첫 열매가 되신다. 모든 것의 상속자인 아들 예수 그리스도가 이 세상 모든 것을 만드신 바로 그분이다."[3] 바빙크는 반복적으로 그리스도를 창조의 중보자로 소개한다.

창조의 중보자이신 그리스도는 우리와 하나님 사이의 교제를 이어주는 유일한 분이시며, 그리스도야말로 태초부터 이 일을 가능하게 만드시는 유일한 분이시다. "성자는 단지 죄로 인한 화해의 중보자(*mediator reconcilationis*)일 뿐만 아니라 또한 죄와 상관없이 하나님과 그의 피조물 사이의 연합의 중보자(*mediator unionis*)이기도 하다."[4] 바빙크는 하나님과 인간 사이의 존재적 거리를 이어주는 성자의 역할을 묘사하기 위해 "연합의 중보자"라는 표현을 사용하고 있다. 이런 표현은 현재도 하나님과 교제하고 있는 우리에게 잘 상기시켜주는 것이 있는데, 그것은 우리가 두 가지의 장애물, 즉 도덕적 장애물과 형이상학적 장애물을 반드시 극복해야 한다는 점이다. 첫 번째 장애물은 명백하다. 우리의 죄가 하나님과의 교제를 가로막았는데 그 이유는 거룩하지 않은 인간이 거룩하신 하나님과 교제할 수 없기 때문이다. 하지만 이런 도덕적인 단절뿐만 아니라 형이상학적인

3　*PofR*, 27-28(역자 주: 앞으로 『계시 철학』이 인용될 때는 한글 번역본 페이지를 함께 인용하도록 하겠다. 헤르만 바빙크, 『계시 철학: 개정 · 확장 · 해제본』, 코리 브록 · 나다니엘 수탄토 편, 박재은 역 · 해제 [군포: 다함, 2019], 94).

4　*RD*, 4:685(바빙크, 『개혁교의학』, 4:814).

단절도 존재한다. 심지어 죄가 없는 상태라 하더라도 하나님은 하나님이시며 우리는 단지 피조물에 지나지 않는다. 교제는 소통을 필요로 한다. 그렇다면 어떻게 하나님께서 인간에게 말씀하시는 것이 가능한가? 바빙크는 이를 다음과 같이 설명했다. "만일 하나님이 우리에게 신적인 방식으로 말씀했다면, 그 어떤 피조물도 하나님을 이해하지 못했을 것이다."[5]

성경은 하나님께서 자신과 소통할 수 있는 존재로 인간을 만드셨다고 가르친다. 이는 하나님 편에서의 은혜로운 겸손을 요구한다. "하나님이 자신의 피조물들에게 자신을 낮추어 인간적인 방식으로 말씀하고 그들에게 나타난 것은 이미 창조와 더불어 시작된 그의 은혜다."[6] 여기서 바빙크가 지칭하고 있는 것은 장 칼뱅의 유명한 교리인 신적 적응(accommodation) 교리이다.[7]

이 적응에는 두 가지 국면이 존재한다. 성경이 반복적으로 드러내고 있는 것처럼, 하나님께서는 "전달자들"(즉 천사들)을 통해, 꿈과 환상, 그리고 심지어는 잘 들리는 말로서 사람들에게 스스로를 "드

---

5   *RD*, 2:100(바빙크, 『개혁교의학』, 2:114).

6   *RD*, 2:100(바빙크, 『개혁교의학』, 2:114).

7   칼뱅은 John Calvin, *Institutes of the Christian Religion*, ed. John T. McNeill, trans. Ford Lewis Battles, 2 vols. (Philadelphia: Westminster, 1960), 1.3.1에서 인간을 향한 하나님의 계시를 양육자가 영아들에게 하는 "혀 짧은 소리"로 설명한다. 칼뱅은 이사야 6장 1절에 대한 주석에서 "인간에게 하나님이 보이지 않는데, 어떻게 이사야가 하나님을 볼 수 있었을까?"라는 수사적 질문을 던진다. 칼뱅은 이에 대해 다음과 같이 대답한다. "하나님께서 스스로를 선조들에게 보이셨을 때, 그분은 결코 실제 자신의 모습으로 나타나지 않으셨고 오히려 인간이 받아들일 수 있는 능력 안에서 나타나셨다." John Calvin, *Commentary on the Book of the Prophet Isaiah*, trans. William Pringle, 2 vols. (repr., Grand Rapids: Baker, 2003), 1:200를 살펴보라.

러내신다." 이런 방식은 그 목적은 비상하지만 인간의 현상 속에서 꽤 자주 일어날 수 있는 보통의 방식이다. 하나님의 음성을 듣는 것은 간절한 마음과 영적 분별력을 요한다. 엘리 제사장은 어린 사무엘에게 하나님의 부르심을 듣게 된다면 "여호와여 말씀하옵소서 주의 종이 듣겠나이다"(삼상 3:9)라고 응답하라고 말했다. 하지만 우리가 하나님에 대해 말하려 노력할 때, 하나님에 대해 묘사하고 그에 관한 진실한 말을 하려 할 때도 적용이 존재한다. 하나님이 우리보다 훨씬 위에 계시니, 과연 어떤 언어로 하나님께 말해야 정당할 수 있을까? 우리가 가장 고결하게 하나님을 묘사한다 하더라도 하나님은 그 어떤 묘사보다 항상 더 높이 계신 분이다. 바빙크는 이런 문제점에 대해 다음과 같이 말했다. "하나님과 우리 사이에는 우리가 그분을 올바르게 언급할 수 있도록 해주는 그 어떤 연관성도 의사소통도 없는 것 같다. 하나님과 우리 사이에 있는 격차는 무한자와 유한자, 영원과 시간, 존재와 생성, 만유와 허무 사이의 간격이다."[8] 하나님과 교제하는 것은 말할 것도 없고 하나님에 대해 말하는 것 역시 오직 하나님께서 어느 정도 우리에게 "내려오시고" 우리의 언어로 소통해주실 때만 가능하다. 하나님에 관한 말을 하나님 자신으로부터 받을 때 우리는 하나님의 계시의 내용에 대해 자신 있게 반복할 수 있다. 우리가 하나님에 대해 말할 수 있는 유일한 이유는 하

---

[8]   *RD*, 2:30(바빙크, 『개혁교의학』, 2:28).

나님께서 처음부터 우리의 언어로 우리에게 말을 걸어주셨기 때문이다. 하나님에 대한 우리의 묘사, 즉 "신에 대한 담론"은 오직 우리의 피조적인 상태에 적합한 인간 언어로만 표현될 수 있다.

물론 우리는 빌립보서 2장의 사랑 받는 찬가에서 가장 기억에 남도록 기록된 성육신 사건에 적용되는 이런 "강하"의 언어에 익숙하다. 하지만 이미 살펴본 것처럼 바빙크에게 중보자로서의 성자의 역할은 창조까지 거슬러 올라가며 동시에 구약 시대의 특별 계시와도 연관된다. 바빙크는 계시에 대한 교리에서 특별히 구약 언약 속의 신적 계시를 성육신 전의 그리스도의 사역과 밀접하게 연결시킨다. 하나님의 특별한 현현(theophanies)과 선지자적 말씀은 로고스이신 말씀으로부터 온다. "구약 시대의 특별 계시는 오실 그리스도의 역사다. 현현, 예언, 기적은 그를 가리키며 그 안에서 성취되었다. 그리스도는 하나님의 현현, 하나님의 말씀 그리고 하나님의 종이다."[9] 특별히 하나님의 전달자로서 하나님 스스로가 자기 백성들에게 드러난 것이며 이런 "언약의 천사" 즉 "하나님의 현현은 그리스도에게서 그 절정에 이르는데, 그리스도는 하나님의 천사, 영광, 형상, 말씀, 아들이다. 하나님은 그리스도 안에서 자신을 충만하게 계시하고, 충만하게 주셨다(마 11:27; 요 1:14, 14:9; 골 1:15, 2:19 등)."[10]

구약 시대 사람들에게 하나님을 알리셨던 바로 그 말씀이 만물

---

9   *RD*, 1:344(바빙크, 『개혁교의학』, 1:467).

10   *RD*, 1:329(바빙크, 『개혁교의학』, 1:449).

을 창조하신 동일한 말씀이시다. 비록 사도신경의 가르침이 반영된 기독교 신학은 창조 사역을 성부 하나님께 돌리는 경향이 있지만, 창조는 성자 하나님도 중요한 역할을 감당하신 삼위일체 하나님 전체의 사역이다. 성자는 이 세상의 지혜이며 질서이다. 창조의 로고스 혹은 질서는 신적인 로고스를 반영한다. "그는 단지 창조의 모범적 원인(*causa exemplaris*)일 뿐만 아니라 궁극적 원인(*causa finalis*)이기도 하다. 세상은 성자 안에 그 토대와 본보기를 두고 있으며, 따라서 성자 안에 또한 세상의 목적이 있었다. 세상은 그로 말미암아 창조되었고 또한 그를 위해 창조되었다(골 1:16)."[11]

여기서 바빙크가 이룩한 놀랄 만한 신학적 성취를 강조하기 위해 잠시 멈춰 보자. 바빙크는 은혜와 자연 사이의 구분을 흐리지 않은 채 혹은 우리의 구속자이신 그리스도의 은혜로운 특징과 탁월함을 희생시키지 않은 채 창조, 구원, 종말 등 모든 주제를 기독론 속에서 다루고 있다. 그리스도인들은 창조 안에 놓인 제자도의 삶을 희생시켜 가면서 은혜, 용서, 영생을 강조하는 오류에 빠지기 쉽다. 또다른 그리스도인들은 지상의 삶을 가장 중요하게 생각하는 오류의 늪에 빠지기 쉽다. 만약 전자의 경우를 "지나치게 하늘에 속한 생각만으로 이 땅에서의 선을 간과"하는 상태로 비난한다면, 후자는 영원과 적합하지 않을 정도로 지나치게 세속화 될 위험에 치닫는 상태

---

11 *RD*, 4:685(바빙크, 『개혁교의학』, 4:814).

이다. 바빙크의 관점은 이 두 가지 모두를 회피한다. 바빙크에게 창조 목적과 목표는 그리스도 안에 기초해 있다. 그리스도는 성부 하나님의 영광이다. "성자는 만물의 머리, 주와 상속자다. 피조물들은 성자 안에 함께 연합하여 머리인 성자 아래 모여, 모든 좋은 것의 샘인 아버지께 다시 돌아간다."[12] 그러므로 그리스도와의 연합이 가진 은혜로운 특징을 간과하거나 축소시키지 않으면서도(우리는 그리스도와 연합될 가치가 없으며 이 연합을 위해 우리가 한 일은 아무것도 없다), 우리의 구원 안에는 그리스도와 연합하는 데 전적으로 들어맞는 무언가가 있다. 둘째 아담이시며 참 인간이신 그리스도 안에서, 우리는 그리스도의 인성, 즉 태초의 신적인 말씀 이후에 형성된[성육신된] 인성에 참여함으로써 완전한 인간이 된다.

요약하자면, 바빙크는 그리스도와의 연합을 삼위일체적 작용이라는 큰 패턴의 핵심 부분으로 이해했다. 이것이 삼위일체 하나님께서 일하시는 방식이다! 우리는 거룩한 안식을 위해 지음 받았고 영원한 영광 가운데 하나님의 형상을 지니도록 창조되었다. 죄는 우리를 이런 운명으로부터 가로막는다. 죄는 참된 인간성으로부터 우리를 멀어지게 만든다. 오직 그리스도와의 연합 속에서, 성령 하나님의 능력 가운데 우리는 우리가 창조된 이유인 참된 의와 거룩함으로 회복된다. 우리는 참 인간이 되기 위해 존재하는 그리스

---

12 *RD*, 4:685(바빙크, 『개혁교의학』, 4:814).

도인들이다. 물론 이런 생각은 구원의 필요성과 중요성을 더 강조하게 만든다.

"그리스도와의 연합"이란 무엇인가? ———

모든 인간은 언약적 머리인 아담의 죄에 참여한다. 우리는 타락한 공통의 인간성에 유기적으로 연합되어 있고 하나님의 공의로운 심판의 선고 아래 서 있다. 복음은 이런 상태로부터의 해방을 우리에게 선사하며, 하나님과의 관계가 회복될 것이라는 약속과 함께 이전과는 다른 인류의 일부가 될 것이라는 소망도 제공한다. 우리는 어떻게 둘째 아담이신 그리스도 안에서 새로운 인류의 일부로 변화될 수 있을까? 우리가 그렇게 될 때, 우리 안에서, 하나님과의 교제 가운데서, 그리고 다른 사람들과의 관계 속에서 과연 무엇이 변화될까? 과연 "그리스도와의 연합"은 무엇을 의미하는가? 혹은 우리가 "참여"라는 말이나, "그리스도 안에" 있음 혹은 "우리 안에 계신 그리스도"라는 말을 사용할 때 이는 무엇을 의미하는가?

그리스도와의 연합 개념에 대한 구체적인 탐구를 시작할 때 바빙크가 그랬던 것처럼 우리도 기독교 경건의 역사에서 불거졌던 위험들과 오류들, 혹은 지금까지도 영성에 대한 현대적 표현들 가운데 존재하는 오류들에 민감하게 반응할 필요가 있다. 하나님에 대한 비성경적인 관점의 충돌은 전통적 기독교의 정통성과 경건과는 종종 상충되는 다양한 영적인 행위들로 우리를 이끌 수 있다. 그렇게 될

헤르만 바빙크의 성도다운 성도

경우 하나님을 우리에게서 멀리 떨어져 계신 분으로, 혹은 우리와 분리된 채 존재하는 분으로 만들어버릴 수 있다. 아니면 하나님이 질적으로 너무 다른 주권자이셔서, 불가해하고 범접할 수 없는 존재로 만들 수도 있다. 그 반대의 오류는 하나님과 인간 피조물들 사이의 구별을 흐릿하게 만드는 것이다. 이는 결국 한편으로는 인간을 가장 높은 수준의 존재까지 높이거나 거의 하나님과 같은 수준의 잠재력 있는 존재로 끌어올리는 것, 다른 한편으로는 하나님을 피조물 수준 정도로 끌어내려 초월성을 없애버리는 것 사이에서 이리저리 흔들리는 것이다. 바빙크는 하나님에 대한 우리의 개념이 이신론과 범신론 사이를 왔다 갔다 하는 방식에 대해 지속적인 경계를 표하며 인간의 종교적 삶에 존재하는 이런 특징들을 포착하려 노력했다.

우리가 하나님과의 관계의 핵심으로 그리스도와의 연합에 대해 이야기할 때, 우리는 두 가지를 성취하고자 한다. 첫째, 이신론자들이 주장하듯이 하나님은 우리로부터 너무 멀리 떨어져 있거나 우리와 분리된 상태로 존재하지 않으신다는 사실에 대해 분명히 한다. 둘째, 하나님과 인간 사이의 존재론적인 구별을 선명히 유지함으로써 모든 범신론에 대해 반대한다. 요약하자면, 우리는 하나님과 참된 교제를 나누지만, 우리는 결코 하나님 혹은 신적 존재가 될 수 없다. 지금부터 우리와 동시대의 기독교 영성 세계에서 표현되는 이런 "경계선 바깥의" 관점들에 대해 고려해 보고자 한다.

이신론은 오늘날의 그리스도인들에게 가장 가능성이 적은 유혹으로 보일 수 있다. 결국 과도하게 주관적이고 지나치게 개인적으로 "예수님과 관계 맺는" 기독교야말로 북미 현대 복음주의의 특징이 아닌가? 그럼에도 불구하고 우리는 이신론을 너무 빨리 논외로 제쳐둬서는 안 된다. 사회학자인 크리스천 스미스(Christian Smith)와 멜린다 룬드퀴스트 덴튼(Melinda Lundquist Denton)의 2005년작 『영혼 탐구: 미국 청소년들의 종교적이고 영적인 삶』(*Soul Searching: The Religious and Spiritual Lives of American Teenagers*)은 "젊은이와 종교에 대한 국가적 연구"라는 릴리 기부금 연구 프로젝트에 기반한 책이다. 이 책은 미국 젊은이들의 일반적인 신앙 체계를 "도덕주의적 치료 이신론"(moralistic therapeutic deism, MTD)으로 묘사한다. 이 신앙 체계는 하나의 특정한 종교적 신앙에 근거한 체계가 아니라, 인식 가능한 패턴으로 결합된 서로 다른 전통의 다양한 가닥에서 도출된 체계이다. 스미스와 덴튼은 도덕주의적 치료 이신론(MTD)의 다섯 가지 요소들을 다음과 같이 설명한다.

1) 세상을 만들고 다스리고 이 땅의 인간의 삶을 살펴보는 신이 존재한다.

2) 성경과 대부분의 세계 종교들이 가르치듯 신은 사람들이 서로에게 선하고 즐겁고 공평하게 대하길 원한다.

3) 인생의 핵심 목표는 행복해지는 것이며 스스로 살맛 난다고 느끼는 것이다.

4) 문제 해결을 원하지 않는 이상 신은 한 사람의 인생에 특별히 개입할 필요가 없다.

5) 선한 사람들은 죽은 후 천국에 간다.[13]

이런 신앙 체계는 18세기의 전통적인 의미에서 볼 때 이신론적 체계가 아니다. 그 이유는 [이런 신앙 체계 속의] 멀리 계신 하나님은 우리가 급할 때 우리를 도와줄 수 있으며 우리의 필요에 대해 고심하는 분이기 때문이다. 그러므로 수식 어구인 "치료"라는 표현은 하나님께서 우리 자신이 살맛 나도록 우리의 관심을 해결해주시는 우주적 도우미로서의 역할을 항상 감당하신다는 뜻이 내포되어 있다. 물론 그 어떤 사람도 다른 사람을 "도덕주의적 치료 이신론자"라고 묘사할 수는 없다. 이 용어는 일반적인 사회 정신(ethos)을 요약한 용어이며 연구자들이 만들어 낸 용어이다. 동시에 교회를 출석하고 있는 미국 젊은이들 상당수가 자신들의 삶에 상대적으로 덜 관여하고 진정한 교제가 거의 없는 하나님에 대한 신앙을 공유하고 있는 것처럼 보인다는 증거는 참으로 우려할 만한 문제이며, 이런 생각을 우리의 기독교적 제자도에 대한 위협으로 강조하는 것은 큰 무리가 아닐 것이다.

바빙크가 범신론으로 여기는 개념은 앞서 다룬 문제와는 반대 방향을 취하는 오류이다. 범신론은 하나님과 피조물들 사이의 범주와 경계를 흐리는 생각이다. 이미 살펴본 것처럼, 범신론은 인간을 하

---

13 Christian Smith and Melinda Lundquist Denton, *Soul Searching: The Religious and Spiritual Lives of American Teenagers* (New York: Oxford University Press, 2005), 162-63. 역자 주: 저자가 본문에 노르퀴스트(Norquist)라고 잘못 표기한 것을 바로 잡았다. 각주에는 룬드퀴스트(Lundquist)라고 옳게 표기했다.

나님과 같은 지위로 끌어올릴 수 있으며, 혹은 하나님을 이 땅 아래 수준까지도 끌어내릴 수 있다. 둘 중 어떤 경우라 하더라도 참된 초월성은 사라지게 된다. 하나님의 "하나님이심"(godness)이 눈에서 사라지게 되며 우리 중 하나와 같아질 뿐이다. 하나님에 대한 이신론적 관점은 창조주와 피조물 사이의 참된 교제를 가능하게 하는 그리스도와의 연합을 강하게 강조하여 어느 정도 해결될 수 있지만, 이런 강조는 잠재적으로 범신론으로 흐르는 문을 열 수도 있다. 만약 우리가 그리스도 안에서 하나님과 연합한다면, 혹은 "하나님께 참여한다면," 어떻게 우리는 하나님과 우리 사이의 적절한 거리를 유지하고 우리 스스로 하나님이 되는 것을 막을 수 있을까? 이 지점에서 또다시 "그리스도와의 연합" 혹은 "그리스도 안에 있음" 혹은 "참여"와 같은 용어를 사용할 때, 이것들이 정확히 어떤 의미인지 질문할 필요가 있다. "그리스도의 존재"와 연합할 때 우리의 존재가 어떻게 변화되는가? 우리가 그리스도의 몸이 된다는 것은 무엇인가? 과연 우리는 어떻게 성령의 전이라 할 수 있는가?

이런 질문들은 성경 본문에서도 꽤 자연스럽게 제기된다. 성경 자체는 하나님과 인간 사이에 존재하는 경계를 극복할 수 있는 가능성에 대해 숙고해보라고 우리를 종용한다. 하나님의 생명에 참여하도록 우리를 격려하는 것처럼 보이는 성경 구절들이 있다. 베드로후서 1장 4절에서 베드로가 그리스도인 제자들을 향해 "신성한 성품에 참여하는 자"[14]라고 한 표현만큼 이 질문을 재촉하는 본문은 없다.

이 구절은 인간 구원의 목표로서, 그리스 정교회의 신화(theosis) 혹은 "신성화"(divinization) 교리를 위한 "증거 본문"으로 흔히 활용되었다. 이 교리는 교부였던 아타나시우스(Athanasius)의 『말씀의 성육신에 관하여』(On the Incarnation of the Word)에서 분명히 진술된 교리이다. "그분이 사람이 되심은 우리로 하나님이 되게 하기 위함이다. 그분은 보이지 않는 아버지에 대한 개념을 수용할 수 있도록 몸으로 자신을 드러내셨다. 그리고 그분은 우리가 불멸을 상속받을 수 있도록 사람들의 오만함을 견뎌내셨다."[15] 여기서 우리는 정교회 신학이, 이 교리가 창조주와 인간 피조물 사이의 선명한 구별을 흐리게 하지 않는다고 주장했다는 점을 강조해야 한다. 하나님은 자신의 본질 가운데 존재하시기 때문에 우리는 하나님이 될 수 없다. 우리는 단지 하나님의 활동(energy) 혹은 하나님의 행위에 참여할 뿐이다. 동시에 "그분이 사람이 되신 것은 우리로 하나님이 되게 하기 위함이다"라는 아타나시우스의 표현은 우리의 자세를 바로잡고 주의를 기울이게 한다. "신성화"는 무엇을 의미하는가? 서구적인 감수성이 충족되는 방식으로 신성화에 대해 이해할 수 있는가? 정교회 수

---

14 이 구절에 대한 구체적인 해석은 이 책의 범위를 뛰어넘는다. 이 구절을 의도적으로 바빙크 전통 내에서 해석한 Albert M. Wolters, "'Partners of the Deity': A Covenantal Reading of 2 Peter 1:4," *Calvin Theological Journal* 25 (1990): 28-44을 참고하라.

15 Athanasius, *On the Incarnation of the Word*, vol. 4 in *The Nicene and Post-Nicene Father*, series 2, ed. Philip Schaff, 14 vols. (Edinburgh: T&T Clark: 1886-1889), 54.3.

도자이자 신학자였던 고백자 성 막시무스(St. Maximus the Confessor, c.580-662)의 다음과 같은 설명은 우리에게 도움을 줄 수 있다.

인간 본성의 신화를 향한 소망을 품고 기대할 수 있는 확실한 보증은 하나님 자신이 인간이 되신 것과 같은 정도로 인간을 신으로 만드시는 하나님의 성육신을 통해 제공된다. … 하나님과 교제하며 우리의 존재를 하나님으로부터 받아 신들(gods)이 되도록, 우리 안에 이 땅의 그 어떤 것도 담지 말고 한분 하나님 전체의 형상이 되자. 왜냐하면 죄 없는 인간이 되신 하나님께서(히 4:15) 인성을 신성으로 바꾸지 않고도 인간 본성을 신성화시키실 것이며, 인간을 위해 스스로를 낮추신 것과 같이 자신을 위해 우리를 높이실 것이기 때문이다. 이것이야말로 성 바울이 "이는 그리스도 예수 안에서 우리에게 자비하심으로써 그 은혜의 지극히 풍성함을 오는 여러 세대에 나타내려 하심이라"(엡 2:7)라고 신비롭게 가르친 바다.[16]

어쩌면 이런 설명이 썩 만족스럽지 않을 수도 있다. 하지만 이 인용문의 두 가지의 중요한 미묘한 차이와 단서들을 존중해야 한다. 첫째, 막시무스는 신성화를 "한분 하나님 전체의 형상" 즉 창세기의 인간 창조에 대한 설명과 바울이 골로새서 3장 10절에서 우리의 구원을 "새 사람을 입었으니 이는 자기를 창조하신 이의 형상을 따라

---

16 G. E. H. Palmer, Kallistos Ware, and Philip Sherrard, *Philokalia: The Complete Text*, 4 vols. (London: Faber and Faber, 1979-1999), 2:178로부터 인용.

지식에까지 새롭게 하심을 입은 자니라"라고 묘사한 부분에 직접 연결한다. 우리는 또다시 성경 자체가 말하고 있는 언어에 직면한다. 둘째, 막시무스는 그리스도께서 "인성을 신성으로 바꾸지 않고도 인간 본성을 신성화시키실 것이며"라고 명백히 말하고 있다. 그러므로 신성화는 범신론이나 만유재신론의 형태가 아니다.

신성화 개념에 대한 바빙크의 비평을 살펴보기 전에, 바빙크 신학의 깊은 곳에서 울려 퍼지는 구체적인 지점에 대해 생각해봐야 한다. 신화는 그리스도 안에 있는 우리의 구속이 단순히 타락 전 아담의 상태로 회복되는 것 이상의 의미임을 확증하는 중요한 방법 중하나이다. 그리스도 안에서 하나님 형상의 담지자로 창조된 우리모습은 충만함에 도달하게 된다. 이해할 것은 그리스도 안에서 "새로운 피조물"(고후 5:17)이 된 사람들이 신성화되는 것을 가능하게하는 하나님과 인간 사이의 연합이 성육신 안에서 효력 있게 이루어진다는 점이다. 이는 우리가 성스러운 존재(*theosis*)에 도달하기까지 정화(*katharsis*)의 과정과 삼위일체 하나님을 묵상(*theoria*)하는 과정을 거쳐 완성된다. 아토스 산 수도사 그레고리 팔라마스(Gregory Palamas, 1296-1359)의 가르침에 따라 동방 교회의 신성화 과정은 금욕적 기도(*hesychasm*)가 포함되어 있는데, 이 기도의 목적은 "하나님의 아들 주 예수 그리스도여 죄인인 저에게 자비를 베푸소서"라는소위 예수 기도를 내적으로 집중하며 반복하여 육체적 소욕을 가라앉히고 하나님을 묵상하는 데 있다.

바빙크는 일반적으로 이런 전통과 신성화 혹은 신화 개념을 거부하며 서방 신학자들을 따라간다. 여기서 우리는 바빙크의 이런 비판이 옳은지 아닌지를 따지기보다는 바빙크가 반대하는 기본적인 이유를 이해하는 것에 관심이 있다. 바빙크가 반대하는 것은 무엇이며 그의 반대는 오늘날 우리에게 여전히 가치 있는가? 바빙크는 신성화 개념 뒤에 존재하는 신플라톤주의의 망령, 즉 모든 실재를 존재의 매끄러운 거미줄로 여기고 창조는 신적 물질의 하향 유출로 생각하며, 구원을 우리의 육체적, 물질적 존재로부터 "상승의 사다리"를 오르는 것으로 이해한 신플라톤주의적 망령에 주목했다. 이런 관점에서 보면, 창조는 육체적 물질성 속에서 열등할 뿐만 아니라 심지어 악하다고도 여겨지고, 반대로 비물질적인 영적 실재는 우월하며 선하다고 여겨진다. 물론 이런 개념은 선한 창조에 대한 성경적 교리에 직접적인 반기를 드는 개념이다. 바빙크는 인간 피조물들이 하나님의 본질에 대해 생각하는 것이 가능하다는 생각에 반대를 표했는데 그 이유는 하나님은 불가해하고 무한한 존재이기 때문이다. "그러므로 인간은 항상 하나님을 단지 유한하고 인간적인 방식으로 볼수 있을 뿐이다." 확실히 우리의 마지막 상태는 영광스러울 것이지만 항상 우리는 인간으로 남을 것이다. "개혁파 신학자들이 영광의 상태를 얼마나 높이, 그리고 얼마나 영광스럽게 생각했든 간에, 인간은 거기에서도 여전히 인간으로 머무른다. 물론 인간이 '자기 본성의 등급을 초월하여' 높아질지라도, '자신의 종과 그것과 유사한 대

헤르만 바빙크의 성도다운 성도

상'을 초월하지는 못한다."[17] 인간은 결코 하나님이 될 수 없다.

이런 비판은 오늘날에도 여전히 중요하다. 이런 비판의 즉각적이고도 명백한 함의는 기독교 종말론과 영성이 모르몬교(Mormon) 종말론과 영성, 즉 하나님 자신이 인간이 되기도 하며 우리 인간들이 스스로 하나님이 되기도 하는 생각과는 몇 광년이나 떨어져 있다는 것이다. 이런 생각은 독자들에게 완전히 새로운 내용은 아니겠지만, 그럼에도 이런 생각은 여전히 강조할 가치가 있다. 정곡을 찌르자면, 소위 "믿음의 말"(Word of Faith) 혹은 "건강과 부"(health and wealth) 운동(즉 "번영 복음"[prosperity gospel] 혹은 "원하는 것을 말하고 주장하라"[name it and claim it])과 같은 오순절 은사주의 영성의 형태들이 존재하는데, 이것들도 인간의 능력을 하나님 수준으로 끌어올리는 영성으로 의심 받는 형태들이다. 텔레비전 전도사들인 케네스 코플랜드(Kenneth Copeland)와 조엘 오스틴(Joel Osteen) 등은 몸, 영, 혼의 완벽한 치유가 그리스도의 속죄에 포함되어 있고, 신자들은 보장된 건강과 부를 소유하기 위해 그것을 "주장"하기만 하면 된다고 가르친다. 신앙에 대한 우리의 말과 더불어 우리는 우리 고유의 세계를 창조하며 번영과 좋은 건강을 획득하고 심지어 토네이도와 허리케인까지도 통제할 수 있다고 가르친다. 하나님의 자녀인 우리의 실제적이고 고귀한 존엄성을 강조하기 위해, 심지어 믿음의 말 운동

---

17 *RD*, 2:190-91(바빙크, 『개혁교의학』, 2:235).

측의 번역 설교자들은 "작은 하나님들"(little gods)이라는 언어까지도 사용한다. 믿음의 말 운동을 향해 매우 비판적인 트레버 글래스(Trevor Glass)가 2007년에 제작한 '자녀들을 고통스럽게 하라'라는 제목의 다큐멘터리에는 크레플로 달러(Creflo Dollar)가 자신의 애틀란타 교회(세계 변혁자 국제 교회)에서 이 "작은 하나님들" 교리를 가르치는 깜짝 놀랄 만큼 충격적인 영상이 포함되어 있다.

> 달러: "만약 말들(horses)이 함께 모여 있다면, 그들은 무엇을 만들어냅니까?"
> 회중: "말들이요!"

"개"와 "고양이" 등으로 비슷한 질문과 답들이 이어진다. 그다음 깜짝 놀랄 만한 대화가 이어진다.

> 달러: "만약 하나님께서 '우리의 형상대로 사람을 만들자'라고 말씀하시고 모든 것이 그렇게 된다면, 하나님께서는 무엇을 만드셨습니까?"
> 회중: "하나님들이요!"
> 달러: "하나님들입니다. 소문자로 작은 하나님들(gods)이요. 여러분은 인간이 아닙니다. 여러분의 인간적인 부분은 여러분이 현재 걸치고 있는 몸밖에 없습니다."[18]

---

18 이 대화는 트레버 글래스(Trevor Glass)의 2007년작 다큐멘터리 '아이들을 고통스럽게 하다'에서 발췌했다(2013년 8월 12일에 시청). 영상은 다음 주소를 통해 시청할 수 있다. https://

그리스도와의 연합을 이야기할 때 우리가 하나님과 같은 수준의 상태 혹은 능력을 획득한다는 식의 생각을 버리는 것이 중요하다. 구체적으로 말하자면, 이는 케네스 코플랜드(Kenneth Copeland)와 글로리아 코플랜드(Gloria Copeland), 베니 힌(Benny Hinn), 조이스 마이어(Joyce Meyer), 조엘 오스틴(Joel Osteen) 등과 같이, 건강과 번영을 강조하는 수많은 텔레비전 목회자들의 가르침으로부터 우리를 보호해 예방 주사를 맞는 것과 같다. 브루스 윌킨슨(Bruce Wilkinson)의 베스트셀러인 『야베스의 기도』(The Prayer of Jabez)라는 책도 논조가 강하지는 않지만 여전히 번영 복음을 말하는 책이라는 사실을 짚고 넘어가야 한다. 그리스도와 연합하고 하나님의 생명에 참여함으로써 창조주와 우리 사이의 존재론적인 구분을 극복한다는 식의 그 어떤 제안도 확고히 거부되어야 한다. 그리스도와의 연합은 우리를 "작은 하나님들"로 변화시키지 않는다는 사실을 선명하고 명백하게 주장해야 한다. 그리스도와의 연합에 대한 보다 더 즐겁고 건설적인 논의로 넘어가기 전에, 대중적인 복음주의자들의 또 다른 강조점, 즉 "성육신적 사역"(incarnational ministry)[19] 개념을 짚고 넘어갈 필요가 있다.

북미 복음주의 영역 속에서 성육신적 용어를 사용하면서 기독

---

www.mixturecloud.com/media/LV5ikf와 http://biblelight.net/Creflo-Dollar.htm.

19 지금부터 진행되는 논의에서 필자는 J. Todd Billings, *Union with Christ: Reframing Theology and Ministry for the Church* (Grand Rapids: Baker, 2011)에 많은 빚을 졌다(특히 5장 내용).

교 사역에 대해 말하는 것이 인기를 끌게 되었다. 우리는 다른 사람들에게 "예수가 되기" 위해 부름 받았다는 것이다. 물론 현재 이 땅에서의 교회는 "그리스도의 몸" 즉 승천하셔서 그 인성이 성부의 보좌 우편에 앉아 계신 그리스도의 몸인 것은 사실이다. 그리스도의 승천에 대한 하이델베르크 요리문답 18주 문답은 다음과 같이 질문한다.

47번 질문. 하지만 그리스도께서 우리에게 약속하신 대로 그는 세상 끝날 때까지 우리와 함께 계시지 않습니까?

이 질문에 대한 답은 그리스도의 인성이 더 이상 이 땅에 계시지 않는다는 중요한 구속사적 사실을 지적한다. 즉 그리스도는 이 땅을 떠나셔서 성부 하나님께로 가셨다.

답: 그리스도는 참 인간이고 참 하나님이십니다. 그리스도는 자신의 인성으로는 현재 이 땅에 계시지 않지만 그의 신성, 위엄, 자비, 영으로는 결코 우리를 떠나신 적이 없습니다.

그리스도의 영은 그분의 몸인 교회 안에 거하신다. 그리고 이런 방식으로, 부활하신 그리스도께서 우리 가운데 거하시고 이 세계에 현존하신다. 하지만 그리스도의 몸은 영적인 혹은 성령론적인 개념이지 기독론적인 개념은 아니다. 교회는 부활하시고 승귀하신 그리

헤르만 바빙크의 성도다운 성도

스도와의 영적 연합을 통해 이뤄진 그리스도의 몸이다. 그러므로 이는 성육신의 반복이 아니다. 삼위일체의 두 번째 위격이나 영원한 로고스 같은 그리스도의 인격이나, 성육신, 속죄, 부활, 승천, 재위, 재림과 같은 그리스도의 사역에 대해 생각할 때, 우리는 전혀 교회에 적용할 수 없는 범주를 직면하게 된다. 만약 교회가 속죄를 만든다, 교회가 승천한다, 교회가 보좌 우편에 앉는다, 교회가 산 자와 죽은 자를 심판하러 다시 온다고 말할 수 없다면, 우리는 성육신적 언어도 사용해서는 안 된다. 그리스도의 성육신은 독특한 사건이었으며, 중보자로서의 그의 사역도 독특한 사역이었다. 우리는 성육신의 반복에 대해 생각할 수 없으며, 심지어 그렇게 생각조차 해서도 안 된다.

확실히 바빙크는 이 두 가지 강조점이 가진 오류들에 대해 직접 거론하지 않았다. 사실 이런 문제들은 바빙크의 사후에 불거진 문제들이다. 그러나 바빙크는 그리스도의 인격에 대한 교리를 역사적으로 다루면서, 특별히 근대 기독론 가운데 펼쳐지는 이단적 교리 발전을 다루면서 이에 대해 간접적으로 언급하고 있다.[20] 그리스도의 인격에 대한 정통적이고도 보편적인 기독교의 교의적 합의점은 451년 칼케돈 공의회(the Council of Chalcedon)에서 확립되었다. 칼케돈 신경은 다음과 같이 고백한다.

[그는] 신성에서 동일하고 완전한 분이며 인성에서 동일하고 완전한 분,

---

20 *RD*, 3:259-74.

진실로 하나님이며 진실로 인간인 동일한 분 ⋯ 한 분이며 동일한 그리스도, 아들, 주, 독생자, 두 본성 안에(본래의 독법을 따르면, 두 본성으로부터가 아니라) 혼합도 없고 변화도 없고, 분할도 없고 분리도 없다.

이런 합의에 모두가 만족했던 것은 아님을 바빙크도 관찰한다. "하지만 모든 그리스도인이 이 고백을 수용했던 것은 아니다."[21] 현재까지도 자주 반복되는 비판은 두 본성 교리가 성경적이지 않을 뿐 아니라 현대 상황과도 잘 맞지 않은 그리스 철학의 전형을 대변한다는 것이다. 결과적으로, 근대 사상가들은 그리스도에 대한 우리의 이해를 급진적으로 수정할 것을 제안했다.

잘 알려진 수정안은 독일 철학자 임마누엘 칸트(Immanuel Kant, 1724-1804)에 의해 시작되었다. 우리가 초감각적 실재들(예를 들어, 예수님은 삼위일체의 두 번째 위격이 성육신하신 분이라는 사실)에 대해 그 어떤 참된 지식도 가질 수 없다고 하며, 칸트는 그리스도를 "도덕의 모범이자 덕목의 교사" 그 이상도 이하도 아니라고 생각해야 한다고 주장했다. 바빙크는 이를 다음과 같이 요약한다. "더 나아가 성경과 교회가 이러한 그리스도에 대해 말한 모든 것은 단지 **상징적** 가치만을 지닐 뿐이었다[강조는 첨가]." 그 후 바빙크는 칸트가 어떤 식으로 성육신의 의미를 수정하는지 보여준다. 성육신은 더 이상 하나님 자

---

21   *RD*, 3:255, 259(바빙크, 『개혁교의학』, 3:313).

신이 우리를 위해 그리스도를 이 땅에 내려 보내신 것에 대한 선언이 아니다. 오히려 기껏해야 성육신은 우리 인간의 종교적 탐구의 상징일 뿐이다. "교회가 가르치는 그리스도는 하나님이 기뻐하는 인류의 상징이다. 그는 참된 독생자이며, 사랑을 많이 받는 성자로서, 하나님은 아들로 인하여 세상을 창조했다. 그리스도의 성육신은 사람 가운데 있는 참된 도덕적 삶의 발생을 상징적으로 나타낸다." 바빙크는 계속해서 다음과 같이 기술한다. "그리스도에 대한 믿음이란 인간이 자신의 구원을 위해 하나님이 기뻐하는 인류에 대한 관념을 믿어야만 한다는 것이다."[22]

예수님에 대한 실제 역사는 칸트에게서 도덕적 모범 정도로 축소되지만, 19세기 독일 이상주의는 칸트의 이런 행보에 한 걸음 더 내딛어 모든 역사성을 무시하는 방향을 취했다. 프리드리히 셸링(Friedrich W. J. Schelling, 1775-1854)은 하나님을 절대자로 이해했지만, "절대자는 결코 불변하는 존재가 아니라, 영원한 생성이며, 따라서 절대자의 로고스와 아들로서 세상 가운데 계시된다"라고 말했다. 셸링에 의하면 정통 기독교 신학이 실수를 저질렀는데 그 실수란 "그리스도가 하나님의 독생자이며 성육신한 아들이라고" 믿은 것이었다. 오히려 셸링은 "하나님은 영원하기 때문에 특정한 시점에 인간의 본성을 취했을 리가 없다. 역사적 사실로서의 기독교는 일시적

---

22 *RD*, 3:260(바빙크, 『개혁교의학』, 3:314).

인 의미를 지닌다"[23]라고 믿었다. 만약 역사가 구식(passé)이라면, 지나치게 역사에만 근거한 기독교는 무엇이라 말할 수 있는가? 우리는 셸링 뿐만 아니라 헤겔(G. W. F. Hegel, 1770-1831) 같은 또 다른 19세기 사상가들이 역사에서 관념(idea)으로 전환하는 급진적인 수정을 볼 수 있다.

셸링의 성육신 이해에 대한 바빙크의 요약을 살펴볼 때는 사전에 주의가 필요하다. 셸링의 관점이 추상적이며 난해하기 때문에 단어의 미로를 통과하려면 큰 인내가 필요하다. "그러나 관념은 영원히 머문다. 세상이 하나님의 아들이다. 하나님의 성육신이란, 절대자가 스스로 존재하기 위하여 세상 가운데, 다수의 개인들 가운데, 다양한 역사 가운데, 역사적 과정 가운데 계시된다는 사실이다. 그러므로 세상은 생성 중에 있는 하나님 자신이다."[24] 성육신은 더 이상 인격적이지 않다. 성육신은 세상의 과정 자체를 위한 비인격적 암호가 되었다. 참된 초월성은 사라졌다. 이런 관점을 지칭하는 전문 용어는 범신론이 주장하듯 "모든 것이 하나님이다"라는 관점보다는, "모든 것이 하나님 속에 있다"고 주장하는 만유재신론이다.

셸링과 동시대 인물이자 동료였던 이상주의자 헤겔도 비슷한 흐름을 만들어냈다. 성육신과 같은 용어로 묘사되던 신학이 철학으로 인해 개념으로 전환된다. 따라서 성육신은 영원한 성자가 인성을 취

---

23 *RD*, 3:260(바빙크, 『개혁교의학』, 3:315).

24 *RD*, 3:260(바빙크, 『개혁교의학』, 3:315).

한 것이 아니라 오히려 하나님과 인간 사이의 연합 개념을 표현하는 신학적 방식에 불과하게 된다. 이렇게 생각할 경우 결국 많은 성육신들이 가능하게 된다. "그리스도는 유일한 신인이 아니다. 인간은 본질적으로 하나님과 하나이며 자기 발전의 절정에서 또한 이 사실을 의식하게 된다." 다르게 표현하자면, "관념은 자신의 충만을 단일 본보기가 아니라, 단지 다수의 개인들 가운데 쏟아 부으며, 인류는 성령으로 잉태되고, 죄를 범하지 않으며, 죽은 자들 가운데서 부활하고, 승천한 하나님의 성육신이라고 말했다."[25] 이런 언어의 핏기 없는 추상화와는 별개로, 우리 주님의 성육신에 대한 성경적이고 교회론적인 가르침을 이처럼 급진적으로 풀어낸 재해석은 복음주의 신자들의 등골을 오싹하게 만들 것이다. 생각해보라. 골치 아프고 부서지고 죄로 얼룩진 우리의 역사가 과연 하나님 자신이 나타나신 것이라 할 수 있는가? 그렇다면 무슨 소망이 남아 있는가? 과연 누가 우리를 구원할 수 있는가?

우리는 오늘날 그 언어를 사용하는 사람들을 비난하기 위해서가 아니라 필요한 경계심을 돋우기 위해, 우리가 어떤 식으로든 성육신을 지속해나갈 수 있다는 이 개념의 내력에 대해 살펴보았다. 내예감은 이 언어를 사용하는 사람들이 근대 철학과 신학의 문제가되는 짐을 의도적으로 지지 않은 채 상대적으로 순진하게 사용하는

---

25 *RD*, 3:261 (바빙크, 『개혁교의학』, 3:315-316).

것 같다는 것이다. 아무리 나빠도 이 언어는 공개적이고 고의적인 이단이라기보다는 일종의 신학적 부주의로 대변될 따름이다. 더욱이 이런 성육신적인 언어로 기독교 사역에 대해 말하는 것이 불필요해진다. 이 장의 결론에서 보게 되겠지만, 그리스도와의 연합 교리를 기독론적인 개념이 아닌 성령론적 개념으로 충분히 활용함으로써 동일한 논점을 만들 수 있다. 동시에 이 개념이 야기한 해악을 알게 된 사람들은 그 즉시 그치고 중단해야 한다. 이전에 했던 것은 전혀 유쾌하지 않은 작업이었다. 이제 우리는 그리스도와의 연합에 대한 보다 더 즐겁고 건설적인 묘사로 눈을 돌릴 수 있다.

그리스도 안에서 구속 받은 우리의 인성 ─────

안타깝게도 우리가 건설적으로 작업한다 하더라도 논쟁을 피할 수는 없다. 논쟁을 최소화하기 위해 노력할 뿐이다. 논쟁을 완전히 피할 수는 없는데 그 이유는 기독교 신앙의 가장 심오한 신비들을 대할 때 우리는 종종 경계선을 표시하는 것 이상을 할 수 없기 때문이다. 성육신 자체가 그런 신비이다. 우리가 정말로 예수 그리스도의 한 인격 안에 있는 하나님과 사람 사이의 연합에 대해 헤아릴 수 있을까? 일찍이 우리는 451년 칼케돈 공의회에서 공식화된 그리스도의 인격에 대한 정통적이고도 보편적인 기독교적 합의에 대해 살펴보았다. 칼케돈은 다음과 같이 고백한다.

[그는] 신성에서 동일하고 완전한 분이며 인성에서 동일하고 완전한 분, 진실로 하나님이며 진실로 인간인 동일한 분 … 한 분이며 동일한 그리스도, 아들, 주, 독생자, 두 본성 가운데(본래의 독본에 의하면, 두 본성으로부터가 아니라) 혼동도 없고 변화도 없고, 분열도 없고 분리도 없다.[26]

이 지점에서 특별히 영어로 "혼동 없고"(without confusion), "변화 없고"(without change), "분열 없고"(without division), "분리도 없다"(without separation)라고 표현된 마지막 네 가지 표현에 주목할 필요가 있다. 칼케돈이 신인(God-man) 연합을 정의하려고(to define) 시도하지 않았다는 점을 유의하라. 오히려 칼케돈은 수용 가능한 이해의 범위를 설정하려는 시도를 했다. 만약 신성과 인성을 "섞어 버린다면"(즉 혼합 및 변화시킨다면), 우리는 정통 기독교의 울타리 밖에 위치하게 된다. 만약 신성과 인성 사이를 찢어 놓는다면(즉 분열 및 분리시킨다면), 우리는 이단이 된다. 성육신에서 진실인 것은(이것은 명백해 보이는데) 곧 그리스도와의 연합에서도 동일하게 진실이다. 우리는 이런 핵심 속에서 가장 풍성한 인간의 신비, 즉 하나님과 인간 사이의 교통에 대해 다루게 된다. 정확한 정의를 내리기 힘들기 때문에, 우리는 기껏해야 범위와 한계를 설정할 뿐이다. 교회 역사 속에서 이런 범주와 한계들은 논쟁의 열기 가운데 형성되었고, 우리는

---

26 *RD*, 3:255(바빙크, 『개혁교의학』, 3:307-308).

이런 한계들로부터 완전히 피할 수 없다. 이 장의 나머지 부분에서 우리는 칭의에 대한 종교 개혁 시기의 논쟁, 펠라기우스와 아우구스티누스 사이에서 벌어졌던 자유 의지 논쟁, 개혁파 교회들과 항론파 사이에 일어났던 종교 개혁 이후의 논쟁, 그리고 마지막으로 "즉각적 중생"에 대한 19세기 후반 네덜란드 개혁교회의 논쟁에 대해 살펴볼 것이다.

종교 개혁이 "오직 믿음으로 말미암는 칭의"를 강조했을 때, 이런 강조는 은혜에 대한 로마 가톨릭의 성례적 이해와 대치되어 논쟁 상황을 만들어 냈다. 지나친 단순화의 위험이 따르긴 하지만, 로마 가톨릭 구원론은 성례적 참여를 통한 그리스도와의 연합을 강조했다고 볼 수 있다. 로마 가톨릭에서는 성례를 하나님의 은혜가 사람들에게 주입되어 그들을 변화시키는 도구라고 가르쳤다. 종교 개혁자들은 이런 로마 가톨릭의 성례가 은혜를 객관적이고 외적인 것으로 바꾸어 종교적 경험의 주관적 차원을 간과하고 구원에 대한 개인의 확신을 의심하게 하는 것으로 보았다. 종교 개혁자들이 이해한 대로, 성례를 통해 주입되는 은혜에 대한 이런 외적 관점은 복음의 진리와 확실성을 약화시키게 된다. 종교 개혁자들은 로마 가톨릭 성례주의와 주입된 은혜에 반대해 칭의의 객관적, 법적, 법정적 국면을 강하게 강조했다. 복음의 말씀은 "오직 믿음으로 말미암아 살리라"고 선포하며, 우리는 그리스도 안에서 의롭다고 선언된다.

16세기에 교회 논쟁이 한창 격렬하던 와중에, 각 진영은 자신의 입장을 분명히 했고, 시간이 지날수록 관점이 더 굳어졌으며, 그 결

헤르만 바빙크의 성도다운 성도

과 각 진영은 서로 비난하기에 이르렀다. 이에 대한 구체적인 탐구 없이도 로마 가톨릭 트렌트 공의회(Council of Trent, 1545-1563)가 저주 가운데 공포했던 칭의에 대한 법령(1547) 일부를 살펴보면 논쟁의 윤곽을 엿볼 수 있다. 구원에서 인간의 무능력을 말하며 하나님의 은혜와 자비가 전적으로 필요하다는 사실을 트렌트가 분명히 확증한 것은 아직까지도 개신교와 복음주의 세계에 존재하는 반가톨릭적 편견에 대한 수정이라고 말할 필요가 있다. "만약 그들이 그리스도 안에서 거듭나지 않았다면, 그들은 절대로 의롭게 되지 못할 것이다"(3장). 하지만 동시에 트렌트는 우리가 하나님의 은혜에 "협력"할 수 있고 우리가 우리의 칭의에서 활동적인 주체가 된다는 식의 하나님의 선행 은혜(prevenient grace)에 대해서도 확증한다(4장). 법령에 뒤따르는 저주는 이 두 가지 점을 모두 확인시켜 준다. 개신교인들에게 트렌트 1장은 큰 문제가 되지 않으며, 은혜에 대한 확증은 심지어 몇몇 사람들을 놀라게 만들 것이다. "만약 누구든지 자신의 행위로, 즉 인간 본성의 가르침을 통해서든, 율법을 통해서든, 예수 그리스도를 통한 하나님의 은혜 없이 하나님 앞에서 의롭다 함을 받는다고 말한다면, 그에게 저주가 있을지어다." 그러나 법령 9장은 노예 의지와 오직 믿음으로 말미암는 칭의에 대한 종교 개혁의 강조를 분명히 염두에 두고 있다.

만약 누구든지 경건하지 않은 자가 오직 믿음을 통해서 의롭게 된다고 말한다면, 의화의 은총을 얻기 위해 그 어떤 협력도 필요하지 않다고 말한다면, 한 사람의 의지의 움직임을 통해 성향이 준비될 필요가 없다고 말한다면, 그에게 저주가 있을지어다.

트렌트는 "값싼 은혜"에 대해 걱정하고 있으며, 칭의를 단순히 하나님 앞에서의 법정적 지위 정도로 간소화시킬 때 불거질 수 있는 문제들에 대해 11장에서 다음과 같이 분명하게 묘사하고 있다.

만약 누구든지 그리스도의 의로움의 전가만을 통하여 의화된다고 말하거나, 성령을 통해 마음속에 부어지는 은총과 관용을 제외한 채 오직 죄 용서를 통하여 의화된다고 말하거나, 혹은 우리를 의롭게 하는 은총이 오직 하나님의 호의일 뿐이라고 말한다면, 그에게 저주가 있을지어다.

트렌트 로마 가톨릭과 종교 개혁 사이에서 벌어졌던 논쟁을 단순히 요약하자면 그리스도 안에서 하나님의 은혜로 창조된 새로운 실재를 어떻게 이해하는가로 맞붙은 것이었다고 할 수 있다. 과연 새로운 실재는 하나님 앞에서의 새로운 상태인가(죄책의 정죄로부터 의롭다는 인정으로의 변화)? 아니면 하나님의 은혜에 성례적으로 참여함으로써 받는 존재의 새로움인가? 종교 개혁은 전자를 강조했고, 로마 가톨릭은 후자를 선포했다. 핵심 차이는 바로 이것이다. 종교 개혁은 칭의의 법정적 국면을 강조하며 성화라는 구별된 국면 속에서 그리스도 안에서의 새로운 삶의 활동성에 대해 다루었지만, 로마 가톨릭은 칭의와 성화의 구분을 거부한 채 만약 종교 개혁이 옳다면 이는 거룩함의 의무를 평가절하하는 상태로 이끌 것이라는 두려움을 가졌다. 신약성경의 언어로 단순하게 설명하자면 다음과 같다. 개신교인들은 바울 사도가 자신의 의무를 다하지 않았을까 걱정하며, 로마 가톨릭 교도들은 야고보가 한쪽으로 물러나지는 않을까 걱정한다. 믿음은 "행위"가 아니지만, 행함 없는 믿음은 죽은 믿음이다.

종교 개혁 시대 당시에 벌어졌던 이런 논쟁은 지금까지도 완전히 사라지지 않은 논쟁이다. 여기서 이에 대해 깊이 있게 논의할 수는 없다. 나는 이미 칭의의 용서와 성령 안에서의 새로운 삶 둘 다를 중요하게 생각했던 그리스도와의 연합에 대한 바빙크의 강조와 대비되는 관점들을 소개했다.[27] 다음부터는 두 가지의 근본적이고도 실천적인 질문에 대한 대답으로 바빙크의 관점을 요약하여 다룰 것이다. ① 어떻게 그리스도 안에서 새로운 삶이 실현될까? 이 일이 일어나는 과정은 무엇이며 그것을 어떻게 묘사할 수 있을까? ② 새로운 삶의 내용은 무엇인가? 새로운 삶의 모습은 무엇이며 새로운 모습을 구성하는 요소들은 무엇인가? 그리스도 안에서 새로운 삶은 어떤 모습인가? 이런 질문들에 답하기 위해 구원의 서정(*ordo salutis*)에 대한 바빙크의 이해를 먼저 살펴보고, 교회에 대한 몇 가지 관찰과 함께 이 장을 마무리 짓도록 하겠다.

---

27 이 지점에 대해 통찰력을 준 *Union with Christ*의 토드 빌링스(J. Todd Billings)에게 감사를 표한다.

그리스도와 함께 연합되는 것 ———

그리스도 안에서의 새로운 삶이 다양한 표현과 비유 혹은 그림으로 묘사될 수 있다는 사실은 이미 신약 성경을 통해 분명히 드러난 바다. 그리스도께서는 니고데모와의 대화에서(요 3장) 하나님 나라를 보기 위해서는 "다시 태어나는 일"(혹은 위로부터 나는 일)이 필요하다고 말씀하셨다. 신학적 용어를 사용한다면, 다시 태어나는 일을 "중생"(regeneration)이라고 표현한다. 하나님 앞에서의 인간의 죄책과 그리스도의 속죄 사역을 통해 주어지는 죄의 용서에 초점을 맞출 때는, 칭의라는 개념을 사용한다. 칭의는 법정적인 표현으로서, 재판장이 죄인을 향해 "죄 없다"라고 선언하는 것이다. 법정적 언어는 칭의 개념에만 국한되어 사용되지 않는다. 신약성경은 "입양"(adoption)도 법적인 언어로 표현한다. 사도 바울이 하나님의 선택에 대해 말할 때, 하나님께서 "창세 전에" 우리를 택하셨고, "그 기쁘신 뜻대로 우리를 예정하사 예수 그리스도로 말미암아 자기의 아들들이 되게"(엡 1:4-5) 하셨다. 그리스도 안에서의 새 삶은 죄악에서 돌이켜 하나님 앞에 거룩하고 순종적인 삶을 살아가는 방향을 취하는 인간 의지의 의식적 활동을 포함한다. 이를 "회심"(conversion)이라고 부른다. 우리의 칭의, 즉 그리스도 안에서 하나님 앞에서 의롭다 선언 받는 칭의는 단회적 행위에 더 가깝지만, 순종하는 거룩한 삶은 보통 일평생에 걸쳐 일어나는 행위로서, 죄에 대하여는 죽고 그리스도에 대하여는 다시 사는 과정이다. 이를 "성화"(sanctification)

라고 부른다.

성경 언어의 풍부함을 알고 우리 구원의 다양한 국면이 어떻게 조화를 이루는지 조직화하고 이해하려는 인간의 자연적인 열망을 인식했던 수많은 개혁파 신학자들은 이런 구원의 국면에 대해 심도 있는 논의를 진전시켰다. 전문적인 신학 용어를 사용한다면, 이는 구원의 서정(the ordo salutis)에 대한 논의이다. 이에 대한 깊이 있는 신학적 논쟁으로 들어가기보다는(이 논쟁이 항상 교훈적인 것만은 아니다), 논의 범주를 아우구스티누스와 펠라기우스주의자들 사이에 벌어졌던 5세기 논쟁과, 개혁교회와 항론파 혹은 아르미니우스주의자들 사이에 벌어졌던 17세기 논쟁으로 제한하여 살펴보도록 하겠다. 논쟁의 역사를 단순화하여 요약할 것이며, 실천적이고 목회적인 의미에 특별히 주목해보겠다.

브리타니아(British)의 수도사였던 펠라기우스(Pelagius, 390-418)는 모든 인간이 아담의 죄로 인해 치명상을 입었다는 사실을 거부했고, 율법을 듣고 선한 일을 행할 수 있는 의지가 인간에게 남아있다고 주장했다. 게다가 우리를 왜곡시킨 "원죄"란 없고 나쁜 본보기를 모방함으로 죄를 짓는다고 했다. 따라서 선한 일을 행하기 위해 신적인 도움이 필요 없다고 주장했다. 아우구스티누스(Augustine, 354-430)는 인간의 치명적인 타락은 전적(total)이며 우리 스스로는 구원에 이를 만한 선한 일을 할 수 있는 능력이 없다고 확신했다. 그러므로 신적인 도움과 은혜가 필요한데, 이 은혜는 복음 선포와 성례를 통한 외적인 은혜뿐만 아니라 성령께서 "지성을 밝혀주시고, 의지를 굴복시키시며, 우리 안에 모든 선한 것을 창조하시는" 것이다.[28] 이 은혜는 "모든 선행에 앞설 뿐만 아니라" 우리 안에서 선행을 할 수 있는 "능력과 의지"까지도 불어 넣어준다. 그런 다음 그것은 "우리 안에서 일을 가능하게 하는 협력하는 은혜"로서 활동한다. 이 마지막 지점은 매우 중요하다. 선행을 가능하게 하는 것이 그 능력을 베푸시는 성령 하나님의 은혜라고 주장하지 않는다면, 하나님의 주권적 은혜와 인간의 책임 사이의 경건하지 않은 줄다리기 속에 갇히게 될 것이기 때문이다. "[성령 하나님의 은혜는] 믿고 사랑할 수 있는 능력을 우리에게 공급할 뿐만 아니라, 실제로 믿고 사랑하게 한다."[29] 이런 식으로 우리는 우리의 칭의에 더 적극적인 존재가 된다. 우리는 반드시 믿어야 한다. 비록 그리스도께서 우리를 위해, 우리 대신에, 우리의 자리에서 죽으신 것이 맞지만, 그렇다고 성령께서 우리를 위해 믿어주시는 것은 아니다. 성령은 우리의 죽은 마음을 살리시고 우리가 믿을 수 있게 하시는, 우리 안에 필수적이고 인격적으로 내주하시는 하나님이시다. 하지만 우리 자신이 반드시 믿어야 한다!

바빙크는 자신의 『소명과 중생』(*Calling and Regeneration*)[30]과 『개혁교의학』(*Reformed Dogmatics*) 둘 다에서 아우구스티누스를 면밀하게

---

28 *Saved*, 14.

29 *Saved*, 14.

30 약어표에서 이 책의 전체 제목을 발견할 수 있다.

따라갔다. 하지만 아우구스티누스의 관점은 아르미니우스(James Arminius, 1560-1609)를 따랐던 17세기 네덜란드 개혁교회의 항론파에 의해 심각한 도전을 받았다. 아르미니우스는 구원을 위해 은혜가 필요하다는 사실을 거부하지 않았다. 오히려 아르미니우스는 성령 하나님을 통해 모든 사람에게 수여되는 "선행 은혜"에 대해서 가르쳤다. 이런 선행 은혜를 통해 "만약 원한다면"(혹은 원하지 않는다면) 믿을 수(혹은 믿지 않을 수) 있었다. 반대자들은 아르미니우스가 다음과 같이 가르친다고 요약했다. "구원을 위해 충분한 은혜가 택자에게 수여된다. 택함 받지 못한 사람들은 믿길 원한다면 구원 받을 것이며 원하지 않는다면 구원 받지 못할 것이다."[31] 비록 아르미니우스는 자신을 반대하는 자들을 향한 자기변호서 『양해를 구하는 말』(*Apology*)에 이런 정의를 포함시켰지만, 이런 정의가 아르미니우스의 생각을 정확히 표현했다는 사실이 그의 반응으로 더 명확해졌다. 개혁파 신앙고백서들을 향한 아르미니우스 후예들의 다섯 가지 반론인 『항의서』(*Remonstrance*, 1610)에 요약된 아르미니우스의 가르침은 결국 1618년부터 1619년까지 도르트 회의가 열리게 했고, 이 회의를 통해 네덜란드 개혁교회에 세 번째로 수용된 신경인 도르트 신조가 탄생되었다.

---

[31] James Arminius, "Apology against Thirty-One Theological Articles," art. 28.8, in *The Works of James Arminius: The London Edition*, trans. James Nichols and William Nichols, 3 vols. (Grand Rapids: Baker, 1986), 2:53.

바빙크는 『소명과 중생』 제5장에서 도르트 회의에 의해 제기된 논쟁들을 구체적으로 다룬다. 『소명과 중생』은 그 당시 활발하게 논쟁된 주제인 "즉각적 중생 교리를 보다 더 선명하게 다루려는" 노력의 일환으로 넓은 독자층을 지닌 언론에 실린 40여개의 글 모음이다. 특별히 아브라함 카이퍼의 특이한 관점, 즉 성령 하나님을 통해 언약적 유아의 중생을 가정하거나 전제하는 관점은 그들의 세례에 대한 네덜란드 개혁교회의 상당한 반대를 불러일으킨 이유가 되었다. 이 논쟁을 이해하기 위해서는 1886년에 아브라함 카이퍼가 국가 개혁교회를 떠났고 많은 사람들이 카이퍼를 따라 나왔다는 사실에 대해 알 필요가 있다. 카이퍼와 카이퍼 지지자들은 스스로를 가리켜 "돌레런든"(*Dolerenden*)이라고 불렀는데 문자적 의미는 "애통하는 자들"이라는 뜻이다. 이 무리들은 "돌레안치"(*Doleantie*)라고도 칭해졌다. 이 사실이 의미하는 것은 분리된 두 그룹이 네덜란드에 존재했다는 것이며, 서로가 많은 부분 공통분모를 가지고 있었기 때문에 연합에 대한 지속적인 요청 역시 존재했다는 것이다. 1892년에 연합교회인 네덜란드 개혁교회(*the Gereformeerde Kerken in Nederland*)가 설립되었지만, 모든 분리측 기독개혁교회가 새로 설립된 이 교단에 가입한 것은 아니었다. 지금까지 짧게 살펴본 논쟁이 목회적으로 중요해진 곳이 바로 새로운 연합교회였다. 분리 측 교회로부터 온 몇몇 회원들은 카이퍼에게 영감 받은 설교자들이 종종 교인들을 이미 거듭난 것으로 전제했기 때문에 사람들을 회심으로 부르는 사역에 실패할 수밖에 없다고 주장했다. 바빙크의 글과 책은 이 사안에 대해 명

헤르만 바빙크의 성도다운 성도

확히 하고 소망을 향해 나아갈 길을 제안하려는 시도였다. 그는 서문에서 다음과 같이 썼다. "통찰의 차이는 신앙고백의 일치와 교회의 평화에 해를 끼치지 않는다."[32]

바빙크는 "즉각적 중생"(immediate regeneration)을 "간접적 중생"(mediated regeneration)과 대조시키며 다음과 같이 질문했다. 성령 하나님은 자신의 은혜를 전하기 위해 설교와 성례를 수단(means)으로 필요로 하는가? 아니면 성령 하나님은 수단 없이 즉각적으로 (immediately) 사역할 수 있으시며 그렇게 하시는가?[33] 이런 질문은 끔찍이 사변적으로 느껴질 수 있는 질문이지만, 이 질문 속에는 유아 세례와 설교의 목적에 대한 매우 중요한 목회적 문제가 포함되어 있다. 예를 들면, 만약 부모가 세례의 성례적 은혜가 자기 자녀의 구원에 필요하다고 믿는다면, "아기에게 급히 세례 줘야 하는" 지나친 압박을 느낄 것이며, 세례 받기 전에 죽은 아기에 대해 불안함을 느끼게 될 것이다. 이 경우 부모들은 세례를 미신으로 변질시킬 위험이 있다. 반면에, 만약 어떤 사람이 은혜의 수단의 중요성을 무시한 채 지나치게 "영적으로" 반응하고 예배, 성례, 교회 권징에 무감각하다면, 우리의 유익을 위해 존재하는 하나님의 좋은 선물들을 무시하는 죄를 저지르게 될 것이다. 이 문제들은 정확히 종교 개혁 시대부터 불거졌던 큰 논쟁의 핵심 쟁점들인데, 19세기 네덜란드 개혁교회

---

32 *Saved*, v.

33 *Saved*, 5-8.

내에서도 또다시 불거지게 된 것이다.

종교 개혁은 성례적 은혜의 외부적 수단이 구원에 필수적이라는 관점을 거부했다. 종교 개혁자들은 성령 하나님은 즉각적으로, 내적으로 일하실 수 있을 뿐만 아니라 또 그렇게 하신다고 생각했다. 비록 대개 죄인의 회심은 복음의 선포를 통해 오지만, 성령 하나님은 복음의 외적인 들음 없이도 사람의 마음을 즉각적으로 거듭나게 만들 수 있는 분이시다. 유아 세례와 교회 내 설교 "직분"을 거부하는 "영적인 재세례파"에 반대하는 맥락 속에서, 종교 개혁자들은 그리스도께서 자신의 말씀과 성령을 통해 자신의 교회를 다스리기로 선택하셨고 "은혜의 방편"(means of grace)으로 직분과 성례를 정하셨다고 주장했다. [하지만 동시에] 바빙크는 즉각적 중생 교리의 중요성에 대해 다음과 같이 요약했다.

다른 모든 진리 가운데서도 즉각적 중생 교리는 특별히 개혁파 신학 내에서 핵심 위치를 차지한다. 이 가르침에 가능한 가장 가까운 연결 지점은 말씀과 성령, 성경과 교회, 교리와 삶, 정신과 마음 사이의 관계에 있다. 이 가르침은 그리스도의 고난과 죽으심을 통해 획득된 유익들을 성령 하나님께서 어떤 방식과 순서로 적용하시는지에 대한 가장 중요한 질문을 포함하고 있는 가르침이다.[34]

---

34 *Saved*, 5.

　　　　　　　　　　　헤르만 바빙크의 성도다운 성도

지금부터는 신약성경이 그리스도 안에서의 새로운 삶을 묘사하는 다양한 방식에 대해 생각해보며 이 사안에 대한 생각의 흐름들을 좇아가도록 하겠다.

"신비적 연합"과 구원의 서정 ———

"다시 태어남," "전반적인 삶의 변화," 그리고 "하나님께 택함 받고 부름 받은" 상태는, 그리스도 안에서의 새로운 삶에 대해 신약성경에 군건히 뿌리 내린 적절한 묘사들이다. 이런 표현들은 새로운 삶의 세 가지 구별된 영역을 묘사한다. "새롭게 태어남"은 변화된 우리의 존재를 지칭한다. 우리의 전인은 새로운 정체성을 가지게 되는데 그 이유는 우리 존재가 달라지기 때문이다. "회심"은 우리의 의지가 가지고 있는 중요한 역할을 강조한다. 우리는 성령의 능력으로 우리 삶을 위해 다른 방향을 선택했다. 마지막으로 "부르심"은 우리의 회심이 하나님께서 먼저 시작하신 "우리가 거부할 수 없는" 신적 초청에 대한 반응이라는 점을 본질적으로 상기시킨다.

그리스도 안에서의 새로운 삶이 가진 다양한 국면에 대해 논할 때, 그 순서를 정하는 일과 그 국면들이 어떤 식으로 진행되는지 정리하는 것은 쉽지 않은 일이다. 바빙크는 그리스도의 "객관적인" 사역과 주관적이고도 개인적인 방식으로 신자들에게 그 유익을 적용하는 사역을 구별하는 하이델베르크 요리문답과 같은 개혁파 신앙고백서의 순서를 따른다. 하지만 속죄와 대속의 객관적 사역은, 그리스도께서 성령의 능력으로 그분 자신의 속죄의 수혜자를 만들어내시는 사역과 결코 분리되어서는 안 된다. 역할들은 구분되지만 분리되지 않는다.

그리스도는 단지 화목하게 하는 자일 뿐만 아니라 구속자이기 때문에, 즉 그는 단지 객관적으로 죄의 허물만 제거해야 할 뿐만 아니라, 주관적으로 죄의 권세도 깨뜨려야 하기 때문에, 그리스도와 신자들의 이러한 신비적 연합은 구원의 사역에서 본질적이고 필수적 구성 요소다.[35]

하지만 (성령 안에서의) 이런 "신비적 연합"이 시작 지점은 아니다. "하지만 이 [신비적] 연합이 그리스도와 그의 소유된 자들 사이에 존재하는 유일하고 일차적인 관계는 아니다." 그렇다면 우리는 어디에서부터 시작해야 할까? 새로운 인간을 언약적으로 대표하시는 둘째 아담 그리스도로부터 시작해야 한다. 바빙크는 이 지점에서 바울이 쓴 로마서의 구조 자체에 호소한다. "이 신비적 연합은 성경에서 언약의 관계 위에 설립되었다. 즉 로마서 6-8장은 로마서 3-5장을 뒤따른다."[36] 바빙크는 그리스도의 대리적 속죄의 객관성을 우선적으로 강조했으며, 그리스도의 속죄 사역을 주관적 구속으로 만드는 모든 노력을 완강히 거부했다. "오로지 이 신비적 연합이 그 성경적

---

35 *RD*, 3:405(바빙크, 『개혁교의학』, 3:501).

36 *RD*, 3:405(바빙크, 『개혁교의학』, 3:501).

헤르만 바빙크의 성도다운 성도

의미에서 동시에 그리스도의 희생 제사의 객관적 속죄와 더불어 견지될 수 있는 때는, 그리스도가 일차적으로 언약의 머리로서 여겨지고, 계약적, 법적 의미에서 자기의 소유된 백성들의 자리를 취했을 때다."[37]

그러므로 바빙크는 칭의의 언약적, 법적, 법정적 국면들 모두를 신자와 그리스도의 신비적 연합과 연결시킨다. 이런 신비적 연합은 그리스도와의 연합 교리에 대한 뜨거운 현대 논쟁들을 종종 무용하게 만든다.[38] 바빙크는 이보다 더 깊이 탐구한다. 우리 대신 행하신 그리스도의 사역에 대해 살펴보기 전에, 그리스도의 사역의 근거가 되는 삼위일체적 은혜 언약에 대해 먼저 생각해 볼 필요가 있다.

은혜 언약은 사실상 그리스도의 인격과 희생 제사에 선행한다. 이 언약은, 그리스도가 그의 사역을 완수한 후에 오지 않으며, 성령과 더불어, 중생과 믿음의 유익들과 더불어 시작하지도 않는다. 그리스도 자신도 이 언

---

37 *RD*, 3:405(바빙크, 『개혁교의학』, 3:501).

38 그리스도의 대리적 속죄에 대해 바빙크가 다룬 부분은 심지어 현대의 논쟁들, 예를 들면 E. P. 샌더스(Sanders), 제임스 던(James D. G. Dunn), 그리고 N. T. 라이트(Wright)와 같은 학자들과 관련 있는 소위 "바울에 대한 새 관점"(New Perspective on Paul)에 대해서도 가치 있는 자료로 활용될 수 있다. 바울에 대한 전통적인 종교 개혁의 이해와 바울에 대한 새 관점 사이의 근본적인 충돌은 "율법의 행위"에 대한 이해 차이이다. 전통적인 관점은 바울이 구원을 얻기 위해 한 사람이 하는 노력과 행동들을 정죄했다는 입장인 반면, 바울에 대한 새 관점은 율법의 행위라는 표현을 "언약 회원권의 표"(badges of covenant membership)로 이해하고 이 표현을 할례와 같은 유대교적 표식을 통해 스스로를 그리스도인으로 규정했던 이방인들에게 적용할 수 있는 표현이라고 이해했다. 바울에 대한 새 관점을 지지하는 학자들 모두가 속죄의 대리 형벌적 특징을 거부하지는 않지만, 그들은 확실히 그 특징을 최소화하며 일부의 경우에는 심지어 강경히 반대하기도 한다.

약 가운데 서 있다. 그는 이 언약의 보증이요 중보자다(히 7:22, 8:6, 12:24). 그의 피는 언약의 피이며, 따라서 속죄하는 피다(마 26:28).[39]

바빙크는 궁극적으로 시간 너머 성부, 성자, 성령 사이에 존재했던 삼위일체 내부의 "구속 언약"(pactum salutis)으로 우리를 데려간다.

진실로 더 나아가, 은혜 언약은 처음에 시간 속에서 세워진 것이 아니라, 영원에 그 토대를 지니고, 구원협약에 기초하며, 일차적으로 신적 본질 자체 안에 있는 삼위의 언약이다. 아버지와 아들과 성령 세 분은 모두 이 언약 가운데 활동한다. 그래서 이 언약이 시간의 처음에 나타난 성령의 활동과 더불어 시작된다는 것은 거리가 먼 이야기이며, 오히려 이 언약은 영원 전부터 삼위일체 하나님의 작정 가운데 존재하고 확실성을 가진다.[40]

그리스도와의 신비적 연합이 어떻게 진행되는지 살펴볼 때, 그리스도와의 연합이 그리스도께서 우리 대신 성취하신 사역의 토대 위에 세워진다는 사실과, 삼위일체 하나님의 주권적이고 선하신 기쁨과 뜻에 확고히 뿌리 내려 있음을 항상 염두에 두는 것이 중요하다. 우리의 구원은 영원에 근거한다.

이 사실이 확립되는 것과 더불어, 그리스도와의 연합에 대한 우

---

39 *RD*, 3:405(바빙크, 『개혁교의학』, 3:501).

40 *RD*, 3:405(바빙크, 『개혁교의학』, 3:501).

헤르만 바빙크의 성도다운 성도

리의 이해는 은혜 안에 이루어지는 하나님의 주권적인 주도성을 확증함으로써 시작되어야 한다. 특별히 회심이 죄에서 돌이켜 하나님을 향해 가는 우리의 의지의 행위라면, 성령 하나님을 통한 중생은 논리적으로 회심 다음에 올 수 없다. 우리는 우리의 행위에 의해 "거듭나지" 않는다. 우리는 "위로부터 난다"(요 3:3). 이와 비슷하게, 비록 우리는 "믿음을 통해 칭의" 되지만, 믿음이 우리 칭의의 근거가 될 수 없다. 장 칼뱅 같은 신학자가 『기독교강요』 3권에서 칭의보다 성화에 대한 이야기로 구원에 관한 논의를 시작하긴 했지만, 칭의 전에 성화가 반드시 일어나야 한다는 생각은 심각한 문제를 야기할 수밖에 없는데, 그 이유는 이것이 은혜 가운데 이루어지는 신적인 주도성을 약화시킬 수 있기 때문이다.

하나님의 주권적이고도 자비로운 주도성에 대한 확증에서 시작하여 그것을 그리스도의 사역과 밀접하게 연결시키는 또 다른 논의를 시작할 때 고려해 볼 지점이 있다. 인간의 마음속에 역사하시는 성령 하나님의 내적 사역 없이는, 영적으로 죽어 있는 죄인들 가운데 복음이 들려지고 수용되는 일은 결코 없을 것이라는 사실이다. 하지만 성령은 그리스도의 영이시기 때문에, 우리는 거듭남을 그리스도의 인격과 사역 그리고 복음 선포와 결코 분리시켜서는 안 된다. 만약 이런 불가분의 연결이 유지되지 않는다면, "그리스도의 인격과 사역이 사실상 구원에 필요하지 않으며, 하나님이 그리스도와 상관없이 오로지 성령을 통해 죄인을 거듭나게 할 수도 있다는 명백한 결론을 내릴 수도 있다"[41]라고 바빙크는 언급했다.

그렇다면 어떻게 이런 일이 일어날까? 우리는 성령의 사역과 그 방식에 대해 보다 더 선명히 묘사할 수 있을까? 먼저 지적할 부분은 말씀과 성령은 함께 묶여있다는 점이다. 말씀은 성령을 필요로 하며, 성령은 선포된 말씀을 사용하신다. 첫 번째 의미에 대한 바빙크의 설명은 전적으로 아우구스티누스의 입장을 따라간다.

하나님의 말씀과 아우구스티누스의 입장에 근거해, 개혁파는 말씀만으로는 죄인을 중생시키고 죄인에게 믿음과 회개를 가져오는 데 충분하지 않다고 가르쳤다. 죄와 허물로 죽은 자를 다시 살리기 위해서는 성령 하나님의 사역을 통한 내적 은혜와 말씀이 반드시 동반되어야 한다.[42]

바빙크의 이런 답변은 말씀과 성령이 함께 하는 그 막힘없는 효험에 대한 벨직 신앙고백서와 하이델베르크 요리문답의 확증과 온전히 일치하는 답변이다.

하나님의 말씀을 들음으로써, 성령 하나님의 사역을 통해 우리 안에 만들어지는 참된 믿음이 우리를 거듭나게 하며 새로운 피조물로 만들고, 새로운 삶을 살게 하며, 죄의 노예 상태로부터 우리를 자유롭게 한다는 사

---

41 *RD*, 4:79(바빙크, 『개혁교의학』, 4:83).

42 *Saved*, 33.

헤르만 바빙크의 성도다운 성도

실을 우리는 믿는다(벨직 신앙고백서, 24장; 강조는 첨가).

이와 비슷하게 하이델베르크 요리문답 25주일 문답은 말씀과 성령을 밀접하게 연결시키고 있을 뿐만 아니라 성례가 성령의 "방편"(means)이라는 점까지도 고백한다.

질문: 우리는 오직 믿음을 통해 그리스도와 그의 모든 유익을 공유한다. 이 믿음은 어디서부터 옵니까?
답변: 성령 하나님께서 우리의 마음에 **거룩한 복음을 선포함으로써** 이 믿음을 만드시며, **거룩한 성례를 사용하심으로써** 이 믿음을 확증하십니다(강조는 첨가).

하지만 명백히 성경적이고 합리적인 이런 관점은 지속되는 "탐구 정신" 가운데 불거지는 수많은 실천적인 질문들을 남길 수 있다. 개혁파 신앙고백서의 이런 "두 가지 모두 다"(both-and)라는 확증은 말씀과 성령이 불가분의 관계라는 사실을 가르쳐주긴 하지만, 관련된 목회 실천적 질문들에 대한 대답을 명시적으로 주지는 않는다. 단한 번도 복음을 듣지 못한 자들은 어떻게 되는가? 혹은 세례받지 않은 채 죽은 영아들은 어떻게 되는가? 복음을 이해하기 힘든 발달 장애인들은 또 어떠한가? 세례받은 아이들이 믿음에서 떠날 때, 히브리서 6장 4-6절이 말하는 회개할 수 없는 죄를 짓는 것인가? 그 의미는 곧 그들이 받았던 세례가 효과적이지 않았다는 뜻인가? 이런 질문들과 더불어 이와 유사한 질문들에 대한 답이 필요하다! 하지만 기독교 교리와 신학에 대한 지성적인 이해로 우리를 계속해서 놀라게 하는 위대한 신학자[바빙크]는 우리가 잠시 뒤로 물러서서 하나님 앞에서 겸손하길 원한다.

바빙크는 어떻게 성령 하나님께서 설교와 성례의 방편과 관계되는지에 대한 논의를 시작할 때, 중생에 대한 도르트 신조의 가르침을 먼저 다룬다. 도르트 신조는 중생을 "성경에 선명히 선포된 것처럼, 우리의 도움 없이 우리 안에서 하나님께서 일하시는 새로운 창조, 죽음으로부터 일어나 사는 일"로 묘사한다. 중생은 "외적인 가르침으로, 도덕적 설득에 의해서, 혹은 하나님께서 일하신 후 거듭날지 회심할지에 대한 여부가 여전히 인간의 능력에 남게 되는 방식으로" 이루어지는 것이 아니다. 중생은 하나님의 사역이며(이것이 핵심이다), 그러므로 중생은 심히 신비롭고 경이로운 일이다.

오히려, 중생은 완전히 초자연적인 사역이며, 동시에 (이 사역의 저자를 통해 영감 된) 성경이 가르치듯이, 창조나 죽은 자가 다시 살아나는 능력에 비해 결코 작거나 열등하지 않은, 가장 힘 있고 가장 즐거우며 기이하고 은밀하며 형언할 수 없는 사역이다.[43]

---

43 Canons of Dort (3/4.12-13).

우리는 성령 하나님에 의한 재출생의 기적을 통해 우리의 능력의 한계를 인정할 필요가 있지만, 이것이 믿음에 방해가 되는 대신, 도르트 신조는 이 지점을 위대한 위로와 즐거움의 원천으로 보고 있다. "신자들은 이 땅에서 이 [중생] 사역이 일어난 방식에 대해 완전히 이해할 수 없다. 신자들은 하나님의 은혜를 통해 이 일을 진심으로 믿고 [자신들이] 구원자를 사랑한다는 사실을 알고 경험하는 것에 대해 만족한다."[44] 바빙크는 이 지점을 강조하기 위해 우리의 몸을 유지시켜주는 음식을 비유로 활용한다. 만약 먹지 않는다면, 우리는 죽을 것이지만, 우리 주께서는 "사람이 떡으로만 살 것이 아니요"(마 4:4; 눅 4:4)라는 사실을 우리에게 알려주셨다. 심지어 음식 안에 존재하는 영양소들에 대해 많이 알고 소화 구조와 음식이 어떻게 에너지를 만들어 우리가 그 힘으로 살게 되는지에 대해 이해하더라도, 여전히 신비는 존재한다. 우리는 이에 대해 완전히 이해할 수 없으며, 음식이 충분치 않은 사람들이 어떻게 하나님을 통해 삶을 유지하는지에 대해서도(예수께서도 광야에서 살아 남으셨다) 혹은 이 땅의 기준으로는 잘 먹고 잘 사는 사람들도 영혼의 문제 때문에 죽을 수 있다는 사실에 대해서도 완전히 이해할 수 없다. 바빙크는 이를 다음과 같이 표현했다. "심지어 자연 세계의 생명은 그 기원과 성장, 부패와 노화의 관점에서 볼 때 신비이며, 이 신비에 대해서는 반

---

44 Ibid.

드시 존중해야 하지만 이에 대해 완전히 알 수는 없다." 다음 구절이 핵심이다. "만약 자연적인 영역에서 이런 일이 일어난다면, 영적인 영역에서는 어떨까? 과연 하나님께서 은혜의 방편들을 통해 어떤 방식으로 택자에게 영적인 생명과 힘을 주시는지 그 누가 말할 수 있겠는가?"[45]

비록 신약성경은 그리스도와의 연합에 대해 많은 것을 우리에게 말해주지만, 이에 대한 분석의 막바지에 이르면 알지 못하는 것이 더 많다고 말할 수밖에 없다. 이 신비에 대해 존중하고 단순히 그리스도와의 연합 가운데 사는 삶에서 우리의 만족과 즐거움을 발견함으로써, 우리의 한계를 넘어서는 지식에 대한 끝없는 갈증을 진정시킬 필요가 있다. 좋은 신학만큼 중요한 것은 신학이 삶을 능가해서는 안 된다는 점이다. 우리 가운데 2차적, 3차적 신학 문제들에 사로잡혀 그 문제들 속에 파묻혀 사는 사람들이 있으며, 심지어 이 문제들이 종종 정통과 출교의 문제로 변질되기도 하는데, 이 지점에서 위대한 개혁파 신학자였던 헤르만 바빙크가 항상 우리와 함께 역사하시는 하나님의 신비적 방식을 존중하라고 주장했던 바를 기억할 이유가 있다. 우리와 함께 하시는 하나님의 방식에 대해 우리가 알고 있는 바는 참으로 많다. 기독교 시대를 통해 신학 지식의 풍성한 보고가 우리에게 제공되었다. 하지만 완전한 이해는 언제나 우리로

---

45 *Saved*, 135.

헤르만 바빙크의 성도다운 성도

부터 멀리 떨어져 있다. "기독교 신학은 통찰하고 경탄하되, 결코 이해하거나 꿰뚫을 수 없는 신비들과 항상 연관된다."[46] 이와 비슷하게, 고통스러운 목회적 문제들과 씨름하는 모든 사람에게 하나님은 우리의 모든 질문, 의심, 불평을 충분히 처리하실 수 있을 만큼 크신 분이다. 시편 기자의 애가처럼, 우리가 할 수 있는 일은 이 모든 것을 "전능하시기 때문에 [모든 문제를 처리하실 수] 있으며 … 신실한 아버지시기 때문에 이 일을 하길 원하시는" 하늘에 계신 아버지에게 맡겨 드리는 일이다.[47]

그리스도의 몸 안에서 살기

우리는 지금까지 이 장에서 교회 역사와 신학의 많은 부분을 다루었다. 탐구하고 분석하며 주의 깊에 구별하는 것은 그 자체로 가치 있는 활동이고 일부 사람들에게는 꽤 즐거운 일이며 이를 실제로 목회에 적용할 때도 유익하다. 그리스도의 몸과 연합한 상태에서 느끼는 즐거움과 평안함은 정말로 중요한 것이다. 중생과 성령 하나님의 사역에 대한 우리의 성찰은 우리에게 허락하시는 그리스도의 은혜의 경험을 가리킨다. 이 장의 마지막 부분은 우리 구원의 중요한 국면 두 가지, 즉 칭의와 성화에 대해 구체적으로 다룰 것이다. 이를

---

46 *RD*, 1:619(바빙크, 『개혁교의학』, 1:803).

47 하이델베르크 요리문답, 5주일.

주로 목회적 차원에서 다룰 것이다. 예수 그리스도의 제자로서 잘 성장하기 위해 신자들은 무엇을 해야 할까? 그리스도와의 연합이 주는 모든 유익을 염두에 둘 때 우리는 어디에서부터 시작해야 할까?

그리스도와의 연합이 무엇인가에 대한 바빙크의 포괄적인 관점에서 볼 때 일부 사람들은 바빙크의 대답에 놀랄 수도 있다. 바빙크는 다음과 같이 주장한다. "이 모든 유익 가운데 칭의가 다시금 첫 번째 자리를 차지하는데, 왜냐하면 칭의 아래 은혜로운 동시에 공의로운 하나님의 행위가 이해되고, 칭의를 통해 하나님이 인간을 모든 죄의 죄책[허물]과 형벌로부터 사면하고 그에게 영생의 권리를 주기 때문이다."[48] 바빙크는 이런 주장을 몇 페이지 후에도 반복한다. "하나님이 이제 이 의의 덕분으로 미래에 자기 백성에게 주실 모든 영적인 유익과 물질적인 유익 가운데, 죄의 용서가 탁월한 자리를 차지한다."[49] 바빙크의 관심은 목회적이다. 복음이 주는 위로와 즐거움을 누리기 위해 무엇이 가장 핵심적인가? 죄책이 사라지기 전에는, 형벌이 주는 모든 두려움이 완전히 제거되기 전에는, 그리고 하나님과의 교제 속에서 영생의 확신이 그 위로와 권세와 더불어 한 사람의 의식에 채워지기 전에는 확실히 마음과 양심에 평화와 즐거움이 없으며 자신감 가운데 하는 도덕적 행위와 축복된 삶과 죽음도 없

---

48 *RD*, 4:179(바빙크, 『개혁교의학』, 4:205).

49 *RD*, 4:182(바빙크, 『개혁교의학』, 4:208).

다.[50] 용서는 간단치 않으며 작은 일도 아니다. 사실 "이러한 완전한 사죄의 유익은 매우 커서 인간의 자연적인 지성이 붙잡을 수도 믿을 수도 없다."[51]

칭의는 오해될 수 있다. 종교 개혁 교리는 그리스도의 완전한 의로우심이 우리에게 전가됨으로써 우리가 칭의 받는다고 주장한다. 다르게 표현하자면, 우리는 스스로 의롭지 않지만, 그리스도와의 연합 때문에 재판관이신 하나님께서 우리를 의롭다 여겨주시는 것이다. 그러므로 칭의는 법적 혹은 법정적 범주에 자리한 개념이다. 비록 우리 같은 죄인은 하나님의 율법을 통해 정죄 받는 자리에 서 있지만, "하나님은 복음 가운데 율법과 상관없이 자신의 의를 밝히 드러냈다(롬 1:17-18, 3:20ff)." 그리스도께서 우리의 자리에 서기 위해 오셨고 하나님께서는 우리를 "그리스도 안에" 있는 자로 여겨주신다. "이 하나님의 의는 하나님이 비록 율법을 따라 우리를 반드시 정죄해야 했을지라도, 그리스도 안에서 우리에 대한 다른 생각을 품었기에, 모든 죄를 관대하게 용서하고, 비난하지 않으며, 진노와 형벌 대신에 신적 자비와 아버지 같은 긍휼로 우리를 돌아보았다고 표현한다."[52] 칭의에 대한 널리 알려진 주일 학교의 정의는 다음과 같다. "하나님께서는 마치 제가 한 번도 죄를 안 지은 것처럼 저를 바라봐

---

50 *RD*, 4:179(바빙크, 『개혁교의학』, 4:205).

51 *RD*, 4:179(바빙크, 『개혁교의학』, 4:205).

52 *RD*, 4:206(바빙크, 『개혁교의학』, 4:239).

주세요."

정확히 바로 이 지점이 전통적으로 진술되어온 칭의 교리에 대해 비판자들이 반대하는 지점이다. 비판자들은 이 교리가 "조화될 수 없는 정의" 혹은 "조화될 수 없는 의"를 신자들에게 돌리기 때문에 기껏해야 이 교리는 "법적 허구"(legal fiction)에 지나지 않는다고 주장한다. 비판자들은 우리가 "우리의 의로움"에 대해 말할 때, 단지 믿음으로 받아들이는 우리 외부의 어떤 것을 염두에 둔 것일 따름이라고 그들은 이해한다. 하나님께서는 단지 그리스도의 의로움을 마치 회계 상의 속임수처럼 우리에게 넘긴다고 생각하는 것이다. 그러므로 칭의 된 자들 속에는 그 어떤 변화도 없다고 주장한다. 게다가 비판자들은 아무런 죄도 짓지 않으신 예수님을 정죄하고, 예수님을 통해 우리가 실제로 지은 죄를 없애시는 하나님이 과연 정의로운 행위를 하셨는지에 대해 의문을 표한다. 이런 생각을 통해 도출될 수 있는 목회적 결과 중 하나는 무고한 사람이 다른 사람의 죄로 인해 죽는 것을 받아들일 준비가 되어 있다는 것이다. 이는 분명 잘못된 적용이다. 칭의를 법정적 사건으로 보길 거부하는 사람들은 종종 칭의를 윤리적 실재로 바꾸려고 하는데 이를 통해 하나님의 은혜가 실제로 한 사람을 의롭게 만들어 하나님의 용서가 정당하게끔 보이려고 한다.

바빙크는 이렇게 생각하지 않았다. 바빙크는 하나님께서 "예수를 믿는 자들을 사면"하실 때야말로 의롭게 행동하시는 것이라고 주장했다. "그리스도 안에 있는 의(고전 1:30; 고후 5:21; 빌 3:9)"뿐만 아니라 "그리스도 안에 있는 하나님의 은혜를 마음으로 신뢰하는 것"과 "그리스도에 대한 인격적인 관계와 그리스도와의 인격적인 교제(롬 10:9; 고전 6:17; 고후 13:5; 갈 2:20; 엡 3:17)"로 우리는 의롭다 칭함을 받는다. 아담 안에서 죄인이 된 것과 같은 방식으로, 그리스도 안에서 하나님과의 참된 교제가 가능하게 된다.

> 이 하나님과의 교제는 신비적 연합이다. 이 교제는 우리의 이해를 훨씬 초월한다. 이것은 성령을 통한 하나님과의 가장 긴밀한 연합, 인격들의 연합, 파기될 수 없고 영원한 하나님과 인간의 언약으로서, '윤리적'이라는 명칭으로 묘사하기에는 너무도 연약하기에, '신비적'이라는 명칭으로 일컬어졌다. 이것은 매우 심오하여서 인간을 하나님의 형상을 따라 변화시키고 그로 하여금 신적 본성에 참여하게 한다(고후 3:18; 갈 2:20; 벧후 1:4).[53]

여기서 바빙크는 성육신의 신비에 호소하고 있다. "만일 하나님과 인간의 이러한 교제가 참으로 하나의 환상이 아니라 참된 실재로서 이해된다면, 성육신에 대한 그 유사성과 유비가 눈에 들어오게 된다."[54] 하나님과 인간 사이의 교제는 성육신이 없었다면 불가능했을 것이다. "만일 성육신이 하나님 편에서든 인간 편에서든 불가능하다면, 종교 역시 진실로 하나님과 인간의 교제일 수 없기 때

---

53   *RD*, 3:304(바빙크, 『개혁교의학』, 3:374).

54   *RD*, 3:305(바빙크, 『개혁교의학』, 3:374).

문이다."[55] "하나님 역시 인류와의 교제가 다시금 실현되도록 인류의 머리인 그리스도 안에서 인류와 연합했다. 따라서 그리스도는 다른 개인들과 나란히 서 있는 개인이 아니라, 인류의 머리이자 대표, 두 번째이자 마지막 아담, 하나님과 인간의 중보자다."[56]

그러므로 칭의는 "법적 허구"가 아니며 칭의 된 죄인으로서 우리의 의로움은 [더 이상] "조화될 수 없는 의"가 아니다. 하나님은 그냥 아무렇게나 그리스도의 의를 죄인들에게 전가하지 않으셨다. 성육신 가운데 신적인 말씀이 나사렛 예수의 인격적인 인성을 "취하지" 않았다. 신적인 말씀이 "비인격적인 인성"[57]을 취했고 그 인성에 참여했다. 그리스도는 단순히 "다른 사람들과 나란히 서 있는 한 개인이 될 수 없었다. 그의 사역은 자신과 연합한 단 한 사람을 하나님과 교제하도록 돌이켜 인도하는 것이 아니었다. 그와 반대로 그는 반드시 아브라함의 씨를 취하여, 새로운 인류의 머리와 많은 형제들 가운데 먼저 난 자여야 했다."[58] 바빙크에게도 익숙한 다른 언어를 사용해 표현하자면, 우리는 아담과 죄 많은 인성 가운데 유기적으로 연합된 것처럼, 그리스도의 인성 안에서 그분과 유기적으로 연합된다. 하나님께서 그리스도 안에서 우리를 의롭게 하실 때, 하나님은 의로운 행위를 하시는 것이다. 우리는 의롭다.

---

55 *RD*, 3:305(바빙크, 『개혁교의학』, 3:374).

56 *RD*, 3:305(바빙크, 『개혁교의학』, 3:375).

57 *RD*, 3:305(바빙크, 『개혁교의학』, 3:376).

58 *RD*, 3:305(바빙크, 『개혁교의학』, 3:375-376).

헤르만 바빙크의 성도다운 성도

이는 실천적으로 다음과 같은 의미를 지닌다.

신자는 하나님과 더불어 화평을 누리며(롬 5:1), 더 이상 율법 아래 있지 아니하고(롬 7:4; 갈 2:19; 4:5, 21ff), 은혜 아래 있어(롬 6:15) 자유를 누린다(갈 5:1). 그는 더 이상 종이 아니라 아들이며, 양자의 영을 소유하고, 따라서 하나님의 상속자다(롬 8:15-17; 갈 4:5-7). 큰 확신으로 양자가 될 것의 완성(롬 8:23)과 의의 소망(갈 5:5)을 기다린다. 만일 하나님이 의롭다고 했다면, 누가 정죄하겠는가(롬 8:31-39)?[59]

믿음으로 의롭다 함을 얻는다는 것은 우리에 대한 하나님의 선언이 의롭고 참되다는 사실을 믿는 것을 의미한다.

죄와 죄책의 속박과 노예 상태로부터 속량되어 더 이상 종이 아니라 양자가 된, 그리스도 안에 있는 사람들은 자유롭게 사랑하고 거룩한 삶을 살아간다. 그 다음으로 우리는 이 자유 안에서 성화와 소위 은혜의 방편들에 대해 말할 수 있다. 첫 번째 논점은 우리의 칭의와 마찬가지로 성화에서도 우리는 혼자가 아니라는 점이다. 성화는 그리스도 안에서 이루어진다.

성화의 유익을 올바르게 이해하기 위해 우리는 반드시 그리스도가 우리의 의라는 개념과 동일하게 그리스도가 우리의 거룩이라는 개념에서 출

---

59 *RD*, 4:186(바빙크, 『개혁교의학』, 4:214).

발해야 한다. 그리스도는 완전하고 충분한 구원자다. 그리스도는 자신의 사역을 반쯤 성취한 것이 아니라, 우리를 본질적으로 그리고 완전히 구원한다. 그리스도는 우리의 양심에 죄 사함을 선언한 후에, 또한 완전한 거룩과 영광이 우리의 소유가 되게 하기까지 쉬지 않는다.[60]

바빙크는 성화를 성령 하나님의 수동적 선물인 동시에 능동적 책임이라는 입장을 견지했다. "성화는 이 수동적인 측면으로 끝나는 것이 아니다. 성화는 물론 일차적으로 하나님의 사역이자 은사로서(빌 1:[6]; 살전 5:23), 여기서 사람은 중생과 마찬가지로 피동적이며, 성화는 중생의 지속이다." 그리스도 안에서 우리는 거룩하다.

하지만 성화는 사람 안에 있는 하나님의 이 사역에 기초하여 두 번째로 능동적인 의미를 지니고, 인간 자신은 스스로를 거룩하게 하며 자신의 삶 전체를 하나님께 바치도록 부름을 받고 능력을 덧입는다(롬 12:1; 고후 7:1; 살전 4:3; 히 12:14 등). … 성경은 다음의 두 가지를 확고하게 견지한다. 바로 하나님의 모든 활동과 우리의 책임이다.[61]

하이델베르크 요리문답에 따르면 성화의 핵심인 "지속되는 회

---

60 *RD*, 4:248 (바빙크, 『개혁교의학』, 4:290).

61 *RD*, 4:253 (바빙크, 『개혁교의학』, 4:297).

개"는 옛 자아가 죽고 새 자아가 사는 것을 동반한다.[62]

우리는 거룩함을 추구해야 할 예수 그리스도의 제자들로서 우리의 책임을 인정해야 하며, 동시에 이 일을 우리 스스로의 힘으로 할 수 없다는 사실을 상기할 필요가 있다. 성령 하나님께서 힘을 주시지 않는다면 우리는 이 일을 할 수 없다. 여기서 성령과 방편에 대한 논의를 결론지을 수 있다. 우리 자아가 죽고 그리스도로 다시 사는 일이 일어나기 위한 자리와 공간으로서 그리스도의 몸이라는 선물을 우리는 이미 받았다. 다른 것들 가운데서도 교회는 사회적 피조물인 우리의 본성에 비추어 볼 때, 사회적 기관, 혹은 아리스토텔레스의 언어를 빌리자면 "정치적 동물"이다. 우리는 공동체 안에서 태어나고 공동체로부터 벗어날 수 없다. "이 모든 기관과 단체보다 더 강하게 묶는 끈은 사람들을 종교 가운데 결합시키는 것이다. 종교 안에는 강한 사회적 요소가 있다."[63] 이런 이유로 연합된 사회적 문화 활동은 인간 공동체 속에서 사람들을 성장시키도록 돕는 데 중요한 역할을 담당한다.

하지만 예수 그리스도의 교회는 그 이상이다. 교회는 "하늘과 땅의 모든 권세를 내게 주셨으니 그러므로 너희는 가서 모든 민족을 제자로 삼아 아버지와 아들과 성령의 이름으로 세례를 베풀고 내가 너희에게 분부한 모든 것을 가르쳐 지키게 하라 볼지어다 내가 세상

---

62 *RD*, 4:253(바빙크, 『개혁교의학』, 4:297).

63 *RD*, 4:276(바빙크, 『개혁교의학』, 4:323).

끝날까지 너희와 항상 함께 있으리라 하시니라"(마 28:18-20)라고 승천하시기 전 주님께서 명령하신 것과, 성령 강림 때 성령 하나님을 통해 구비되어 함께 모인 신적인 기관이다. "온 세계"에 설교하고, 복음을 전하고, 세례를 주고, 제자를 삼는 것이야말로 교회와 그리스도인을 부르신 이유이다. 이런 부르심에 그리스도의 피로 맺은 새 언약의 잔을 마시고 그분의 찢어진 몸의 떡을 나누라는 주님의 명령을 덧붙일 때, 우리는 제자도에서 무엇으로 성장하며 우리의 성화 가운데 어떻게 자라날 것인지 의심하지 않는다. 물론 이에 대해 더 많은 것들을 말할 수 있으며, 다음 장에서 우리는 그리스도를 본받는 거룩한 삶의 의미에 대해 더 구체적으로 다룰 것이다. 현재 우리가 생각할 수 있는 점은 우리 주님께서 직접 우리에게 제공하신 방편들을 사용하는 것보다 더 나은 선택은 없을 것이라는 점이다. 그리스도와 연합된 사람들이 교회에 가고, 성례에 참여하며, 그들의 말과 행동으로 믿음을 증언하는 것이다. 우리가 이런 일을 해 나갈 때, 우리는 인간으로서 성장하며, 복이 되고 복을 받을 것이다.

헤르만 바빙크의
성도다운 성도

Bavinck
on the Christian Life

2부.
그리스도인의
제자도의 모습

5장

예수님을 따르기

앞서 여러 장에 걸쳐 기독교적 제자도라는 건축을 위한 기초 작업을 했다면, 다음 두 장에서는 우리 삶의 부르심이 일어나는 다양한 영역의 방이 있는 건물의 전반적인 모습에 대해 묘사할 것이다. 마지막 네 장에서는 그리스도를 본받는 것이 핵심 역할인 기독교적 세계관에 의해 형성되는 방의 내용을 다룰 것이다. 주요 윤리적 주제들에 대한 바빙크의 입장을 탐구할 때 간과해서는 안 될 지점은, 바빙크의 주제들이 창조, 율법, 그리스도와의 연합을 통해 구성된다는 점이다. 바빙크는 그리스도를 본받는 것에 대해 1885-1886년 어간에 한 편,[1] 1918년에 또 다른 한 편[2]의 중요한 글을 남겼다. 게다

---

[1] "Imit. I." 각주에 표기된 처음 페이지는 네덜란드어 원문 페이지이며 그다음 괄호 페이지는 영역본 *Analysis*의 부록 A, 372-401의 페이지다.

[2] "Imit. II." 각주에 표기된 처음 페이지는 네덜란드어 원문 페이지이며 그다음 괄호 페이지는 영역본 *Analysis*의 부록 B, 402-40의 페이지다.

헤르만 바빙크의 성도다운 성도

가 아직 출간되지 않은 원고 "개혁파 윤리학"[3]에서도 바빙크는 그리스도를 본받는 것을 "영적인 삶의 중심"[4]이라고 명시적으로 규정했다. 그리스도를 본받는 것에 대한 주제를 역사적으로 개괄한 후에, 다음과 같은 핵심적인 해석학적 질문을 중심으로 산상수훈에 대한 바빙크의 이해를 살펴보도록 하겠다. 그리스도를 본받는 것에 대한 주제는 모든 시대에 유효하며 모든 상황 속에 적용이 가능한가? 맥락의 변화는 세상과 세상 속에서의 기독교적 제자도를 향한 자세를 바꾸도록 요청하는가?

인기 있는 윤리적 주제의 역사 ────

윤리적 이상향으로서 그리스도를 본받음이라는 주제는 교회 역사 속에서 흥망성쇠를 경험했지만, 최근 WWJD(What would Jesus do? 예수님이라면 어떻게 하실까?)라는 문구가 새겨진 손목 밴드를 차는 유행이 말해주는 것처럼 이 주제 자체가 완전히 사라진 적은 없

---

3 이 원고의 발견과 원고의 내용에 대해서라면 Dirk Van Keulen, "Herman Bavinck's Reformed Ethics: Some Remarks about Unpublished Manuscripts in the Libraries of Amsterdam and Kampen," *The Bavinck Review* 1 (2010): 25-56을 참고하라(역자 주: 현재 기준으로 『개혁파 윤리학』 1권과 2권이 영역 완료되었다. Herman Bavinck, *Reformed Ethics,* vol. 1, *Created, Fallen, and Converted Humanity, ed. & trans.* John Bolt, Jessica Joustra, Nelson D. Kloosterman, Antoine Theron, and Dirk van Keulen [Grand Rapids: Baker Academic, 2019]; idem, *Reformed Ethics, vol. 2: The Duties of the Christian Life,* ed. John Bolt [Grand Rapids: Baker Academic, 2021]. 영역본 1권을 기반으로 한글 번역도 출간되었다. 헤르만 바빙크, 『개혁과 윤리학 1: 인간의 창조와 타락과 회심』, 존 볼트 편, 박문재 역 [서울: 부흥과개혁사, 2021]).

4 Ibid., 38.

었다. 이런 구체적인 형성은 찰스 셸던(Charles Sheldon)의 1897년 작 베스트셀러인 『그의 걸음 속에서 "예수님이라면 어떻게 하실까?"』 (*In His Steps. "What Would Jesus Do?"*)의 부제로부터 비롯되었다. 하지만 그리스도를 본받음이라는 주제는 이보다 훨씬 더 깊은 내력이 있다. 15세기 토마스 아 켐피스의 『그리스도를 본받아』(*De imitatione Christi*) 는 가장 널리 읽힌 경건 서적으로 남아 있다. 1937년에 처음 출간되 었던 디트리히 본회퍼의 『제자도의 대가』(*The Cost of Discipleship*)의 원 래 독일어 제목은 문자적으로 "따라가다"(following after) 혹은 "본 받음"(imitation)이라는 의미를 지닌 나흐폴게(*Nachfolge*)였다. 이 주제 가 인기가 많았던 것은 사실 크게 놀랍지 않은데 그 이유는 신약성 경이 예수님의 제자가 되라고 권면하고 있으며 특별히 그리스도께 서 다음과 같이 말씀하셨기 때문이다. "이에 예수께서 제자들에게 이르시되 누구든지 나를 따라오려거든 자기를 부인하고 자기 십자 가를 지고 나를 따를 것이니라"(마 16:24). 이 주제가 여러 시대와 상 황 속에서 다루어졌기 때문에, 그 이해와 적용 역시 대단히 다를 수밖에 없다. 바빙크는 이 주제의 역사적 흐름을 고찰했다. 이를 통 해 본인이 그리스도를 본받음이라는 주제에 대해 받아들이는 부분 과 그렇지 못한 부분에 대해 설명했다. 지금부터 이 점을 다루고자 한다.

그리스도를 본받음이라는 주제에 대한 바빙크의 1885/1886년 글은 사도 시대 이후부터 근대 시대까지 그리스도를 본받는 영성에 대한 역사적 개괄이 주를 이루는 글이다. 바빙크는 이런 개괄이 필

헤르만 바빙크의 성도다운 성도

요하다고 보았는데, 그 이유는 그리스도를 본받는 것은 "인간 마음의 자연적인 성향과 상당히 모순되며 이를 영적으로 건강한 방식으로 이해하고 따르는 것은 어려운" 요구이기에, 그리스도를 본받는다는 이상이 "역사 속에서 오류와 오해로 가득 찼다"고 생각했기 때문이다. 가장 초기의 그리스도인들은 "단순히 [그들의] 주인이 사는 대로 살았다. 왜냐하면 대부분의 교회 구성원들은 세상의 똑똑하고 부하고 권세 있는 상류층이 아니라 오히려 사회의 낮은 계급 구성원들이었기 때문이다. 유일하게 구별된 삶의 방식은 교회가 세상을 향한 그리스도의 편지가 되는 것이었다."[5] 바빙크는 그리스도인들의 방식과 새로운 관점에 대한 요약으로 2세기의 『디오그네투스에게 보내는 편지』(Epistle to Diognetus)를 지적하며 많은 부분 이 편지의 내용을 자신의 글에 인용한다. 그리스도인들은 더불어 살고 있는 보통 사람들의 언어와 관습을 따라 살지만, 그들의 삶의 양식은 "놀랍고도 현저히 두드러진" 방식으로 구별된다. 그리스도인들은 이 땅의 정착민이라기보다는 임시 체류자이며 순례자이다. "그들은 시민으로서 모든 것을 다른 사람들과 나누지만, 마치 외국인처럼 모든 것을 견딘다. 모든 이국땅이 그들에게는 고향이며, 모든 고향이 그들에게 이국땅이다." 그리스도인들은 "이 땅에" 살지만 "이 땅에 속하지는" 않는다. 그들은 이 땅의 재화와 신의를 경멸하지 않지만, 영원한

---

5 "Imit. I," 101 [372].

소망과 운명의 빛 아래 그 모든 것을 상대화시킨다. 이는 참으로 독특한 자세이며 2세기뿐만 아니라 21세기를 위해 기록된 것처럼 보이기까지 한다. "그들은 다른 사람들처럼 결혼한다. 그들은 자녀를 낳는다. 하지만 그들은 그들의 자녀를 죽이지 않는다. 그들은 공동 식탁을 가지고 있지만, 공동 침대는 가지고 있지 않다."[6]

바빙크는 가장 초기의 그리스도인들의 삶으로 특징지을 수 있는 자기 부인과 십자가를 지는 삶을 심지어 그리스도를 본받는 경건의 "순전한" 형태로 여기며 칭송했다. 하지만 기독교 신앙은 절대적인 주장, 즉 기독교가 "다른 종교들과 섞이는 정도의 종교로 취급받는 것을 거부했으며" 오히려 기독교가 "유일한 참된 종교가 되는 것과 모든 종교보다 우월한 위치를 차지하는 것을 원했기 때문에," "로마의 권세와 피할 수 없는 갈등에 곧 직면"하게 되었다고 지적했다. 이런 생각은 로마가 스스로 자부하는 권한과 그들의 허용 범위에 심각한 타격을 안겼고, 그로 인해 갈등이 초래될 수밖에 없었고, 결국 그리스도인들에 대한 박해로 이어졌다. 바빙크는 모든 세속 권력의 기준에 반하여 그리스도인들이 실제로 우월한 힘을 가지고 있었다는 사실을 지적했다. "사실 교회는 이후에 수용된 것보다 세상의 박해를 더 잘 견뎌냈다." "비록 세상의 기준에 비추어 본다면 그들은 가난으로 시달렸지만, 그들 모두는 상상할 수 없을 정도의 가치 있는

---

6   *Epistle to Diognetus*, "Imit. I," 102-3 [373-74]에서 인용.

보물을 가졌다는 의식이 있었다." 심지어 가난과 고통스러운 박해 가운데서도 그리스도인들은 스스로를 부하고 우월한 자로 여겼다. "신적인 용서와 화목이라는 진리를 소유하여 세상의 권세와 지식을 두려워하지 않고 죽음을 꾸짖는 자들에게, 과연 박해가 두렵겠는가?" 그들은 "하나님의 영광을 위해 싸우고 있다는 강력한 자의식과 깊은 확신"을 소유했던 자들이었다. "이런 자세는 오늘날 우리들에게 너무나도 이상해 보여서 충분히 놀라지 못하고 부러워하지 못하는 태도"라고 말하며 바빙크는 경탄을 숨기지 않았다. 심지어 순교가 목전에 있을 때도 그들은 순교를 패배가 아닌 승리로 여겼다. "그리스도인들은 죽임을 당하지만 그들의 죽음이 곧 삶이며, 패배가 곧 승리이며, 죽는 날이 곧 태어난 날로 여겨지고 기억되었다."[7]

하지만 바빙크는 순교의 영역에서 중대한 문제점을 발견했다. 바빙크는 순교가 그 자체로 영광스러운 일이 되는 것은 당연한 일로 생각했다. 그 이유는 심지어 지금도 "그들의 영웅적인 고난과 신실함에 대한 이야기들"이 "놀라움의 원천"으로 활용되고 모두에게 영감을 주기 때문이다. "화형의 순간 속에서도 굳건히 버티며 심지어 찬양하고 기도하고 감사와 찬송을 올려 드리는" 순교자는 그리스도와 그의 교회 모두에게 영광이 된다. 하지만 이런 방식으로 "순교는 점점 더 영광과 명성의 문제로 여겨지게 되는데" 바빙크는 이를 "이교

---

7 "Imit. I," 103 [374-76].

도적 개념"이라고 지적했다. 많은 그리스도인들 사이에서 "순교를 통해 하나님과 인간에게 안겨다 주는 명성을 깊이 갈망하는" 현상이 빚어지게 되었다. 이런 관점에서 순교가 "참된 그리스도인의 가장 높은 이상"이 되어버렸고 "순교자는 예수 그리스도를 가장 순수하고 훌륭하게 따라가는 자"로 여겨지게 되었다. 바빙크는 이런 현상에 대해 "기독교가 병에 걸려버렸다"라고 진단했다.[8]

그리스도를 본받는 이상향의 다음 발전 단계는 서방의 소위 "콘스탄티누스 전환"(Constantinian turn), 즉 기독교 신앙과 교회가 국가의 황제 권력에 의해 인정되고 합법화된 이후에 일어났다. 이를 통해 국가 권력에 의한 조직적인 기독교 박해가 종식되는 효과가 있었지만, 동시에 교회에는 새로운 문제가 야기되었다. 예수님은 제자들에게 세상이 그들을 미워하며(요 15:18; 16:33) 그들이 핍박과 욕을 받게 될 것을 말씀하셨다(마 5:11-12). 게다가 예수님을 따른다는 것은 자기를 부인하고 십자가를 지는 일을 의미한다고 말씀하셨다. 이 세상의 권세가 여러분을 더 이상 핍박하지 않고 오히려 인정하고 확증할 때 교회에 무슨 일이 벌어지겠는가? 여러분은 더 이상 욕을 먹지 않고 권세 위에 앉아 있게 될 것이다.

우리 모두 그 결과에 대해서는 잘 알고 있다. 바빙크가 지적하고 있는 것처럼, "사실 교회는 이후에 수용된 것보다 세상의 박해를 더

---

8   "Imit. I," 105 [376, 377].

잘 견뎌냈다." 교회가 받아들여진 것은 치명적인 일이었다. 교회는 국가에게 인정받았을 뿐만 아니라, 동시에 "국가에 의존하게 되었고 고유의 자유를 잃어버리게 되었다. 교회가 세속 권력에 의존하게 되었을 때, 교회는 더 이상 영적이고 도덕적인 고유의 권세 가운데 실질적인 힘을 추구하지도 행사하지도 못하게 되었다." 신약 성경의 언어를 사용해 다시 표현하자면, 교회가 "세상의 것"이 되어버렸다. "교회가 세상 속으로 나아갈 때, 세상도 교회 속으로 들어오게 되었다."[9] 이런 상황 속에서, 그리스도를 본받는 새로운 형태의 영성이 발흥했고 국가와 세속 권력에 순응하는 교회에 도전을 주었는데 이를 수도원주의(monasticism)라고 한다.

수도원주의는 세속적인 교회에 저항하는 차원으로 발흥되었으며 더 극단적인 저항의 형태를 지니며 "교회의 순수성을 지키기 위한 열망"으로 다른 저항 형태들과 정신을 공유했다. 몬타누스주의(Montanism)나 도나투스주의(Donatism) 같은 운동이 분파주의 운동이며 "교회와 국가의 분리를 유지하려는" 열망으로 동기 부여된 운동인 반면, 수도원주의는 "교회 내에서 발흥했으며 심지어 교회에 의해 지원받아 유지되었다." 바빙크는 이 지점에서 도움이 되는 사회적 분석을 내놓는다. 기독교회의 가장 초기 시기 교회가 사회로부터 소외당하고 박해받았던 때, "그리스도인들은 삶의 수많은 영역들로

---

9 "Imit. I," 104 [375]; 107 [378].

부터 배제당했다. 그들은 놀이뿐만 아니라 사업에도 참여할 수 없었다." 이런 자세는 "재물의 위험에 대한" 예수님의 가르침과 "구원은 가난한 자들을 위한 것"이라는 그분의 선언과 일치하는 것이었다. "예수님을 따르기 위해 그분의 제자들은 재산은 물론 부모, 형제, 자매까지도 부인해야 했다." 교회가 스스로 순응했던 "방종과 탐식의 세상"에 대해 우리가 생각할 때, 바빙크는 "많은 사람이 오직 하나님과 하나님 나라를 위해 세상으로부터 멀어져 외로움 가운데 처했던 사실이 놀랍지 않다"라고 기록했다.[10]

하지만 바빙크는 수도원주의에 서려 있는 문제들을 감지했는데, 그 문제는 "영과 육을 날카롭게 나누는 스토아주의, 신플라톤주의, 영지주의 철학"이었다.[11] 그러므로 수도원주의 삶으로 들어가는 동기는 한데 뒤섞여 있었다. 바빙크는 다음과 같이 질문한다. "왜 사회적 지위가 높은 수많은 사람이 수도사나 은둔자의 삶을 살길 원하는가?" 바빙크는 그들 중 많은 사람은 분명히 "이 세상에 대해 죽고 하나님과 더불어 영원히 썩지 않을 것을 위해 온전하게 살고자 하는 진정한 욕망에 동기를 부여 받아" 수도사가 되고자 했을 것이라고 지적했다. 하지만 또 다른 사람들은 "일상의 삶 속에서 지속적으로 피어오르는 격정과 욕망"을 길들이기 위한 최고의 방법으로 수도원적 삶을 엄밀히 추구해 나갔다고 생각했다.

---

10 "Imit. I," 108-9 [378-79].

11 "Imit. I," 109 [379].

[이런 방식으로] 은둔자들과 수도사들은 기독교적 이상향이 가장 순수하게 표현되고 보존될 수 있는 자발적이고도 강력한 증인들인 순교자들의 후예들이 되었다. … 수도원주의는 결혼하지 않으시고 전 지역을 돌아다니며 심지어 주기적으로 사막에서 소외된 삶을 사셨던 그리스도를 참되게 본받는 방식이었다.[12]

수도원주의를 향해 바빙크가 주로 반대한 것은 "일상의 삶 속에서 가능한 것보다 더 높은 수준의 완전을 성취하기 위한" 야망이며, "[그 결과] 두 종류의 치명적인 구분, 높고 낮은 의무들을 구분하고, 권고와 명령을 구분하는 것"에 대한 반대였다. 이런 생각은 실천적으로 "완전을 추구하는 사람들 사이에서 선행을 자랑하고 신뢰하게 만들고, 평범한 사람들이 살아가는 매일의 삶에서 실천되어야 할 거룩의 이상향에 대해 자기만족적인 무관심"을 촉진시킨다. 바빙크는 개신교가 이런 이중적인 도덕성을 완전히 걷어내지 못했음을 지적했으며, "많은 개신교인이 이 땅의 자연적인 삶과 사회 속에서의 인간의 소명을 생각하는 방식에 수도원주의의 명확하고 뚜렷한 흔적이 많이 남아 있다"라고 지적했다. 바빙크는 "특정 음식과 음료에 대한 거부"와 예술과 과학에 대한 적대감과 더불어 핵심적인 정치 혹은 사업에 참여하는 것을 원칙적으로 거부하는 것을 이에 대한 증거

---

12   "Imit. I," 110-11 [379-80].

로 삼았다. 하지만 이보다 더 최악도 존재한다. "심지어 수많은 사람이 자연적인 영역을 기독교적 신앙과 완전히 독립된 것으로 여기고 이런 자연적인 삶을 신앙으로 책임지는 소명, 즉 하나님이 허락하신 일이기 때문에 하나님을 위해 자유롭고 기쁘게 해야 하는 소명으로 보지 않는다."[13]

역사적 일탈과 그리스도와의 연합 ─────

그리스도를 본받는 영성의 다양한 유형에 대한 바빙크의 역사적 개관 중에서 또 다른 유형을 짧게 다루려고 한다. 중세 시대 게르만 사람들의 회심과 더불어 기독교회가 성장하면서, "중세 사회의 봉건적 질서와 부합되는 교회의 위계성"이 "확립되었다." 성직자와 일반 성도 사이에 날카로운 구분이 생겨났던 이 시기는 일반 성도의 미성숙함과 성직자 가운데 존재했던 "무능함과 세속적인 삶의 방식"으로 특징화되었던 시기다. 이런 상황은 중세 후반기 동안 발흥했던 저항 운동들로 대변될 수 있는데, 이는 "현존하는 질서에 대한 개혁을 갈망했던" 운동들이었다. 카타리파(Cathari)나 또 다른 극단적인 무리들로 대변되는 이런 저항 운동들 가운데 바빙크는 발도파(Waldensians)에게 특별한 찬사를 보내며 다음과 같이 기록했다. 그

---

13 "Imit. I," 112-13 [381-82].

들은 "특별히 개신교인들로부터 존경을 받았으며 참되고 순수한 그리스도인들로 여겨졌다." 그들 가운데 존재했던 몇몇 심각한 문제들, 예를 들면 (종종 심각한 부도덕을 수반했던) 지나친 심령론(spiritualism)에도 불구하고 바빙크는 "초대 교회로 돌아감으로써" 교회를 개혁하고 갱신하려고 했던 그들의 소명을 인정했다. 바빙크는 "[우리는] 이 발전 가운데 존재했던 옳은 시각을 절대 잃어버려서는 안 된다. 로마 가톨릭주의는 정통과 예전을 강조했지만, 이 무리들은 교리를 단순화시켰고 거룩한 삶을 강조했다"[14]라고 기록했다.

수도원주의의 특별한 변이는(사실 바빙크는 이를 "새로운 시대"라고 표현했다) 프란체스코(Francis, 1182-1226)와 도미니코(Dominic, 1170-1221)의 영향 하에 시작되었다. 독립 수도원들은 수도회에 속하게 되었고 영적인 역할을 흐리게 만드는 "높아진 세속적 권력"을 획득하게 되었다. 바빙크는 "교황에 순복"하고 "가난, 순결, 복종의 이상향"을 드높이는 "탁발 수도사"들에 대해 언급했다. "물론 이 탁발 수도사들이 가진 주된 이상향은 그리스도를 본받는 것이었다." 하지만 놀라운 지점은 비록 그들이 소유에 대해 폄하했고 "삶의 기본적인 필요를 위해 다른 사람들에게 [의존했지만]" 그들은 사회로부터 분리되지 않았고 오히려 사회에 적극적인 참여자가 되었다는 점이다. 인간 사회로부터 분리되는 수도원적 이상향은 "또 다른 이상향, 즉

---

14 "Imit. I," 202-5 [383-84].

가난이라는 이상향을 더 강조하기 위해 버려졌다." 이런 빈곤은 사회 속에서 가시적인 표식이 되었고 사회로부터 분리된 채 존재할 수 없었다. 바빙크는 이런 상황을 간결하게 다음과 같이 요약했다. "수도사는 더 이상 은자[anchorite, 隱者]가 아니라 탁발 수도사가 되었다."[15]

　　탁발한 채 그리스도를 본받는 경건은 삶 전체에 집중했지만, 그 무엇보다도 그리스도의 고난에 집중했다. "그리스도를 참되게 본받는다는 것은 그의 고난에 대한 묵상과 그 고난의 반복으로 이해된다." 13-14세기의 수많은 '예수의 삶'의 도움을 받아, 모두가 책을 읽고 명상하고 내면화할 수 있는 삶을 화려한 색채로 묘사하면서, 수도사들은 "매일, 심지어 매시간 예수님의 삶을 재현해 나가기를 추구했다. 그리스도를 본받는 것은 참으로 경건한 자가 이 세상의 감각적인 현실에서 벗어나 사색과 묵상 가운데 그리스도와 같이 되기 위해 시도하는 주된 수단이 되었다." 토마스 아 켐피스의 『그리스도를 본받아』는 예수님의 십자가와 고난으로 신비롭게 되돌아가는 높은 수준의 예시 중 하나이다. 바빙크는 "이런 신비주의는 일부에게는 엄청난 열매를 맺었다"고 주장했으며, 이런 열매들은 토마스를 위시하여 클레르보의 베르나르(Bernard of Clairvaux, 1090-1153), 보나벤투라(Bonaventure, 1221-1274), 그리고 요하네스 타울러

15　"Imit. I," 208 – 9 [387].

(Johannes Tauler, 1300-1361)를 통해 드러났다고 보았다. 바빙크는 특별히 토마스의 "내적이고 신비로운 몰입과 함께 강력한 윤리적, 실천적 강조"에 대해 칭송했다. 바빙크는 그리스도의 특정한 고난을 모방하기 원하는 사람들이 가진 극단적인 문자주의에 대해서는 거부했으며 "상상의 힘이 … 가시적인 표현으로 인해 지속적으로 길러지는 것"으로 생각했던 성 프란체스코의 성흔과 같은 현상의 "주관성"에 대해서도 비판했다.[16]

지금까지 살펴본 그리스도를 본받음에 대한 세 가지 유형에 더하여, 바빙크는 역사적 예수를 단지 인간의 도덕적 이상향의 모범으로 이해했던 "합리주의" 개념에 대해서도 짧게 다루었다. 바빙크는 "예수님을 단지 모범으로 이해했던 사람은 압도당했고 좌절당했다. 예수님을 바라보는 것은 그분을 진정으로 본받고자 하는 우리 자신의 양심과 무능력함에 대한 심판을 경험하는 것이다. 실제로 만약 예수님이 단지 모범에 불과하다면 그는 우리를 심판하러 오시지 구원하러 오시지 않는다."[17]

비록 바빙크가 취하고 있는 반대의 구체적인 모습은 약간 다르지만, 중보자와 구원자로서 예수님께 집중하지 못하는 것 또한 중세 신비주의를 향해 바빙크가 가진 우려의 핵심이다. "중보자로서의 예수 그리스도가 중세 신비주의의 배경으로 밀려났다. 속죄와 인간의

---

16 "Imit. I," 209-13 [388-90].

17 "Imit. I," 325 [394].

죄책을 제거하는 존재 대신, 예수님은 하나님과의 신비적 연합의 모범이 되었다." 바빙크는 성경적 비유를 사용하며 이런 신비주의자들과 "골고다로 향해 가는 길의 유대인 여자들"을 비교했다. "그들은 죄를 자각하고 예수님 안에서 하나님과 화해를 추구하기보다는 단순히 예수님에게 공감을 표할 뿐이다."[18]

요약하자면, 바빙크는 그리스도를 본받음에 대한 주제를 네 가지 다른 모습을 통해 소개해 주었는데, 순교자, 수도사, 신비주의자, 그리고 근대 합리주의자가 바로 그것이다. 그러나 행간을 읽으면 다섯 번째 형식으로 바빙크가 "순수한" 본받음의 영성이라고 칭한 초대 교회의 모습을 볼 수 있다. "가장 초기 시절, 새롭게 형성된 기독교회는 단순히 교회의 주인이 했던 대로의 삶을 살았다." 비록 바빙크는 이렇게 그리스도를 본받는 순수성이 금방 사라지긴 했지만 그 이상향은 2세기까지 잘 지속되었다는 점을 반드시 인지해야 한다고 지적했다. 바빙크는 『디오그네투스에게 보내는 편지』 5장에 묘사된 그리스도인들의 삶의 방식이, 가장 초기 시절 교회의 모습 즉 여전히 순수했던 그리스도를 본받음을 정확히 대변한다고 생각했다.[19] 중세 발도파들을 향한 바빙크의 짧은 감사는 중세 시대의 일부 저항 운동들이 계속해서 초대 교회의 "순수한" 본받음의 영성이었다는 점을 고려한 말이었다.

---

18 "Imit. I," 324 [393-94].

19 "Imit. I," 101-3 [372-74].

그리스도를 본받는 영성에 대한 바빙크의 제대로 된 연구와 그의 이해로부터 우리는 많은 것들을 배울 수 있다. 바빙크는 부정적인 시각으로 중보자 예수 그리스도의 독특한 역할을 정당화하는 데 실패한 다양한 형태의 경건 형식에 의문을 제기했다. 어떤 사람은 심지어 그리스도의 구속적 고난을 문자적으로 따라가려는 극단적인 모방을 하거나 반대로 단지 예수님을 인간이 닮아가야 할 모범이나 예시 정도로 이해함으로써 죄를 범하게 된다고 바빙크는 생각했다. 바빙크는 긍정적인 시각으로 "가장 초기의" 그리스도인들에 대한 맥락 가운데 "가장 순수한" 형태의 이상향을 확인했다. "자기를 부인하고 자발적으로 십자가를 졌던 초대 교회는 교회의 주인이신 분이 남기고 갔던 모범을 따라갔다." 하지만 바빙크는 심지어 예수님께서 이 땅에 계셨을 때도 외적으로 "그를 따르는" 모습이 결코 충분하지 않았다는 것을 지적했다. "아마도 예수님께서는 수많은 제자들과 동행하셨을 것이다. 이런 외적인 교제는 예수님을 향한 참되고 깊은 사랑의 관계를 드러내 주는 교제였다." 주 예수님께서 지적하셨던 것처럼, 자신을 따르는 일은 대가를 치러야 하는 일이었고 그의 제자들은 더 잘 준비되었어야 했다. "손에 쟁기를 잡고 뒤를 돌아보는 자는 하나님의 나라에 합당하지 아니하니라 하시니라"(눅 9:62). "불안과 거절로 점철된 떠도는 순례의 삶은 예수님을 진정으로 사랑하고 그를 위해 모든 것을 기꺼이 버릴 수 있었던 사람들만 감당할 수 있었다."[20]

　바빙크는 예수님께서 이 땅에 거하셨을 때 문자적으로, 육체적으로 그를 따랐던 사람들이 가진 깊고도 내밀한 교감에 대해서도 언급했다. 이미 복음서에서도 그리스도를 본받는 것은 문자적이고 육체적인 본받음보다 더 깊이 표현되었다. "이 지점에서 그리스도를 본받는다는 것은 은유적인 의미 속에서 활용되며 윤리적이고도 영적인 중요성을 가지고 있다. 결과적으로, 예수님을 따르라는 요구는 그의 음성을 듣는 모든 사람 앞에 차별 없이 놓인 요구이다(막 8:34; 눅 9:23)." 그러므로 바빙크의 결론은 "이런 신비적 연합, 이렇게 영적으로 살아있는 그리스도와의 교제야말로 그리스도를 본받는 가장 중요한 요소이다." 이 지점에서 드러나는 바빙크의 가장 날카로운 비평 중 하나는 수도원주의의 문자주의와 형식주의에 대한 비평이다.

　수도사들은 그리스도를 본받는 것에 대해 잘못 이해하여 예수님의 개인적인 삶을 단순 반복하거나 복사하는 것으로 생각했다. 그 결과 외적으로는 예수님을 닮는 것 같으나 내적으로 전혀 그렇지 않을 가능성이 산재되어 있었다. 그리스도를 본받는다는 것의 핵심 의미가 수많은 외적인 것들과 예수님의 행위를 뚜렷하게 반복하는 것으로 인해 사라지게 되었다.[21]

20　"Imit. I," 103 [374]; 328 [397].

21　"Imit. I," 328 [397]; 322 [391~92].

그리스도와의 내적 연합이 핵심이지만, 순수하게 "영적인 것"으로만 남겨서도 안 된다. "예수 그리스도와의 핵심적인 영적 연합이 윤리적인 영역 속에서 구체적인 표현으로 반드시 드러나야 한다." 이렇게 주장하는 동시에 바빙크는 심지어 그리스도와의 영적인 연합의 우선성에 대해 지속적으로 강조하기도 했다. "물론 그리스도를 본받는 것의 두 번째 국면은 그리스도와의 신비적 연합에 근거할 뿐만 아니라 그 신비적 연합에 대한 표현이다." 그리스도를 윤리적으로 본받는다는 것은 예수님께서 이 땅에서 지속적으로 자신을 따르는 사람들을 섬겼던 모습을 포함한다. "우리는 예수님의 발자취를 따르고 그가 걸어갔던 같은 길을 걷는 특권을 가지고 있다(요일 2:6)."[22] 이에 대해 더 깊이 탐구하려면 산상수훈에 대한 바빙크의 이해를 살펴보아야 하기 때문에, 다음부터 그리스도를 본받는 것에 대한 두 번째 글을 살펴보도록 하겠다.

산상수훈에 대한 바빙크의 이해 ───

그리스도를 본받는 것에 대한 첫 번째 글에서 바빙크는 자신이 좋아하는 중세 그룹인 발도파에 대해 논의하면서, 중세의 모든 분파가 "예수님의 말씀과 명령이 가장 높은 가치와 권위를 지니며 특별

---

22 "Imit. I," 330-31 [399].

히 산상수훈 말씀이 그렇다는 사실에 동의했다. 산상수훈은 새로운 복음적인 율법이며 참된 교회의 표지는 바로 여기에 속해 있다"라는 사실을 관찰했다. "산상수훈을 문자적으로 이해해야 할 의무는 모든 사람에게 속한 의무"였지만, 주 예수 그리스도의 다른 명령들, "예를 들면 마태복음 10장이나 다른 곳에 기록된 명령들은 말씀을 맡은 사역자들에게만 적용되었다."[23] 바빙크는 1885/1886년 글에서 이 주제에 대해 이보다 더 깊이 파고들지는 않았다. 특별히 바빙크는 폭넓은 신약성경 윤리의 한 부분인 산상수훈 말씀이 지닌 해석학적 문제점들에 대해서는 다루지 않았다. 설사 우리가 산상수훈을 "완전한 권고"로만 이해해 종교적 직분자들에게만 적용하는 것과 산상수훈을 모든 그리스도인을 위한 명령으로 적용하는 두 가지 도덕 기준을 거부한다 하더라도, "다른 뺨도 돌려대라"라는 가르침을 군인이나 경찰에게도 적용할 수 있는가의 의문들은 여전히 남는다. 그리스도를 본받는 것에 대한 첫 번째 글은 만약 일탈 및 과도함만 제거할 수 있다면 그리스도를 본받는 "순수한" 영성에 이를 수 있을 것이라는 인상을 주고 있다.

이 모든 내용이 그리스도를 본받음에 대한 두 번째 글에서는 바뀌게 된다. 이상향 그 자체가 위기로 드러났다. 두 번째 글의 제목과 출판일은 중요하다. "그리스도를 본받는 것과 현대 세상 속에서의

---

23 "Imit. I," 206-7 [385].

삶"은 세계 대전이 마무리되던 1918년에 출간되었다. 바빙크가 언급했다시피 전쟁을 통해 유럽의 도덕적 감수성이 산산조각 났으며 복음과 문화가 어떻게 연결되어야 하는지에 대한 보다 더 심층적인 저변의 문제들이 드러나게 되었다. "많은 사람들이 기독교와 전쟁 사이에서 경험한 갈등은 국가, 소명, 공업, 상업, 과학, 예술 등의 다양한 영역 속에서 예수 그리스도의 복음과 인간 문화 사이에 존재하는 엄청난 긴장의 한 측면이다." 그리스도를 본받는 것에 대한 첫 번째 글에서 대단히 깊이 다루었던 내용들을 짧게 훑은 후에 바빙크는 근대 사회를 면밀하게 살피며 기독교회가 오용했던 예수님과 그분의 가르침을 "구출"하는 다양한 노력들에 대해 다루었다. 존 스튜어트 밀(John Stuart Mill)이나 레오 톨스토이(Leo Tolstoy) 같은 사람들은 그리스도인들이 자신들의 주인을 모범으로 삼아 문자적으로 그 삶을 그대로 따라갈 때에야 참된 그리스도인들이 될 수 있다고 확신했다. 알브레히트 리츨(Albrecht Ritschl, 1822-1899)과 아돌프 폰 하르낙(Adolf von Harnack, 1861-1930)으로 대변되는 19세기 후반 자유주의 개신교는 "교회와 교의의 발전을 원래의 순수한 기독교로부터 심각하게 일탈한 것으로 여겼다. 그러므로 하나님과 개인 영혼에 대한 단순한 복음으로 돌아가고 예수님을 오로지 선지자나 교사로 여기는 외침이 발흥하게 되었다." 하지만 또 다른 사람들은 "원 복음과 근대 기독교 사이에 엄청난 간극이 존재하며 … 기독교가 그 유용성에 비해 오래 지속되어 왔다고 결론지었다. 신약성경의 요구들과 근대 문화의 책임 사이의 그 어떤 화해도 불가능하다고 판단했다." 과학, 예술, 상업, 정치, 국정 운영의 세계는 "세상과 세상의 것을 사랑하지 않고 이 땅에 보화를 쌓아두지 않으며 만약 손이 실족시 키면 손을 찍어 버리고 악한 자를 대적하지 말고 오래 참으라"[24]는 복음서의 요구와 화해할 수 없다고 생각했다.

바빙크는 이런 자세들에 대해 전혀 만족하지 않았으며 "국가와 사회적 삶을 향한 기독교 도덕의 적절성을 거부한 채 개인적인 삶 속에서만 기독교적 도덕의 유효성"을 인정하려고 하는 움직임을 거 부했다. 바빙크는 현시대 속에서 그리스도를 본받는 일은 많은 도전 에 직면할 수밖에 없다는 사실을 인정했다. "현재의 문화생활에 그 리스도를 본받는 것과 관련된 어떤 공간이 있을 수 있는가? 국가, 산 업, 사업, 상업, 증권거래, 사무실 혹은 공장, 과학과 예술, 전쟁, 심지 어 전쟁터 일선에 있는 사람들에 의해 이 부분이 진지하게 받아들 여질 수 있겠는가?"[25] 하지만 바빙크는 양보하지 않았다. 근대 세계 속에서 그리스도를 본받는 것의 이상향이 당면한 위기는 신약성경 윤리의 지속적인 적절성에 대한 보다 일반적인 위기의 한 부분이다. 이제 신약성경의 보다 더 포괄적인 맥락 속에서 산상수훈에 대한 바 빙크의 해석과 그의 대답을 살펴보도록 하겠다.

바빙크는 고난받는 삶을 수용하는 것을 포함하는, 그리스도를 본받는 것이 결코 문자적으로 이해되어서는 안 된다고 언급했다. 본

---

24 "Imit. II," 118-19 [407-8].

25 "Imit. II," 119-20 [408-9].

혜르만 바빙크의 성도다운 성도

받는 것은 근본적으로 하나님의 법에 대한 순종과 관련된 문제이다. "그리스도를 진정으로 본받는다는 것은 겉으로 따르는 것이나 단순히 그의 말을 듣는 것, 혹은 심지어 '주여, 주여'라고 외치는 것이 아니다. 오히려 그리스도께서 완전하게 성취하셨던 것처럼 하늘에 계신 아버지의 뜻을 따라 행하는 것이다. 그러므로 참된 본받음이란 그리스도의 형상을 닮아가는 상태의 문제이다."[26] 이미 2장에서 살펴본 것처럼, 창조의 수위성에 대한 바빙크의 강조는 복음이 새로운 세계, 새로운 문화, 새로운 사회 질서를 창조한다는 개념들을 모두 거부하는 방향으로 바빙크를 이끌었다. 바빙크는 이제 이런 원리를 산상수훈에 적용하는데, 그는 산상수훈을 "새로운 법" 혹은 완전한 "새 창조"를 위한 질서로 간주하기를 거부하고, 오히려 구체적인 이미지와 예를 통해 그리스도를 본받는 것에 대한 설명으로 산상수훈을 보고 있다. 믿음 안에서 그리스도와 연합된 자들은 그리스도께서 하늘에 계신 성부 하나님께 순종하는 아들이 된 것처럼 하나님께 순종하는 자녀가 되고 싶은 열망을 가지고 있다. 예수님께서는 구약 율법이 가진 권위를 완전히 인정하셨을 뿐만 아니라 절대로 "구약 율법의 권위 너머에 혹은 그 위에 자리를 차지하지 않으셨으며, '기록되었으되'라는 말씀이 그분의 태도의 특징이었다(마 4:4, 7, 10; 11:10; 21:13)." 바빙크는 "산상수훈에서 예수님을 율법과 선지

---

26 "Imit. II," 123 [412].

자들을 폐하러 오신 것이 아니라 오히려 율법을 성취하러 오셨다는 사실을 단호하게 선언하셨다. 다시 말하면, 예수님은 율법과 선지자들의 요구를 구체화하고 강화시키기 위해 오셨음을 선언하신 것이다."[27]

구체적인 명령 그 자체와 특별히 구약 율법 너머에서 우리를 놀라게 만드는 명령들에 대해서 우리는 어떻게 해야 할까? 바빙크에 따르면, 예수님께서는 "율법 그 자체의 말씀보다도 율법에 대한 부정확한 해석과 적용을 지적하셨다. 예수님께서는 구약성경에 기록된 것들, 즉 제자들이 옛적부터 서기관들과 선조들로부터 전해들은 것들과 절대 모순되지 않으셨다." 하지만 바빙크는 그리스도를 본받음이라는 주제가 가진 지속적인 중요성에 대한 새롭고도 중요한 단서, 즉 상황과 관련된 단서를 말하기도 했다.

원래 산상수훈은 특별히 제자들을 향한 가르침이었다. 산상수훈은 이스라엘 전체 국가 혹은 심지어 이스라엘의 저명한 지도자들을 위해 의도된 것이 아니었다. 오히려 상대적으로 사회적 위치가 낮고 작은 영향력을 지닌 제자들의 작은 무리를 위해 의도된 것이었다.

게다가 산상수훈은 그리스도 때문에 매도당하고 박해받았던

---

27 "Imit. II," 123-24 [412, 414].

헤르만 바빙크의 성도다운 성도

제자들을 위한 가르침이었다. "예수님께서도 제자들이 환난 당하게 될 것에 대해 말씀하셨고(요 16:33) 이방인의 집권자들이 제자들을 임의로 주관하고 고관들이 그들에게 권세를 부리게 될 것에 대해서도 말씀하셨다(마 20:25)."[28]

바빙크는 산상수훈이 "정확히 그분의 제자들이 그러한 상황에서 필요로 하는 모든 것에 대한 미덕을" 칭송하고 있다고 주장했다. 예수님은 산상수훈에서 자기 제자들에게 문화적 혹은 사회적 명령을 내리지 않았다. 사실 "그렇게 하는 것은 꽤 부적절한 일이었다." 가장 초기의 제자들이 스스로 발견했던 환경 속에서 "그들은 그 어떤 힘의 행사를 통해 세상에 영향을 끼칠 수 없었고 오히려 빛을 사람 앞에 비치게 하여 사람들로 자신들의 착한 행실을 보고 하늘에 계신 아버지께 영광을 돌릴 수 있도록 부름받았다(마 5:16; 요 15:8)." "제자들은 사랑의 봉사, 즉 예수님을 따라야 하는 소명을 받았고(마 20:26-28)" 이런 소명 안에서 하나님 아버지께 영광을 돌렸다. 제자들의 의로움은 서기관과 바리새인들의 의로움보다 월등해야만 했다. "그들은 무엇보다도 하나님 나라와 그 의를 갈구해야만 했고 하늘에 계신 아버지처럼 완전함을 추구해야만 했으며 하나님께서 용서해주신 것처럼 남을 용서할 수 있는 준비가 되어 있어야 했고(5:21-26) 마음과 행동이 결혼 안팎에서 순결하고(5:27-32) 대적들에게 순

---

28 "Imit. II," 125 [415-16]; 125-26 [416]; 126 [416-17].

종하고 그들을 사랑해야만 했다(5:39-44)." 바빙크는 산상수훈에 대한 이런 이해가 나머지 신약성경의 내용에 의해 강화된다고 주장했다. [예수님의 제자들은] "공식적이고 공개적인 종교 숭배에 참여하길 거부하고 자신들의 모임에서 함께 모였기 때문에" 이들을 "사회와 시민적 질서의 대적자들, 인간 혐오자들"로 여기는 세상 속에서 그리스도인들은 "스스로를 하늘의 시민권을 가지고 그리스도의 다시 오심을 고대하는 낯선 자 혹은 순례자로 여겼다(빌 3:20, 21; 히 13:14; 약 1:1; 벧전 1:1; 2:11 등)."²⁹

바빙크는 가장 초기의 그리스도인들이 할 수 있었던 일이 그렇게 많지 않았다는 사실에 대해 지적했다. "만약 한 사람이 하나님의 자녀와 영생의 상속자가 되길 원했다면 세상과 세상의 즐거움으로부터 도망가야만 했다(약 4:4; 요일 2:15; 5:19)." 만약 초대 교회가 문화적 교감을 통해 세상을 변화시키길 시도했었다면, 초대 교회는 "금방 세상의 소용돌이 가운데 잠식되었을 것이다." 생존은 후퇴를 요구했다. "교회의 가장 초기 시절에는 단순히 교회가 가진 독립적인 정체성을 유지하는 자세가 필요했고 세상 속에서 교회 고유의 위치를 확립하는 일이 필요했다." 이것이 바로 바빙크가 "수동적 덕목"이라 부른 것을 신약성경이 극찬하는 이유이다.

---

29 "Imit. II," 126 [417]; 128 [419].

헤르만 바빙크의 성도다운 성도

진리, 의, 거룩(엡 4:24), 순결, 중용, 절제(엡 5:3-5), 기도, 경계, 금식(행 14:23; 롬 12:12; 고전 7:5, 벧전 4:7, 8), 믿음, 사랑, 오래 참음(딤전 6:4), 형제 사랑, 너그러움, 환대(롬 12:[13]), 연민, 겸손, 연약함, 인내(골 3:12) 등 바울이 성령의 열매라고 불렀고 육신의 행위와 대비되는 이 모든 덕목을 [신약성경은 찬미하고 있다](갈 5:19-22).**30**

신약성경 윤리는 그 당시의 구체적인 상황에 대해 주목한다. "예수님의 임박한 재림을 기다리며 현세대가 마지막 세대가 될 것이라고 믿고 살았던(살전 4:15; 고전 15:51) 신자들의 몸이 압제당하고 박해받았던 시점에서 신약성경은 기록되었다." 비록 초대 교회는 로마 세계의 문화, 사회 질서, 정치를 변혁시키기 위한 의도를 품고 만들어지지는 않았지만, 그럼에도 엄청나게 놀라운 일이 벌어졌다. "1-2세기의 기독교회는 이런 덕목들을 행함을 통해 세상에 강력한 영향력을 행사했으며 십자가를 통해 세상을 극복했고 통치자들과 권세들을 무력화시켰다(골 2:15)." 하지만 이런 변혁과 더불어 세상을 향한 그리스도인의 자세는 바뀌어야만 했다. "부정적이고 긍정적인 덕목들의 실행은 기독교적 원리들로 세상을 개혁시키고 갱신시키는 새로운 일을 유지시키는 데 더 이상 충분치 못했다."**31** 이를 가장 냉혹하게 표현하자면 "그리스도인 황제는 어떻게 처신해야만 하는가?"

---

30 "Imit. II," 128–29 [420].

31 "Imit. II," 130–31 [422-24].

로 표현할 수 있다.

바빙크는 자신의 답변에서 산상수훈을 버리지 않았으며 오히려 보다 더 폭넓은 신학적 문맥 하에서 답변을 제시했다. 바빙크는 성육신을 "성자를 통해 [드러난] 성부 하나님의 자비로운 사랑의 표시"로 이해했다. 그리스도는 이 세상을 파괴하기 위해 오지 않으셨다. 오히려 그리스도는 "세상 속에서 역사하는 마귀의 사역을 파괴함으로써 통해 세상을 보존하기 위해(요 3:17; 9:39; 12:47; 요일 3:8)" 이 땅에 오셨다. 게다가 하나님의 사랑은 정의와 반하지 않는다. "더욱이 하나님의 사랑은 공의를 반대하지 않고, 오히려 지극히 높은 사랑과 엄격한 공의의 계시이며 동시에 율법과 복음의 성취인(롬 3:25-26) 십자가에서 그 공의를 스스로 드높였다." 십자가가 마지막이 아니다. "그리스도의 죽음 후에 그의 부활, 비하, 승귀가 뒤따라온다." "이 땅에서 권리를 박탈당하고 부당함을 감내했던" 신자들은 공의를 거부하지 않고 오히려 자신들을 신원하실 하나님을 자신들의 대의로 삼고 신뢰한다. 그리스도께서 승천하셨을 때, 그분의 "육체적 현존" 그리고 제자들과의 "매일의 교제"는 중단되었지만, 그분은 자신의 자리에 주 하나님과 새로운 교제를 맺게 해주시고 제자들을 성전으로 만드실 또 다른 위로자를 보내주셨다.

그러므로 그리스도를 본받는 것은 훨씬 더 깊은 의미와 훨씬 더 풍성한 중요성을 함의한다. 그 핵심은 더 이상 이 땅에 사셨던 그리스도의 삶의 모범이 아니라 오히려 완전하신 그리스도, 이전에도 계셨고 이후에도 계실 그리스도, 십자가에 못 박히셨으나 영광 가운데 계신 그리스도, 제사장, 왕, 선지자, 교사로 기름 부음 받은 분에게 집중된다.[32]

그러므로 그리스도와의 연합은 그리스도를 본받는 것의 핵심이다. 그리스도 전체, 즉 창조주이시며 성육신하신 구원자, 현재는 하늘에서 다스리고 계시는 분을 향해 우리의 관심을 둠으로써 바빙크는 그리스도를 본받음이라는 주제에 대해 다루고 있으며 창조, 율법, 종말론을 통해 이 주제를 만들어가고 있다. 산상수훈은 새로운 법이 아니다. 예수님의 삶도 단순히 우리가 닮아야 할 모범이 아니다. 그리스도를 본받아야 할 우리의 소명에 대한 바빙크의 묘사는 다소 놀랍고 자유롭기까지 하다. "그리스도의 모범은 사도들에게 율법이 우리에게 요구하는 것, 특별히 사랑의 법이라는 가장 중요한 덕목에 대한 주목할 만한 묘사가 된다(롬 12:9; 갈 5:14)."[33] 바빙크는 "주목할 만한 묘사"라는 문구로 사랑으로 이루어진 법에 그 기초를 유지하면서 산상수훈의 세부 사항에 대해서는 상대화한다. 여기서 주목해야 할 점은 바빙크가 산상수훈의 세부 사항을 신령화하지 않는다는 점이다. 바빙크는 극단적인 문자주의에 경계를 표하면서 동시에 다음과 같이 주장한다. "예수님께서 오직 마음의 성향만을 고려하고 구체적인 행동에 대해서는 덜 중요하게 생각하신다는 것은

---

32 "Imit. II," 132-33 [424-25].

33 "Imit. II," 133 [426].

사실이 아니다." 예수님께서는 단순히 외적으로 율법주의에 빠지는 것을 반대하며 마음에 대해 우려하시기는 했지만, 예수님께서 오직 사람의 마음에 대해서만 우려하셨다는 사실은 산상수훈에 나타나지 않는다. 대신에 "처음부터 끝까지 예수님께서는 구체적인 행위에 대해 다루셨으며 그 행위들을 자신의 제자들 앞에서 모범으로 위치시키셨다." 눈을 뽑아내고 팔을 자르고 악에 대적하고 뺨을 돌려대라는 계명들을(마 5:29-42) "문자적으로 받아들이지는 않지만, 이 모든 예는 그럼에도 불구하고 실천적이고도 구체적으로 이해되었다." "이 모든 것 가운데서 예수님께서는 정확히 자신이 말한 바에 의미를 부여했고 정확히 자신이 의미했던 것들에 대해 말씀하셨다. 예수님께서는 자신의 제자들에게 자신의 교훈을 따를 성향을 가질 뿐만 아니라 동시에 실제로 명하신 대로 행하라고도 요구하셨다."[34]

요약과 결론 ———

합당한 순종 가운데 예수님을 따르는 것은 그리스도의 전인 (whole)과의 연합에 근거하며 형성된다. 바빙크는 적대적인 환경 가운데 박해와 압제를 받으며 살아가는 소수 집단을 향한 설교가 가진 역사적 문맥을 강조함으로써 산상수훈을 인정하며 상대화하고

---

34 "Imit. II," 127 [418].

있다. 이것이야말로 왜 "소위 수동적 덕목들이 신약성경 윤리 속에서 중요한 위치를 차지하고 있는지"에 대한 이유이며 "신자들이 자기 의무를 성취하는 것을 즐거워하면서도 실로 자기 권리는 결코 주장하지 않는" 이유이다. 당시의 문화적, 사회적, 정치적 권력들과 교감하는 가운데 초대 교회는 그 나름대로의 영적인 무기들을 가지고 있었다. 사실 그 외에 또 다른 방법은 없었다. "자연과 문화를 향한 [교회의] 특별한 책임"은 죄의 방향과 반대 방향을 취했는데 이런 방식이 교회가 유일하게 가진 고유의 방식이었다.

예수 그리스도의 복음이 계속해서 죄와 싸워나가는 소명으로 치러지는 지속적인 투쟁의 상황 가운데서 교회는 교회의 본성과 일치하는 영적인 무기들만을 사용하도록 허락되었다. 강압, 권력, 부, 힘, 아첨, 위선의 무기들은 교회에서 금지되었다. 유일하게 적법한 무기들은 말씀과 믿음, 진리와 의였다. 오직 이런 무기들만이 하나님을 위해서 강력한 힘을 가진 무기들이다.

이런 무기들은 임무를 수행하기에 충분한 도구이다. 역사적으로 볼 때, "교회는 순수하게 윤리적이고 영적인 수단들을 통해 세상을 극복해왔다."[35]

---

35 "Imit. II," 129 [420]; 136 [430]; 134 [427].

바빙크는 이를 자신의 시대와 우리 시대에 절묘하게 적용했다. 가장 중요하게도 그리스도와의 연합에 뿌리내린 윤리적 이상향인 그리스도를 본받음은 시대와 장소를 막론하고 언제 어디서나 여전히 유효하다. "원칙적으로 [교회가] 죄와 전쟁을 벌일 수 있는 방법은 없다." 심지어 바빙크는 "기독교가 탄생했던 시대와 우리 시대 사이에 유사성이 존재한다"는 사실까지도 인정했다. 게다가 십자가의 복음은 어느 시대 속에서나 "유대인에게는 거리끼는 것이며 이방인에게는 미련한 것"[고전 1:23]이다. 동시에 바빙크는 "우리 문화를 향한 우리의 자세가 반드시 초대 교회의 자세와 같아야만 한다는 주장을 증명하기는 어렵다"라고도 주장했다. 산상수훈과 그리스도의 모범은 모두 다 율법의 "주목할 만한 묘사"이기 때문에 그 어떤 것도 기독교적 제자도를 위한 완전한 윤리를 우리에게 제공해줄 수 없다. 하나님의 법은 경계를 벗어나지 않고 하나님의 뜻을 분별하는 것에 그 근거를 두고 있다. 창조, 문화, 사회 속에서의 삶은 그리스도와 연합하여 하나님의 법에 순종하기 위한 삶이다. 이런 문화적 교감은 "모든 다양성 가운데서도 그 자체로 고유한 삶을 가지고 있으며 고유의 법 아래에 있다. 이런 문화 생활을 말살하고 그 문화 자체의 내적인 법에 저항하는 것은 기독교적 소명이 아니다. 오히려 그 자체의 법칙을 가진 삶을 완전히 존중하는 것이야말로 기독교가 가진 소명이다. 은혜는 자연을 억압하지 않으며 오히려 자연을 회복한다."

[문화와 사회 속에서의 우리의 삶을 위한 하나님의 법령들은] 사람의 경

험과 연구를 통해서만 밝혀질 수 있다. 자연을 이해하고자 하는 열망을 가진 사람은 누구든지 반드시 자연을 공부해야 한다. 농부가 되고자 하는 사람은 누구든지 실제로 농사를 지어봐야 한다. 판매원이 되고자 하는 사람은 누구든지 상업 가운데 부지런히 일해야 한다. 이는 성경 공부가 아니라 이 일들을 위해 적절히 우리를 준비시키는 하나님의 섭리와 그의 창조 안에서 하나님께서 우리에게 가르치고 계시는 것을 면밀하게 탐구하는 것이다.[36]

이를 통해 이루어지는 것은 기독교적 자유와 영적 분별을 위한 부르심에 대한 강한 확증이다. 우리는 이 생애 속에서 순례자들이며 체류자들이다. 죄와의 싸움이 남아 있는 한 이곳은 우리에게 있어 완전한 집이 아니다. 어떤 상황 속에서도 우리는 그리스도를 따르도록 부름받았다. "자연스럽게 적용은 상황에 따라 달라진다. 비록 모두 다 하나의 같은 도덕법 아래 있지만, 그 법 아래의 의무들은 상당히 다르다. … 그러므로 비록 그리스도를 본받는 것이 우리에게 요구하는 덕목들은 같지만, 상황은 다른 적용을 만들어 낼 것이다." 우리 고유의 문화로부터 소외되고 우리 사회 속에서 주변화되는 정도는 우리 문화와 사회가 기독교 신앙에 얼마나 적대적인가의 정도에 따라 달라질 것이다. 바빙크는 "그 어떤 도덕적 차이를 가지고 있더

---

36 "Imit. II," 137 [430]; 137 [431]; 137 [431]; 135 [429]; 136 [430].

라도" 그 당시의 문화와 사회를 "간단히 이교도적으로 규정"하지 않았다. 하지만 바빙크는 다음과 같은 우울한 경고를 추가했다.

어떤 발전이 앞으로 펼쳐지게 될지 우리는 알 수 없다. 우리의 마음을 슬픔과 두려움으로 채우는 진전들이 있다. 만약 미래의 도덕적 질서를 위해 제안된 원리들 일부가 사회에 의해 수용되고 법으로 통과된다면, 우리는 앞으로 어려운 시간을 경험하게 될 것이다. 하지만 그런 날은 아직 도래하지 않았다.[37]

이런 "어려운 시간"이 현재 도래했는지에 대해서는 말할 수 없다. 하지만 과거보다는 그 시간이 더 가까이 온 것 같기는 하다. 어떤 경우든지 거의 100년 전의 바빙크의 말은 진리로 남아 있다. "초대 교회가 직면했던 것과 달리 우리 사회는 일반적으로 그리스도를 본받는 것을 불가능하게 만들지 않는다고 말해야 할 것이다. 오늘날 기독교회는 진정으로 감사해야 할 자유를 누리고 있다."[38] 이런 자유는 도전을 주는데, 그 이유는 특별히 순교자들의 경우 자유가 부족했음에도 불구하고 그들은 주 하나님을 향한 자신의 경건 가운데 굳건히 섰기 때문이다. 구름과도 같이 허다한 증인들이 둘러서 있는데 어떻게 우리는 그들보다 덜 할 수 있을까? 자유는 책임, 즉 성숙

---

37 "Imit. II," 143 [438]; 138 [433].

38 "Imit. II," 139 [433].

헤르만 바빙크의 성도다운 성도

한 기독교적 제자도의 책임을 요구한다. 우리는 반드시 분별을 위해 기도해야 하며, 이 분별은 성령의 인도가 개인적인 인도가 아니라 공동체적 인도라는 사실을 인정하는 것이다. 제자도는 몸을 가진 삶의 작용이다. 우리 모두는 그리스도의 몸의 구성원들이다.

6장

기독교 세계관

1898년 프린스턴 신학교 스톤 강연에서 세계관(Weltanschauung, 세계와 인생에 대한 관점) 개념을 소개했던 아브라함 카이퍼는 이를 "삶의 체계"(life system)라고 칭했고, 이런 세계관 개념은 네덜란드 신칼뱅주의의 특징을 정의 내릴 때 주로 사용된 개념이 되었다. 세계관에 대한 관심은 칼뱅주의가 교회, 구원의 문제, 경건의 삶 너머에 존재하는 함의들을 포함하는 세계적이고 보편적인 신앙이라는 카이퍼의 확증에 뿌리내리고 있다. 칼뱅주의에 대한 카이퍼의 우주적이고도 삼위일체적인 정의는 루터파 기독교와의 대비 가운데 의도적으로 설정되었다. 카이퍼에 따르면, 칼뱅주의의 "지배적 원리는 구원론적인 이신칭의가 아니었으며, 오히려 가장 폭넓은 우주적인 의미에서 모든 가시적, 비가시적 영역과 나라 속에서 **우주 전체를 다스**

리는 삼위일체 하나님의 주권이었다."[1]

세계관은 (아우구스티누스적인 범주 내에서 말하자면) 세속 도성과 하나님의 도성 사이에서 벌어지는 전쟁 가운데 카이퍼가 소지했던 주된 무기였다. 특별히 카이퍼는 프랑스 혁명의 무신론적 외침이었던 *Ni Dieu, Ni Maître*!(신도 없고 주인도 없다!)로 형성된 근대성의 정신과의 전쟁을 염두에 두었다.[2] 이런 지배적인 "삶의 체계"와 대항하여 최전선에 나와 싸워야 하는 것은 그리스도인들이 해야만 하는 의무였으며 카이퍼는 자신과 자신의 영감에 근거한 교회적, 정치 사회적 운동을 우주적 갈등 가운데 벌어졌던 원리들의 교전으로 이해했다.

만약 전쟁이 명예와 승리의 소망과 함께 벌어졌다면, 원리는 반드시 원리에 반하여 정렬되어야만 한다. 근대성 내에서 모든 것을 아우르는 삶의 체계의 거대한 힘이 우리를 공격하고 있다는 사실을 반드시 깨달아야 하며, 우리는 반드시 이와 동등하게 포괄적이고 폭넓은 영향력을 행사하는 삶의 체계 내에서 우리의 입장을 취해야 한다는 사실도 반드시 이해되어야 한다.[3]

---

1 Abraham Kuyper, *Lectures on Calvinism* (Grand Rapids: Eerdmans, 1931), 79(강조는 추가).

2 Ibid., 10, 87, 109.

3 Ibid., 11-12.

카이퍼는 근대성과의 전쟁을 치를 때 필요한 기독교적 원리가 가장 명백히 드러나는 삶의 체계를 칼뱅주의 안에서 발견했다.

칼뱅주의 안에서 내 심장은 쉼을 얻는다. 원리들의 거대한 갈등이 한창일 때 나는 내 입장을 취하기 위해 칼뱅주의로부터 굳건하고도 선명한 영감을 이끌어낸다. … 칼뱅주의는 압도적으로 잠식하는 현대주의에 대항하여 개신교 국가들을 위해 유일하게 결정적이고도 적법하고 일관적인 [원리이다].[4]

카이퍼의 관점 속에서 서양 문명의 미래는 그 자체로 이런 갈등 가운데 위태롭게 보였다.

비록 이전의 명백했던 군국주의적 모습과 문명적 오만함은 일반적으로 사라졌지만, 포괄적인 해석 열쇠로서 세계관의 사용은 카이퍼 이후 시대의 신칼뱅주의에게는 특별한 것이 아니었다. 이는 바빙크가 1904년 대학 학장 연설에서 전통적인 기독교 정통을 함께 거부했던 19세기 후반의 두 세계관, 즉 해방과 복원의 세계관에 대한 관찰에서도 사실로 드러난다.[5] 다시 말하자면, 세계관은 상반되는 개념이다. 이 개념은 또 다른 포괄적인 구조와 대항하는 또 하나의 생각의 묶음이다. 이런 갈등은 근본적으로 종교적인 본성을 지닌

---

4   Ibid.

5   *Wereldb.*, 8–10.

갈등이다. 삶의 의미에 대한 가장 깊은 질문들은 위험에 처해 있다. 바빙크에 따르면, 이런 질문들은 항상 그리스 철학의 분류에 따라 세 가지의 기본적인 문제들, 즉 변증학(생각), 물리학(자연과 존재), 그리고 윤리학(행위)의 문제들로 압축될 수 있다. 수 세기에 걸쳐 이런 이름들은 변화를 겪었는데 "예를 들면 논리학(순수 사유론), 자연과학, 영적인 학문" 등으로 변화를 겪었지만 "결국에는 이 모든 분류가 다시 예전의 삼중 분류로 되돌아갔다." 바빙크는 이를 다음과 같이 결론짓는다. "인간 영혼 앞에 놓인 문제들은 항상 다음과 같은 질문들로 되돌아간다. 사유와 존재의 관계는 무엇인가? 존재와 생성은? 생성과 행위는? 나는 누구인가? 이 세계는 무엇인가? 이 세계 속에서 나의 위치와 일은 무엇인가?"[6]

세계관의 위치 ———

기독교 세계관에 대한 바빙크의 이해와 적용을 더 깊이 탐구하기 전에 이에 대한 전체적인 개념을 먼저 살펴볼 필요가 있다. 물론 학교는 "세계관 적용"을 위한 일반적인 장이다. 실재에 대한 성경적인 이해와 근대적인 세속 관점 사이의 반립은 18세기 계몽주의 이래로 늘 있어 왔다. 그리스도인들은 자신들의 믿음을 이해하기 위해

---

6 *Wereldb.*, 14.

노력해왔던 반면, 자율적인 이성을 추종했던 사람들은 신앙 자체를 모두 거부했으며 근대에 잘못 명명된 신앙과 과학 간의 많은 충돌의 장으로 우리를 이끌었다. 그렇기 때문에 카이퍼 식의 신칼뱅주의는 기독교적 제자도의 핵심 구성 요소로 지성의 삶에 대한 헌신을 입증하면서 지난 수십 년간 북미 복음주의 그리스도인들에게 호소력을 발휘했다.

1994년에 엄청나게 논의되었던 마크 놀(Mark Noll)의 고발장인 『복음주의 지성의 스캔들』(*The Scandal of the Evangelical Mind*)이 복음주의 교회 내에 존재하는 반(反)지성주의와 진지한 기독교 학문을 향한 기관적 헌신의 부재에 대해 지적했을 때도, 놀은 기독개혁교회 교육기관의 대표적 학교인 칼빈대학교(Calvin College)를 포함한 네덜란드 개혁파 공동체에 대해서는 그 예외를 인정했다. 놀은 이를 다음과 같이 정리했다. "그들이 복음주의 네트워크에 가까이 다가가며 성장해나갈 때, 네덜란드 개혁파는 미국인들에게 진지한 학문적 작업의 유산과 경험이 풍부한 철학적 사유를 제공했다."[7]

이와 비슷한 맥락 속에서 제임스 터너(James C. Turner)의 글은 "영문 모를" 1980-90년대 미국 복음주의 부흥에 대해 탐구한다. "역사적으로 교수보다는 설교자들을 만들어 낸 종교 운동이 수

---

7 Mark Noll, *The Scandal of the Evangelical Mind* (Grand Rapids: Eerdmans, 1994), 216(역자 주: 이 책의 한글 번역본은 마크 A. 놀, 『복음주의 지성의 스캔들』, 박세혁 역 (서울: IVP, 2010)이다).

십 년간 어떻게 유명한 학자 집단을 만들어 냈었겠는가? 어떻게 매우 견고한 지성적인 삶이 이런 연약한 지성적 전통을 발흥시키겠는가?" 터너는 "사실 복음주의자들은 그들 고유의 기초를 세우지 않았고 세울 수도 없었다"는 사실을 지적하며, 기독개혁교회(the Christian Reformed Church, CRC)를 "비록 숫자가 많지 않고 ⋯ 꽤 작은 교단이지만 ⋯ 견고한 지성을 가진" 집단으로 묘사하며 칼빈대학교의 역사와 위치를 추적하는 자신의 이야기에서 이 교단과 학교를 소개하고 있다. 게다가 터너는 기독개혁교회와 칼빈대학교가 아브라함 카이퍼와 헤르만 바빙크 전통인 신칼뱅주의로 알려진 독특한 네덜란드 개혁파 전통의 후예들이라고 지적한다.[8]

이 전통으로부터 큰 영향을 받아 형성된 나 자신도 신칼뱅주의가 북미 속에서 성숙한 기독교적 정신을 뿌리내리는 데 일조를 감당한 방식이 진정으로 가치 있는 일이었다고 생각하며 앞선 장들 속에서 이에 대한 충분한 증거가 제시되었다고 믿는다. 모든 문화는 서로 대비되는 개념들과 가치들이 패권을 쥐기 위해 싸우는 가마솥과도 같다. 개념들은 중요하며, 성경을 통해 형성된 정신은 개인과 공동체를 심각하게 파괴하는 나쁜 개념들의 우상들을 거부하기 위해서 꼭 필요하다. 그리스도의 제자는 시대 속에 창궐하는 개념들을 이해할 필요가 있으며, 전인적 삶 속에서 영적으로 건강한 삶을 영위하

---

8   James C. Turner, "Something to Be Reckoned With: The Evangelical Mind Awakens," *Commonweal* 126 (January 19, 1999): 11-13.

기 위해서는 시대의 사상을 이해하고 성경적 진리로 이에 대항할 수 있어야 한다. 물론 카이퍼 식의 신칼뱅주의가 가지고 있는 모든 측면을 다 받아들일 수는 없다. 그럼에도 정신적인 삶에 가치를 두고 있는 북미 복음주의 그리스도인들은 아브라함 카이퍼, 헤르만 바빙크, 신칼뱅주의를 북미에 소개해준 네덜란드 개혁파 이민자들에게 감사의 빚을 지고 있다.

그러므로 이런 감사의 마음을 가지고 있는 "내부자"로서 헤르만 바빙크의 정신에 입각하여 신칼뱅주의 프로젝트에 대해 몇몇 주의점들을 제기하려고 한다. 가장 기초적인 수준에서 기독교적 세계관의 발전은 기독교적 정신을 일구는 큰 계획, 즉 모든 생각을 사로잡아 그리스도에게 복종하는(고후 10:5) 통합적인 계획의 한 부분이다. 기독교적 정신은 기독교적 세계관과 동일하지 않다. 기독교적 세계관은 기독교적 정신의 전체가 아니며 심지어 기독교적 정신의 가장 중요한 한 부분도 아니다. 바울 사도가 빌립보 교회에게 "그리스도의 마음"에 대해 말했을 때(빌 2장), 바울은 기독교적 철학자가 되는 것에 대해 말한 것이 아니라 오히려 섬기는 종의 마음과 자세를 가지라는 소명에 대해 말한 것이었다. 우리의 성품을 만들어가는 핵심 구성 요소들인 태도, 성향, 습관, 갈망, 감정 등은 우리의 지적 능력을 포함하는 것이지, 그것을 줄여가는 것이 아니다.

이 책의 전체적인 구조 속에서 세계관을 다루는 이 장의 위치는 꽤 의도적으로 설정된 것이다. 세계관에 대한 논의는 1부인 "그리스도인의 삶을 위한 기초"에서 발견하기 힘들며, 오히려 2부 "그리스도인의 제자도의 모습"에서 "예수님을 따르기" 장 다음에 나오는 두 번째 장에서 찾아볼 수 있다. 나는 일부 신칼뱅주의자들이 기독교적 제자도에 대해 논의할 때 세계관을 전면에 내세워 논의하는 경향과 거리를 두고 있다.[9] 그리스도인들이 정신 혹은 지성의 삶에 무관심한 것은 중대한 실수이긴 하지만, 우리가 주로 우리의 지성으로 그리스도를 섬긴다는 생각 역시 잘못이다. 지성적인 개념들과 삶은 중요하다. 하지만 이것들이 첫 번째로 중요한 것은 아니다. 이런 것들이 적절한 위치를 벗어나 중요한 위치를 차지하게 될 때, 엘리트 지성주의로 발전하게 될 것이며 이념의 벽돌들이 쌓아지게 될 것이다.

세계관 분석이 종교적 불일치로 인해 다른 관점들의 통찰을 배제하는 해석적 기준으로 사용될 때 그것은 이데올로기가 된다. 한 기독교 철학자가 결정적으로 다른 출발점에서 이교도(그리스)나 근대 세속 사상가에게 있는 "진리"를 인정하길 거부하는 모습이 바로 그 예이다. 이런 관점에서 세계관을 다루는 사람들은 자신을 교정할 능력과 다른 사람에 의해 교정될 가능성을 잃게 된다. 그 이유는 그들은 자신들이 이미 "옳은" 답변을 가지고 있다고 생각하기 때문이다. 주지주의와 이상주의 같은 이런 그늘진 성향들 모두 다 카이퍼 식의 신칼뱅주의의 역사 속에서 발견할 수 있다. 그러므로 세

---

9   이 지점에 대해서는 기독교 고등교육에 대한 논의에서 적용되었다(James K. A. Smith, *Desiring the Kingdom: Worship, Worldview, and Cultural Formation* [Grand Rapids: Baker, 2009]). 세계관과 함께 가는 신칼뱅주의자들의 집착에 대한 스미스의 균형 잡힌 논의는 건설적이며 이 장에서 필자가 발전시키려고 하는 부분과 많은 부분이 잘 공명한다.

계관 해석에 대한 우리의 이해는 기독교적 제자도에서 세계관 해석이 적절한 위치에 있음을 인정함으로써 조절되어야 한다. 세계관은 믿음과 그리스도와의 연합에 뒤따른다. 세계관이 신앙을 창출할 수 없으며, 세계관이 신앙을 위한 대체물도 될 수 없다.

바빙크는 구체적인 종교, 즉 단순히 책을 읽는 것으로부터 나온 종교가 아닌, 사람들이 실제로 활동하는 종교에 대해 면밀하게 살피는 가운데 이 지점을 강조했다. 종교는 마치 언어와도 같다. 우리는 모국어를 구사할 수 있는 능력을 가진 채 태어난다. 하지만 영어 혹은 한국어 구사 능력은 우리가 태어난 공동체에 의존한다. 종교 역시 우리 정신의 산물이 아니다. 우리는 종교를 우리의 환경으로부터 오는 "선물"로서 받는다. 바빙크는 종교가 "현실적으로 결코 내용 없이 순수한 형태로 나타나지 않는다[RD, 1:502(바빙크,『개혁교의학』, 1:652)]"라고 언급했다. 갓 태어난 아이들 속에 제각각 잠재된 능력들도 마찬가지이다. "학문이나 예술에 대한 어떤 훌륭한 성향이 아이에게 숨겨져 있다 할지라도, 그 아이는 절망적인 상태에서 태어났다. 그 아이는 자기 환경의 은혜에 의존한다[RD, 1:502(바빙크,『개혁교의학』, 1:652)]." 우리가 태어난 특정 공동체들은 우리가 말하는 언어와 우리가 살아가는 사회적 관습을 결정할 뿐만 아니라 우리의 종교적 신앙과 확신까지도 결정한다.

우리는 우리가 태어나 양육된 범주로부터 먹을 것과 마실 것, 살 집과 입을 옷, 생각과 개념들, 인식들과 욕구들을 받는다. 종교 역시 우리 부모와

헤르만 바빙크의 성도다운 성도

양육자들을 통해 우리에게 주입된다. 이는 언어처럼 종교에서도 마찬가지다. 우리는 태어날 때 말할 수 있는 능력을 수반한다. 하지만 우리가 나중에 우리의 생각들을 표현하게 될 언어는 환경을 통해 우리에게 주어진다[RD, 1:502(바빙크, 『개혁교의학』, 1:652)].

이 지점에서 바빙크는 종교적 신념과 철학적 개념들이 절대로 서로 혼동되어서는 안 된다는 입장을 반복한다. 바빙크가 단순한 이론적 사상가가 아니라는 점과 심지어 자신이 열렬히 반대했던 사람들로부터도 기꺼이 배우려는 자세를 가졌다는 사실을 증명이라도 하듯이 바빙크는 19세기 관념 철학자였던 아르투르 쇼펜하우어(Arthur Schopenhauer)를 인용한다.

그러므로 쇼펜하우어는 올바르게 지적하기를 종교가 철학적 체계들보다 큰 특권을 누리는 까닭은 그것이 어릴 적부터 주입되었기 때문이다. 종교는 유년기부터 가장 친밀하고 가장 다정다감한 삶과 더불어 발전하기에 따라서 거의 근절될 수 없다[RD, 1:502(바빙크, 『개혁교의학』, 1:652)].

바빙크는 대부분의 사람들 속에 존재하는 종교적 확신의 고집스러움에 대해 지적하며 다음과 같이 결론짓는다. "사람이 그가 태어난 종교 안에서 죽는다는 사실은 (일반적) 원칙이다 … 회심이란 거의 드물다. 그래서 종교를 바꾼다는 것은 예외적인 것이지 일반적인 원칙이 아니다. 심지어 대부분의 사람들은 자신의 종교적 신념에 대해 심각한 의심을 품지 않고, 그로 인한 충격도 없이 살다가 죽는다."[10]

바빙크의 마지막 지적은 우리의 목적을 위해서도 중요하다. 바빙크는 "자신들의 신앙 안에서 다소간의 만족을 발견"하는 건강한 신자들은 자신들의 신앙이 단순히 적절한 지적 기초를 가지고 있는지에 대해 집착하지 않는다고 주장한다. 그들은 자신들의 종교 속에서 위로와 의미를 찾는 가운데 단순히 자신의 종교 생활을 할 뿐이다. "배고픈 사람은 자기 앞에 놓인 음식이 어떻게 마련되었는지에 대해 조사하지 않기 때문이다." 바빙크는 우리가 현재 논의하고 있는 주제와 직접적으로 연관되는 유용한 격언을 교회에 제공한다. "먼저 살고 난 다음에 철학한다. 삶과 반성 사이에는 큰 차이가 있다."[11] 비록 "하나님의 계시인 신 관념은 의심의 여지없이 논리적으로 종교에 선행"하지만 하나님께서 존재하신다는 인간적 확신은 인식 과정의 열매가 아니다. 신 존재 인식은 종교적 존재들에게 선사된 계시의 선물이다. "신 관념은 결코 하나의 추론에서 나온 결론으로서 발생하지 않고, 하나님의 계시와 그에 상응하는 인간의 종교적 본성으로 말미암아 모든 추론과 증거 이전에 지속적으로 확립되었다."[12] 게다가 한 사람이 가진 믿음에 대한 지적, 철학적 보증에 표하는 과도한 우려는 건강한 신앙의 표식이 아니다. "대부분의 관심이 형식적 문

---

10 *RD*, 1:502(바빙크, 『개혁교의학』, 1:652).

11 *RD*, 1:502(바빙크, 『개혁교의학』, 1:653).

12 *RD*, 1:523(바빙크, 『개혁교의학』, 1:681).

헤르만 바빙크의 성도다운 성도

제들에 소요된다면, 이는 종교적 삶의 풍요가 아닌 빈곤의 증거다." "신앙이 그 능력과 신뢰를 상실할 때, 그 신앙이 기초한 토대에 대한 연구가 착수"된다.[13]

이 지점을 강조하는 이유는 기독교적으로 철학하는 것과 세계관적으로 사유하는 것이 지닌 가치를 약화시키기 위함이 아니라 더 올바른 관점으로 이해하기 위함이다. 세계관은 신앙을 위한 대체물이 아니다. 바빙크는 철학적 인식론에 대해서 다루는 가운데 "인식론은 신앙을 보상할 수 없으며"라고 언급했다. 게다가 신앙은 사전에 지적 정당화를 요구하지 않는다. 대부분의 신자들에게 신앙은 그 자체로 고유한 증거이다. "배가 고파서 음식을 먹은 사람은 자연히 음식이 주는 영양분의 효력을 경험하기에, 그 음식의 화학적 구성 요소들을 탐구할 필요를 느끼지 않는다." 신앙의 지적 정당화에 대해 떠들썩하게 외치는 수많은 소리들은 다음과 같은 사실, 즉 신앙은 "영혼의 삶에 아주 깊이 감추어져 있고 인간 마음의 가장 섬세하고 가장 다정다감한 감정들과 아주 긴밀하게 서로 뒤섞여 있기에, 우리 자신이 관찰하거나 더욱이 다른 사람들이 관찰한다는 것은 거의 전적으로 불가능하다"라는 사실을 간과하고 있다. 나는 어떻게 왜 믿는가라는 질문은 참으로 대답하기 어렵다. "그것은 우리 자신에게 하나의 수수께끼다. 왜냐하면 우리는 우리 자신의 감정의 밑바

---

13   *RD*, 1:502(바빙크, 『개혁교의학』, 1:653).

닥까지 내려갈 수 없고, 우리 의식의 배후에 놓인 어두움을 우리 눈으로 꿰뚫어 볼 수 없기 때문이다. 그리고 그것은 다른 사람에게 있어서 더더욱 감추어진 신비다." 한 사람이 가진 신앙의 궁극적인 근거는 설득력 있는 논증이나 만족할 만한 변증에 놓여 있지 않다. 결국 "신앙은 모든 논증에도 불구하고 당당히 서서 다음과 같이 말한다. '나는 달리 어쩔 수가 없다. 하나님이 나를 도우시기를.'"[14]

분명히 해둘 점은 바빙크가 단지 제자도에 대한 기독교적 이해에 존재하는 합리주의 바이러스에 대해서만 우려하는 것이 아니라는 점이다. 바빙크는 믿음에 이르는 일과 종교적 확신을 가지는 일은 마음, 감정, 양심, 지성과 이성에 호소할 수 있는 일이라고 언급했다. 그것들 모두는 부정적인 공통점을 가지고 있다. 그것들은 종교의 근원을 우리 자신 안에서 찾기 때문에 바빙크는 이런 호소를 "심리학적 그리고 인식론적 정확성의 결핍"의 증거로 여겼다. 종교는 우리의 마음, 의지, 양심으로부터 발흥하지 않는다. 종교는 오롯이 인간의 노력을 통해 만들어 낼 수 있는 문화, 학문, 예술, 혹은 도덕성과 같은 것이 아니다. 바빙크는 주장하길, 종교는 오로지 그 근원을 계시 속에서 발견할 수 있다. "종교는 하나님의 존재, 계시 그리고 인식 가능성을 전제하고 요구한다."[15] 종교의 근원을 위한 우리의 탐구는 우리의 마음, 의지, 혹은 양심으로부터 시작하지 않는다. 오히려 계시

---

14 *RD*, 1:503-4(바빙크, 『개혁교의학』, 1:654-5).

15 *RD*, 1:504-5(바빙크, 『개혁교의학』, 1:656).

헤르만 바빙크의 성도다운 성도

와 더불어 하나님께서 우리에게 말씀하시는 것으로부터 시작한다.

세계관적 죄 ————

기독교 제자도의 적절한 위치를 넘어서서 지성적인 삶을 드높이는 지적 엘리트주의야말로 어쩌면 세계관 분석과 연관된 가장 명백하고도 첫째 되는 죄일 것이다. 이와 밀접하게 연관된 죄는 세계관 분석이 이데올로기로 변질된 오용의 죄이며, 심지어 서로 충돌하는 다른 세계관을 가진 사람들의 정당한 통찰력을 배제하는 방식으로 적용하는 죄이다. 앞에서 지적했던 아브라함 카이퍼의 세계관이 반립적 개념을 가지고 있었다는 사실을 기억할 필요가 있다. 카이퍼식의 세계관은 그리스도인들을 근대주의의 혁명적 세계관과 대항하기 위해 동원하는 슬로건으로 사용되었다. 카이퍼는 세계관을 가리켜 서로 대치하는 궁극적인 원리들 간의 싸움이며, 치명적인 갈등에 서 있는 삶의 체계 사이의 전투로 묘사했던 것을 기억할 필요가 있다. 카이퍼는 "근대성 내에서 모든 것을 아우르는 삶의 체계"에 대항해 "우리는 반드시 이와 동등하게 포괄적이고 폭넓은 영향력을 행사하는 삶의 체계 내에서 우리의 입장을 취해야 한다"라고 주장했다.[16]

개혁파 원리에 대한 강조는 카이퍼와 그를 따르는 자들을 결집

---

[16] Kuyper, *Lectures on Calvinism*, 11-12.

시키는 슬로건이 되었으며, 네덜란드 개혁파 진영 자체 안에서 친구와 적을 구별하는 데 사용되었다. 카이퍼가 1880년 암스테르담의 자유 대학교를 설립한 직후, 학교의 모든 지시가 "개혁파 원리들"에 부합되도록 요청했던 부속 정관의 핵심 내용들에 대한 논쟁은 법학 교수진의 유명한 한 학자를 사임하게 만드는 상황을 초래했다. 대학 운영 기구였던 개혁파 고등교육 협회의 제2조항은 다음과 같다. "협회는 개혁파 원리들의 기초 위에 완전하고도 배타적으로 놓여 있는 학교들에서 행해지는 모든 교육을 지원하며, 1618-19년에 도르트 회의에서 확립된 통일성을 위한 세 가지 형태들을 신학 교육의 기초로서 인정한다."[17] 통일성을 위한 세 가지 형태들(하이델베르크 요리문답, 벨직 신앙고백서, 도르트 신조)을 제외하고, 이런 기초를 다룸에 있어 어려운 부분은 "개혁파 원리들"의 내용이 불확실하다는 점이며, 이 원리들 그 자체들도 쓰디쓴 논쟁의 주제가 되었다는 점이다.

네덜란드 법학자였던 용헤이르 알렉산더르 프레데릭 드 로만(Jonkheer Alexander Frederik de Lohman, 1837-1924)은 1884년에 자유 대학교 법학 교수로 임명되었다. 1895년 6월 17일에 열렸던 개혁파 기초에 근거한 고등교육 협회 공개회의 때 로만 교수의 가르침과 제2조항에 대한 신의 문제로 질문이 제기되었다. 바빙크를 필두로 한 조사 위원회는 로만의 가르침 속에 나타난 개혁파적 특징에 대해

---

17 J. C. Rullmann, *De Vrije Universiteit: Haar onstaan en haar bestaan* (Amsterdam: De Standaard, 1930), 180.

헤르만 바빙크의 성도다운 성도

조사하기 시작했다. 카이퍼와 그의 지지자들은 "법규 제2조항의 '개혁파 원리들'이라는 표현을 '칼뱅주의의 원리들'"로 이해했다는 사실이 밝혀졌다.[18] 또한 그들은 이 원리들이 개혁파 교회 속에서 역사적으로 일어났고 신앙고백서, 예전 형식, 교회 질서, 개혁파 신학자들의 글, 특별히 로마주의자, 재세례파, 자유주의자, 소시니우스주의자, 루터주의자 등과의 논쟁에서 발견할 수 있다고 믿었다. 수 세기에 걸친 칼뱅주의자들의 과학과 예술에서의 노력들(특별히 시학에서의 노력들)은 추가적 자료를 제공해주었다고도 믿었다. 하지만 로만은 "개혁파 원리들"을 개혁파 신앙고백서들의 빛 아래서 단순히 성경을 신뢰하는 것 정도로 이해했다. 조사 위원회는 바빙크의 지도하에 단호히 카이퍼의 편에 섰다. 위원회는 로만의 가르침 속에서 법규의 제2조항이 말하는 개혁파 원리들이 적절하게 진가를 발휘하지 못했다고 판단했다. 카이퍼에게 보낸 바빙크의 편지는 바빙크의 입장이 선명히 표현되어 있다. "로만 교수의 개념과 제2조항은 화해할 수 없습니다."[19]

그러므로 바빙크는 "개혁파 원리들"을 옹호하며 명백히 카이퍼의 편에 섰다. 이런 자세는 의심할 여지없이 그 당시 바빙크의 신념과 우선순위를 반영하고 있지만, 이를 더 잘 이해하기 위해서는 반드시 1890년대에 일어났던 네덜란드 개혁교회(*Gereformeerde Kerken*

---

18 Ibid., 186.

19 Tijdg., 103.

in Nederland, GKN) 연합 상황에 대해 살펴볼 필요가 있다. 근 10년간 GKN은 두 개의 서로 다른 방향성으로 신학 교육에 대한 오랜 논쟁을 이어오고 있었다. 분리 측 기독개혁교회 구성원들은 깜픈 신학교에 자부심을 느끼고 있었을 뿐만 아니라, 원칙적으로 교회와 연관된 신학교를 향한 헌신을 미래 목회자 훈련을 위해 적절한 헌신이라고 여기기도 했다. 하지만 카이퍼 같은 경우 신학 교육은 원칙적으로 다른 학문들과 교수진들과의 대화 가운데서 기독교 대학의 신학 교수들에 의해 이루어져야만 한다고 생각했다. 학문적으로 책임 있는 신학 교육을 향한 바빙크의 결정적인 헌신은 명백하게도 그가 내린 결론에 영향을 끼쳤으며 이런 결론은 결국 바빙크를 카이퍼의 편에 서도록 이끌었다.

1장 전기적 개괄에서 살펴본 것처럼, 바빙크는 신학 교육에 대한 서로 다른 두 가지 관점들을 하나로 모으기 위해 1890년대에 끈기 있게 노력했었다. 바빙크는 깜픈 신학교를 귀하게 여겼던 자기 교회 사람들과는 대조적으로, 하나님에 대한 학문인 신학은 반드시 인간 지식의 다른 영역들과 관계를 맺어야 하기 때문에 일반 대학교도 적합한 장소라고 주장했다. 하지만 분리 측 공동체가 안고 있는 문제들로 모인 회의에서의 카이퍼가 보인 비타협적 태도를 접하며, 바빙크는 신학과 신학 교육에서의 교회의 역할에 대해 더욱더 강조하기 시작했다. 이 시점에서 1899년 바빙크의 소책자에 등장하는 문구를 인용하는 일은 가치 있다. "1896년에는 신학이라는 학문이 가진 기강의 권리와 자유와 관련 있었다. 1899년 현재는 교회의 권리와 자유와 관련 있는 것 같다."[20]

　보다 더 구체적인 역사적 정황에 대한 설명 없이도 어느 정도 확신을 가지고 말할 수 있는 부분은, 바빙크는 카이퍼 및 카이퍼가 세워 강하게 다스렸던 조직과 더 밀접하게 연관을 맺을수록 동시에 더 비평적 입장을 견지해갔고, 그 비평은 많은 사랑을 받았던 "개혁파 원리들"에도 적용되었다는 점이다. 바빙크가 카이퍼와 거리를 두기 시작한 모습을 통해 두 가지 정도의 중요한 신호가 감지된다. 하나는 반혁명당에서의 카이퍼의 지도권에 대한 내부 비평이었고, 또 다른 하나는 카이퍼가 자기 적들을 거칠게 다루는 한 수단으로서 "개혁파 원리들"을 활용했던 방식에 대한 바빙크의 직접적인 비평이었다. 카이퍼는 1871년에 반혁명당 지도자가 되었고, 거의 홀로 정치적 권력을 휘둘렀으며, 반혁명당 내에서 반박의 여지가 없는 지도자로 군림했다. 1901년 카이퍼가 수상이 되었을 때, 그는 마지못해 반혁명당 지도권을 내려놓았지만 자신이 선택한 바빙크가 자신의 후임 자리에 앉도록 세심히 관리했다. 1909년에 카이퍼는 내려놨던 직을 다시 시작했는데 같은 해 바빙크도 반혁명당의 운영진으로부터 물러났다. 이는 분명 카이퍼의 지도권에 대한 바빙크의 불만족이 그 원인이었다.[21]

20　*Het recht der kerken en de vrijheid der wetenschap*(교회의 권리와 학문의 자유, The right of the churches and the freedom of science/scholarship). Gleason, 256에서 재인용.

21　*Tijdg.*, 209-32.

반혁명당 내부에서 늘어만 가던 카이퍼를 향한 반대가 1915년에 전면에 등장하게 되었는데, 이 시기는 바빙크와 또 다른 네 명이 카이퍼의 지도권에 대한 불만을 책으로 출간했던 시기였다.[22] 이렇게 된 상황에 대해서 여기서는 길게 설명되지는 않을 것이지만, 왜 바빙크가 몇 년 후에 카이퍼의 유명한 "원리들"을 보다 더 직접적으로 비판했는지에 대한 이유를 이런 상황은 설명해 줄 수 있다. 불만이 담긴 그 책자에 인용된 짧은 내용은 중요한데 그 이유는 카이퍼의 관례가 가진 측면들에 대항하는 비평적 원리로서 바빙크가 그리스도를 본받음에 대한 주제를 활용했다는 사실을 볼 수 있기 때문이다. 바빙크는 반혁명당의 연합과 자유를 요청하며 모든 정직한 차이점을 억압하기보다는 오히려 드러내놓고 다룰 필요가 있다는 사실을 강조했다. [바빙크는 반혁명당의 모든 구성원이] 실천적으로 사도적 명령으로 살아가도록 [요청했다].

형제들이여, 같은 생각을 품고 같은 사랑을 가지며 하나의 영과 목적을 가집시다. 이기적인 야망 혹은 헛된 자만으로부터 벗어납시다. 오히려 겸손함 가운데 자신보다 다른 사람을 더 생각합시다. 우리 모두 자신의 이익만이 아니라 다른 사람의 유익도 돌아보아야 합니다. 여러분의 태도는 예수 그리스도의 태도와 같아야만 합니다[빌 2:1-5].[23]

22　H. Bavinck et al., *Leider en leiding in de Anti-Revolutionaire Partij* (Amsterdam: Ten Have, 1915).

23　Ibid., 56.

심지어 정치인들과 정당 속에 존재하는 갈등의 난투 가운데서도 바빙크는 빌립보서 2장에 요약되어 있는 "그리스도의 마음"을 드러내기 원했다.

"개혁파 원리들"에 대한 바빙크의 명시적인 비평에 대해서 살펴볼 때가 되었다. 카이퍼의 관행이 가진 문제 중 하나는 원리 (principles)라고 하는 용어에 대한 카이퍼의 애매모호한 사용이었다. 하나님의 주권, 창조주와 피조물 사이의 구별, 인류의 죄악, 종교적 자유 등에 대한 기초적인 성경적 가르침의 수준에서 바빙크는 자신의 신념 가운데 확고했었다. 하지만 카이퍼는 여성 참정권 반대 문제와 같이 핵심 원리에서 추론된 구체적인 정책과 전략들을 타협 불가능한 원리의 문제에 포함시키는 습관이 있었다. 이런 습관을 통해 카이퍼의 정치적 강령은 고착된 이데올로기로 변화되었다. 바빙크 같은 경우엔 보다 더 근본적인 원리들을 보다 더 유동적으로 적용할 것을 호소했다. 1918년 당시 사회에서의 여성의 역할에 대한 바빙크의 책[24]이 출간되었을 때, 여성 참정권과 관련된 사안에 대한 바빙크의 다소 발전된 견해는 상당한 비판을 불러 일으켰고, 그는 개혁파 반혁명당의 선한 원리들을 버려버렸다는 비판까지도 받게 되었다. 바빙크가 1918년 반혁명당 위원들이 모인 자리에서 마침내 공개적으로 자신을 변호했을 때, 그는 카이퍼를 공개적으로 비판했

---

[24] *De vrouw in de hedendaagsche maatschappij.*

다. 바빙크는 대표들에게 국가 연금, 일반 선거권, 여성 참정권 같은 수많은 사안들에 대한 당의 입장을 변경시킨 사람은 자신이 아니라고 상기시켰다. 바빙크는 카이퍼를 겨냥하며 "오래전, 우리 당의 '영예로운' 지도자께서 그렇게 하셨습니다"라고 주장했다.[25] 바빙크는 원리들과 구체적인 적용에 대한 관찰과 함께 다음과 같이 말을 이어 나갔다. "원리와 원리의 지속적이고도 변화무쌍한 적용, 관념론과 실재론, 사상과 실천 둘 다 필요합니다. 하지만 이 모든 발전 가운데서도 우리는 확실히 자리 잡은 윤리적 원리들(규범들)에 묶여 있어야만 합니다."[26] 바빙크는 "확실히 자리 잡은 윤리적 원리들(규범들)"에 헌신했지만, 카이퍼나 카이퍼 지지자들보다 훨씬 더 이 원리들의 "지속적이고도 변화무쌍한 적용"에도 헌신했다. 이는 1910년대에 개혁파 공동체 속의 많은 사람이 원리와 적용을 구별하는 것에 대한 실패였고, 바빙크가 교회의 문제라고 여겼던 문제 곧 변화된 시대에 적용을 변화시키려는 의지를 보여주지 못한 실패였다. 원리들의 적용에 대한 비타협적인 태도는 원리들 모두의 가치를 떨어뜨리는 결과를 낳았다.

1920년 네덜란드 개혁교회(GKN)는 격동의 시기를 경험했는데 그 이유는 성경의 권위와 그 이해에 대한 도전 때문이었다. 바빙크는 소책자 묶음으로 이 어려운 시기를 이겨낼 준비를 해 나갔고, 그

---

25 Bavinck, "Politieke rede 1918" (미출간된 원고, 날짜 없음), 11, Archive Bavinck, HDC.

26 Ibid.

헤르만 바빙크의 성도다운 성도

는 또다시 네덜란드 개혁교회 속에서 원리들에 호소했던 카이퍼와 그의 지지자들의 방식에 의문을 제기했다. 바빙크는 이 원리들에 대한 혼동이 교회가 격변을 겪고 있는 주된 이유라고 주장했다. "소위 원리들 가운데서 단 하나도 순수하고 오염 없이 유지된 것이 없으며, 단 하나도 실재의 맹공 앞에 제대로 서 있는 것이 없다. 이는 불쾌감과 근본적인 불신감으로 이끈다."[27] 개혁파 세계는 새로운 도전들에 직면했고, 옛 신학의 부대는 더 이상 근대적 질문들의 새로운 포도주를 담지 못했다. 새롭고도 어려운 질문들에 직면하는 가운데 일부 사람들은 "더 이상 담을 물이 없다"라며 스스로를 위안했다. "다른 [질문들은] 모두 거부되었다." 오랜 세월의 때가 묻은 원리들을 향한 단순한 호소는 더 이상 설득력을 갖지 못했다. "각 문제를 해결하기 위해 이론적으로, 연역적으로 '원리들'에 호소했던 오랜 세월에 걸친 신념은 실재에 의해 산산조각이 나버렸다. 실재는 스스로를 강요해 모든 추상적 원리에 반하는 장애물을 세웠다. 사실들은 원리들보다 훨씬 더 강력하다." "실재는 스스로를 강요해 … 장애물을 세웠다. … 사실들은 원리들보다 더 강력하다[고 증명되었다]." 여기서 바빙크가 묘사하고 있는 것은 이상주의의 공개적인 드러남이다. 카이퍼식의 이상주의는 "실재에 의해 습격당했다."

바빙크와 카이퍼 사이의 이런 차이점과 관련된 중요한 신학적 사

---

27 이 인용문과 다음 문단의 인용문은 다 G. Harinck et al., *Als Bavinck nu maar eens kleur bekende'* (Amsterdam: VU Uitgeverij, 1994), 48-50에서 재인용했다.

안도 존재한다. 4장에서 다뤘던 중생에 대한 카이퍼의 이해와 관련하여 한 걸음 더 나아갈 필요가 있다. 중생 혹은 거듭남은 하나님의 신비로운 내적 사역을 지칭하는 것으로 성령 하나님께서 하나님께 반역하는 인간의 마음을 하나님께로 돌리는 행위이다. 카이퍼의 추상적인 관점에서 볼 때는 성령 하나님께서 유아의 마음에 거듭남의 "씨앗"를 심으셨다는 가능성이 유아 세례 실행을 위한 핵심 근거 중 하나가 되었다(이를 추정된 혹은 전제된[presumed] 중생이라고 부른다). 하지만 카이퍼는 중생 교리에 대해 이보다 더 많은 것을 주장했다. 전통적인 기독교적 가르침은(특별히 아우구스티누스적인 가르침은) "다시 태어나는 것"을 이 땅의 세속적인 도시(신약성경의 언어를 사용한다면 "세상")로부터 하나님의 도시로 한 사람을 데려가는 것으로 이해한다. 이 사람은 이제 그리스도의 몸의 구성원이요 하나님의 새로운 백성이다. 이런 관점에서 중생은 반립적인(antithetical) 개념이다. 궁극적인 영적 단계에서 이 세상의 사람들은 두 부류로 나뉠 것인데 이 세상의 시민들과 하나님의 순례자들로 나뉠 것이다.

카이퍼는 이런 영적 대립을 삶의 구체적인 영역들, 특별히 영향력이 큰 사상의 세계로 확장시켰다. 중생은 원리들을 대립적으로 활용했던 카이퍼의 기초였으며, "원리에 대항하는 원리"와 "삶의 체계에 대항하는 삶의 체계"의 전쟁으로 들어가는 그의 열정이었다.[28]

---

28 Kuyper, *Lectures on Calvinism*, 11-12.

헤르만 바빙크의 성도다운 성도

"한 사람의 존재 자체를 변화시키고, 실제로 초자연적인 원인으로 변화 혹은 변혁이 일어나는" 중생의 결과는 카이퍼에게 있어 인간성 그 자체의 근본적인 분열이었다. "이런 '중생'은 인간성을 두 개로 나뉘게 하며, 인간 의식의 통일성을 없앤다."[29] 결과적으로 우리는 "인간 의식의 두 가지 종류, 즉 중생된 의식과 중생되지 않은 의식을 인정해야만 한다. 이 두 의식들은 서로 같을 수 없다."[30] 여기서 카이퍼가 이끌어 내는 함의는 "두 종류의 사람들"이 "두 종류의 학문"을 발전시킬 것이라는 함의이다.[31] 학문의 영역 속에 존재하는 갈등은 신앙(혹은 종교)과 학문 사이의 갈등이 아니라, 오히려 "두 종류의 학문 체계가 … 각각 고유의 신앙을 가지고 있는 것"으로부터 야기되는 갈등이다.[32] 실재에 대한 서로 다른 종교적 인식들은 서로 다른 학문적 개념들을 만들어 낸다. 더 확장해보면, 이런 상황을 통해 서로 다른 문화, 사회, 정치적 관점들, 전략들, 그리고 정책들이 만들어진다. 종교에 천착한 이런 관점들이 어떻게 이상주의적 맹목과 교조주의로 발전하는지를 발견하는 일은 전혀 어렵지 않다.

바빙크는 종교적 관점과 헌신에 근거한 세계관 분석을 거부하지 않았다. 기독교 세계관의 윤곽을 그려낸 자신의 책에서 바빙크는 범

---

29 Abraham Kuyper, *Principles of Sacred Theology*, trans. J. Hendrik De Vries (Grand Rapids: Eerdmans, 1954), 152.

30 Kuyper, *Lectures on Calvinism*, 133.

31 Kuyper, *Principles of Sacred Theology*, 155-82.

32 Kuyper, *Lectures on Calvinism*, 133.

신론, 물질주의, 일원론, 생기론, 원자론, 개인주의, 사회주의, 다원주의, 역사주의 같은 종교적 오류들에 대항하는 세계관을 설정했다.[33] 하지만 세계관적 질문을 대하는 바빙크 자신의 접근법은 현저히 달랐다. 특별히 바빙크는 기독교인 학자들을 비기독교인들로부터 분리시키는 카이퍼의 유명한 격언, 즉 "두 종류의 사람, 두 종류의 학문"을 거부했다. 1896-1897년 어간에 깜픈 학생들에게 했던 미출간된 강연과 받아쓰기(dictaat) 혹은 학생 필기의 형태로만 남아있는 강연에서[34] 바빙크는 카이퍼의 중생 교리가 가지고 있는 적용점에 대해 날카롭게 비판했다. 바빙크는 진리와 거짓 사이의 학문적 구별을 인격적인 구별인 중생된 사람과 중생하지 않는 사람 사이의 구별과 결부지어 혼합시키는 것은 다른 종으로의 변형(*metabasis eis allo genos*)으로 알려진 논리적 오류에 빠지는 것과 같다고 지적했다. 이런 혼합을 비유로 사용해 이는 마치 논증을 위해 오렌지를 사과로 대체하는 것과 같다고 언급했다. 바빙크에 따르면, 이런 예처럼 중생자의 학문적 작업을 진리와 동일시하고 중생하지 않은 사람의 학문적 작업을 거짓과 동일시하는 것은 범주적인 잘못이었다. 중생하지 않은 사람들의 학문적 작업 속에서도 [학문적] 진리가 많으며, 기독교 신앙 그 자체가 학문적 진리를 주지 않을 수도 있다. 바빙크에 따르면,

---

33 *Wereldb.*, 27, 39, 41, 43, 74, 79, 84, 91.

34 이런 "받아쓰기" 원고를 가지고 있었던 바빙크 전기 작가 브렘머(Bremmer)는 카이퍼의 『백과사전』 내용에 대한 바빙크의 비판을 자신의 책 37-45쪽에서 상세히 분석하고 있다.

카이퍼는 지나치게 사변적이고 추상적인 개념으로 학문을 이해했으며, 그 결과 구원과 관련된 신앙과 학문과 관련된 신앙 사이를 적절히 구별하는 데 실패를 경험하고 말았다. 학문은 사변적인 것이 아니라 반드시 경험적이어야만 한다. 바빙크는 이를 이렇게 설명했다. "[카이퍼는] 학문에 대한 개념을 인간의 삶 속에서 드러나고 학문이라는 우산 아래 함께 모인 정보에서 자신의 학문적 아이디어를 도출하려고 시도하지 않고, 경험적 정보를 도외시한 채 학문적 아이디어만 따로 확립하려고 시도한다."[35]

계시의 선물인 세계관 ───

과연 어떻게 바빙크 자신은 지성주의 혹은 이데올로기에 빠지지 않고 세계관과 관련된 사안에 접근했을까? 바빙크는 중생 교리가 아닌 일반적인 인간 경험으로 이 문제에 접근했다. 우선 우리의 세계관은 우리의 정신적, 지성적 과정 혹은 이성의 결과물이 아니다. 오히려 우리의 세계관은 계시를 향해 경험하는 반응에서 나온다. 바빙크에게 있어 계시란 성부, 성자, 성령 하나님의 의사전달 행위인데 이 행위를 통해 하나님께서는 스스로를 나타내시고(manifests), 스스로를 밝히시며(discloses), 자신이 누구인지에 대해 드러내신다

---

35 *Dogmaticus*, 39.

(displays). 이런 정의를 염두에 둘 때 왜 바빙크가 창조의 시작과 더불어 모든 실재의 근거를 계시로 보았는지가 이해된다. 그리스도 안에서 성육신하시고 성경으로 우리에게 말씀하시는 하나님이 그의 말씀으로 모든 것을 창조하신 바로 그분이시다(요 1장; 골 1장). "이 세상 그 자체가 계시에 근거한다. 계시는 이 땅에 존재하는 모든 것의 전제요, 근본 토대일 뿐만 아니라, 비밀 그 자체이다. … 창조의 근본 토대와 구속의 근본 토대는 서로 같다. 육신을 입고 이 땅에 오신 로고스가 이 세상을 만드신 바로 그분이다."[36] 모든 세계관은 우리에게 드러난 세 가지 실재들, 즉 우리 자신과 다른 사람들, 세상, 그리고 하나님 사이에서 길을 찾는 시도들이라고 바빙크는 결론지었다. 모든 변형과 치환은 세 가지 기본적인 세계관에 포함된다.

> 모든 세계관은 하나님, 세상, 인간이라는 세 기둥 하에서 움직여갈 뿐만 아니라, 이 세 기둥들 간의 상호 연관성 가운데서 결정되는 것이기 때문에 원칙적으로 유신론적(종교적, 신학적) 세계관, 자연주의적(범신론적, 물질주의적) 세계관, 그리고 인본주의적 세계관으로 그 유형을 구별할 수 있다.[37]

이 모든 논의가 여전히 지성적인 논의로 느껴질 수 있으므로 계시를 이해하기 위한 관문으로서 인간의 자의식을 다루는 바빙크의

---

36 *PofR*, 27(바빙크, 『계시 철학』, 94).
37 *PofR*, 33(바빙크, 『계시 철학』, 111).

모습을 살펴보도록 하겠다.

인간의 자의식은 간단한 용어들로 설명할 수 있다. 새롭게 태어난 아기는 자신과 자기 주변 환경, 예를 들면 "엄마"라고 불리는 존재를 포함한 주변 환경 사이를 구별하지 않는다. 이에 대한 자각은 하나님께서 창조하신 모든 피조물 가운데서 가장 신비롭고도 훌륭한 일 중 하나이다. 게다가 이에 대한 주의 깊은 관찰도 우리가 경험할 수 있는 가장 위대한 즐거움 중 하나이다. 아기를 거울 앞에 두면 이 아기는 거울에 비친 형상을 자기 자신으로 보기보다는 오히려 다른 아기로 간주할 것이다. 이 아기에게 "이게 누구야?"라고 물어보면 아마도 아기는 "아기"라고 대답할 것이다. 시간이 지나고 아기를 거울 앞에 자주 세우면, 신비롭고도 놀라운 일이 벌어지게 될 것이다. 이 아기는 스스로를 인지하는 법을 배워서 거울 앞에 비친 사람이 누구냐고 물을 때 자기 이름을 말할 것이다. 우리가 자의식에 대해 말할 때 그 의식은 "나 자신"에 대한 자각이며 내가 "나"라는 사실에 대한 인식이다. 이런 자의식은 제3자의 입장에서 우리 스스로를 생각할 수 있는 사색적인 능력이다. 바빙크는 인간의 발전에 이처럼 평범하지만 놀랍고도 관찰 가능한 경로로 계시에 대한 그의 이해 전반을 발전시켜 나갔다.

1908년 프린스턴 신학교에서 했던 바빙크의 스톤 강연의 제목은 "계시의 신학"이 아닌 "계시의 철학"이었는데 그 이유는 바빙크는 계시의 실재를 단순히 성경에 나타난 계시만으로 특별하게 탐구하기보다는 오히려 일반적인 차원에서 탐구하길 원했기 때문이다.

계시를 보편적 현상으로서 생각할 때 무엇을 염두에 두어야 할까? 어떻게 계시가 "발생"하는지 현상학적으로 설명할 수 있을까? 계시를 "받는다"는 뜻은 무엇인가? 바빙크는 우리가 우리 자신, 다른 사람, 외적인 세계를 자각하는 방식을 우리에게 상기시키며 이런 질문에 대해 설명했다. 특별히 바빙크는 어떻게 우리가 의도적으로 우리 자신을 다른 사람들과 구별하는지에 대한 사색을 우리에게 요청한다. 바빙크의 답변은 매우 경험적이며 직관적이다. 심지어 그의 답변, "그것은 모두 계시이다"라는 답변은 일견 우리를 놀라게 만든다. "의식 속에서 우리의 존재와 이 세계의 존재는 우리의 생각이나 의지에 앞서 우리에게 드러나게 된다는 점이다. 즉 우리의 존재와 이 세계의 존재는 가장 엄밀한 의미에서 우리에게 계시되는 것이다."[38] 보통 인간이 스스로를 구별된 인격체로 자각하는 인간의 발전적 과정과 우리에게 실재적인 외부 세계가 존재한다는 인식은 계시들이다. 바빙크는 하나님에 대한 인간의 자각도 이런 자각의 한 부분에 포함시킨다. "하나님께서는 자의식 속에서 인간, 세계, 하나님 스스로를 알려주셨다."[39] 이 모든 것은 전적으로 은혜로운 선물이다. 우리는 우리 자신의 노력으로는 이런 자각을 만들어낼 수 없다. "자의식은 우리 측면에서 볼 때 흔들리지 않는 신뢰와 즉각적 확신 가운데서 자발적

---

38 *PofR*, 75(바빙크, 『계시 철학』, 173).

39 *PofR*, 79(바빙크, 『계시 철학』, 179).

헤르만 바빙크의 성도다운 성도

으로 수납되어 있는 존재이다."[40]

신뢰와 "즉각적 확신"에 대한 마지막 논점은 세계관에 대한 바빙크의 이해에 있어 매우 중요한 역할을 감당한다. 프랑스 철학자 르네 데카르트(René Descartes, 1596-1650)의 유명한 문구인 코기토 에르고 숨(*cogito ergo sum*, 나는 생각한다. 그러므로 나는 존재한다)의 의미에 대해 깊이 논의하지 않더라도, 바빙크의 접근은 이를 뒤집어엎는 접근이다. 우리는 우리의 존재에 대해 질문을 시작하기 전에도 우리이며 확실히 우리이다. 존재는 항상 사유 앞에 있다. 우리가 우리의 존재에 대해 생각함으로써 우리 존재를 증명할 수 있다고 믿는 것은 기이한 믿음이다. 심지어 우리가 (일부 이상주의 형태처럼) 우리의 생각을 통해 우리 주변 세계를 만들 수 있다고 믿는 것은 더욱 기이한 믿음이다. 가장 기이한 것은 근대 철학자였던 루트비히 포이어바흐(Ludwig Feuerbach, 1804-1872)에 의해 주창된 개념, 즉 우리가 하나님을 만들고 하나님은 기껏해야 우리의 내적인 삶의 외적인 투영일 뿐이라는 개념이다. 이는 성경이 우리에게 가르치는 것처럼 어리석은 짓이다(시 14:1). 여러분 스스로가 여러분의 운명을 좌지우지할 주인과 하나님이 된다면 과연 무슨 일이 일어나겠는지 상상해보라. 생각하면 할수록 더 불안하고 섬뜩하지 않겠는가?

이와 대조적으로 바빙크는 의존 감정이 인간 자의식의 중심이라

---

40 *PofR*, 62(바빙크, 『계시 철학』, 158).

고 주장했다. "우리는 우리 주변의 모든 것에 의존한 상태로 우리 자신을 느낀다. 그러므로 우리는 홀로 존재하지 않는다. … 우리는 유일하게 무한한 존재의 완전한 능력에 의존한 상태로 모든 피조물과 함께 우리 자신을 느낀다." 이런 사실을 철학적 사유나 사변으로 여기지 않는 것은 중요하다. "오히려 확실한 사실은 의존 감정은 자연과학의 잘 짜인 사실과 동등하다는 것이다." 바빙크는 다음과 같이 추가 설명한다. "의존 감정은 참으로 경험론적이며, 보편적으로 인간적일 뿐만 아니라, 즉각적 자의식의 핵심 중심부이기도 하다. 그러므로 의존 감정은 세계와 하나님이라는 두 존재 모두를 수반한다."[41] 이런 의존에 대한 강조와 더불어 우리는 성경적인 기독교 세계관을 위한 가장 중요한 기초 구성 요소를 가지고 있다. 그리스도인들은 자신들과 주변 사람들이 하나님의 형상의 담지자라는 사실, 피조물로서 하나님께 의존한다는 사실, 하늘에 계신 우리 아버지께서 질서와 섭리로 붙잡고 계신 우주 만물 속에서 살고 있다는 사실에 대해 안다.

우리는 여기서 기독교적 이상주의를 포함한 모든 이상주의에 대한 해결책을 가지고 있다. 실천적으로 말한다면, 성경적 세계관은 이 세상에 대한 우리의 기본적인 상식과 인식을 믿으라고 우리에게 요청한다. 우리는 우리가 존재한다는 사실을 신뢰하는 것과 같은 방

---

41 *PofR*, 66-7(바빙크, 『계시 철학』, 163-164).

식으로 우리는 우리 밖에 존재하는 물리적 세계에 대해서도 신뢰할 만한 이해를 가지고 있다고 확신할 수 있다. 우리는 우리 존재에 대해 확신하는 것처럼 우리 주변 세계에 대해서도 확신할 수 있다. "우리가 우리의 고유한 자아의 존재를 가정하고 그 가정에 대해 확신할 때 비로소 이 세계의 존재 역시 인지될 수 있다. 왜냐하면 자의식과 자아가 서로 묶여 있는 내적인 관계에 의해 실재와 표상들은 서로 연결될 수 있기 때문이다."[42] 신뢰와 더불어 열린 정신과 호기심, 그리고 마음을 흔쾌히 바꾸는 생각이 온다. 신뢰와 더불어 겸손과 단정함도 온다. 우리는 하나님께서 전지하시며 신실하시지만 우리는 유한하며 실수할 수 있다는 사실을 인지한다.

지금 막 묘사한 정신은 바빙크의 가정 유산과 개인적 기질로 형성된 바빙크의 정신이었지만, 이런 정신은 그에게 있어 원리와 관련된 문제이기도 했다. 레이든 시절, 바빙크는 "상대편을 이해하려는 노력"[43]에 대해 배웠으며, 그의 『개혁교의학』 제1판 서문에서[44] 바빙크는 이런 노력을 방법론적 원리로 설명했다. 바빙크의 작업은 분명 개혁파 신학 작업이었기 때문에 과거에 대해 영광을 돌리는 열망을 가지고 있었지만, 그럼에도 과거로 향한 단순 회귀는 아니었다. 바빙

---

42 *PofR*, 68(바빙크, 『계시 철학』, 166. 역자 주: 볼트는 뒷 문장만 인용했지만 이해를 돕기 위해 바로 앞 문장도 함께 수록했다).

43 Hepp, 84.

44 지금부터의 인용문은 "Herman Bavinck, 'Foreword' to the First Edition (Volume I) of the Gereformeerde Dogmatiek," trans. John Bolt, *Calvin Theological Journal* 45 (2010): 9-10으로부터의 인용이다.

크는 자기 고유의 생각을 남길 의도를 가지고 있었다는 사실을 우리에게 알려주고 있다.

> 필자는 오히려 신선함과 원형에 있어서 후세대보다 훨씬 능가하는 옛 세대에 호소함으로써, 개혁 신학의 역사 가운데 알곡과 겨를 구분하는 것을 교의학자의 권한이라고 여긴다. 단지 오래되었다는 이유만으로 옛것을 칭송하는 것은 개혁주의적인 것도 아니고 기독교적인 것도 아니다.

바빙크의 열망은 당대의 사안들과 씨름하기 위해 동시대인이 되는 것이었다. 교회를 개혁하고 가르치기 위해 과거 위대한 지도자들을 이끄셨던 하나님은 현재도 똑같은 일을 계속 하시는 분이다. "이 교의학은 마지막으로 그 시대적 특징 또한 지니기를 소원한다. 현재와 분리된다는 것은 불가능한 일일 것이다. 또한 이것은 금세기에 이전 세대보다 작지 않은 소리와 진지함으로 우리에게 말씀하시는 하나님에게도 바람직하지 않을 것이다."

근대성의 도전과 요구들을 진지하게 다루는 동시대 신학은 어느 정도 일정량의 논쟁을 요구한다. 하지만 바빙크의 서술은 그가 이런 신학 논쟁이 이루어지는 방식을 매우 싫어했다는 강한 인상을 우리에게 준다. "신학적 영역에서 서로 교차되는 다양한 노선들이 고려되었다. 그 모든 것 가운데서 하나의 자리가 추구되었고 입장이 선택되었다." 그의 결론은 지금까지 살펴봤던 대로 바빙크의 공정함과 다른 사람으로부터 배우려고 했던 그의 열린 마음을 강조하고 있

헤르만 바빙크의 성도다운 성도

다. "필연적으로 이탈해야 하는 곳에서는 그에 대한 이유를 제시하려 한다. 그러나 그런 경우라 하더라도 나는 그것이 발견되는 곳에서 좋은 것은 그 진가를 인정하기 위해 노력한다. 종종 이런 연구는 초기에 결코 존재하지 않는 것처럼 보일 수도 있는, 새롭게 발견된 관계를 제시할 것이다." 바빙크의 『개혁교의학』과 그의 학문적 여정을 면밀하게 살폈던 나는 바빙크가 자신의 목표를 훌륭하게 성취했다는 사실을 기쁨으로 증명할 수 있다.

기독교 세계관의 윤곽 ─────

우리는 현재 그리스도인의 삶에 대한 바빙크의 이해 속에서 세계관의 위치를 살펴보고 있으며, 세계관은 신앙을 따라간다는 그의 확신이 어떻게 하나님의 신실함을 믿고 의존하는 것으로 특징화되는지도 살펴보고 있다. 자기 자신, 세계, 하나님에 대해 스스로 인식할 수 있는 인간의 중요한 능력은 순전히 [하나님으로부터 받은] 선물이다. 이는 우리에게 계시된 것이다. 이와 더불어 우리는 이 장 처음에 소개되었던 세계관에 대한 세 가지 질문들에 대한 답을 가지고 있다. 사유와 존재 사이의 관계는 무엇인가? 존재와 생성의 관계는 무엇인가? 생성과 행위의 관계는 무엇인가? 보다 더 간단히 표현하자면, 나는 누구인가? 이 세계는 무엇인가? 이 세상 속에서 나의 위치와 임무는 무엇인가?[45]

　첫 번째 질문에 대한 답은 다음과 같다. 사유는 존재와 자의식 뒤에 오며, 모든 사유는 반드시 실재에 대한 충실함, 즉 실재 그 자체를 가늠하는 것이어야 한다. 만물을 창조하시고 그 만물에 질서를 부여한 로고스(the Logos)가 계시 안에서 우리에게 드러난 말씀(the Word)이기 때문에, 이성(logos)을 사용하는 우리의 능력 혹은 세상의 질서를 분별하는 우리의 정신을 포함한 계시를 수납하는 우리의 능력은 우리의 지각들이 실제적이고도 참되다는 확신을 가져다준다. 이로부터, 우리는 우리 자신에 대해, 하나님이 누구신지에 대해, 하나님의 계시를 향해 눈을 뜸으로써 이 세계 속에서 우리의 위치에 대해 영광스럽게 생각하게 되며, 우리의 주장들 속에서 세상, 자기 보정, 겸손과 단정함을 더 많이 배울 수 있게 된다. 안타깝게도 바로 이 점이 바빙크가 보기에 세계관 문제에 대해 도움을 받기 위해 네덜란드 신칼뱅주의 전통으로 기울었던 사람들이 종종 간과하고 무시해 온 기독교 세계관의 한 부분이다.

　바빙크가 전개한 기독교 세계관의 핵심 요소들에 대해 생각할 때 반드시 인정해야 할 부분은 죄와 관련된 문제이다. 바빙크는 우리 자신과 세상에 대한 우리의 지식이 죄로 인해 왜곡되었다는 사실을 인정한다. 하나님을 아는 것과 관련하여, 죄는 문제를 더 복잡하

---

45 *Wereldb.*, 14.

게 만든다. 다른 사람들이 스스로를 우리에게 드러낼 때만 우리도 그들에 대해 아는 것처럼, 하나님께서도 스스로를 우리에게 계시해 주실 때만 우리는 하나님을 알 수 있게 된다. "인간은 어느 정도 자신을 알 수 있도록 나타나 언어와 행위를 통해 반드시 자신을 드러내고 보여야만 한다."

하나님을 아는 지식은 오로지 하나님으로부터 그리고 하나님을 통해서만 가능하기 때문이다(마 11:27; 고전 2:10ff). 이것은 과거 신학의 공리였다. '하나님을 이해하는 데 있어 반드시 하나님의 가르침을 받아야 하는 까닭은 저자이신 하나님 자신이 아니고서는 하나님을 알 수 없기 때문이다.' 피조물이 하나님에 대해 어떤 것을 안다는 사실은 오로지 하나님의 은혜 때문이다. 하나님을 알 수 있는 것은 오로지 그가 그것을 원하기 때문이며 그런 범위에서 가능하다.[46]

하지만 인간의 유비는 깨어졌는데 그 이유는 우리의 자기 계시는 항상 문제가 있기 때문이다. "그는[인간은] 자주 전적으로 본의 아니게 무심코 자신을 드러낸다. 그는[인간은] 자기 자신도 모르는 자신의 특징과 독특성을 자주 드러낸다. 그는[인간은] 또한 때때로 자기 자신이 아닌 그릇됨과 거짓으로 자신을 드러내기도 한다." 바

---

46 *RD*, 1:212(바빙크, 『개혁교의학』, 1:301).

로 이 지점에서 차이점이 불거진다. "그러나 하나님에게는 이 모든 것이 해당하지 않는다." "하나님은 절대적 의미에서 하나님에 대한 우리의 지식의 본질적 기초원리, 주효한 원인인데, 왜냐하면 하나님은 완전히 자유로우며, 자의식을 가진 참된 분이기 때문이다." 우리는 하나님에 대한 우리의 지식이 진짜이며 참되다는 사실을 알 수 있다.[47] 하나님의 자기 계시는 참되고 순수하며 권능으로 드러난다.

하나님의 계시에 대한 주관적 반응은 성령 하나님의 사역과 더불어 일어난다. 바빙크는 "인식의 외적 원리와 인식의 내적 원리, 외적 말씀과 내적 말씀, 계시와 조명, 하나님 말씀의 작용과 성령의 사역 사이"[48]에 존재하는 중요한 구별 지점에 대해 언급한다. 다시 말하면, 하나님에 대한 참된 지식은 한 사람의 의식과 의지를 변화시키는 성령 하나님의 사역인 중생을 필요로 한다.[49] 중생은 우리가 하나님을 참되게 안다는 확신을 가지기 위해 반드시 필요한 필수 조건이다. 하지만 카이퍼와는 다르게 바빙크는 세상에 대한 우리의 지식과 학문적 탐구를 위한 기준 혹은 조건으로 중생을 생각하지 않았다. 심지어 바빙크가 기독교 신앙과 대척점에 선 세계관들을 반립적으로 묘사하기 시작했을 때도, 종교적 태도로서 그 세계관들을 기

---

47 *RD*, 1:212.

48 *RD*, 1:213(바빙크, 『개혁교의학』, 1:303).

49 엄밀하게 표현할 때, [성령의] 조명과 중생은 같지 않다. 조명과 중생 모두 성령 하나님의 사역이며 앞에서 논의했던 "중생"이라는 용어에 대한 카이퍼의 활용이 아마도 조명으로 묘사될 때 더 정확해지기 때문에, 필자도 여기에서는 조명과 중생을 교호적으로 사용했다.

　　　　　　　　　　　　헤르만 바빙크의 성도다운 성도

독교 세계관과 구별시켰다. 바빙크는 자신의 책 『기독교 세계관』을 시작하며 자신이 다루게 될 사유의 다양한 흐름들에 대해 윤곽을 그렸고, 그 흐름들이 지닌 기독 종교를 향한 반립적 자세에 주목했다. [바빙크에 따르면] 해방, 회복, 애국주의, 사회주의, 고전주의의 우상들은 회복에 대한 기독교적 메시지에 대항하는 파괴적인 힘이다. 바빙크는 "기독교 신앙과 현대인 사이에는 [둘 중 하나를 선택해야만 하는] 깊고도 날카로운 대비"가 존재한다고 판단했다. "단호한 선택은 의무이다. 우리가 평화를 사랑하면 할수록 갈등은 우리 앞에 있게 될 것이다."[50]

바빙크는 카이퍼를 사로잡았던 갈등을 피하지 않았고, 수많은 같은 표적들을 분간해 선택했다. 하지만 카이퍼와 (코넬리우스 반 틸과는) 다르게 바빙크는 타락의 결과인 인식적 혼란을 거의 다루지 않았다. 다른 사람들을 향한 우리의 자기 계시에 관한 바빙크의 언급에 대해 앞에서 살펴본 것처럼, 바빙크는 타락의 결과인 인식적 혼란을 분명하게 인정했다. 이미 앞에서 어느 정도 다루긴 했지만 이와 관련된 몇 가지 미묘한 차이들에 대해 좀 더 다루도록 하겠다.

바빙크는 분명히 죄와 중생을 학문으로부터 분리했다. "학문의 많은 측면들 속에서, 중생은 영향이 없다. 한 사람이 거듭났든지 거듭나지 않았든지 상관없이 그 사람은 학문을 할 수 있다."[51] 바빙크

---

50 *Wereldb.*, 12-13.

51 *Dogmaticus*, 40.

는 심지어 카이퍼도 이를 인정했다는 사실에 대해 추가로 언급했다. "두 종류의 사람, 두 종류의 학문"이라는 주제를 다뤘던 카이퍼의 『거룩한 신학의 원리』 부분에서, 카이퍼는 다음과 같이 말했다(강조는 카이퍼 본인의 강조이다). "생각의 형식적 과정은 죄로 인해 공격받지 않았다. 이런 이유로 중생은 이런 정신적인 작업에 변화를 일으키지 않는다."[52] 바빙크는 최초의 타락에 대해 서로 상충되는 근대 세계관들을 종교적으로 나누기보다, 역사적인 관점에서 이를 인본주의의 발흥으로 간주했다. 바빙크는 소용돌이치는 정치적, 교회적 흐름에 적절히 대응한 적이 있었느냐며 다소 장난스럽게 다음과 같이 묻는다. "마지막 분석에서, 이 모든 원리는 자유 대학교를 다른 원리들과 맞서게 하기 위함입니까?"[53]

이 모든 것 속에 존재하는 역설은 바빙크의 세계관과 카이퍼의 세계관의 내용이 사실상 동일하다는 점이다. 이에 대해 여기서 짧게 다룬 후, 다음 네 개의 장들에서 결혼과 가정, 일과 소명, 문화와 교육, 시민 사회 속에서의 세계관을 탐구해보도록 하겠다.

바빙크의 세계관은 다음과 같은 두 개의 형용사, 즉 삼위일체적인(*Trinitarian*)과 유기적인(*organic*)이란 형용사로 깔끔하게 요약할 수 있다.[54] 이는 신학적 세계관이며, 하나의 본성과 세 위격으로 존재

---

52 Kuyper, *Principles of Sacred Theology*, 159.

53 *Dogmaticus*, 40.

54 필자는 이 두 개의 형용사들이 어떻게 밀접하게 연결되는지를 깊이 있게 연구한 James Eglinton, *Trinity and Organism: Towards a New Reading of Herman Bavinck's Organic Motif*

하시는 삼위일체 하나님을 고백하는 기독교 교리에 근거한 세계관이다. 삼위일체 하나님은 모든 실재를 바라볼 때 꼭 필요한 필수적 관점을 우리에게 제공해준다. 바빙크는 기독교 신앙을 다음과 같이 삼위일체론적으로 자주 정의 내렸다. "기독종교의 본질은 성부의 창조가 죄로 인해 파괴되었을지라도 성자의 죽음으로 인해 다시 회복되고 성령의 은혜에 의해 하나님 나라로 재창조되는 것이다."[55] 바빙크에 따르면, 우리는 반드시 삼위일체적인 용어로 생각하는 법을 배워야 한다. "모든 존재가 삼위일체 하나님에게 인도되고, 삼위일체 하나님에 대한 고백이 우리의 사고와 삶 중심에 놓여질 때 비로소 기독교적 사유는 만족한다."[56] 사실 창조 전체는 삼위일체 하나님의 존재 자체를 반영하기 때문에, 바빙크는 다음과 같은 사실을 인정했다. "창조가 어디서나 삼위일체의 흔적들을 드러내 준다는 사실에는 중요한 진리가 담겨 있다. 이 흔적들은 인간 안에서 가장 분명하게 드러나고, 인간은 심지어 삼위일체의 형상이라고 불릴 수도 있기 때문에, 인간은 소위 내재적 충동에 의해 어디서나 이 흔적들을 발견한다."[57]

실천적으로나 기능적으로나 이런 확신은 다양성 속에 존재하는 이 세상의 통일성이 하나님의 삼위일체적 통일성의 관점으로부터만

(Edinburgh: T&T Clark, 2012)에 빚을 졌다.

55 *RD*, 1:112(바빙크, 『개혁교의학』, 1:169).

56 *RD*, 2:330(바빙크, 『개혁교의학』, 2:417).

57 *RD*, 2:333(바빙크, 『개혁교의학』, 2:420).

이해될 수 있다는 확신으로 바빙크를 이끌었다. 바로 이 지점에서 우리는 유기성을 강조하는 바빙크와 조우할 수 있다. 바빙크는 카이퍼의 판단, 즉 19세기 범신론이 전개했던 생각들의 모든 일원론적 형식을 가리켜 당대를 지배하는 이단적 사상으로 판단했던 카이퍼의 생각을 따라갔다.[58] 바빙크는 범신론과 대조시키며 기독교 신학은 "세상과 구별된 상태로 하나님 안에서의 삶과 의식을 인식한다"고 주장했으며, 하나님과 그의 속성들은 우주의 법칙들과 동일하지 않다고도 주장했다. 우주 그 자체 속에서는 만물이 통일되는 지점이 없다. 통일성의 존재, 연속, 지속, 완성은 모두 하나님의 손에 달려 있다. 하나님만이 유일한 원천이므로 만물이 하나님으로부터 나고 하나님께로 되돌아간다. 범신론은 하나님과 피조물 사이의 경계를 흐리게 만들며, 이런 원시적인 혼합은 추가로 창조계의 경계와 구별들을 파괴시킨다.[59] 바빙크는 하나님께서 창조하신 다양성에 대한 인식을 거부하는 것은 극단적으로 인간의 자율성과 권위를 강조했던 르네상스-계몽주의 이상향에 근거하는 것으로 판단했다. [이 사상에 따르면] 자기 자신의 운명에 대한 창조자인 사람은 하나님의 법에 종속되어 있지 않은 자유로운 존재이다. 하나님과 그의 법은 반드시 우주적 실재에 대한 인간의 이성적 질서 가운데서 통합되어야만

---

58 H. Bavinck, "Hedendaagsche wereldbeschouwing"("현대 세계관"), De vrije kerk 9 (1883): 435.

59 Ibid., 445.

한다. 하나님은 우주의 초월적 통치자가 아니며, 하나님이 우주 안에 근본적으로 내재하고 있을 뿐이라고 주장한다.

기독교적 세계는 세상의 통일성을 삼위일체 하나님 안에서 하나님의 사유의 성육화이신 실재이며, 우리 안에 생각의 법칙들을 만드시고 그것들을 유기적으로 결합시키는 동일한 로고스에 의해 창조된 실재라는 확신 가운데 찾는다. 여기서 바빙크는 의도적으로 레이든 시절 자신의 스승들이었던 J. H. 스홀튼(Scholten)과 L. W. E. 라우언호프(Rauwenhoff)의 기계론적(이신론적) 사고로부터 거리를 두었다. 우주의 법칙 스스로 돌아가도록 놔두는 이신론적 하나님과 더불어 고정된 인과법칙으로 닫힌 우주 체계를 말하는 기계론적 이신론은 성경적 세계관과 함께 할 수 없다. 기계론적 유물론은 범신론만큼이나 이 세상의 다양성과 통일성을 설명하는 데 실패한 사상이다.

> 범신론은 세상을 역동적으로 해설하고자 했고, 유물론은 기계적으로 설명하고자 노력했다. 하지만 둘 다 추구한 것은, 모든 것이 단 하나의 원칙에 의해 지배되는 것이었다. 범신론에서 세상은 하나의 유기체로 하나님이 그 영혼인 반면, 유물론에서 세상은 원자들의 결합과 분리로 발생하는 기계 장치다[RD, 2:435(바빙크, 『개혁교의학』, 2:547)].

범신론, 유물론 둘 다 지성적으로 파산한 사상인데 그 이유는 "두 체계는 세상의 부요와 다양성을 오해하고, 하늘과 땅, 물질과 정신, 영혼과 육체, 인간과 동물, 지성과 의지, 영원과 시간, 창조주와 피조물, 존재와 비존재 사이의 경계선을 제거하며, 모든 것을 하나의 지독스런 균등과 단조로움으로 용해시킨다. 두 체계는 의식적인 목적을 부인하고, 세계의 실재와 그 역사에 대한 원인이나 목적을 가리킬 수 없다."[60] 이와 대비되는 성경적 세계관에 대한 바빙크의 묘사는 다소 길긴 하지만 전문을 실을 가치가 충분하다.

그러나 성경의 세계관은 전혀 다르다. 하늘과 땅은 맨 처음부터 구별되었다. 모든 것은 고유한 속성을 가지고 창조되었으며, 하나님이 그것들을 위해 제정한 고유한 계율에 기초한다. 해와 달과 별들은 그들의 고유한 임무를 지닌다. 식물과 동물 그리고 사람은 본성상 구별된다. 대단히 많은 다양성이 존재한다. 하지만 그 다양성 가운데 또한 최상의 통일성이 있다. 다양성과 통일성 모두의 토대는 하나님이다. 하나님은 자신의 헤아릴 수 없는 지혜를 따라 만물을 창조했으며, 그들의 구별된 본성을 따라 지속적으로 보존하며, 그들의 천성적 능력과 법칙을 따라 인도하고 다스리며, 만물은 자신들의 분량과 방식대로 하나님을 최고선과 만물의 궁극적인 목적으로서 추구하며 갈망한다. 여기에 다양성을 파괴하지 않고 오히려 유지하는 통일성이 있으며, 그 통일성을 부당하게 다루지 않고 그 풍성함을 펼쳐 보이는 다양성이 존재한다. 이러한 통일성으로 인해 은유적 의미에서 세상

---

60 *RD*, 2:435(바빙크, 『개혁교의학』, 2:547. 역자 주: 볼트는 문장 중간을 생략했지만 한글 번역은 생략 없이 모든 문장을 다 실었다).

은 모든 부분이 서로 연관되고 상호 영향을 미치는 유기체라 불릴 수 있다. 하늘과 땅, 인간과 동물, 영혼과 육체, 진리와 생명, 예술과 학문, 종교와 윤리, 국가와 교회, 가정과 사회 등은 물론 구별되지만 분리되지는 않는다. 그들 사이에 온갖 유대 관계가 존재하는데, 유기적 또는 달리 부르기 원한다면, 윤리적 유대가 그것들 모두를 서로 묶는다.[61]

바빙크의 세계관은 삼위일체 하나님의 존재 그 자체에 근거한다. 하나님의 삼위일체적 존재 양식은 자신이 창조한 이 세상에 반영되어 있다. "모든 존재가 삼위일체 하나님에게 인도되고, 삼위일체 하나님에 대한 고백이 우리의 사고와 삶 중심에 놓여질 때 비로소 기독교적 사유는 만족"[62]하기 때문에, 기독교적 제자는 반드시 삼위일체적으로, 유기적으로 생각해야 한다. 제임스 에글린턴(James Eglinton)이 언급한 것처럼, "유기적으로 생각하는 것은 삼위일체 하나님의 일반 계시인 우주를 바라봄으로써 시작된다."[63] 이에 대해서는 이 장에서 더 구체적으로 다루기보다는 바빙크가 이런 세계관을 어떻게 결혼과 가정, 일과 소명, 문화와 교육, 시민 사회 속에 적용하는지에 대해 다루는 제3부의 총 4개의 장에서 하나씩 다루도록 하겠다.

---

61 *RD*, 2:435-36(바빙크, 『개혁교의학』, 2:547-548).

62 *RD*, 2:330(바빙크, 『개혁교의학』, 2:417).

63 Eglinton, *Trinity and Organism*, 67-68.

헤르만 바빙크의
성도다운 성도

Bavinck
on the Christian Life

3부.
그리스도인의
제자도의 실천

7장

결혼과 가정

그리스도인의 삶에 대한 바빙크의 이해 속에서 세계관이 어떤 역할을 하는지에 대해 살펴봤던 이전 장은 그의 시각 속에 존재하는 삼위일체적인 모습을 강조했던 장이었다. 우리는 모든 것에 대해 삼위일체적인 용어와 설명으로 생각하는 법을 반드시 배워야 한다. "모든 존재가 삼위일체 하나님에게 인도되고, 삼위일체 하나님에 대한 고백이 우리의 사고와 삶 중심에 놓여질 때 비로소 기독교적 사유는 만족한다."[1] 게다가 바빙크는 삼위일체의 흔적이 가장 분명하게 서려 있는 인간과 더불어 "삼위일체의 흔적들"이 드러나는 곳으로 창조계를 지적한다. 심지어 바빙크는 인간을 "삼위일체의 형상"[2]으로 기꺼이 칭한다.

---

1   *RD*, 2:330(바빙크, 『개혁교의학』, 2:417).

2   *RD*, 2:333(바빙크, 『개혁교의학』, 2:420).

특히 우리는 하나님의 삼위일체에서 원형적으로 발견되는 다양성 내에서의 통일성에 대한 가장 심오한 은유를 결혼과 가정에서 인식할 수 있다. 바빙크의 책 『기독교적 가정』(The Christian Family)은 예기치 않은 재미있는 표현들로 시작하는데, 이런 표현들은 책 전반에 걸쳐 발견할 수 있는 표현들이다. 이 책은 눈에 띄는 심상과 표현을 통해 한 남자와 한 여자 사이의 사랑, 부모와 자식 간의 사랑에 대해 자주 경탄을 아끼지 않고 있다. 이 책은 다음과 같은 문장으로 시작한다. "인류의 역사는 결혼과 함께 시작한다."[3] "하나님은 비어 있는 지구를 창조하지 않으셨다. 오히려 하나님은 사람이 그곳에 거주하게끔 지구를 만드셨다(사 45:18)." 인간 창조는 다음과 같이 삼위일체적 표현으로 묘사된다.

그래서 하나님은 이 인류를 [삼위일체 내부에서 일어났던] 특별한 상의 이후에 창조하셨다. 하나님께서는 자신의 모양과 모습대로 인간을 창조하셨다. 하나님께서는 사람을 구별된 성별인 남자와 여자로 즉각적으로 창조하셨다. 하나님께서는 사람들을 만드셔서 그들에게 복을 주셨고 지구 전체를 그들의 영토로 삼아 주셨다.[4]

---

3 *Family*, 1.

4 *Family*, 1-2.

바빙크의 사회적 시각 속에 위치하는 가정 ———

가정의 근본적 역할은 바빙크의 사회적 시각 속에서 필수적 요소로 자리 잡고 있다. 창세기 1-2장의 이야기 가운데 "인류의 기원, 본질, 그리고 운명에 대해 우리가 알아야 할 모든 것이 놓여 있다. [창세기 1장과 2장에] 똑똑한 사람들의 이해를 훨씬 능가하는 지혜가 담겨 있다."[5] 바빙크는 이 사안에 대해 그 어떤 의심도 일어나지 않도록 하기 위해 남자와 여자들 모두 다 하나님의 형상을 완전히 가지고 있다고 지적한다. "남자와 같이 여자도 하나님의 형상과 모양을 담지하고 있는 하나님의 특별한 피조물이다."[6] 남자와 여자를 따로 떼어내 개별적으로 이해하는 것은 잘못된 것인데, 그 이유는 "[남자와 여자] 둘 다 하나님의 형상으로 창조되었다고 말할 수 있기 때문이다(창 1:27)." 바빙크는 확실히 이 지점을 놓치지 않도록 하기 위해 다음과 같이 부연한다. "단순히 [남자와 여자] 둘 중 한 사람이 아니라 둘 다, 다른 사람과 분리된 한 사람이 아니라 남자와 여자 모두 상호 관계성 가운데서 각각 남자와 여자만의 방식으로 창조되었고, 각각 특별한 영역 속에서 하나님의 형상으로 창조되었으며, 둘 다 하나님의 모습을 드러내고 있다." 바빙크에 따르면, 이런 이유로 "주께서는 자식을 긍휼히 여기는 아버지와 자기 자신을 비교하

---

5   *Family*, 1-2.

6   *Family*, 3.

셨을 뿐 아니라(시 103:13), 젖 먹는 자식을 잊지 않는 어머니와도 스스로를 비교하셨다(사 49:15). 주 하나님께서는 아버지처럼 자식을 징계하시는 분이며(히 12:6), 동시에 어머니처럼 자식을 위로하는 분이시고(사 66:13), 부모 없는 사람들에게 채움을 주시는 분이시다(시 27편)."[7]

만약 바빙크가 오늘날 이 책을 썼다면, 현대 문화가 집착하고 있는 동성애 문제를 필두로 남자, 여자, 성, 결혼에 대한 도전들과 이에 대한 성경적 이해와 관련된 장을 추가로 써야만 했을 것이다. 바빙크는 이런 주제들에 대해『기독교적 가정』에서는 주목하지 않았다. 하지만 남자와 여자의 성적 정체성에 대한 그의 언급은 이 주제와 직접적으로 연관된다고 볼 수 있다. 성은 하나님으로부터 온 것이다. 남자와 여자의 성적 정체성을 설계하신 분은 하나님이시다. "하나님은 인간의 창조주이시며, 동시에 성과 성의 다름을 창시하신 분이시다." 바빙크는 성적 욕구 그 자체를 어느 정도 죄악 된 인간의 육욕 (sensuality)으로 이해한 일부 경건한 사람들이 가진 경향을 직접적으로 단호하게 맞섰다. "[성의] 이런 다름은 죄로부터 기인하지 않았다. 이는 태초부터 존재했다. [성의 다름은] 그 근거가 창조에 놓여 있다. 이는 하나님의 뜻과 주권이 드러난 것이므로 지혜롭고 거룩하며 선하다." 이런 언급은 남자와 여자라는 성적 정체성에 대해 스스

---

7   *Family*, 3.

로 만족할 필요가 있음을 요청하는 언급이다. "그러므로 그 누구도 자신의 정체성 내에서든 다른 사람의 정체성 내에서든 이 성적 차이를 오해하거나 경멸할 수 없다. 이는 하나님의 뜻이며 본성에 근거한다." 이를 요약하면 다음과 같다.

> 하나님은 성(sex)의 주권적 기획자이시다. 남자와 여자는 자신들의 인간성뿐만 아니라 자신들의 다른 성과 본성에 대해 하나님께 감사해야 한다. 남자와 여자 둘 다 하나님의 손길로부터 왔으니 선하다. 그들은 상호 교제 가운데 신적 형상을 담지한다. 하나님 자신은 통일성 안의 이중성(duality-in-unity)의 창조주이시다.[8]

물론 이런 바빙크의 언급은 죄악된 성적 존재들의 실제 경험으로부터 일어나는 여러 가지 복잡한 문제들, 예를 들면 동성애적 욕구나 양성애적 욕구, 트랜스젠더의 정서적 갈등 같은 문제들에 대해 말하고 있지 않다. 100년 전에 살았던 바빙크보다 훨씬 더 이런 복잡한 현대적 문제들에 대해 인지하고 있는 우리들은 성적 정체성이 깨어진 경험을 하고 있는 모든 사람을 향한 우리의 반응 속에서 반드시 민감해야 하고 그들을 향해 연민 어린 감정을 가져야 한다. 게다가 우리 모두 다 성적으로 어느 정도 깨어진 상태라는 사실을 스

---

8 *Family*, 5.

헤르만 바빙크의 성도다운 성도

스로 상기할 필요가 있다. 기독교회는 회개로의 수많은 요청보다는 이 사안에 대해 훨씬 더 많이 배워야만 한다. 그럼에도 이 사안에 대해 다루고 있는 바빙크의 모습은 성에 대한 창조된 규범을 전면에, 그리고 중심에 두는 데 여전히 도움이 된다. 이 역시 목회적 사랑의 행위로 이해해야 한다. 인간의 깨어짐과 도덕적 실패의 모든 상황 가운데서 깨어지고 실패한 사람들은 "의사가 필요 없는 건강한 사람"(마 9:12)보다는 훨씬 더 규범이 필요하다. 죄인들에게 규범을 제시하는 데 실패한다면 책임감 있는 도덕 주체들인 그들의 명예를 손상시키는 것이다. 도둑에게 제8계명을 말하지 않고 절도하지 말라고 하는 것은 연민의 행위가 아니다. 연민의 행위는 범죄자로밖에 남을 수 없는 필연적인 운명에 그를 넘겨줘버리는 것이다. 그 도둑에게 범법자가 되는 자유재량을 주는 것과는 완전하게 별도로, 이런 "연민"은 영혼을 파괴하는 일이다. 이런 행위는 회개와 상관없는 행위이며 도덕적 희생을 요구하지도 않는 행위이다. 이는 비참한 일이다.

남자와 여자의 통일성 내에서의 이중성에 대한 바빙크의 실제적 관심은 사회가 기울이는 관심보다는 덜 개인적이며 덜 개별적인 관심이다. 하나님의 형상의 완성은 공동체 내에서 발견할 수 있다. "그 이유는 인류 안에서만 하나님의 형상이 드러나며, 온 땅을 향한 인류의 지배 속에서만 인류는 소명과 목적을 성취하기 때문이다." 창조계를 향한 이런 다스림과 섬김은 [남자와 여자 모두 다] 함께 수행해야 할 과제이다. "그러므로 남자와 여자 둘 다 연합한 거룩한 섬김 가운데 자신들의 구별된 은사가 조화를 이루며, 둘 다 소중하게 공유된 소명을 성취하고, 단 하나의 신적인 사역을 위해 일한다." 현재 우리는 이 사안에 대한 바빙크의 핵심적 생각에 가까이 접근해왔다. 이런 공유된 소명은 하나님의 명령들에 순종하고, 각 사람들의 독특한 은사와 임무를 존중함으로써 이루어진다. "그들은 그 어떤 것보다도 신적인 명령에 지속적으로 순종할 때에만, 자기 안에서뿐만 아니라 서로에게 존재하는 하나님의 형상을 지속적으로 존중할 때에만 그들의 높은 소명에 반응할 수 있게 되며, 그 결과 그들은 가장 친밀한 상호 교제 가운데 계속 살아갈 수 있게 된다." 그 후 바빙크는 다음과 같이 전치사들을 활용하며 핵심을 던지고 있다. "하나님께서는 남자로부터(from) 남자를 위해(for) 남자에게(unto) 여자를 만드셨으며(고전 11:8-9), 심지어 여자에게도(unto) 남자를 만드셨다. 하나님께서는 후에 둘로 하나의 영혼과 육체를 만드시기 위해 하나로부터 둘을 만드셨다." 남자와 여자 사이의 결혼은 독특하며 거룩한 연합인데, 이 결혼은 "오직 둘 사이에서만 가능한 일종의 교제이다." 결혼의 본질은 반드시 일부일처제여야만 하는데, 이는 "한 남자와 한 여자 사이의 핵심적 결합이며, 그러므로 인간적인 권위를 통해서는 깨지지 않을 평생 언약"이기 때문이다. 바빙크는 이를 다음과 같이 결론짓는다. "그 어떤 사랑도 하나님의 사랑과 똑같지 않으며 하나님의 사랑이 가진 높이에 이르지 않는다."[9]

---

9 *Family*, 7.

비록 바빙크는 여전히 동성애에 대한 문제를 명시적으로 다루지는 않지만, 결혼이라는 테두리 내에서 이성 간의 연합에 대한 바빙크의 묘사는 동성애 사안과 직접적으로 관련된 묘사라고 볼 수 있다. 이런 모습은 바빙크가 자녀들과 가정의 시작에 대해 언급할 때 보다 더 분명해진다. 하나님은 결혼에 은총을 베푸신다. "하나님은 남자와 여자를 창조하신 분이시며, 결혼을 시작하신 분이고, 결혼을 신성하게 만드는 분이시다." 결혼은 단지 성적 친밀함과 두 사람 사이에서 일어나는 완성 및 성취에 대한 것이 아니다. 결혼은 출산에 대한 기대도 가지고 있다. 창세기 1장의 "문화적 축복과 명령"이 분명히 말하고 있는 것처럼, 하나님께서는 "생육하고 번성"하는 행위 가운데서 인류에게 복을 내리신다. 아이들 역시 하나님의 축복과 삼위일체적인 통일성 내에서의 다양성이 가진 형상의 한 표시이다.

태어난 각 아이는 교제의 열매이며 신적인 축복의 열매이기도 하다. 일체 속에서의 남편과 아내의 둘 됨이 아이를 일체 속에서의 셋 됨으로 확장시킨다. 아버지, 어머니, 자녀는 하나의 영혼이며 하나의 육체이고, 하나님의 한 형상을 확장시키고 드러내며, 삼중적인 다양성 가운데서 연합하고, 조화로운 통일성 내에서 다양성을 유지한다.[10]

---

10 *Family*, 7-8.

이것이 바로 새로운 삶을 창조하시는 하나님과 연합하는 가운데 누릴 수 있는 인간의 새로운 영혼이며, 인간들이 창조주 하나님의 형상이라는 말에 담긴 의미의 성취이다. 게다가 이것이 바로 동성애적 사랑은 결혼이 지닌 창조적 구조를 실행함에 있어 실패할 수밖에 없는 사랑이라는 의미이다. 거기에 이중성 내에서의 연합은 있을 수 없다. 동일성의 연합만이 있을 뿐이다. 일체 속에서의 둘 됨이 일체 속에서 셋으로 확장될 가능성은 없다. 동성애 행위를 반대하는 성경의 신적인 명령은 우리에게 충분하다. 그럼에도 하나님의 삼위일체적 통일성에 근거한 기독교적 세계관은 성경의 명령을 위한 선명한 형이상학적 근거를 우리에게 제공해준다.

바빙크에 따르면, 가정을 만들어 내는 이성애적 일부일처제 결혼은 사회 속에서의 모든 삶의 근거가 되는 관계성이 가진 삼위일체적 통일성을 반영한다. "아버지의 권위, 어머니의 사랑, 그리고 아이들의 순종은 함께 묶여 있는 삼중적 통일성 내에서 형성되며 인간 사회 속의 모든 관계 속에서 유지된다." 바빙크는 이런 생각이 개개인들에게도 유익이 되는 순환고리로 작용할 수 있다고 보았는데, 그 이유는 이런 삼중적 형태가 각 사람과 사회 속에서 조화로운 삶을 위한 규범이 될 수 있다고 생각했기 때문이다. 각 사람이 완성되기 위해서는 남성적인 특성, 여성적인 특성, 아이 같은 특성이 요구된다. "통합된 각 인격성의 심리적인 삶 속에서, 이런 삼중 줄은 동기와 선율을 형성한다. 어떤 남자도 여성적인 특성이 일부라도 없는 한 완전할 수 없으며, 그 어떤 여자도 남성적인 특성이 일부라도 없는 한

헤르만 바빙크의 성도다운 성도

완전할 수 없다. 남자와 여자 모두에게 어린아이는 모범으로 제시된 다(마 18:3)." 바빙크는 이런 세 가지 특성들을 "권위, 사랑, 순종"이라는 용어로 묘사하고 있으며, 이것들을 "모든 사회의 기둥들"이라고 언급하고 있다. "이런 세 가지의 특성들과 은사들은 모든 사회, 모든 문명, 교회와 국가에 항상 필요했다."[11]

역할, 권리, 그리고 개혁 ──────

지금까지 우리는 태어날 때부터 남자와 여자에게 주어진 성역할, 즉 결혼과 사회 속에서 남자와 여자 각각 구별된 본성과 연결된 성역할에 대한 선명한 실마리에 대해 살펴보았다. 실제로 바빙크는 여성들이 주로 가정 사역으로 부름 받았다고 생각했고, 구약성경의 이야기와 율법과 인간 역사 속에 존재하는 인간 사회의 가부장적 구조에 대한 증거를 지적했다. 이를 전형적인 빅토리아 시대의 편견으로 일축하기 전, 우리는 바빙크가 자기 관점들의 미묘한 어감을 살리는 여러 가지 방식들에 대해 살펴볼 필요가 있다. 바빙크가 가부장적인 이스라엘에 대해 말할 때, 그는 현대적 맥락으로부터 부적절한 추정들을 만들어 내는 것에 대해 경계를 표한다. "가정의 강력한 가장(家長)의 권력 때문에, 그의 아내와 자녀들이 노예 상태로 살았

---

11   *Family*, 8.

다고 결론 내린다면 그것은 실수하는 것이다."[12] "아내들과 자녀들의 권리에 대해 묘사하는" 율법이 없었다는 것은 사실이지만, 이 사실이 "실제로 그들에게 아무런 권리도 없었다거나, 주인의 친절함 혹은 불친절함에 [그들의 모든 것이] 달려 있다"라는 의미는 아니었다. 오히려 이런 "권리들"은 "대부분 율법보다는 관습 속에 확실히 자리잡혀 있었다." 구약성경의 이야기를 살필 때, 리브가나 우물에서의 라헬의 이야기(창 24:15-16; 29:10), 이드로의 딸들의 우물 이야기(출 2:16) 등에서 알 수 있는 사실은 그 당시 여인들도 충분히 자유로웠고 집 밖에서는 독립적이었으며 심지어 외지인들과 교감하기도 했다는 사실이다. "사라, 리브가, 라헬, 한나, 아비가일 등이 노예 상태였다는 인상을 받기는 어렵다. 그들은 남편들에게 존경받고 사랑받는 자유로운 여인들이었다."[13]

바빙크는 이와 관련하여 여성의 "권리"를 소중히 여기려는 시도가 담겨있는 율법이 늘어나는 이유를 사회적, 도덕적 진보가 아닌 퇴락의 증상 때문으로 생각했다.

아무런 권리 없는 상황 속에서 살아가는 사람들의 율법이 제한적으로 있거나 혹은 완전히 없는 상태로부터 결론을 내리기보다는, 오히려 많은 경우 훨씬 더 확실한 보장을 가지고 이와는 정확히 반대로 다음과 같이 말

---

12 *Family*, 32.

13 *Family*, 32-33.

헤르만 바빙크의 성도다운 성도

할 수 있다. 우리가 필요한 율법이 더 많으면 더 많을수록, 이성적, 도덕적
사고와 일반적 사랑과 일반적 유대가 그 영향과 힘을 상실했다는 보다 더
명백한 증거로 볼 수 있다.

율법을 통해 반드시 확립되어야만 하는 "권리들"에 대해 집착하
는 이유는 "대부분 사회의 도덕적 특성을 약화시키는 사리사욕 때
문이다."[14]

결혼에 대한 성경적 가르침에 대해서는 더 할 말이 많다. "결혼
의 신성함은 하나님과 그의 백성들 사이에 맺어진 신실한 언약의 형
상으로 표현될 때 가장 극명하게 드러난다."[15] 이스라엘 주변에 위
치했던 이방 국가들도 [자신들의] 신과의 관계 속에서 결혼을 이해
하긴 했지만, 그들은 하나님의 거룩성에 대한 개념을 가지고 있지
않았으며 단순히 "다양한 음란한 관계들과 행위들과 더불어 성별
(sexes)의 구별을 신에게 양도했을 뿐"이다. 이와는 반대로, 언약의
주 하나님은 "이 땅의 다른 나라와는 맺지 않으시는" 관계를 이스라
엘과 맺으셨다. 하나님은 신랑과 남편으로서 "순수한 은혜(사 61:10;
62:5; 렘 2:32; 겔 16장; 호 1-3장)"로 이스라엘과 약혼을 맺으셨고, 하나
님은 현재도 "자신의 명예를 위해 질투하시고, 자기 백성의 배도를
매춘과 간음, 성적 음란함과 부정으로 여기신다(레 20:6; 민 14:33; 시

---

14 *Family*, 32-33.

15 *Family*, 35.

73:27; 사 1:21; 렘 3:1; 겔 16:32 등)."[16] 주 하나님을 제외하고 참된 이스라엘인, 즉 "자기 멋대로 행하지 않고 하나님께서 허락하신 어린아이 같은 믿음을 가진 탁월한 이스라엘 여인"은 예수님의 어머니인 마리아이다. "하나님의 말씀으로부터 분리되어 자기 멋대로 갔던 하와와는 다르게, 마리아는 불평이나 논쟁 없이 하나님의 말씀을 수납했다. 마리아는 하나님 자신을 통해 준비되었고 하나님의 가장 지고한 계시를 품는 자로 만들어졌다."[17]

그러므로 "거룩한 가정이 기독교적 가정의 모범이다." 예수님께서는 자신의 말과 행동의 모범으로 결혼과 가정에 영예를 부여하셨다. "예수님께서는 완전히 열린 마음과 자유로움을 가지고 여인들을 대하셨다. 예수님의 가장 사랑받는 제자들 가운데 여인들이 있었다. 여인들은 갈릴리와 유대에서 예수님을 따랐고, 자신들의 소유로 예수님을 섬겼으며, 예수님의 십자가 죽음, 장사, 부활, 부활 이후의 나타나심의 목격자들이었다."[18] 예수님께서는 가나 혼인 잔치에 참여함으로써 결혼의 영광스러움을 드러내셨으며(요 2장), 간음과 욕망에 대한 가르침과(마 5:27-28) 이혼에 대한 가르침 속에서(마 19:4-6) 결혼의 원래 의미를 회복시키셨다. 게다가 예수께서는 그 당시 랍비들이 "고르반"의 선서로 자신들의 의무를 회피하는 모습에 대해 언

---

16 *Family*, 36

17 *Family*, 38.

18 *Family*, 40.

헤르만 바빙크의 성도다운 성도

급하시며(마 15:4-6; 막 7:10-12) 제5계명을 회복시키셨다.[19] 예수님께서는 아픈 아이들을 여러 차례 고치셨으며(마 17:14-20; 요 4:46-54), 심지어 죽은 자를 두 번이나 일으키셨고(눅 7:11-15; 8:41-56) 이를 통해 "부모와 자녀 사이에 존재하는 애정 어린 관계성에 대한 풍성한 이해"를 보여주셨다.[20] 요약하자면, "그리스도께서는 여인을 영예롭게 생각하셨으며 타락 이후에도 또다시 여인을 일으키셨고 … 동시에 결혼을 영광스럽게 생각하셔서 결혼을 회복시키셨다."[21]

바빙크는 그리스도의 완성된 사역의 열매로서 결혼과 가정의 회복을 이해했다. 바빙크는 "기독교는 가정생활에서 부요한 은총을 누려왔다"라고 주장했다.[22] "기독교는 결혼을 거룩하게 만들었으며, 다양한 악으로부터 결혼을 자유롭게 만들었고, 다시 한 번 신적 명령의 기초 위에 결혼을 세웠다."[23] 하지만 바빙크는 자기 시대 속에서 결혼과 가정의 상태를 바라보고 있기 때문에, 결혼과 가정 둘 다 심각한 공격을 받고 있는 상태라고 판단했다. "현재 우리가 살고 있는 시대처럼 가정이 심각한 위기에 봉착했던 때도 없었다. 많은 사람들은 [결혼과 가정을] 재형성하는 것 정도로는 불만족스러워 한

---

19 *Family*, 42-43.

20 *Family*, 43.

21 *Family*, 41.

22 *Family*, 47.

23 *Family*, 50.

다. 그들은 기초까지 해체시켜 버리길 원한다."[24] 그리스도인들은 내적이고도 영적인 갱신을 위한 부르심을 통해 결혼과 가정을 건강하게 번영시킬 기회와 책임을 가지고 있는 사람들이다.

> 만약 가정생활이 정말로 오늘날 모든 측면에서 위협을 받고 있는 상태라면, 즉각적으로 자기 고유의 영역에서 개혁을 시작하여, 오늘날 결혼과 가정을 향한 날카로운 비판에 대해, 사실 그대로를 보여주며 거부하기 시작하는 것보다 더 좋은 것은 없다.[25]

이런 내적 개혁은 인간 본성을 거부하거나 혹은 변화시키려는 현대적 시도들과는 다르다. 이런 개혁은 본성과 조화되는 원리들을 인정하고 촉진시키기 때문에 "사실과 실재의 요구들과 갈등"을 일으키지 않는다. 복음은 본성과 전쟁을 벌이지 않는다. 오히려 반대로 복음은 "실재의 모든 범위를 가로지르는 죄와 대항하는 전쟁"을 벌일 뿐이다. "복음은 항상 어디서나 본성적 삶의 개혁을 추구하며, 오직 이런 방식과 수단을 통해서 본성은 불의로부터 해방된다."[26]

---

24 *Family*, 61.

25 *Family*, 63.

26 *Family*, 64.

참된 구별 vs 고정 관념 ———

결혼과 가정에 대해서 성경이 말하는 첫째 원리는 남자와 여자 사이의 구별이다. 이런 구별들이 시간과 장소에 따라 사회적으로 다양하게 변화되어 표현되어왔던 것은 사실이지만, 구별 그 자체는 "태초부터 존재했고, 본성 그 자체를 통해 주어졌으며, 우리 앞에 부정될 수 없는 사실로 놓아주신 하나님을 통해 그 존재가 결과적으로 주어졌다."[27] 이런 사실은 "남자와 여자 사이에 존재하는 구별"을 항상 쉽고도 "선명하게" 묘사할 수 있다는 뜻은 아니다. 역사 속에서 여성 혐오자들이나 여성 숭배자들과 같은 극단적인 관점들, 즉 "여성은 천사 혹은 악마, 여왕 혹은 암여우, 비둘기 혹은 뱀, 장미 혹은 가시다"[28]라는 관점이 늘 존재했다. 그럼에도 불구하고 바빙크는 [남자와 여자 사이에] 신체적으로, 정서적으로, 정신적으로 영원토록 중요한 차이점들이 존재한다고 주장했다. 이 모든 차이 가운데서 "남자와 여자 각각은 하나의 인격으로 완전"하며, "각각은 완전한 인성을 가지고 있고 구별된 독립적 인격"이다. 그 결과, 개별적인 인격의 관점에서 볼 때 태어날 때부터 주어진 성적인 특성들에 대한 질문에 대답하는 것이 매우 힘들어지고 주어진 특성들을 훨씬 덜

---

27 *Family*, 64.

28 *Family*, 67.

절대적인 용어로 이해한다.[29]

이런 상황이야말로 앞에서 논의했던 "태어날 때부터 남자와 여자에게 주어진 성 역할, 즉 결혼과 사회 속에서 남자와 여자 각각 구별된 본성과 연결된 성 역할에 대한 실마리"라는 표현을 확증하는 상황이다. 북미 복음주의권 내에서 일어났던 "상호보완론자"(complementarians)와 "평등주의자"(egalitarians) 사이의 현대적 논쟁들을 염두에 둘 때,[30] 바빙크는 확실히 상호보완론의 편에 서 있다. 하지만 이 논쟁 가운데 그 어떤 입장도 이미 가지고 있는 편견들에 대한 확증 없이 바빙크의 관점을 옆으로 밀쳐내거나 혹은 19세기의 전형적인 빅토리아 시대의 생각을 가지고 있는 남성으로의 묘사로 바빙크의 관점을 무시하는 것은 실수일 수 있다. 이 장에서 묘사된 관점들은 이미 결정된 성 정체성과 사회적 책무와 역할에 대한 모든 극단적인 형태를 미묘하게 경계하는 입장과 관련 있다. 완전히 통합된 한 사람은 남자와 여자라는 각 성으로부터 일반적으로

---

29 *Family*, 66-67.

30 성경적 남성다움과 여성다움 협의회(the Council on Biblical Manhood and Womanhood)에 의해 대변되고 댄버스 선언문(the Danvers Statement, http://cbmw.org/core-beliefs/, 2013년 10월 10일 접속)을 통해 분명하게 표현된 "상호보완론" 입장은 남자들과 여자들이 동등한 존엄성을 가지고 있으며 하나님의 형상의 담지자들로 동일하게 가치 있지만 특별히 여성들이 통치하고 다스리는 역할로부터 제한되는 역할로 다르게 부름 받았다는 입장을 견지한다. 반면, 성경적 평등을 위한 그리스도인들이라는 웹사이트는 다음과 같이 진술한다. "CBE(성경적 평등을 위한 그리스도인들, Christians for Biblical Equality)은 젠더, 인종, 계급을 막론하고 모든 신자는 동등한 권위와 동등한 책임감을 가지고 교회, 가정, 세상에서 하나님께서 허락하신 은사들을 사용해야만 한다는 성경적 진리를 확증하고 고취한다"((http://www.cbeinternational.org/content/about-cbe, 2015년 1월 9일 접속).

기인한 특질들을 소유하고 있다는 바빙크의 주장은 남자다움을 강조하는 남성주의나 성적으로 자극된 혹은 굴종적이며 수동적인 여성주의 같은 극단적인 권력 행사 욕구(will-to-power)를 향한 분명한 해독제이다. 바빙크를 단순히 그 당시 성에 대한 전형적인 고정관념들을 반대한 사람으로 생각하는 것은 잘못이며, 여성의 역할이 변화되는 해방의 흐름에 대해 충분하게 민감하지 못했다고 생각하는 것도 잘못이다. 바빙크는 사회 속에서 여성의 역할이 변화되는 상황에 스스로를 의도적으로 적응시켰으며, 심지어 1913년 5월부터 10월까지 암스테르담에서 열렸던 "여성, 1813-1913" 전시회에도 참가했다.[31] 게다가 바빙크는 다음과 같은 주목할 만한 표현으로 이런 불가피한 변화들에 대해 인정했다. "여성의 영혼은 깨어났고 이 세상의 그 어떤 힘도 이 여성의 영혼을 예전의 무의식의 상태로 되돌리지 못할 것이다."[32] 바빙크는 『현대 사회 속의 여성』(*Women in Contemporary Society*)[33]이라는 책을 1918년에 출간했으며, 1919년 3월 10-13일까지 암스테르담에서 열렸던 제2차 기독교 사회 총회에서

---

[31] *Hepp*, 314. 여성의 공적 역할에 대한 바빙크의 관점을 개괄한 Niels M. Van Driel, "The Status of Women in Contemporary Society: Principles and Practice in Herman Bavinck's Socio-Political Thought," in *Five Studies in the Thought of Herman Bavinck, A Creator of Modern Dutch Theology*, ed. John Bolt (Lewiston, NY: Edwin Mellen, 2011), 153-95를 참고하라. 판 드리엘은 대부분 바빙크의 작품인 *De vrouw in de hedendaagsche maatschappij*(Kampen: Kok, 1918)의 내용으로 자신의 글을 구성했다.

[32] Bavinck, *De vrouw*, 78; Van Driel, "The Status of Women," 156-57에서 재인용.

[33] 서지 정보로는 각주 31번을 살펴보라.

는 "기혼 여성들의 소명"이라는 제목으로 연설했다.[34] 바빙크의 책
과 연설은 발전된 시각으로 인해 연합된 교회(*Gereformeerde Kerken in
Nederland*) 내에서 논쟁과 반대를 불러일으켰다.

두 가지 사안, 즉 여성 참정권과 기혼 여성의 가정 밖에서의 소명
에 대한 바빙크의 관점은 자신의 교회 공동체와 네덜란드 칼뱅주의
적 정치 정당인 반혁명당의 정치적 지도자권에 도전을 주었다. 바빙
크는 여성 참정권이 네덜란드 의회에서 논쟁이 되었던 1910년대에
네덜란드 의회 반혁명당 회원이었기 때문에 여성 참정권에 대한 바
빙크의 개방적인 생각은 당으로부터 중대한 저항에 부딪혔다. 바빙
크는 이 사안이 사변적인 "원리들"의 문제로 다루어지는 것을 반대
했으며, 여성의 지위가 강화되는 사회의 발전을 반드시 긍정적으로
바라봐야 한다고 주장했다. 바빙크는 여성 참정권 지지자가 아니었
으며 심지어 여성 참정권에 반대하는 논리 중 일부는 유효하다고 인
정하기도 했지만, 그럼에도 바빙크는 "여성 참정권을 적법한 역사적
발전의 자연적인 결과"로 여겼다.[35]

제2차 기독교 사회 총회 연설에서,[36] 바빙크는 가정 밖에서 일
하는 대부분의 기혼 여성들은 경제적 필요 때문에 그렇게 한다는

---

34   H. Bavinck, "De beroepsarbeid der gehuwde vrouw," in *Tweede christelijke sociaal congres gehouden te Amsterdam op 10, 11, 12 en 13 Maart 1919* (Rotterdam: Libertas, 1919), 5-25.

35   Van Driel, "The Status of Women," 179.

36   각주 31-34번에 더해 H. J. van de Streek, "Haar eigenlijke taak in het huis," *Vereniging van Christen-Historici* 1, no. 1 (1990)도 참고하라.

사실과 가정 내의 일과 가정 밖의 일을 함께 하는 것은 매우 힘들다는 사실을 알렸다. 바빙크는 가정 밖에서의 일은 "현명하지 못한" 일이긴 하지만 성경이 금하고 있지는 않다고 판단했다.[37] 1910년부터 1940년까지 네덜란드 의회에서는 여성들이 가정 밖에서 일하는 것을 금지하는 법을 통과시키기 위해 10번 이상의 시도를 감행했었다. 바로 이런 상황이 바빙크가 "온건한" 입장을 낼 때의 분위기와 맥락이었다. 현재 우리 시대 속에서 여성 참정권 문제는 이미 논의가 끝난 문제이긴 하지만, 성적 취향, 결혼, 주어진 성 역할 같은 사안들은 여전히 부글부글 끓는 가마솥처럼 사회 속에서 불안정한 논쟁의 대상이 되고 있다.[38] 명백하게도, 아내, 어머니, 전문직 여성의 역할에 대해서는 여전히 많은 경우 불확실한 상황이며, 모든 것이 확실히 정리되지 않은 느낌이다. 20세기를 살았던 바빙크와 그 당시 사람들이 씨름했던 문제들은 아직도 사라지지 않았다. 그러므로 우리는 여전히 이 사안에 대한 바빙크의 사려 깊은 생각을 통해 무엇인가를 배울 수 있다.

---

37 Ibid.

38 단적으로 한 예를 들면, Alison Wolf, *The XX Factor: How the Rise of Working Women Has Created a Far Less Equal World* (New York: Crown, 2013); Hanna Rosin, *The End of Men: And the Rise of Women* (New York: Riverhead, 2012) 같은 책이나 Anne-Marie Slaughter, "Why Women Still Can't Have It All," *The Atlantic*, July/August 2012 (http://www.theatlantic.com/magazine/archive/2012/07/why-women-still-cant-have-it-all/309020/) 같은 글을 살펴보면 이 사안에 대해 얼마나 극심한 논쟁이 벌어지고 있는지 확인 가능하다.

아름다운 대칭 ───

이 장의 초반부에서 기독교적 가정에 대한 바빙크의 책의 첫 문장을 소개했다. "인류의 역사는 결혼과 함께 시작한다."[39] 심지어 자녀의 축복이 없더라도 결혼은 여전히 선하다. 그 이유는 "남편과 아내에게 결혼은 의미가 가득한 것이며, 그들에게는 결혼이 이 땅에서의 부르심과 영적인 부르심을 성취하기 위한 수단"이기 때문이다. 하지만 바빙크는 바로 다음과 같이 부연한다. "일반적으로 결혼이 권고되는 것처럼, 자녀의 축복도 일반적으로는 관례적이며 보통의 결혼으로 묘사된다." 바빙크는 아버지, 어머니, 자녀의 "삼위일체"를 "아름다운 대칭"이라는 미학적 용어로 지칭했다.[40] 그러므로 가정생활의 풍성한 즐거움에 대한 바빙크의 뛰어난 증언으로 이 장을 맺는 것도 적절한 마무리일 것 같다.

자녀들은 결혼의 영광이며, 부모들의 보물이며, 가정생활의 풍요로움이다. 자녀들은 부모들과 함께 모든 덕목, 예를 들면 부성애, 모성애, 경건과 자기 부인, 미래를 향한 고민, 사회 참여, 양육법 등을 발전시킨다. 자녀들은 부모들과 함께 야심을 통제하며, 차이들을 누그러뜨리고, 서로의 영혼을 가깝게 만들며, 자신들 밖에 위치한 공통의 관심을 부모들에게 제공

---

39 *Family*, 1.

40 *Family*, 96.

하고, 주변과 후세를 향해 자신들의 눈과 마음을 연다. 자녀들은 마치 살아있는 거울처럼 부모들에게 자기 자신의 덕목들과 잘못들을 보이며, 자신들을 향한 비판을 좀 줄이고 사람을 다스리는 것이 얼마나 힘든지에 대한 교육으로 자신들을 바꿔 달라고 요청한다. 가정은 부모들에게 개혁하는 힘을 행사한다. 분별력과 의무감이 있는 아버지 속에서 어제의 근심 없이 태평한 젊은이들을 알아볼 수 있으며, 아무런 걱정 없는 소녀가 이후에 자기 자녀를 위해 기쁨 가득한 동의로 가장 위대한 희생을 하는 어머니가 되는 상상을 할 수 있다. 가정은 야망을 봉사로 변화시키며, 인색함을 아낌없이 주는 태도로, 약함을 강함으로, 비겁함을 영웅으로, 거친 아버지들을 부드러운 양으로, 마음씨 고운 어머니들을 맹렬한 암사자들로 변화시킨다.[41]

참된 인간성이 양육되는 일이 가정 내에서 일어난다. "한 사람이 인간이 되는 일이 가정 내에서 일어난다. 가정 속에 미래의 남자와 여자, 미래의 아버지와 어머니, 미래의 사회 구성원, 미래의 시민, 하나님 나라에서의 미래의 주체가 형성되는 기초가 놓여 있다."[42]

---

41 *Family*, 96-97.

42 *Family*, 108.

8장

일과 소명

남편과 아내 사이의 사랑 어린 연합인 결혼과 출산 다음으로, 우리가 인간으로서 하나님과 더불어 "공동 창조자"가 되는 일에 가장 가까운 것은 우리에게 맡겨진 일(work)이다. 우리는 우리의 일 속에서 왕 같은 존엄성을 체득하며 하나님의 형상의 담지자들로서 그 존엄을 누린다. 물론 우리는 최종적인 안식일, 즉 하나님과의 영원한 교제를 위해 창조되었지만, 죄인들인 우리는 이런 영원한 교제를 하기 전에 먼저 하나님과 화해해야만 한다. 이와 동시에 바빙크는 하나님과의 화해와 영생을 보증으로 받는 상태가 전체 그림은 아니라고 주장한다.

그러므로 칼뱅주의자는 자신이 개인적으로 하나님과 화해하고 하나님께서 주신 구원을 확신하는 것으로 만족하지 않는다. 인간은 아주 진지하게 열심히 일해 하나님과 동역자가 된다. 그 이유는 하나님의 말씀은

헤르만 바빙크의 성도다운 성도

구원 진리의 원천일 뿐 아니라 생애 전체를 관통하는 법이기 때문이며, 영혼 구원을 위한 기쁜 소식일 뿐 아니라 몸과 전 세계를 위한 기쁜 소식이기도 하기 때문이다. 그러므로 개혁파 신자는 자신 안과 자신의 마음속에서 시작된 개혁으로부터 "외부를 향해"(ad extra) 계속해서 나간다.[1]

우리의 일은 우리가 인격적으로 하나님과 화해하고 구원을 확신할 때 시작된다. 다르게 표현하자면, 영원한 운명은 이 땅에서의 소명보다 우선되지만, 이 둘은 절대로 분리되거나, 서로 경쟁해서는 안 된다. 이 땅에서의 소명의 형태는 영원한 것을 통해 결정된다. 하지만 바빙크는 또 다른 관점에서 이 땅에서의 우리의 일을 향해 창조에 근거한 우선성을 제시하고 있다. "영적인 것이 먼저 오지 않는다. 오히려 자연적인 것이 먼저 온다. 첫 사람은 땅에서 났으며(고전 15:45-47) 이 땅을 위한 일을 부여받았다."[2] 우선순위에 대한 이런 두 개의 질서들은 서로 모순되지 않는다. 영적인 것은 최종적인 인간의 운명, 즉 우리의 제자도를 형성하는 운명과 관련된 목적론적인 질서이다. 자연적인 것은 우리가 제자도를 행사하는 장으로서 피조물로 구현된 인간 존재와 관련된 구조적 또는 인간론적 질서이다. "첫 사람은 자신의 몸 덕분에 이 땅과 연결되어 있으며, 자신의 존재를 위해 이 땅에 의존할 뿐만 아니라 다양한 측면에서 땅의 생명들

---

1   "Moral Infl.," 52. 강조는 첨가.

2   "Gen. Prin.," 438.

과 교감한다." 바빙크는 이 땅과 연결된 우리의 관계성을 다음과 같이 두 가지의 책임으로 나눈다. "땅의 관점에서 볼 때 인간들은 생육하고 충만해야 할 이중적 일을 부여받았다(창 1:[26]; 2:15)."[3] 우리는 앞 장에서 이런 이중적인 일 중 첫 번째 일에 대해 다루었으며, 이 장에서는 두 번째 일에 대해 다루게 될 것이다.

왜 일을 해야 하는가? 일은 무엇인가? ———

"다스리는"(ruling)이란 표현과 더불어 "동역자"(co-workers)라는 표현은 우리에게 위대한 존엄성, 책임감, 자유를 허락하신 하나님과 우리 사이에 언약적 동반자 관계가 형성되어 있다는 내용을 우리에게 상기시킨다. 2장에서 살펴보았듯이, 하나님께서는 우리가 가진 도덕적 책임감과 자유에 매우 큰 가치를 부여하셨고, 심지어 우리에게 하나님을 배반할 자유까지도 주셨다. 자유로운 인간들을 높고 가치 있게 여기는 관점은 이 땅에서의 소명에 영적인 중요성을 부여한다. 사도 바울이 고린도 사람들에게 "견실하며 흔들리지 말고 항상 주의 일에 더욱 힘쓰는 자들이 되라 이는 너희 수고가 주 안에서 헛되지 않은 줄 앎이라"(고전 15:58)라고 말했을 때는 복음 사역을 염두에 두고 말했지만, 이 말씀은 모든 신실한 사역에도 적용 가능한 말

---

3 "Gen. Prin.," 438.

헤르만 바빙크의 성도다운 성도

씀이다. 우리는 영원을 위해 일하는데 그 이유는 우리 일의 목적은 하나님을 영화롭게 하는 것이기 때문이다.

우리의 일은 사람들 앞에서 책임감을 가지고 일하는 이중적 소명이다. 항상 일하시고(요 5:17) 자신처럼 항상 일하도록 우리를 부르시는 하나님은 게으르거나 더없이 무기력한 존재로 우리를 창조하지 않으셨다. 그러므로 하나님께서는 이 땅을 정복시키기 위해 우리의 지정의가 기능하는 모든 종류의 일을 위해 6일을 우리에게 주셨다. 그러므로 우리의 일은 신성하다.[4]

우리는 왜 일을 해야 할까? 우리는 대부분 필요에 의해 일한다. 사도 바울도 확실히 경고 차원에서 "누구든지 일하기 싫어하거든 먹지도 말게 하라"(살후 3:10)라고 기록했다. 우리는 주로 일에 대한 필요성을 타락의 불행한 결과로서, 그리고 창세기 3장 17-19절에 등장하는 남자의 일을 향한 하나님의 저주로서 부정석으로 생각할 수 있다.

아담에게 이르시되 네가 네 아내의 말을 듣고 내가 네게 먹지 말라 한 나무의 열매를 먹었은즉 땅은 너로 말미암아 저주를 받고 너는 네 평생에 수고하여야 그 소산을 먹으리라 땅이 네게 가시덤불과 엉겅퀴를 낼 것이

---

4   "Gen. Prin.," 438-39.

라 네가 먹을 것은 밭의 채소인즉 네가 흙으로 돌아갈 때까지 얼굴에 땀을 흘려야 먹을 것을 먹으리니 네가 그것에서 취함을 입었음이라 너는 흙이니 흙으로 돌아갈 것이니라 하시니라

몸을 파괴하는 극한의 육체 노동과, 출산에서부터 실직과 장애 등에 이르기까지 일과 관련된 극도의 고통이 존재한다는 사실은 부인하기 힘들다. 이 세상 속에 존재하는 일과 관련하여 낭만적인 실재는 없다.

하지만 이런 부정적인 평가가 전부는 아니다. 바빙크는 다음과 같은 말을 남겼다.

확실히 죄의 결과로 인해 일이 훨씬 더 어려워졌고 아주 힘들게 되었다. 많은 언어들이 "일"과 "어려움" 혹은 "문제"를 같은 단어로 사용한다. 하지만 타락 전에도 일은 존재했다. 타락 전의 일은 하나님의 형상으로 지음 받은 상태를 포함하며, 현재 문화라고 불리는 주제와도 관련되어 있다.[5]

바빙크는 우리가 "일과 하나님의 형상으로 지음 받은 상태 사이의 관계성에 대한 시각을 지속적으로 염두"에 두지 않고 "[인간의] 일이 이성적 존재인 인간 속에 뿌리내려져 있으며, 하나님께서 창

---

5 *Family*, 117-18.

조와 섭리를 통해 성취하신 일과 닮아 있다"라는 사실을 깨닫지 못할 경우, 일에 대한 바른 이해를 놓치게 된다고 생각했다. 이 지점에서 바빙크는 인간에 대한 진화론적인 이해, 즉 종교, 도덕, 문화, 문명의 발전을 단순히 "삶의 투쟁에서 획득되는 노동의 열매"로 생각하는 이해에 이의를 제기한다. 물론 "투쟁과 필요는 종종 자신들의 모든 힘을 사용하도록 인간들을 종용"하며 "[무엇인가를] 필요로 하는 것은 그 사람을 지략 있는 존재로 만든다"는 것은 사실이다. 하지만 이런 설명 속에서 무엇인가가 빠진 부분은 인간들이 "존재하지 않는 것을 창조할 수 없으며, 사람들은 새로운 은사와 힘을 발명할 수 없다. 일은 한 사람을 이성적, 도덕적, 종교적 존재로 만들 수 없으며, 오히려 일은 한 사람이 그런 존재라는 사실을 전제한다. 일 속에서 한 사람의 인간성이 드러난다"[6]라는 인식이다. 우리 일이 우리를 만들지 않는다. 우리가 우리 일을 만들며, 우리 일을 통해 우리는 우리 세상을 만든다.

인간들은 정신과 신체로 구성된 전인적 존재이기 때문에, [인간의] 일이라는 것은 단순히 육체적 혹은 물질적 활동만을 뜻하지 않는다. "모든 일은 영적이고도 물질적인 측면을 드러낸다." 바빙크는 이에 대한 근거로 성경적인 인간론에 호소한다. "인간은 육체와 영혼이 한 인격을 이루며, 인간의 모든 일 가운데서 이런 점이 드러난

---

6   *Family*, 118.

다." 이런 통찰은 일에 대한 우리의 이해에 있어 중요한 통찰인데 그 이유는 이런 통찰은 바빙크가 "유감스러운" 개념이라 칭했던 일반적인 개념, 즉 일(work)이란 단어를 "통상 손으로 하는 것을 지칭"하는 의미로 이해하는 개념으로부터 탈피할 수 있도록 우리를 도와주는 통찰이기 때문이다. 이런 관점은 특별히 "노동하는" 계급들, 예를 들면 농부, 배관공, 자동차 정비사, 환경미화원 등은 진짜 일을 하는 사람들이고, 설교자, 교수, 변호사, 증권 중개인, 작가들은 그렇지 않다고 생각하게끔 만드는 관점이다. 바빙크는 이런 관점이야말로 완전히 잘못된 관점이라고 생각했다. "어떤 종류의 일은 영적인 측면이 전면에 내세워지고, 또 어떤 종류의 일은 육체적 측면이 더 우세한 것"은 사실이지만, 이는 완전한 차이의 문제라기보다는 오히려 정도의 문제이다. "심지어 가장 영적인 일 가운데서도 육체는 어느 정도 활동하며, 철학자도 뇌로 사유한다. 손으로 일하는 일용직 노동자들도 영혼과 정신적 명석함이 필요하다." 성경도 "진짜 일"을 육체노동으로 제한시키는 식의 계급 분리를 허용하지 않는다. "성경은 주를 섬기는 것과 관련해서 영혼의 수고(사 53:11), 지혜, 지식, 재주와 함께하는 수고에 대해서 다르게 말하고 있으며(전 2:21), 종종 사도들의 사역을 일이라는 개념과 동일시하고 있다." 일은 인간의 보편적인 행위이며, 창조된 인간의 본성에 근거한다. "단 하나의 구별된 종류의 일꾼들은 없다. 오히려 모든 사람이 다 일꾼이며, 하나님의 형상으로 지음 받았고, 봉사를 위해 임명되었다. 모든 일은 인간적 특성, 즉 이성적이고 도덕적인 특성을 품고 있으며, 모든 일은 이런 특성들을

헤르만 바빙크의 성도다운 성도

반드시 품고 있어야만 한다."[7] 우리는 바로 여기에서 인간이 지닌 소명의 가장 높은 관점에 대해 찾아볼 수 있다.

바로 여기에서 2장에서 논의했던 급진적 제자도에 대한 논의를 짧게나마 다시 시작할 필요가 있다. 나는 "결혼, 가정, 사업, 소명, 농업, 공업, 상업, 과학, 예술, 정치, 사회" 속에서의 "보통의" 소명을 뛰어넘는 기독교적 봉사의 "투지 넘치는" 관점들에 대해 의문을 제기했었다. 그렇게 했던 내 의도는 그리스도를 향한 특별한 헌신을 폄하하거나, 혹은 기독교적 제자도에 대한 진입 장벽을 낮추기 위함도 아니었다. 오히려 내 의도는 모든 진실한 소명이 제각각 독특하게 가진 적법성과 거룩성을 주장하기 위함이었다. 게다가 우리는 이 세상을 "다스리시는" 하나님의 형상으로 창조된 본성에 근거한 이런 "보통의" 소명들이 실제로는 복음 사역과 하나님 나라를 위한 봉사로의 구체적인 소명에 앞선다는 사실을 살펴보았다. 창조 질서는 하나님의 구원 사역보다 앞선다. "하나님의 창조 행위와 모든 인류를 향한 그의 창조적이고도 자연적인 선물들은 아브라함의 부르심과 더불어 시작된 구원보다 앞선다." 하나님의 "온갖 좋은 은사와 온전한 선물"(약 1:17)을 누리며 관리하는 가운데 그리스도를 따르는 모든 그리스도인은 그 소명이 무엇이든지 책임 있는 기독교적 제자들로서 활동한다. 앞에서 말한 것처럼, "우리는 그 어떤 모양으로도 우리를 부

---

7 _Family_, 118-19.

8장. 일과 소명 293

르시는 하나님의 부르심 속에서 그리스도인의 삶을 살아간다."

그리스도인의 일과 "선행" ———

우리의 일이 상대적으로 중립적이라는 말의 뜻이 단순히 우리가 자연법의 기준 혹은 창조 규례의 기준에 따라 일한다는 의미일까? 당연히 그렇지 않다! 우리가 그리스도 안에서 새로운 정체성을 가진 것이 과연 우리의 일에 대해 할 수 있는 말이 전혀 없을까? 당연히 그렇지 않다! 그리스도 안에 있는 우리는[즉 우리의 정체성은] 이 세상 속에서 우리가 하는 일에 당연히 영향을 미쳐야 한다. 우리가 하는 일이 우리가 걸어가는 성화의 중심이다. 우리는 그리스도 안에서 새로운 피조물로서 성령 하나님의 능력을 통해 부르심을 받아 그 부르심 안에서 거룩함을 이루어나간다. 하지만 기독교적 제자도에 대한 우리의 논의가 혼란스러워지는 지점이 정확히 바로 이 지점이다. 그리스도인이 된다는 의미가 무엇인지에 대한 우리의 논의에 "일[work]"(그리고 "행위[works]")이라는 표현을 사용했을 때, 우리는 당연히 오래된 논의인 "바울 vs. 야고보" 논의와 더불어 종교 개혁과 반(反) 종교 개혁의 논쟁적 맥락으로 거슬러 올라갈 수밖에 없다. 이에 대해서는 이미 4장에서 논의했기 때문에 여기서 또다시 반복하지는 않을 것이다. 하지만 일과 "행위"에 대한 논의만큼은 집중해 살펴볼 필요가 있다.

종교 개혁자들은 로마 가톨릭 전통의 교회적 가르침과 신학과 논쟁하며 "값싼 은혜" 즉 이신칭의가 [신자들을] 그저 그런 게으른 그리스도인들로 이끈다고 여기는 이해로부터 스스로를 멀리하려 노력했다. 이 오래된 논쟁을 효과적으로 이해하기 위해서는 로마 가톨릭 전통의 대표자와 종교 개혁 개신교 전통의 대표자 사이에 벌어진 상상 속의 대화를 살펴보면 좋다.

개신교인: 우리는 오직 은혜로만 구원 받습니다. 우리 입장에서는 그 어떤 "행위"도 필요하지 않습니다. 그리스도께서 모든 일을 다 하셨습니다.

로마 가톨릭 교도: 만약 제가 이해한 것이 맞다면, 당신은 그 어떤 것도 전혀 할 필요가 없다는 말이네요. 정말 그런가요? 당신은 선행을 위해 성령 하나님과 협력할 필요가 없나요?

개신교인: 맞습니다. 우리의 칭의를 위해서는 그럴 필요가 없습니다.

로마 가톨릭 교도: 저는 이에 대해 부분적으로만 받아들일 수 있겠네요. 저 역시 "그리스도의 십자가와 피로 인해 제 모든 잘못이 가려졌고, 이 일이 실제로 필요하며, [이를 통해] 처음으로 하나님께 갈 수 있게 된 것을 인정하지만, 그것만으로는 충분치 않다고 생각합니다. 그 이유는 우리는 전능하신 하나님께로 가기 위해 반드시 경건의 마음을 가져야만 하며, 무엇이든지 하나님을 선뜻 받아들이는 일에 열망을 품어야 하기 때문입니

다. 특별히 이런 일 가운데 성령 하나님의 능력이 거합니다."**8**

개신교인: 그렇다면 당신의 말은 우리의 행위가 없다면 하나님 앞에서 의롭다 칭함을 받지 못한다는 말인가요?

로마 가톨릭 교도: "만약 누구든지 믿음으로만 불경건한 자가 의화되며, 의화의 은혜를 얻기 위해 [하나님과] 협력해야 할 것은 아무것도 없으며, 자신의 의지를 움직여 준비를 하며 성향을 갖추는 일이 필요 없다고 말하는 자는 저주가 있을지어다."**9**

종교 개혁 칭의 교리를 향한 이런 도전은 "칭의에 대한 교령"을 다루는 트렌트 공의회 20번 법령 속에서도 날카로운 대비 가운데 다음과 같이 드러나 있다. "만약 누구든지 의화 되었지만 그 완전함이 하나님과 교회의 명령들을 지키는 것과 상관없다 말하고, 마치 복음이 명령을 지키는 그 어떤 조건 없이 영생의 무조건적인 약속인 것처럼 믿기만 하면 의화 된다고 말하는 자는 저주가 있을지어다."

---

8 이 문장은 로마 가톨릭 주교였던 야코포 사돌레토(Jacopo Sadoleto)가 제네바 사람들에게 1539년 3월에 보냈던 편지의 한 문장이다. *A Reformation Debate: Sadoleto's Letter to the Genevans and Calvin's Reply*, ed. John C. Olin (New York: Harper Torchbooks, 1966), 35.

9 Council of Trent, "Decree on Justification," canon 9, http://www.ewtn.com/library/councils / trent6.htm. (역자 주: 로마 가톨릭 전통의 칭의론은 의롭다 여기다, 일컫다, 간주하다, 인정하다는 의미를 지닌 '칭의'보다는 의롭게 되고 거룩하게 된다는 의미인 '의화'에 더 가깝기 때문에 칭의가 아닌 의화라고 번역했다).

이런 법령은 아마도 루터파 전통보다 개혁파 전통에서는 큰 도전으로 자리매김하지 못했을 것인데 그 이유는 개혁파 사람들은 은혜로 구원받은 사람들이 기쁨으로 지켜야 하는 감사의 법칙으로 [하나님의] 법을 이해하고 그 법에 높은 가치를 부여했기 때문이다. 개혁파 그리스도인들은 자신들이 죄로부터 구원받은 사실에 대한 감사로 하나님의 법에 반드시 순종해야 한다고 믿기 때문에 전통적인 개혁파 예전에는 예배 가운데 십계명을 낭독하는 시간이 포함되어 있다. 하지만 중대한 질문이 개혁파 사람들에게도 여전히 남아 있다. 우리는 아무것도 하지 않고도 구원받을 수 있는가? "행함이 없는 믿음"은 "죽은 믿음"이 아닌가? 야고보서는 또 어떤가? 칭의를 오직 하나님의 심판 보좌 앞에서 변화되는 신분, 즉 법적적 혹은 법적인 무엇인가로만 이해하는 것이 만족스러운 이해인가? 만약 실제로 그렇다면, 우리는 어떻게 영적 게으름으로부터 벗어날 수 있는가? 그리스도인의 삶을 "합법적인 순종[lawful obedience] 안에서 그리스도를 따르기"로 이해하고 우리의 일을 합법적인 순종의 한 부분으로 이해할 때 우리는 은혜, 믿음, 행위, 우리의 일 사이의 관계성을 명확하게 할 필요가 있다.

하이델베르크 요리문답은 이 문제를 두 군데에서 인식한다. 24주일은 "선행"에 대한 문제를 다룬다. 우리의 선행이 우리를 구원할 수 없는데 그 이유는 [우리의] 선행은 하나님의 법이 주는 요구에 절대 부합하지 못하기 때문이다(62문답). 그러므로 선행은 우리에게 그 어떤 공로도 절대 될 수 없다(63문답). 바로 그다음 목회적으로 중요한 질문이 따라온다.

64문: 하지만 이런 가르침은 사람들을 무관심하게 만들거나 악하게 만들지 않습니까?

이 질문에 대한 답은 신자와 그리스도 사이의 연합에 대한 내용으로 해결책의 역할을 감당한다.

답: 아닙니다. 참된 믿음을 통해 그리스도에게 접붙임 받은 사람들이 감사의 열매를 맺지 않는 일은 불가능합니다.

어쩌면 로마 가톨릭의 끊임 없는 반대 때문이든, 개혁파의 실천 때문이든(아니면 둘 모두로 인함이든) [교리문답] 저자들은 다음과 같은 질문으로 "감사"에 대해 이야기하는 교리문답의 세 번째 부분을 시작한다.

86문: 우리는 우리 스스로의 그 어떤 공로 없이 그리스도를 통해 은혜로 말미암아 우리의 비참함으로부터 구원 받았는데 왜 우리는 선행을 해야만 합니까?

이 질문에 대한 답은 거룩함 혹은 성화 가운데 성장하는 삶이다.

헤르만 바빙크의 성도다운 성도

답: 자신의 피를 통해 우리를 구원하신 그리스도께서 자신의 영으로 말미암아 자신의 형상으로 우리를 회복시키시기 때문에, 우리는 온 생애에 걸쳐 그리스도의 유익 덕분에 하나님께 감사를 표현할 수 있으며, 우리를 통해 그리스도께서 영광 받으시며, 믿음의 열매로 인해 우리의 믿음이 확증될 수 있고, 우리의 거룩한 삶을 통해 우리 이웃들이 그리스도의 편이 될 수 있습니다.

교리문답은 "거룩한 삶"에 대한 내용을 다룰 때 하나님의 법으로 다시 인도한다.

91문: 선행은 무엇입니까?

답: 참된 믿음을 통해 행해진 것들만 하나님의 법에 부합하고 하나님의 영광을 위해 완성됩니다. [선행은] 우리 고유의 의견 혹은 인간의 전통에 근거한 것이 아닙니다.

이와 같은 맥락으로 "오늘날의 사회 문제를 위한 일반적인 성경 원리들과 구체적인 모세 율법의 연관성"이라는 바빙크의 보고에 대한 반응으로 1891년 암스테르담 기독교 사회 총회는 다음과 같이 첫 번째 결의안을 통과시켰다. "성경은 인간 사회가 우리의 선호에 따라 정리되어서는 안 되며 오히려 하나님 자신께서 창조 세계와 자신의 말씀 속에 굳건히 확립해 주신 법칙에 매여 정리되어야만 한다는 사실을 가르친다."[10] 사랑의 이중적인 명령은 율법의 심장이다.
"인간의 마음에 새겨진 하나님의 법은 우리 존재의 내적, 외적 영역
속에서, 즉 일상생활과 상업 속에서 우리의 전 존재를 이끌어가고
규정하는 법칙으로 주어졌다. 이 법은 하나님과 이웃을 사랑하라
는 의무로 요약된다."[11] 요약하자면, 만약 우리가 우리의 일을 거룩
함 가운데 우리의 성화의 통합적인 부분으로 여기고 하나님의 법에
의해 반드시 인도함 받아야 하는 그리스도 안에서의 새로운 삶으로
여긴다면, 하나님을 사랑하고 이웃을 사랑하는 것은 일에 대한 우리
의 이해와 실천의 핵심으로 여겨질 수 있다.

앞 문단들 속에서 우리는 4장에서의 접근법, 즉 그리스도와의
연합으로 시작해 인간으로서 창조된 본성으로 되돌아가는 접근법
과는 반대의 길을 걸었다. [4장에서] 우리의 관심은 그리스도와 우
리의 연합이 우리를 인간성 너머로 고양시켜주지 않고 오히려 [우
리의 타락한 인간성을] 회복하고 고쳐준다는 사실이었다. "둘째 아
담이시고 참된 인간이신 그리스도 안에서 우리는 그리스도의 인성
에 참여함으로써 완전한 인간이 된다. 그리스도와의 연합이 성령 하
나님의 능력으로 우리가 피조 되었을 때의 참된 의로움과 거룩함으
로 우리를 새롭게 한다. 우리는 참된 인간이 되기 위한 그리스도인
이다." 이런 회복은 하나님 앞에서의 새로운 신분(칭의)과 전통적으

---

10 "Gen. Prin.," 445.

11 "Gen. Prin.," 438-39.

로는 성화라고 명명하는 내적 새로움의 과정 둘 다를 포함한다. "죄책이 없다"라고 선언된 우리는 성령 하나님을 통해 내적으로 새롭게 되어 그리스도와 연합된다.[12] 그리스도와 우리의 연합은 분명히 우리의 일이 아니다. 물론 우리 속에 내주하시는 성령의 사역 없이는 불가능한 일이지만 그럼에도 성화는 우리의 일이다. 참된 인간인 그리스도 안에 있는 우리의 참된 인성을 강조한 것과 같은 방식으로 이제 우리는 전환된 방향으로 나아간다. 우리의 새로운 정체성으로부터 그리스도인으로서의 우리의 일을 생각해보는 것이다. 만약 여러 가지 "행악"으로 기울어지는 우리를 보호하기 위해서라면 구원받은 정체성으로부터 이 세상 속에서의 우리의 일로 향하는 방향성을 유지하는 것은 중요하다.

종교 개혁과 행위의 "죄악들"

앞에서 개괄적으로 다루었던 종교 개혁의 가르침은 아마도 많은 독자에게 분명하게 각인되었겠지만, 여전히 지금껏 살펴본 일에 대한 관점에 내포된 두 가지 중요한 함의점을 강조할 필요가 있다. 첫

---

12 필자는 독자에게 또 다시 J. Todd Billings, *Union with Christ: Reframing Theology and Ministry for the Church* (Grand Rapids: Baker, 2011)를 참조하라고 말하고 싶은데 이 책을 통해 칭의를 그리스도와의 연합이라는 성령론적 범주에 반하여 법정적인 범주 내에서만 이해하는 것이 그리스도인의 삶에 대한 시각이 아니라 오히려 이 두 범주가 온전히 내포된 것이 그리스도인의 삶에 대한 시각이라는 점을 알 수 있다. 본서 4장의 내용을 살펴보라.

번째 강조점은 우리는 우리의 행위로 구원 받는 것이 아니라는 점이며, 두 번째 강조점은 우리의 일이 우리를 구원하지 않는다는 점이다. 중복되어 보이기도 하지만 이를 일과 관련된 두 가지의 지속적인 유혹들에 대한 짧은 경고로 볼 필요가 있다. "우리의 행위로 구원 받는 것이 아니다"라는 진술은 인간 모두가 스스로 발견할 수 있는 근본적인 비참함에서 얻은 구원을 향해 접근하는 두 개의 궁극적인 다른 접근법들 사이의 대조를 이끌어낸다. 우리는 은혜로 구원 받는 것이지 우리의 공적이나 행위로 구원 받는 것이 아니다. 두 번째 강조점인 "우리의 일이 우리를 구원하지 않는다"라는 말은 일을 향한 우리의 태도를 생각해 볼 수 있게 만든다. 우리가 일을 가치 있게 여기지만 우리는 일이 받을 만한 가치보다 일의 가치를 훨씬 더 높게 여겨서는 안 된다.

종교 개혁에도 불구하고 첫 번째 유혹은 심지어 우리가 오직 은혜(sola gratia)를 표면적으로 고백할 때조차도 지속적인 노력을 통해 우리 스스로에게 구원을 줄 수 있다는 생각을 우리에게 불러일으킨다. 자신들을 구원하려는 영웅적이고도 극단적인 죄가 서려 있는 제자도의 필요성에 대해 설교하는 모든 사람을 비난하지 않은 채, 특별히 성육신의 언어를 적용하여 "사람들에게 예수가 되는 것"을 강조할 때, 여기에 얼마나 강한 유혹이 있는지 주목해야 한다.[13] 두 번

---

13 영웅적인 제자도의 영적인 위험에 대한 가혹할 정도로 솔직하고도 자기 비평적인 논의는 Peter Greer, with Anna Haggard, *The Spiritual Danger of Doing Good* (Bloomington, MN:

째 유혹은 역사적으로 특별히 칼뱅주의와 관련된 경향인데 "하나님의 영광을 위한" 일과 의무를 매우 강조해서 우리의 행위가 우리를 구속하는 우상이 되는 경향이다. 영향력 있는 독일 사회학자인 막스 베버(Max Weber, 1864-1920)는 자신의 유명한 책 『프로테스탄트 윤리와 자본주의 정신』(*The Protestant Ethic and the Spirit of Capitalism*)에서 이런 우상 숭배야말로 근대인이 되기 위한 조건이며 이를 "강철 껍데기"(*stahlhartes Gehäuse*; 문자적으로 "강철같이 단단한 그릇/용기"[steel-hard shell/case])라고 묘사했다.[14]

우리의 일이 우리에게 너무 큰 영향력을 행사할 때 그것이 자칫 일종의 영웅적인 제자도가 되어 일을 잘하기 위해 우리의 모든 힘과 노력을 쏟아붓게 될 수도 있다. 비록 복음 메시지를 믿고 오직 그리스도 안에서 하나님의 은혜를 통해서만 구원 받을 수 있다는 사실을 고백함에도 불구하고, 우리는 우리의 필요를 채우기 위해, 우리의 문제를 개선하기 위해, 현재와 미래의 안전을 위해, 행복감을 느끼기 위해 여전히 우리의 힘으로 해야 하는 것보다 훨씬 더 많이 일에 의존한다. 우리는 구원을 받기 위해 여전히 우리의 행위를 사용하길 즐겨한다. 만약 첫 번째 유혹이 "이 땅에 하나님 나라를 건설하는 것"과 구속적 행위로서의 영웅적인 제자도에 관련된 것이라

Bethany House, 2013)을 참고하라.

14 Max Weber, *The Protestant Ethic and the Spirit of Capitalism*, trans. Talcott Parsons, new introduction by Randall Collins (Los Angeles: Roxbury, 1998), 181.

면, 두 번째 유혹은 일을 함으로써 우리가 구원을 위한 무엇인가를 찾을 수 있다는 생각이며, 적어도 우리 자신을 위해 일의 영역을 어떻게든 구원시키려는 우리의 일과 관련된 것이다.

이를 해결하기 위해 우리는 장로회 체제(the Presbyterian System)가 주재한 개혁교회 협의회 제5차 총회 때 바빙크가 1892년 9월 22일 토론토 온타리오에서 했던 강의의 도움을 받을 필요가 있다. 이 강의의 제목은 "공동체와 국가의 도덕적, 종교적 상황에 미친 개신교 종교 개혁의 영향"(The Influence of the Protestant Reformation on the Moral and Religious Condition of Communities and Nations)[15]이었으며 이를 통해 일의 실천에 대한 개신교 종교 개혁의 이해가 가진 중요성을 가늠해 볼 수 있다.

첫째, 먼저 주의가 필요하다. 종교 개혁을 통해 불거진 일에 관한 태도의 변화를 생각했을 때 우리는 반드시 그 영향력을 과대평가하지 않도록 각별하게 조심해야 한다. 종교 개혁 운동은 서양 역사 가운데 일이 가진 존엄성에 대해 강조했던 최초의 운동이 아니었다. 일이 가진 존엄성에 대한 강조는 신약성경에서도 찾아볼 수 있다. 사도바울도 그리스도인 종들에게 주인에게 순종하라고 권면하며 다음과 같이 말했다. "무슨 일을 하든지 마음을 다하여 주께 하듯 하고 사람에게 하듯 하지 말라 이는 기업의 상을 주께 받을 줄 아나니 너

---

15 I.e., "Moral Infl."

헤르만 바빙크의 성도다운 성도

희는 주 그리스도를 섬기느니라"(골 3:23-24).

사회 역사학자들은 초대 교회 그리스도인들이 그리스·로마 시민들과는 달리 하찮아 보이는 작은 일에도 꽤 다른 시각을 가지고 있었다는 것에 주목했다. 에른스트 트뢸치(Ernst Troeltsch)도 자신의 책 『기독교회의 사회적 가르침』(*Social Teachings of the Christian Churches*)에서 다음과 같이 관찰했다. "'기독교가 노동을 품위 있게 만들었다'라는 말로 절대 과장하면 안 된다. 노동에 대한 인정은 수많은 초대 교회 그리스도인들이 낮은 계급에 속해 있었기 때문에 당연시되었던 것뿐이다."[16] 앞에서 이미 종교 개혁과 중세 가톨릭주의 사이의 대비를 살펴보긴 했지만, [중세] 수도원의 이상향은 성 베네딕토의 규칙에도 잘 드러난 것처럼 일의 중요성을 강조했다는 사실을 반드시 기억해야 한다. 규칙 48장은 다음과 같이 시작한다. "게으름은 영혼의 적이다. 그러므로 수도원생들은 특정 시간에 육체노동을 해야만 하며 다른 시간에는 경건한 읽기를 해야만 한다."[17] 그러므로 라틴어 교훈인 기도하고 일하라(*Ora et labora*)는 일반적으로 베네딕토 규칙과 연관된 교훈이다.

그렇다면 특별히 일과 관련해서 종교 개혁이 성취한 것은 무엇일까? 바빙크에 의하면, 종교 개혁은 "종교-윤리적 운동으로서 … 하

---

16 Ernst Troeltsch, *The Social Teaching of the Christian Churches*, trans. Olive Wyon, 2 vols. (Louisville: Westminster John Knox, 1992), 1:119.

17 Accessed October 29, 2013, http://www.ccel.org/ccel/benedict/rule2/files/rule2.html#ch48.

나님과 함께 하는 영혼의 평화, 하나님의 말씀에 따라 그를 섬기는 자유, [그리고] 깊은 영적 열망에 대한 만족을 구했다." 종교 개혁은 로마의 "성례적 체계와 외적인 도덕성"을 반대하는 가운데 다음과 같은 사실을 믿었다. "모든 윤리적 삶은 종교와 믿음에 근거하며 오직 주 하나님을 섬기기 위한 것이다. [종교 개혁을 통해] 성별된 것과 성별되지 않은 것 사이의 반립이 무너져 거룩한 것과 거룩하지 않는 것의 구별의 길이 만들어진다. 자연적인 것이 그 가치를 인정받고 그리스도 안에서 믿음을 통해 거룩하게 된다."[18]

이 시점에서 종교 개혁 관점에 대한 바빙크의 묘사와 중세 로마의 위대한 교사였던 토마스 아퀴나스(Thomas Aquinas)의 관점을 비교·대조하는 일은 도움이 될 수 있다.[19] 토마스는 인간의 삶을 두 부분으로 나누어 생각했는데 활동적인(active) 삶과 명상적인(contemplative) 삶 혹은 실천적인(practical) 삶과 사색적인(speculative) 삶이 바로 그것들이다. 각각의 짝 중 첫 번째의 요소는 성경 인물인 레아와 마르다에서 찾을 수 있고, 두 번째 요소는 라헬과 마리아에서 찾을 수 있다.[20] 이뿐만 아니라 토마스는 마지막 분석에서 모든 사색은 하나님을 갈망하는 것과 관계된 문제이지 단순한 사실

---

18 "Moral Infl.," 48, 49.

19 지금부터 요약할 내용은 *Summa theologica*, IIaIIae, qq. 179-89, in Thomas Aquinas, *Summa Theologica*, 5 vols., trans. Fathers of the English Dominican Province (Allen, TX: Christian Classics, 1981), 4:1923-2010이다.

20 Q. 179.

헤르만 바빙크의 성도다운 성도

을 갈망하는 것과 관계된 문제가 아니라고 언급한다.[21] 명상적인 삶이 여러모로 활동적인 삶보다 우월하다. 첫째, 오직 명상적인 삶만이 영원까지 견딘다. "활동적인 삶은 이 땅에서 끝난다."[22] 둘째, 명상적인 삶이 더 우월하다는 사실은 우리 주께서 마르다에게 동생 마리아가 "좋은 편을 택하였다"라고 말씀하셨을 때 드러난다.[23] 비록 활동적인 삶은 "발생 순서에 따르면" 명상적인 삶에 앞서긴 하지만, 명상적인 삶은 활동적인 삶보다 더 큰 공로를 만들어 낸다.[24] 토마스의 마지막 결론은 각각의 방향성이다. "명상적인 삶은 [우리를] 하나님의 사랑으로 이끄는데 어느 정도만 이끄는 것이 아니라 완전한 사랑으로 이끈다. 반면 활동적인 삶은 어느 정도 이웃 사랑에 있어 필요하다."[25] 토마스에게 그리스도인의 삶의 완전성은 주로, 그리고 "근본적으로" 기독교적 관용으로 구성되는데 기독교적 관용 그 자체는 하나님을 향한 사랑과 이웃을 향한 사랑으로 구분된다.[26]

이 두 가지의 서로 다른 삶에 대한 토마스의 남아 있는 질문들은[27] 세심하고 사려 깊을 뿐만 아니라 미묘한 차이점마저도 가지고 있기 때문에, 토마스의 관점을 "종교적인" 명상적 삶과 완전의 세 가

---

21 Q. 180, art. 4.
22 Q. 181, art. 4.
23 Q. 182, art. 1.
24 Q. 182, art. 2.
25 Q. 182, art. 4.
26 Q. 184, art. 1, 4.
27 Qq. 185-89.

지 요소(빈곤, 순결, 순종)를 매우 높은 상태로 고양시킨 결과 이웃을 사랑하는 "보통의" 활동적인 삶을 위한 공간이 없다고 너무나도 쉽게 단순화하여 격하시키는 수많은 개신교 해석자들에게 도전을 주고 있다. 이런 단순화된 주장들은 토마스가 가진 생각의 미묘함을 왜곡시키는 주장들이며, 거짓 증거를 하지 말라는 제9계명을 어기는 주장들이다. 그럼에도 토마스의 주장이 공로와 연결될 수 있는 계급적 용어로 그리스도인의 삶을 생각하게끔 하는 신학적 근거를 제공했다고 말하는 것은 정당하다. [토마스에 의하면] 일부 영역 속에서 일부의 삶의 방식들, 예를 들면 명백하게도 수도회와 수도원의 "종교적인" 삶의 방식들은 도덕적으로 다른 방식들보다 우월하며 보다 더 공로적이다. 종교 개혁의 칭의 교리는 그리스도인의 삶에 대한 모든 생각 가운데서 공로의 범주를 삭제했으며 [그리스도인의 삶을] 극적으로 기독교적 소명의 개념으로 끌어올렸다. 모든 직업에서 모든 그리스도인은 칭의 전후로 하나님 앞에서 동등하며, 그들이 어디에 있었든지 그들은 창조주와 구속주를 자유롭게 섬기고 존경하고 영광을 돌릴 수 있었다.

1892년 토론토에서 연설했던 바빙크의 연설을 짧게 복기해 볼 때 바빙크의 주장이 대부분 역사적이라는 사실을 관찰할 수 있게 된다. 바빙크는 유럽, 특별히 스위스, 네덜란드, 영국 제도, 그리고 마지막으로 아메리카에서 일어난 실제적 변화를 지적하고 있다. 이를 지적하는 일은 가치 있는데 그 이유는 바빙크의 이런 주장이야말로 개신교와 자본주의에 대한 막스 베버의 유명한 연구의 촉진 인자가

헤르만 바빙크의 성도다운 성도

되었기 때문이다.

다양한 종교가 혼합되어있는 나라의 직업 통계를 훑어보면 놀라운 공통
점이 드러나는데 이는 가톨릭 언론과 문헌, 그리고 독일의 가톨릭 회의에
서 여러 차례 토론을 불러왔던 사실, 즉 기업가들과 자본가들, 높은 수준
의 기술직들, 게다가 매우 높은 수준의 기술력과 상업 능력을 갖춘 현대
기업의 인적 자원들이 압도적으로 개신교도라는 사실이다.[28]

[바빙크에 의하면 이는] "국가들의 종교적 상황"이 미치는 영향
이 드러난 것인데 그 이유는 종교 개혁이 "종교를 개인적인 문제로
만들었고 양심의 자유를 장려했기" 때문이라고 바빙크는 언급한다.
개혁파 사람들은 루터파 사람들보다 훨씬 더 "위대하고 풍성한 사
유"를 했는데 "그리스도가 단순히 영혼의 왕이 아니라 몸의 왕이기
도 하며, 교회의 왕만이 아니라 모든 인간 삶의 면면의 왕이기도 하
다"라고 생각을 했기 때문이다. "스위스 종교 개혁은 근본적이었으
며 총체적이었다." 칼뱅주의는 이신칭의 교리에만 만족하지 않았다.
오히려 이신칭의가 "영원 안에서 그리고 시간 뒤편에서 발견될 때까
지 평화란 없었다." 일시적인 시간은 "영원을 나르는 자"로 여겨졌다
(*caducum eterna tuetur*).

---

28 Weber, *Protestant Ethic*, 35.

칼뱅주의자는 영원하고도 불변하신 하나님 안에서 쉼을 얻기까지 자신의 생각과 마음 속에서 안식을 발견할 수 없었다. 칼뱅주의자는 모든 것의 궁극적 토대인 지성소에 들어가 하나님의 선한 기쁨(εὐδοκία τοῦ θεοῦ)과 영원하고도 주권적인 기쁨 속에서 답을 찾기까지는 모든 것의 "원인"(αἰτία)과 "이유"(διότι)에 대한 수색을 멈추지 않는다.

칼뱅주의자는 "높은 영적, 신학적 관점"으로 "모든 세상을 바라본다." "그는 모든 것을 영원의 상 아래에서(*sub specie aeternitatis*) 넓고 멀리 바라본다. 이런 체계 속에서 모든 것은 피조물이 아닌 오직 전능하신 하나님께 의존한다." 요약하자면 다음과 같다.

개혁파 영역과 교리에서 드러난 것처럼 종교적 삶 가운데 하나님의 주권이 가장 중요한 위치를 차지한다. 현대의 많은 영역에서처럼 성부 하나님의 사랑이 아니라, 모라비아교도들이 그런 것처럼 그리스도의 위격이 아니라, 재세례파와 동조자들이 그런 것처럼 성령 하나님의 내적 증언이 아니라, 오히려 구원의 모든 사역 가운데, 종교적 삶 전체에 걸쳐 하나님의 주권이 시작점이며 지배 이념이다.[29]

하나님의 주권에 대한 이런 신념은 "하나님의 정의와 법에 대한

---

29 "Moral Infl.," 49-51.

엄격한 설교"로 자라나며 "인간 안에 존재하는 깊은 죄책감과 비참함을 깨우며 … 장엄한 하나님의 주권 앞에 선 먼지로 스스로를 깊게 자각하게 만들어 [하나님의 주권 앞에] 엎드리게 만든다." 동시에 하나님의 주권에 대한 믿음은 "지복의 특별한 경지에 이르기까지 [인간을] 고양시키고 … 자유롭고 영원하며 불변한 성부의 선한 기쁨 속에서 쉼을 얻게끔 만든다." 그 결과 그리스도인들은 "강철 같은 성격과 무쇠의 의지와 대체할 수 없는 능력과 보기 드문 힘을 가진 대리석과 같은 사람" 즉 견고한 그리스도인이 된다. 바빙크는 이때 예정의 중요성도 언급한다. "하나님께 택함 받은 사람은 자기 스스로와 모든 피조물 안에서 스스로를 하나님의 손안의 도구로 인식한다. 그는 창조주와 피조물 사이를 날카롭게 구별하며 자신의 종교 안에서 오직 하나님과 그의 말씀만을 알게 될 것이다." 하나님의 주권과 양심의 자유에 대한 열정을 품었던 이같이 견고하고 격렬했던 사람들은 주교를 거역하고 폭군에 반기를 들었을 뿐 아니라, 17세기 네덜란드 역사의 황금시대처럼 인상 깊게 상업을 성공으로 이끌었던 사회도 건설했다.[30]

칼뱅주의의 유산과 도전 ———

---

30 "Moral Infl.," 51.

하나님의 은혜로 구별되어 일상에서의 직업을 통해 하나님을 영화롭게 하기 위해 부름 받은 자유로운 사람들의 행위로 일을 생각하는 관점은 일을 하는 사람이나 그 사람이 하는 일 둘 다를 왕적인 지위와 위엄으로 높이는 관점이다. 우리는 우리의 일 가운데서 하나님과 동역자가 될 뿐만 아니라, 하나님께서 피조물 안에 새겨 놓으신 풍부한 자원들의 창조적 발전 가운데서 하나님과 함께 일하는 공동 작업자가 된다. 하나님의 말씀을 "모든 삶의 규범, 즉 영혼 구원을 위한 희소식뿐만 아니라 몸과 전 세계를 위한 희소식"으로 여겼던 개혁파 신자는 "자기 자신 안에서 시작된 종교 개혁" 너머로 나아갈 뿐만 아니라 삶의 모든 영역 속에서 하나님을 영화롭게 하는 일도 추구한다. "가정과 학교, 교회와 교회 정치, 국가와 사회, 예술과 학문 등 모든 영역은 일을 해야만 하는 장이고 하나님의 영광을 도모해 나가야 하는 장이다." 물론 바빙크도 칼뱅주의의 "진지함"이 가지고 있는 그늘진 영역에 대해 인정한다. "그러므로 청교도주의는 때때로 그렇게 호의적으로 보이지 않는 감정의 완고함, 마음의 냉정함, 판결의 엄중함을 키워왔다. 도덕적 삶 속에서의 자유롭고 상냥하며 자발적인 것들은 종종 억압되었고 묻혀버렸다." 하지만 칼뱅주의 역사 속에서 금욕주의를 발견할 수 있을지 몰라도 바빙크는 이런 생각은 자연적인 삶을 향한 적대적인 태도에 근거한 것이 아니라고 주장했다. "하지만 칼뱅주의적인 엄격주의는 모든 삶을 하나님께 성별해 드리려는 열망으로부터 태어났다." 이런 생각은 "자연적 인간

헤르만 바빙크의 성도다운 성도

에게 굴레를 씌우는" 시도가 아니라 오히려 "인간을 거룩하게 하려는" 시도였다. 게다가 정직하게 스스로를 진단할 때 설사 과도하더라도 수도원적 규제는 우리 각 사람 안에 존재하는 죄에 대한 이해할 만한 반응이라는 사실을 인정하게끔 만든다.

그리고 만약 [칼뱅주의가] 과장하는 죄를 지었다면, 만약 자연적인 것과 관계를 끊고 자연적인 것을 없애버렸다면, 죄의 광대한 지배와 능력을 인식하는 모든 사람이 바른길로 걸어가는 데 어려움을 느낄 것이고 동시에 세상에 순응하는 것을 거부하며 세상, 세상을 흠모하는 것, 세상을 경멸하는 것으로부터 도피할 것이다.[31]

이뿐만 아니라, 칼뱅주의의 "속세의 금욕주의"(베버의 용어)는 우리의 삶을 위한 가치 있는 "소시민적인" 덕목들을 생산해냈다.

게다가 칼뱅주의의 엄격한 도덕성은 가정생활, 질서, 단정함, 절제, 순결, 순종, 진지함, 산업, 의무감 같은 일련의 아름다운 덕목들을 키워나갔다. 이런 덕목들은 눈부시고 영웅적인 덕목들에 속하지 않는다. 이런 덕목들은 특별히 시민적 덕성이며 사람들에게 더없이 귀중한 가치이다. 이런 덕목을 통해 칼뱅주의 국가들은 도덕적 소유물들의 자본을 축적해 세워나

---

31 "Moral Infl.," 52-54.

갔고 그 위에서 현세대가 여전히 살아가고 있다.[32]

바빙크에 따르면, 칼뱅주의는 "교회 내에서의 계급이나 국가 속에서의 포학 행위를 용납하지 않는" 세상과 인간의 종교-윤리적 관점이었고, "스위스, 네덜란드, 잉글랜드, 아메리카" 사람들을 "자유의 원리"로서 섬긴 관점이었다. "칼뱅주의가 힘을 떨쳤던 모든 국가는 비범한 활동, 생각의 명료함, 종교적 정신, 자유에 대한 사랑으로 스스로를 구별시켰고, 가톨릭 국가들 속에서는 찾아볼 수 없는 시민적 덕목들의 풍성함으로 스스로를 구별시켰다."[33]

앞에서 살펴본 것처럼, 이런 구별점에 대한 관찰은 막스 베버에게 『프로테스탄트 윤리와 자본주의 정신』을 위한 연구를 하도록 고무시켰다. 20세기의 끝자락으로 향해 가는 가운데, 다양한 형태의 해방신학과 더불어 남미 사람들의 민생고에 대한 반응으로 마이클 노박(Michael Novak)이라는 신학자는 종교를 북미의 성공과 남미의 부진한 경제 사이의 명백한 차이점이라고 지적했다. "두 대륙은 유럽 사람들에 의해 거의 동시에 발견되었다. 두 대륙은 그 당시 세계에서 가장 위대한 해군력을 지녔던 나라인 스페인과 브리튼에 의해 식민지화되었다." 이 두 대륙의 인구는 "나란히" 성장했고 "한 세기 이상 남미가 북미보다 더 부유하게 살았던 것으로 보이며, 은을 생

---

32 "Moral Infl.," 54.

33 "Moral Infl.," 54-55.

산해 스페인의 교회와 공공건물을 위해 쓰여진 반면, 북미는 옥수수, 담배, 모피, 그리고 목화를 생산해냈다."[34] 그러나 북미는 자유, 사유 재산, 그리고 풍성하고도 자발적인 참여적 삶 위에 세워진 새로운 정치적 경제를 발전시켰던 반면, 라틴 아메리카는 내전 이전 미국 남부 주들처럼 "농장 체계와 농경 정신"을 포함한 "유럽의 귀족 전통을 유지"했다.

남미의 경제 체제는 중상주의적 혹은 막스 베버의 표현에 따르면 세습적 체제였다. 국가가 통제하고 가정 전통이 국가를 다스렸다. 자유 시장이나 자유 상업은 거의 찾아볼 수 없었다. 중산층은 많지 않았으며 폭넓은 자택 소유 전통은 많지 않았고 오직 소규모의 작은 독립적인 영농만 있을 뿐이었다.[35]

종교적 차이도 이런 차이의 근본 위에 위치했다.

남미의 종교는 단순한 주류 가톨릭이 아니었으며, 프랑스, 독일, 대영제국, 아일랜드, 그리고 동유럽의 가톨릭주의보다 오히려 스페인, 포르투갈, 그리고 이탈리아의 가톨릭주의와 더 큰 친밀함을 유지하고 있었던 라

---

34 Michael Novak, ed., *Liberation South, Liberation North* (Washington, DC: American Enterprise Institute, 1981), 1.

35 Ibid., 2.

틴 가톨릭이었다. 이와 대조적으로, 북미는 개신교 기풍이 보다 더 강했으며 현재 북미에 거주하는 (인구의 약 4분의 1의) 가톨릭교도들과 그 기풍을 공유했다.[36]

로마 가톨릭의 현대 저자[마이클 노박]로부터 이 짧은 글을 가져와 인용한 이유는 일과 관련해 국가와 공동체에 큰 영향을 끼친 개신교 종교 개혁에 대한 바빙크의 이해가 오랜 세월에도 불구하고 여전히 건재하다는 사실을 보여주기 위함이다. 그러나 이런 관찰은 반드시 적절히 이해되어야만 하고 주의 깊게 사용되어야만 한다. 첫째, 칭의 교리 같은 하나의 특정한 교리 덕분에 자유와 번영을 포함한 근대 세계의 모든 선한 것이 만들어졌다는 생각은 오해이다. 역사적 인과 관계는 절대 간단치 않은 문제다. 자기 일을 신실하게 행하기 전, 그리스도인들은 반드시 칭의에 대한 종교 개혁의 논쟁의 복잡한 신학적 길을 통과해야 한다는 의미도 아니다. 오히려 다음의 이유가 칭의에 대한 종교 개혁의 가르침이 중요한 이유이다. 우리 대신에 우리의 자리에서 행하신 그리스도의 속죄 사역과 믿는 마음속에 역사하시는 성령 하나님의 의롭게 하시는 사역 덕분에, 우리는 행위의 의에서 해방되어 비로소 일할 수 있게 되었다. 은혜로 말미암은 믿음을 통한 칭의는 우리의 행위가 우리의 구원에 중요한 위치를 절대 차

---

36   Ibid., 3.

지하지 못한다는 의미이다. 우리의 일이 우리를 구원하지 않으며 우리가 우리의 일을 구원하지도 않는다. 그리고 이것을 아는 것이 중요하다. 곧 자신이 자유롭게 일할 수 있다는 것을 마음으로 확신하는 것이다.

이를 염두에 둘 때 비로소 근대 민주주의와 자유 시장 공동체의 발전 속에 존재하는 죄의 실재에 대해 바라볼 수 있게 된다. 지금까지 살펴봤던 이야기는 개신교주의가 담당했던 역할의 중요성을 강조하는 이야기이며, 특별히 기독교 내에서 새로운 질서를 창출해낸 칼뱅주의의 역할을 강조하는 이야기이다. 이런 묘사는 순전히 결과에 집중해서 그 영향력을 묘사한 것이며, 네덜란드, 잉글랜드, 미국과 같은 주요 국가들이 역사 속에서 어떻게 더 위대한 자유와 번영을 드러냈는지에 대한 구체적인 설명은 아니다. 특별히 이런 묘사는 산업화와 도시화로 인해 불거진 혼란과 고통과 같은 역사의 어두운 측면을 간과한 묘사이다. 그러므로 지금까지의 이야기를 더 큰 자유와 번영을 향해 단 한 번의 멈춤도 없이 연속적이고 점진적으로 진행된 실현으로 이해해서는 안 된다. "진보"를 위해서는 비싼 값을 치루어야 한다. 철강 산업의 기술적 혁신과 가내 수공업에서부터 공장 생산으로의 변화로 인해 이루어진 산업 혁명은 19세기 유럽 대다수의 노동자들을 시골 지역에서 도시 지역으로 이동시켰다. 그 결과 삶의 기본 필요들을 채우기 위해 처참한 환경 가운데 분투하며 살아가는 도시 빈민들의 수가 늘어만 갔다. 이런 배경이야말로 19세기 중반 유럽의 기독교적 의식 가운데 "사회 문제"가 많은 관심을 받았던 이유였으며, 중요한 사역들 예를 들면 교황 레오 13세의 1891년 회칙 (노동자의 곤경에 대한) 레룸 노바룸(*Rerum Novarum*) 발표와 첫 번째 암스테르담 기독교 사회 총회의 개회 연설에서 아브라함 카이퍼가 "사회 문제와 기독 종교"라는 주제로 연설했었던 이유였다.[37] 또한 암스테르담 기독교 사회 총회에서 바빙크가 연설했던 "오늘날의 사회문제를 위한 일반적인 성경 원리들과 구체적인 모세 율법의 연관성"도 바로 그 이유 중 하나이다. 이에 대해서 지금부터 살펴보겠다.

바빙크의 글은 우리를 놀라게 하는데 그 이유는 바빙크가 사안에 대해 간접적으로 에둘러 표현하기 때문이다. 칼 마르크스(Karl Marx, 1818-1883) 같은 그 당시 많은 사회 비평가들과는 달리, 또한 성공회교도였던 F. D. 모리스(F. D. Maurice, 1805-1887)와 찰스 킹슬리(Charles Kingsley, 1819-1875) 혹은 아메리카의 사회복음 신학자 월터 라우셴부쉬(Walter Rauschenbusch, 1861-1918)와는 다르게 바빙크는 자신이 목도해왔던 개탄할 상황에 대한 묘사와 '그들을 위해 우리는 무엇을 해야만 합니까?'라는 질문으로 [글을] 시작하지 않는다. 게다가 교황 레오 13세가 레룸 노바룸 회칙에서 했던 것처럼 자

---

37 레오의 회칙은 다양한 형식으로 출판되었다. 로마 가톨릭의 사회적 가르침에 대한 휴대하기 편한 책은 Michael Walsh and Brian Davies, eds., *Proclaiming Justice and Peace: Papal Documents from Rerum Novarum to Centesimus Annus*, rev. ed. (Mystic, CT: Twenty-Third Publications, 1991)을 참고하라. Abraham Kuyper, *De sociale vraagstuk en de Christelijke religie* (Amsterdam: Wormser, 1891); ET: *The Problem of Poverty*, ed. James W. Skillen (Washington, DC: Center for Public Justice; Grand Rapids: Baker, 1991).

　　　　　　　　　　　헤르만 바빙크의 성도다운 성도

본과 노동을 "이 세상을 오랜 세월 동안 불안하게 만들었던 혁명적 변화의 정신"으로 요약하며 시작하지도 않는다. 그 대신 바빙크는 하나님 앞에서 인간이 받은 소명의 규범적인(normative) 묘사와 지상과 하늘에서의 이중적인 운명과 부르심에 대한 사색으로 시작한다. 하나님께서는 우리에게 일하기 위한 6일을 주셨으며, 7번째 날은 복되고 신성한 날로서 "인간들은 노동으로부터 쉼을 얻고 이 땅이 아니라 하늘을 자신들의 일의 궁극적인 목표로 만든다. 인간들은 모든 피조물과 함께 하나님과의 교제 속에서 쉼을 찾도록 부름 받았다."[38]

이런 논의는 죄에 대한 논의와 죄가 하나님과 인간 사이의 관계만을 파괴한 것이 아니라 다른 인간들과 창조계 사이의 관계도 파괴했다는 논의에 뒤따라온다. 우리의 일에 대한 하나님의 명령은 변하지 않는다. "우리는 여전히 이 땅에서 충만케 되어 이 땅을 정복할 책임을 가지고 있다." 하지만 우리 자신과 우리가 일하는 조건에서 모든 것이 변하고 말았다. "이제 우리 일의 특성이 변화되었다. 여성들은 고통과 슬픔 가운데 아이를 낳고, 남자들은 이마에 땀을 흘려 양식을 먹는데 그 이유는 자연이 더 이상 협력적이지 않고 오히려 적대적이기 때문이다." 심지어 창조계도 우리에 대항해 적대적 능력을 발휘하게 되었다. "창조계를 향한 인간의 다스림은 자연이 [인간에

---

38 "Gen. Prin.," 438.

게] 미온적이다 못해 심지어는 적대적인 상황 즉 '가시와 엉겅퀴,' 야
생 동물들, 그리고 자연의 힘들이 우리의 적이 되는 적대적 상황으
로 뒤바뀌게 되었다." 그 결과는 매우 익숙하며 통탄할 만한 결과이
다. "우리의 노동은 단순히 살아남기 위한 투쟁이 되어버렸다. 낙원
은 우리 뒤에 굳게 문이 닫혔고 우리는 그 어떤 무기도 없이 거칠고
헛된 세상으로 내몰리고 말았다." 결국 우리는 우리에게 미친 하나
님의 심판을 느낀다. "하나님의 법을 어긴 반역에 대한 형벌은 결코
피할 수 없다. 죄는 그 자체로 비참한 것이며 불행의 바다가 뒤따라
올 뿐이다." 바빙크는 죄의 황폐함에 대해서는 순진무구한 낭만주의
자가 아니며, 오히려 죄의 참상에 대해서는 잔인할 만큼 솔직하다.

산산이 부서진 영혼과 깨진 몸들은 정의의 잔해들이다. 내면의 동요, 죄
책감, 괴로운 양심, 심판의 두려움이 모든 인간의 숨겨진 삶을 갉아먹었
다. 병듦과 통증, 비극과 악, 애통과 죽음 모두는 이 땅에서의 우리의 삶의
즐거움을 빼앗아 갔다. 먼지는 무덤에서 자신의 승리를 축하한다. 파괴는
승전가를 부른다.[39]

바빙크는 우리 세상 속에 존재하는 일의 깨어짐으로부터 회피하
지 않는다. 하지만 바빙크는 일에 가해진 저주 때문에 고통 받는 사

---

39 "Gen. Prin.," 439-40.

헤르만 바빙크의 성도다운 성도

람들을 단순한 희생자로 여기는 관점을 거부한다. 바빙크는 인간의 책임, 죄, 죄책, 그리고 하나님의 심판에 대한 논의로 주의를 환기시키면서 인간의 왕적인 존엄성을 견지한다. 우리는 반역자이며 불법자이기 때문에, 우리는 개인적으로나 공동체적으로나 우리를 괴롭히는 비참함과 재앙을 우리 스스로에게 불러온 자들이다.

동시에 하나님은 자신의 섭리 가운데 창조물을 붙잡고 계실 뿐만 아니라, 심지어는 "오랜 시간에 걸친 행악의 파괴적인 길"을 억제하기도 하신다. "하나님은 창조주와 섭리주의 역할 가운데 죄를 전용(轉用)하시며 반대하시고 다스리셔서 죄가 창조계를 전멸하지 못하고 하나님의 작정을 좌절치 못하게 하신다." 놀랍게도 바빙크는 하나님께서 이렇게 하시는 방식 중 하나를 "첫째, 그가[하나님께서] 죄에 관여해 형벌을 내리고 심판하는" 것을 언급하며 시작한다. 인간들은 우리 자신의 죄의 결과와 다른 사람들의 공동의 죄에 대해 경험하기 때문에, 우리는 하나님의 심판과 자비 둘 다를 경험한다.

초조한 영혼들, 삶의 고난들, 생존 경쟁, 우리 일상의 노동이 가진 어려움들, 이 모든 것은 동시에 신적 진노가 드러난 것들이며 하나님의 일반 은혜의 수단들인데, 이것들을 통해 하나님께서는 죄가 진행하는 길에 장애물을 던져 놓으시며 죄의 가장 끔찍한 폭발적 증가를 막으신다.

게다가 하나님께서는 "[타락 후에도] 남아 있는 자신의 형상과 모양의 어느 정도의 약한 흔적들"을 허락하신다. "하나님께서는 이성과 양심을 허락하셔서 자신의 존재와 특성에 대한 어느 정도의 지식, 종교의 씨앗, 선악에 대한 도덕적 감각, 그리고 우리의 영원한 운명에 대한 의식을 유지하신다." 이뿐만 아니라 하나님께서는 "인간의 마음속에서 남자들과 여자들, 부모와 자녀들 사이의 자연적인 사랑을 일깨우시고 사람들 속에서 다양한 사회적 덕목들을 키워 가셔서 사회적 관계들과 애정과 우정을 향한 갈망으로 이끄신다."[40]

하지만 이것 중 그 어떤 것도 충분하지 않기 때문에, 하나님께서는 사람들을 자신에게로 부르셔서 그들과 언약을 맺으셨고 그들을 그들의 땅에 정착하도록 만드셨으며 삶의 규칙인 법을 주셔서 그 법을 지킴으로써 사회적 평화와 인류 번영을 도모하게 만드셨다. 순종의 요구로 불러주신 이 공동체는 은혜를 베풀 공동체가 되어야만 했다. 이스라엘은 사람들이 빈곤과 궁핍에 빠질 경우 자비를 베푸는 사역을 하도록 선명한 규례를 받았는데 논밭에서 곡식을 줍는 가난한 사람들의 권리에 대한 규례라든지, 안식년과 희년에는 빚을 탕감해주는 규례, 혹은 몸이 불편한 사람들과 노년층들을 잘 대해야 하는 규례 등을 포함한다. 바빙크는 다음을 첨가한다.

심지어 동물들의 삶과 안녕, 쉼에 대해서도 하나님의 법이 주어졌다(출 20:10; 신 25:4; 22:6; 23:9 등). 이 모든 자비의 사역은 지속적으로 애굽에서 이스라엘이 받은 압제와 체류에 입각한 것이었다(출 22:20; 23:9 등). 이스라엘

---

40 "Gen. Prin.," 440.

헤르만 바빙크의 성도다운 성도

의 도덕법은 압제 받았던 시점에서부터 기록되었다.[41]

바빙크는 이스라엘의 왕적인 존엄성과 책임성에 더하여 하나님의 사람들은 제사장적인 연민을 위해서도 부름 받았다고 주장한다.

그 당시 무시하기 힘들었던 "사회 문제"에 대해 성경적인 답변을 주기 위해 분투했던 회의를 회상해보라. 바빙크는 당시의 사회적 격변과 불안정의 외적 증상에만 집중하는 행태에 만족하지 않았고 오히려 이 문제의 가장 중심부, 즉 인간의 죄까지 깊게 관통해 들어가길 원했다. 이 증상들을 살펴보기 전에 질병 자체를 먼저 해결해야만 한다. 시작 단계는 선명하다.

> 그러므로, 이 시대가 해야 할 첫 번째 순서는 하나님과 올바른 관계를 회복하는 것이다. 그리스도의 십자가가 기독 종교의 심장이며 중심부다. 무엇보다 예수님께서는 가정을 새롭게 만들고 사회를 개혁하시기 위해 오시지 않았으며, 오히려 죄인들을 구원하고 임박한 하나님의 진노로부터 세상을 구원하기 위해 오셨다. 우리 영혼의 구원이야말로 하늘나라를 유산으로 받기 위해 기꺼이 모든 것, 즉 아버지와 어머니, 집과 땅, 심지어 우리의 목숨까지도 희생해야 할 우리의 궁극적인 염려가 되어야만 한다(마 6:33; 16:26).

---

41 "Gen. Prin.," 442.

그리스도 안에서 하나님과 올바른 관계를 가지게 될 때, "모든 다른 인간관계는 새로운 질서를 찾게 되며 그 원래의 상태로 되돌아갈 수 있게 된다."[42] 우리의 [인간] 관계들과 그 관계들을 특징짓는 차이점들은 그리스도 안에서의 연합을 통해 상대화된다. "우리의 사회적 삶 속에서의 구별들은 남아 있지만 그것들의 날카로운 날은 사라진다." 다음의 인용문에서 어떻게 바빙크가 이를 우리의 사역에 적용하는지가 드러나 있다.

신약성경은 부자에게 경고하는 내용으로 가득 차 있지만(마 6:19; 19:23; 딤전 6:17-19 등), 빈곤은 덕목이 아니며 자연적인 것은 그 자체로 불결하지 않다(막 7:15ff.; 행 14:17; 롬 14:14; 딤전 4:4). 일을 하는 것은 명령된 것이며 양식과 보수와 밀접하게 연결되어 있다(마 10:10; 딤전 5:18; 엡 4:28; 살후 3:10).[43]

바빙크는 심각한 혼란과 빈곤화에 직면하는 가운데 사회를 재배열하거나 부를 재분배하는 식의 거대한 계획을 제안하지 않는다. 바빙크의 노력은 훨씬 더 근본적이다. 즉 번영을 위해서 모든 사람에게 필요한 영적인 갱신과 도덕적 고양을 지적한다. 바빙크는 개인적 회개와 갱신 그 자체가 사회 경제적 고양을 불러일으킨다는 제안을 하지 않는다. 오직 공동체, 집단적 사람들, 국가의 도덕적 갱신이 이를

---

42 "Gen. Prin.," 443.

43 "Gen. Prin.," 444.

헤르만 바빙크의 성도다운 성도

성취할 수 있고, 이런 도덕적 갱신은 공의로운 법과 사회 정책과 더불어 일어날 필요가 있다. 사회와 사회적 관계성에 대한 바빙크의 이해는 10장에서 보다 더 구체적으로 다룰 것이지만 인간의 소명에 대해 1891년 회의에서 채택한 중요한 원리는 이 장에서 다룰 필요가 있다. 이 원리 속에서 개인의 책임성이 주장되었지만, 동시에 일과 소명 안에서의 인간의 번영은 오직 공동 결정과 행위를 통해서만 다다를 수 있는 자유와 기회의 조건을 요구한다는 사실을 선명하게 인지하기도 했다.

> [결의안] 5번: 성경에 의하면 사회적 문제 해결을 위한 중요한 일반적 원리는 정의[*gerechtigheid*]가 존재하는 것이다. 이 의미는 각 사람은 자신의 본성에 따라 하나님과 다른 피조물들에 관한 하나님의 법령에 따라 살아갈 수 있는 위치를 부여받았다는 의미이다.[44]

인간의 죄라는 실제와 우리 모두 다 반드시 하나님과 화해해야 한다는 필요성에서 시작해야 한다는 바빙크의 주장은 이 사안의 끝이 아니다. 바빙크는 사람들이 번영에 이를 수 있는 상태를 만들기 위해 실천적이고도 구체적인 단계들을 제시한다. 바빙크는 성경이 단순히 사람들의 영원한 운명에 대해서만 고민하는 방향성을 취하

---

44 "Gen. Prin.," 445.

는 것이 아니라, 동시에 "이 땅에서 그들의 소명이 성취되게끔 만드는" 방향성까지도 취한다고 말한다. 그러므로 그리스도인들은 반드시 "안식일 제도 유지"와 더불어 다음을 추구해야 한다.

- 빈곤과 비참함, 특별히 빈곤화를 막을 수 있는 정책들
- 자본 및 토지 재산의 축적을 반대하는 정책들
- 가능한 한 모든 사람을 위해 "최저 생활 임금"을 보장하는 정책들

바빙크는 자신의 관점이 가진 실제적인 특징에 대해서 선명한 시각을 가지고 있었다. 그리스도인의 소망은 이상주의적 소망이 아니다. 여덟 번째 결의안은 다음과 같이 말한다. "이와 더불어 죄와 오류로 인하여 모든 종류의 비참함이 항상 우리와 함께 있고 이 땅에서는 정의로움만으로는 이런 비참함이 결코 제거될 수 없기 때문에 자비 사역을 위한 매우 큰 역할들이 남아 있다."[45]

요약해보도록 하자. 우리는 "우리의 수고가 주 안에서 헛되지 않은 줄" 알기에, 우리 편에서 해내는 일이 없이도 자유롭게 일하며 자유롭게 선행을 베푼다. 만약 우리가 우리의 일 가운데 번창하길 원한다면, 우리는 반드시 모든 "행위의 의"로부터 자유롭게 되어야 한다. 우리는 행위로 스스로를 구원할 수 없다. 만약 우리가 행위를 안

---

45 "Gen. Prin.," 446.

헤르만 바빙크의 성도다운 성도

전과 안녕에 대한 열망을 만족시키려는 시도로 활용한다면, 그 행위가 우리를 영적으로나 육적으로나 죽이고 말 것이다. 우리는 행위로 우리 존재를 의롭게 할 수 없으며 결코 그렇게 시도해서도 안 된다. 그 이유는 그렇게 할 필요가 없기 때문이다. 우리는 이미 그리스도 안에서 의롭다 인정받았다. 엄밀히 말하자면, 우리의 행위 안에는 구속하는 것이 아무것도 없다.

그러나 행위로 우리 스스로를 의롭게 만드는 행위를 멈췄을 때 우리는 기독교적 제자도와 성화의 통합으로서 우리의 일 가운데서 자유롭게 하나님께 영광을 돌릴 수 있게 된다. 정직한 노동은 고결하고 위대한 소명을 유지시켜 피조물, 사회, 그리고 우리 자신 안에서 하나님을 찬양하기 위해 하나님의 은사들을 활용할 수 있게 된다. 이것이 전부다. 그러므로 하나님의 더 큰 영광을 위해 일하라 (*Labora ad maiorem Dei gloriam*).

9장

문화와 교육

우리가 하는 일이 문화를 만들어 낸다. 문화(*culture*)라는 단어는 경작하다(*cultivate*, 단어 어근의 뜻은 "땅을 갈다"[to till])라는 단어와 같은 뿌리를 가지고 있는 단어이기 때문에 가장 기본적이고도 필수적인 인간의 일과 문화 사이에 밀접한 관계성이 있는 것은 명백해 보인다. 일하는 것은 우리의 인간성에 필수적 요소이므로 문화는 때와 장소를 가리지 않고 인간의 일을 만들어 내는데, 가장 기본적인 생산물의 시작이 바로 농업(*agriculture*)이다. 문화에 대해 생각할 때 우리는 예술이나 인문학 같은 곳에서 발견 가능한 격조 높은 취향이나 세련된 감수성을 지향하는 문화에 대한 고상한("세련된"[cultivated]?) 이해로 시작해서는 안 되며 혹은 그런 고상한 이해 속으로 우리를 제한시켜서도 안 된다. 마치 문화를 "지적이고도 심미적인 훈련을 통해 획득된 감각의 교화와 탁월함"으로 이해하는 사전적 정의처럼 말이다. 같은 사전에 등장하는 그다음 정의가 훨씬 더 낫다. "다음 세대에게 지식을 가르치고 전수하기 위한 능력에 의존하는 인간의 지식, 신념, 행동의 통합적 유형."[1] 그러므로 문화는 기술이나 전문적인 노하우 이상의 것이다. 문화는 교양있는 사람들을 발전시키고 문명을 건설하기 위해 전수된 세상에 대한 축적된 공동의 지혜의 산물이다. 이런 이유로 교육은 본질적으로 문화라는 개념과 연결되어 있다. 문화는 다세대적 현상이고, 사람들은 문명이 지속될 수 있도록 새로운 세대들을 교육하는 효과적인 방식들을 발전시켜왔다.

종교, 자연, 일, 그리고 문화 ─────

사회적 관점으로 봤을 때, 문화는 모든 문명의 도가니인 가정에서 시작된다. 하지만 신학적으로 생각해 볼 경우, 문화는 종교와 더불어 하나님의 현존 안에서 살아가는 인간의 실재와 함께 시작해야만 한다. 바빙크는 말한다.

> 종교란 인간의 능력들 중 단 한 가지에 제한되지 않고, 인간 전체를 포함한다는 결론이 내려진다. 하나님에 대한 관계는 통합적이며 핵심적이다. 우리는 반드시 우리의 뜻을 다하고 목숨을 다하고 온 힘을 다해 하나님

---

1 *Merriam-Webster's Collegiate Dictionary*, 11th ed. (Springfield, MA: Merriam-Webster, 2008), senses 4a and 5a.

을 사랑해야 한다. 하나님은 하나님이라는 바로 그 이유 때문에 우리의 모든 능력과 모든 관계 가운데 우리 영혼과 육신 전체를 요구한다[바빙크, 『개혁교의학』, 1:373].

인간론적으로 말하면, "머리와 가슴과 손은 동일하게 종교에 의해 각각의 방식을 따라 쓰임 받는다. 인간 전체, 영혼과 육체는 종교의 봉사에 쓰인다."[2] 사실 그 무엇도 종교의 범주 밖에 위치한 것은 없기 때문에 종교를 "문화의 모든 권세"와 구별하고 종교 자체의 독립성을 인정하는 일은 중요하다. 여기서 바빙크는 자신의 주장을 인간의 능력 심리학(faculty psychology)에 맡기고 있다. "종교는 인간 전체를 에워싸는 반면, 학문, 도덕, 예술은 각각 인간 지성, 의지, 감정의 다양한 능력들에 기초한다." 바빙크는 학문적, 역사적 수단들로 종교의 기원을 설명하려는 모든 시도를 거부한다. "여기서 역사적 방법은 우리를 완전히 곤경에 빠뜨리는데, 왜냐하면 인간이 출현하는 곳마다 인간은 이미 종교를 갖고 있기 때문이다. 엄밀히 말해서 문화를 갖지 않은 민족들은 존재하지 않으며, 종교와 윤리, 이성과 언어가 없는 원시적 인간이란 하나의 공상이기 때문이다."[3]

바빙크는 인간들을 풍성히 복 받은 존재로 여기는데 그 이유는 체현된 영혼인 우리의 본성으로부터 수많은 관계들이 생겨나기 때

---

2 *RD*, 1:268(바빙크, 『개혁교의학』, 1:373).

3 *RD*, 1:269(바빙크, 『개혁교의학』, 1:375).

문이다. 이것이 우리를 하나님의 창조의 면류관으로 만든다. "창조의 절정은 인간이다. 영적 세계와 물질적 세계는 그 인간 안에서 서로 결합된다."[4] 인간들은 "영적" 피조물들이다. 그 이유는 다음과 같다.

왜냐하면 그는 동물들처럼 흙에서 나온 것이 아니라 하나님이 그에게 생기를 불어 넣었기 때문이다(창 2:7). 왜냐하면 그는 자신의 삶의 원리를 위로부터 하나님에게서 갖기 때문이다(전 12:7). 왜냐하면 그는 하나님의 영과는 구별된 자기 자신의 영을 갖기 때문이다(창 41:8, 45:27; 출 35:21; 신 2:30; 삿 15:19; 겔 3:14; 슥 12:1; 마 26:41; 막 2:8; 눅 1:47; 23:46; 요 11:33; 행 7:59; 17:16; 롬 8:16; 고전 2:11; 5:3-5; 살전 5:23; 히 4:12; 12:23 등). 왜냐하면 그는 그 자체로 천사들과 유사하며, 또한 영적인 것들, 하늘의 것들을 생각할 수도 있고, 필요하다면 몸이 없이도 존재할 수 있기 때문이다.[5]

바빙크는 명시적으로 인간과 천사를 비교하면서 다섯 가지 이유로 왜 인간들이 천사들보다 더 "우월"한 존재라고 생각해야 하는지에 대해 구체적으로 설명한다. 분량이 다소 많긴 하지만 바빙크가 제시한 네 번째 이유를 다 인용하는 것은 의미가 있는데 그 이유는 이 구체적인 내용이 문화에 대한 우리의 논의와 대단히 밀접한 관련이 있기 때문이다.

---

4 *RD*, 1:511(바빙크, 『개혁교의학』, 2:637).

5 *RD*, 1:556(바빙크, 『개혁교의학』, 2:694).

넷째, 천사가 더 권세 있는 영이라고 할지라도, 인간은 더욱 풍성한 영이다. 천사는 지성과 능력에서 인간을 훨씬 초월한다. 하지만 인간은 하나님, 세상 그리고 인류에 대해 갖는 기적 같은 풍성한 관계로 인하여 더 깊은 영혼과 더 풍성한 감정을 지닌다. 성적인 삶과 가족생활, 가정, 국가, 그리고 사회에서의 생활, 노동, 예술과 학문을 위한 삶이 수반하는 관계들은 각 사람을 소우주로 만드는데, 이는 다양성, 깊이, 풍성함에서 천사들의 인격성을 훨씬 초월한다. 그러므로 오로지 인간만이 가장 풍성하고 영광스러운 하나님의 미덕들을 알 수 있고 누릴 수 있다. 천사들은 하나님의 능력, 지혜, 선하심, 거룩, 위엄을 경험하지만, 하나님의 영원한 자비의 깊이는 오로지 인간에게만 계시되었다. 그러므로 하나님의 충만한 형상은 인간 안에서, 또는 더 낮게 인류 안에서 단지 피조물의 방식으로 펼쳐졌다.[6]

인간들은 일하며 문화를 창조하는데 그 이유는 인간들은 체현된 영혼을 가지고 있는 영적 존재들이기 때문이다. 우리는 물질적 피조물이지만 우리의 영은 우리의 물질성에 부과된 한계 너머로 우리를 끌어올릴 수 있다. 기본적인 육체적 욕구 너머로 올라갈 수 있을 뿐만 아니라 사회적 기관들을 포함한 의미의 구조까지도 창조해낼 수 있는 인간의 능력은 우리의 육체적 존재를 위해서 안정과 질서를 제공

6　RD, 1:462(바빙크, 『개혁교의학』, 2:579).

한다. 신체를 가진 영적 존재들인 우리는 우리의 물질적 세계로부터 완전하게 도망칠 수는 없지만 그렇다고 해서 물질적 세계에 불변하고도 한정된 방식으로 묶여 있지도 않는다. 우리가 날씨를 제어할 수는 없지만 냉난방이 되는 집을 지을 수는 있다. 우리가 병듦과 질병을 완전히 없앨 수는 없지만 전 세계의 천연두가 근절되었으며 일부 나라를 제외하고는 소아마비도 사라지고 있고 후천성 면역결핍증 환자들의 목숨도 놀라울 정도로 연장되고 있다. 이 모든 일에 대한 우리의 능력은 영적인 능력이며 이를 통해 우리가 문화적 피조물이라는 사실이 드러난다. 이는 우리가 "꿀벌 문화" 혹은 "개미 집락"이라고 말할 때 생각하는 것들과는 전혀 다른 것이다. 바빙크는 이를 다음과 같이 요약한다.

하지만 인간은 혼이다. 왜냐하면 그에게 있어서 영적인 요소는 처음 순간부터 천사들과는 달리 몸에 적응되고 몸을 위해 조직되었기 때문이다. 왜냐하면 그는 그 몸으로 인해 지상에 매이고 또한 자신의 더 높은[정신적이고 영적인] 삶을 위해 감각적이고 외면적인 것들에도 매여 있기 때문이다. 왜냐하면 그는 단지 낮은 것에서 높은 것으로만 올라갈 수 있기 때문이다. 왜냐하면 그는 결국 감각적, 물질적 존재이며, 그와 같은 존재로서 동물들과 유사하기 때문이다. 인간은 생각하는 동물, 생각하는 갈대이며, 천사들과 동물들 사이에 존재하는 존재로서, 그 둘과 유사하지만, 그 둘과 구별되고, 자신 안에서 하늘과 땅, 가시적인 것들과 비가시적인 것들을 서로 연관시키며 화해시킨다[바빙크, 『개혁교의학』, 2:694-695].

바로 정확히 이런 방식 속에서 우리는 우리 자신을 하나님의 형상과 모양으로 바라본다.[7]

일과 문화는 자연이 역사와 연결된 것처럼 서로 연결되어 있다. 문화는 역사를 만드는 목적의식이 분명한(purposive) 일의 산물이다. 인간들은 곡식을 위해 땅을 경작하며 과수를 재배하고 동물을 키우는데, 이 모든 것은 다 생존을 위한 기본적인 필요를 충족하기 위함이다. 하지만 인간들은 재목과 주거지를 위해 나무를 벌목하며 연료와 난방을 위해 땅에서 석탄을 채굴한다. 인간들은 공동체 내에서 다른 사람들과 더불어 이 일을 하면서 농경, 음식, 건축과 사회적 삶의 독특한 형태들을 창출해나가는데, 이 모든 것은 문명을 만들어 내기 위한 의식과 의례들을 동반한다. 하나님께서는 모든 잠재적 자원과 함께 이 세상을 창조하셨고 섭리적으로 창조계를 붙잡고 계시지만, 동시에 하나님께서는 인간들에게 하나님의 목적에 합력하여 일해야 하는 책임감과 하나님의 지속적인 편재성에 반응해야 하는 책임감도 주셨다. 모든 문화는 하나님의 (일반) 계시에 대한 반응이다. 이 세상과 함께하시는 하나님의 방식들 속에서 인간들의 적절한 위치에 대한 선명한 인식은 이스라엘을 향한, 그리고 예수 그리스도 안에 있는 특별 계시를 통해 드러났다. 바빙크는 이를 다음과 같이 설명한다.

---

7   *RD*, 2:556.

기독교는 사람들을 정해진 목적, 즉 하나님 나라로 이끄려는 신적 섭리와 이성적 피조물들의 의지의 협력에 대해 이해한다. … 하나님 자신이 기독교와 함께 역사로 들어오시고 사람들을 자기 목적의 실현으로 이끄신다. 기독교 안에서 하나님은 역사의 하나님이 되신다. 고대 사람들에게 하나님은 항상 자연의 힘으로 남아 있었다 … 하지만 기독교 속의 하나님은 이 세상 속에서 자신의 경륜을 성취하시는 역사의 하나님이시다.[8]

예수 그리스도의 복음이 그리스·로마 세계로 들어오면서 하나님에 대한 개념이 변화되었다. 하나님이 더 이상 단순히 "최고의 사유"(supreme reason)와 "실체"(substance)가 아니라, "전능하시고 거룩하시며 자비로우신 의지"이신 한 "인격"으로 이해되었다. 세상의 과정이 더 이상 단순한 "자연의 발전"으로 이해되지 않고 오히려 "놀라운 드라마"로 이해되었는데 그 이유는 하나님의 목적과 함께하는 인간의 협력이 하나님의 목적에 고의로 저항하는 일과 함께 일어나기 때문이다.[9]

놀랍게도 앞의 인용문은 개혁교회의 호의적인 청중들 앞에서 처음으로 발표한 것이 아니라 오히려 1911년 12월 29일 네덜란드 상원 의회에서 처음 발표한 것이다. 이 회기는 식민지 경영, 특별히 네덜란드령 동인도 제도의 학교를 위해 정부 예산을 어떻게 사용해야

---

8   *ESSR*, 97.

9   *ESSR*, 97.

하는지에 대해 논쟁했던 회기였다.[10] 바빙크 전에 발표했던 연설자는 식민지의 현대화가 필요한데 기독교의 미신들이 종종 이런 현대화를 막고 있다고 주장했다. [그 연설자는] 교육, 특별히 자연 과학 교육은 "계몽주의의 보호 아래" 위치해야만 하며 "자연적 원인들로부터 설명 가능한 현상들에 대한 논지로부터 진행되어야 한다"라고 주장했다. 연설의 결론은 다음과 같다.

그러므로 자연 과학의 지식이 네덜란드령 동인도 제도에 매우 천천히 스며들 수 있도록 반드시 계몽주의가 들어가야 하며, 원주민들이 기독교에 대한 서투른 이해를 가지지 않도록 매우 조심해야 하는데, 기독교에 대한 서투른 이해는 물활론을 위한 무기로 변질되는 방식으로 계몽주의를 막을 수 있[기 때문이]다.[11]

이에 대한 반응으로 바빙크는 문화와 교육이 그 종교적 뿌리로부터 벗어날 수 없다고 주장했다. 게다가 그리스의 쇠락과 로마의 몰락 이후에도 "고대의 고전 학문"은 보존되었고 심지어 아랍 학교들에서부터 시작해서 이후에는 기독교 학교들을 통해 "많은 측면에서 증가되고 확장되었다"라고 주장했다.[12] 바빙크는 중세 시대를 "암흑

---

10 *ESSR*, 81n.

11 *ESSR*, 89. 바빙크의 연설은 동료 의원 C. Th. van Deventer에 대한 반응이었다. Cf. *ESSR*, 81n1.

12 *ESSR*, 94.

기"로 일축했던 근대주의자를 반대했고 이런 일축을 "무지에 근거
한 매우 일방적인 판단"이라고 생각했다. 이런 생각이 얼마나 무책임
하고도 경멸적인 일축인지에 대해 바빙크는 세 가지 이유로 설명했
다.

1) 중세 기독교는 새로운 사람들에게 기독교화와 문명화를 가져왔다.

2) 중세 기독교는 가장 오래되고 유명한 대학들에게 생기를 주었다.

3) 중세 기독교는 엄청난 지적 세력과 가장 기본적인 사안에 대해 씨름했
   으며 이전에는 절대 도달하지 못했을 정도로 특출나게 인문학을 끌어올
   렸다.[13]

바빙크는 중세의 성취가 "고대에 지나친 권위를 부여"했고, 자연
에 대한 "관찰"을 간과했으며, "책 속에서 모든 지혜를 발견할 수 있
다"라는 믿음 같은 "많은 결점들로부터 고통을 받았다"는 사실을 인
정했다. 바빙크는 이런 결점들은 심지어 로마 가톨릭 사람들도 인정
했던 바라고 말하며, 이에 대해 개신교인들은 주저하며 로마 가톨릭
대로 따라가서는 안 됨을 언급했다. 그럼에도 불구하고 이런 결점들
은 역사 속에서 일어난 사고이지 원칙의 문제는 아니었다. 그 이유는
스콜라주의는 지식으로 향하는 길인 관찰에 헌신적이었으며 본유

---

13 *ESSR*, 94-95.

관념에 대한 개념을 거부했기 때문이다.[14] "자연에 대한 지식과 그리스인과 아랍인들의 자연에 대한 철학이 서유럽을 침공했을 때" 벌어졌던 거대한 지적 변화를 인식하며, 바빙크는 자연을 바라보는 고상한 견해로 인한 기독교의 "틀림없는 영향력"에 대해 지적한다.

> 성경은 시편 기자들과 선지자들, 예수님과 사도들을 통해 자연에 대한 매우 풍성하고도 아름다운 관점을 보여주었는데, 이를 통해 이스라엘 속에서 자연에 대한 타의 추종을 불허하는 시가 만들어졌을 뿐 아니라, 고귀한 기독교회, 닛사의 그레고리, 아타나시우스, 성 아우구스티누스, 그리고 토마스 아퀴나스를 통해 다른 곳에서는 발견하지 못하는 기본적으로 매우 건전한 자연에 대한 철학도 열리게 되었다.[15]

성경적 세계관은 자연을 향한 인간의 태도를 변화시켰고, 자연과 인간 사이의 교감으로부터 생기는 문화를 풍성하게 조성했다.

> 이교도주의는 항상 이 세상에 대한 무모한 남용과 이 세상의 신비로운 힘에 대한 유치한 두려움 사이를 맴돌지만, 주권적인 자기 확신을 가졌던 히브리인은 두려움 없이, 하지만 자연에 대한 매우 높은 수준의 책임 의식을 가진 상태로 자연과 조우하는데 그 이유는 히브리인은 하나님의 사

---

14 *ESSR*, 95.

15 *ESSR*, 96.

헤르만 바빙크의 성도다운 성도

람으로서 이 세상을 통제하고 다스려야 하는 소명을 가지고 있기 때문이다.[16]

자연, 역사, 그리고 문화 ———

『계시 철학』에서 펼쳐지는 바빙크의 인도를 따라가다 보면[17] 몇 가지 생각들이 한데 묶이게 되며 몇몇 핵심 정의들이 발견된다. 바빙크는 "광의의 개념으로서의 문화는 자연 속에 미치는 인간의 능력으로 할 수 있는 모든 일을 포함한다[바빙크, 『계시 철학』, 443]"라고 말한다. 하지만 자연에 대해 말할 때 "인간 밖에 존재하는 … 보이는 현상 세계 모두"와 "인간의 육체적 몸 뿐 아니라 인간의 영혼" 사이를 구별할 필요가 있다. 인간들에게 주어진 은사들은 하나님으로부터 온 은사들이다. "이 모든 능력은 자연적 선물이며, 우리는 외부적 세계와 반드시 경작되어야만 하는 대상들을 다루는 도구로 이런 자연적 능력들을 활용한다."

그러므로 문화에는 두 가지의 거대한 영역이 존재한다. 첫 번째 영역은 물질적 재화들을 생산하고 분배하는 인간의 모든 활동, 예를 들면 농경, 목축, 산업, 무역의 영역이다. 두 번째 영역은 문학, 과학, 정의, 국정 운영, 예술

---

16 *ESSR*, 96.

17 "계시와 문화"는 *PofR*, 242-69(바빙크, 『계시 철학』, 433-465)에 있다.

등의 수단을 활용해 참, 선, 아름다움 등을 객관적으로 현실화하며, 발전을 이끌어낼 뿐 아니라, 문명화 시키는 모든 노동을 포함하는 영역이다.[18]

앞에서 역사의 범주에 대해 소개했을 때 인간 문화의 작업 재료로서 자연에 대한 합목적성 개념을 설명했었다. 이뿐만 아니라 네덜란드령 동인도 제도의 식민지 정책에 대해 상원 의회에서 했던 바빙크의 연설을 통해 성경적 세계관에 대한 바빙크의 증언도 살펴보았다. 성경은 하나님을 인격적으로 계시하며 하나님의 법을 인격적 의지로 계시하기 때문에, 그리고 이 인격적인 하나님이 모든 것의 창조주이시며 섭리주이시기 때문에, 또한 인간들은 하나님의 형상으로 지음 받았기 때문에, 우리는 "놀라운 드라마" 속에서 하나님과 "협력하도록" 소명 받은 자들이다. 중세부터 시작해서 그 이후의 발전상에 대한 바빙크의 역사적 개괄은 기독교가 근대 세계를 만드는 데 있어, 무엇보다도 학문을 만드는 데 중요한 역할을 감당했던 사실을 지적한다. 하지만 바빙크는 의회 연설에서 자연에 대한 성경적 관점이 근대 학문의 발전을 위해서 필수적이었는가와 어떻게 성경적 관점이 역사를 얼마나 변화시켰는지 드러내 보이는 것에만 스스로를 제한시키지 않았다. 역사 그 자체에 대한 진정한 이해는 기독교에 의해 변화되었다. 무엇보다도, 기독교가 문화에 대해 가장 중요한 족

---

18 *PofR*, 249-50(바빙크, 『계시 철학』, 443).

헤르만 바빙크의 성도다운 성도

적을 남긴 것은, 변화된 역사 인식이었다.

바빙크는 자신이 "역사의 아버지"라고 불러도 전혀 문제없다고 생각했던 헤로도토스(Herodotus) 같은 저자가 견지했던 역사에 대한 그리스 관점과 기독교적 관점 사이의 차이점을 강조한다. 바빙크는 이 둘 사이의 차이점과 이 차이점의 정당성을 지적하기 위해 멋진 수사적 전략을 사용한다. 바빙크는 이를 확증하기 위해 기존의 기독교적 자료에 호소하지 않고, 오히려 네덜란드 상원에서도 박학다식하고 공정하다고 인정해야만 했던 "실천적 이상주의" 혹은 "행동주의"의 아버지, 즉 독일의 문인이자 철학자였던 루돌프 크리스토프 오이켄(Rudolf Christoph Eucken, 1846-1926)의 자료에 호소한다. 오이켄에 따르면, 성육신 때문에 "역사는 고대 세계보다 기독교에 훨씬 더 큰 의미를 지니고 있다." "신성이 희미한 반영이 아닌 영광의 완전함으로 시간의 영역 속에서 드러나셨다는 것이 기독교적 확신이었다. 그러므로 이런 확신은 모든 것의 지배적인 중심력으로서 반드시 과거의 모든 것과 연결되어야 하며 이 확신으로부터 나오는 미래의 모든 것을 드러내야만 한다."

그리스도는 다시 올 수 없었고 스스로를 다시 십자가에 달리게 할 수 없었다. 셀 수 없이 많은 고대 세계의 역사적 주기들이 사라졌기 때문에 존재들의 오래된 영원한 반복은 더 이상 없었다. 역사는 획일적인 리듬의 반복이 아니라 포괄적인 전체인 단 하나의 드라마가 되었다.

이제 삶은 훨씬 더 극적인 삶이 되었고 심지어는 "긴장"의 삶이 되었는데 그 이유는 이전에는 "인간이 단순히 이미 존재하고 있는 자연을 드러낼 뿐"이었지만 이제는 인간들 스스로가 자연을 발전시키고 변혁시켜야 하는 책임감을 갖게 되기 때문이다. 그 결과, 기독교는 "역사와 일반적인 현세의 삶의 더 높은 가치"를 만들게 되었다.[19]

기독교는 이 세계의 역사와 삶에 높은 가치를 두었고, 이렇게 변화된 태도는 역사적 배우들과 대리인들을 만들어 냈다. 그리스도인들은 보다 더 하나님을 존경하며 영광을 올려드릴 수 있다고 믿었던 방식으로 역사를 형성하고 방향을 바꾸고 빚어가야 할 책임감을 인식했다. 바빙크는 스톤 강연의 9번째 주제였던 "계시와 문화"를 요한 크리스토프 블룸하르트(Johann Christoph Blumhardt, 1805-1880)의 다음과 같은 유명한 말로 시작한다. "블룸하르트는 사람이 반드시 두 번 회심해야 한다고 말한 적이 있었다. 한 번은 자연적인 삶으로부터 영적인 삶으로의 회심이고, 또 다른 한 번은 영적인 삶으로부터 자연적인 삶으로의 회심이다." 바빙크는 "이는 다소 역설적인 표현이었는데 그 이유는 블룸하르트에게 진리는 모든 그리스도인의 종교 경험을 통해 확증되며 동시에 모든 시대의 기독교적 경건을 통해 확립되기 때문이다"[20]라고 말하며 블룸하르트의 말 가운데 존

---

19 *ESSR*, 96-97. 바빙크는 루돌프 오이켄의 *Geistige Strömungen der Gegenwart* (Leipzig, 1904), 190을 인용하고 있다.

20 *PofR*, 242(바빙크, 『계시 철학』, 433).

헤르만 바빙크의 성도다운 성도

재하는 "진리"에 대해 동의한다. 인간들의 첫째 되는 가장 높은 열망과 의무는 하나님과 교제하는 것이다. 이미 이 책 전반에 걸쳐 수없이 많이 언급되었던 것처럼, 우리는 하나님과의 교제를 위해, 안식을 위해, 하나님과 화해하기 위해 창조되었고, 우리의 구원을 인격적으로 확증하는 일이야말로 이 땅의 모든 살아 있는 사람이 해야 할 최우선 과제이다. 하지만 일에 대해 다루었던 앞선 장에서 논의했던 것, 즉 일단 우리가 하나님과 화해하고 나면 우리의 "일이 본격적으로 시작되며" 우리는 "하나님과 동역자가 된다"는 논의는 역사와 문화로 우리의 주의를 환기시킬 때 비로소 훨씬 더 논의의 폭이 넓어지게 된다. 이렇게 될 때 일에 대한 우리의 생각이 단순히 기본적인 생존을 위한 일로 제한되는 것이 아니라, 오히려 우리의 일과 함께 역사적 책임 의식과 문화적, 문명적 의무를 다하는 것까지도 생각할 수 있게 된다.

분명하게도, 이런 관점은 신약 시대 우리 예수님의 제자들과 사도들의 시야를 넘어선 관점이었다. 바빙크는 "기독교가 세상 속으로 스며들어갔을 때 기독교는 즉각적으로 여러 가지 어려움들에 직면하고 말았다. 계시에 근거한 기독교는 오래 전부터 이 세상 속에 존재했고 기독교 특유의 삶을 추구해나갔다"[21]라고 관찰한다. 안정적인 사회와 뚜렷한 윤곽 가운데 번영했던 문화는 오랜 역사 속에 이

---

21 *PofR*, 242(바빙크, 『계시 철학』, 433-434).

미 존재했었고, 그리스도인들은 어려운 선택들에 직면하지 않을 수 없었다. 모든 문화는 종교적 뿌리를 가지고 있기 때문에, 바로 이 점이 그리스도인들, 특히 새로운 그리스도인들에게 항상 어려움으로 작용했는데 그 어려움은 삶의 "옛" 길을 뒤에 남겨둬야만 하는지 아니면 어떤 것을 유지하거나 수정하거나 혹은 개혁해야 하는지를 식별해 나가야 하는 어려움이었다. 『그리스도와 문화』(*Christ and Culture*)의 저자 H. 리처드 니버(Richard Niebuhr)의 익숙한 범주를 사용한다면,[22] 그리스도인들은 지배적인 문화로부터 스스로를 상당히 분리시켜야만 하는가? 아니면 스스로를 지배적인 문화에 적응시켜야만 하는가? 혹은 긴장 가운데 살아야만 하는가? 아니면 지배적인 문화를 변혁시키기 위해 노력해야만 하는가? 기독교가 이런 질문들과 싸워왔던 역사에 대한 바빙크의 몇몇 논의들을 반복할 필요는 없지만, 바빙크가 가졌던 우려의 핵심, 즉 이원론(dualism)에 대해서는 집중해서 살펴볼 필요가 있다. 로마 가톨릭의 전통적인 수도원 식 금욕주의든 아니면 제세례파의 극단적인 제자도 강조이든 막론하고, 바빙크의 가장 핵심적 수사는 일반적으로 분파주의, 즉 기독교 내에 존재하는 분리주의적 기질에 대항하는 것이다.

바빙크는 이런 우려 속에서, 아메리카로 이주했던 일부 네덜란드 개혁파 이민자들을 향한 비판을 아래에서 한 것처럼, 자신의 분리

---

22 H. Richard Niebuhr, *Christ and Culture* (New York: Harper and Row, 1951).

측 공동체의 많은 사람들에게도 연설한다. "기독교와 교회의 보편성"(The Catholicity of Christianity and the Church)이라는 연설에서 바빙크는 개인적인 죄들과 싸우는 것으로 한계를 두고 있는 개혁파 그리스도인들의 잘못에 대해 지적한다.

학문의 믿지 못할 결과들이 거부되긴 했지만, 다른 원리에 근거한 학문의 내적 개혁은 없다. 하나님 말씀의 요구에 따라 공공의 삶을 개혁하려는 노력이 부재한 상태로 종종 근본적으로 "세속적"으로 여겨지는 공공의 삶이 무시되고 거부된다. 많은 사람이 자신들이 예배했던 장소에서 하나님을 예배할 수 있는 능력 혹은 복음 전도에 참여할 수 있는 능력에 만족하는 가운데 국가, 도시, 사회, 예술, 학문을 자기 뜻대로 버렸다.

[바빙크는] 이민에 대해서 다음과 같은 말을 남긴다. "많은 이들이 삶으로부터 완전히 물러났으며, 문자 그대로 모든 것으로부터 자신을 분리시켰을 뿐 아니라, 이보다 더 심각하게도 어떤 경우에는 아메리카로 떠나버려 불신으로 잃어버린 조국을 버렸다." 바빙크는 이런 사람들의 경건에 대해서는 인정하고 있지만, 그들의 시각이 불완전하고 부적절하다고 생각하고 있다. "이런 경향은 기독교적인 부분을 많이 가지고 있긴 하지만, 이는 기독교의 완전한 진리가 빠진 경향이라는 사실이 고려될 필요가 있다. 이는 하나님께서 이 세상을 사랑하신다는 진리에 대한 거부이다. 이런 경향은 세상과 충돌하는 경향이고 심지어 세상을 거부하는 데 전념하는 경향이지, 믿음 안에

서 '세상을 이기는 승리'에 전념하는 경향은 아니다."[23]

[그럼에도] 바빙크는 "심지어 이런 형태의 기독교조차도 이런 부정적인 측면을 환기시킴으로써 기독교적 삶을 제공하는 유익이 있다는 사실을 거부하려는 의도를 가지고 있지 않다"라고 주장한다.

[사실] 예수님 자신은 실로 우리에게 필요한 단 한 가지, 즉 무엇보다도 하늘나라를 갈구하고 모든 걱정을 내려놓으라고 부르시는데 그 이유는 하늘에 계신 우리 아버지께서 우리가 필요한 것이 무엇인지 아시기 때문이다. 하나님과 교제하는 삶은 그것 고유의 내용이 있으며 우리의 도덕적 삶이나 이 땅에서의 우리의 직업 활동 속에서 고갈되지 않는다.

게다가, 우리는 그리스도인으로서 모두 다 다르며, 각자의 열정과 은사가 있고, "편향적으로" 기우는 죄를 짓는 자들이다. "우리 중 그 어떤 누구도 복음에 의해 동등하게 다스림 받는 우리의 지성, 감정, 의지, 우리의 머리, 마음, 손을 가지고 있지 않다."[24]

바빙크는 우리 주 예수님께서 말씀하신 두 가지의 비유 즉 한편으로는 하나님 나라를 엄청 값비싼 진주 보화로, 또 다른 한편으로는 하나님 나라를 누룩에 비유하는 것을 함께 설명하면서, 예수님을 위해, 그리고 그분의 나라를 위해 모든 것을 버리는 급진적인 제

---

23 "Catholicity," 246-47. 이 책 마지막에 수록된 요일 5:4下에 대한 바빙크의 설교를 보라.

24 "Catholicity," 247.

자도로 부르시는 예수님의 부르심 사이의 관계성에 대해 설명하길 즐겨한다. 바빙크는 이중적인 방식으로 이 두 쌍의 이미지들의 우선 순위를 설정한다. 가장 기본적인 단계에서는 하나님 나라가 그 무엇보다 보화이다. 하나님 나라 복음은 새로운 사회, 시작이 있는 사람들, 사회적 지위는 다르지만 "영적이고도 거룩한 공동체"로 그리스도 안에서 연합된 사람들, "선택된 가정, 거룩한 나라, [그리스도의 소유된] 백성, 거룩한 제사장, 많은 구성원들과 함께 하는 하나의 몸"을 창조해낸다.[25] 바빙크는 실제 일어난 결과에 대해 크게 개의치 않아 하는 모습을 보여줌으로써 우리를 놀라게 만드는 주장과 함께 이런 논의를 따르고 있다.

설사 기독교가 기껏해야 이런 영적이고도 거룩한 공동체에 불과한 결과물을 내놓았다 해도, 설사 기독교가 이 땅에서의 관계들 속에서 그 어떤 변화도 불러오지 않았다 해도, 예를 들면 설사 기독교가 노예제도 폐지를 위해 아무것도 한 일이 없다 하더라도, 기독교는 여전히 존재하며 영원토록 가치 있는 것으로 남아 있을 것이다.

기독교 신앙을 인간 문명에 끼친 유익들로 평가하는 것은 실수이다. "복음의 중요성은 문화에 끼친 영향, 현재의 삶을 위한 유익성

---

25 *ESSR*, 141.

에 의존하지 않는다. 복음은 설사 누룩이 아니더라도 그 자체로 위대한 가치를 지닌 진주 보화이다."[26]

하지만 바빙크는 "비록 기독교의 가치는 확실히 문명에 끼친 영향에 의해서만 배타적으로 결정되지는 않지만, 그럼에도 기독교가 이런 영향력을 행사한다는 사실을 부인할 수는 없다"라고 믿는다. 바빙크는 이를 설명하기 위해 누룩의 이미지를 다시 소개한다. "하늘나라는 진주일 뿐 아니라 누룩이기도 하다. 하늘나라를 찾는 누구든지 모든 종류의 다른 것들을 받게 된다. 경건함은 미래를 위한 약속이지만 현재의 삶을 위한 약속이기도 하다." 바빙크는 이런 누룩의 복을 하나님의 법에 순종하는 것으로 이해한다. "하나님의 명령을 지킬 때 위대한 상급이 있다. 오래되고 풍성한 역사 속의 기독교는 신앙 고백자들의 불성실함에도 불구하고 모든 사회의 모든 관계를 위해 가치 있는 열매들을 많이 맺었다."[27]

기독교적 제자도를 위한 진주와 누룩 비유에 대한 바빙크의 다른 시각은 문화를 멀리하는 삶과 문화적으로 교감하는 삶 사이의 구체적인 우선순위에 대한 관점이나 둘 중 무엇이 더 우월한가에 대한 관점을 주고 있다. 제자도의 극단적인 형태가 즉각적인 흥미를 줄 수는 있겠지만, 바빙크는 문화적으로 교감하는 예수 그리스도의 제자가 세상으로 들어가는 도전을 회피하는 것이 과연 모든 것을 다스

---

26 *ESSR*, 141.

27 *ESSR*, 141.

리시는 그리스도의 주재권 안에서의 확신의 부족, 믿음의 부족을 의미하는 것은 아닌지 의문을 표한다.

한 사람이 모든 것을 버리고 스스로 고립되는 결정을 할 때 실제로 그런 믿음이 위대해 보이기도 한다. 하지만 내 생각에 우리를 위해주시는 그분이 우리를 대항하는 자보다 더 위대하시고 심지어 이 세상 한가운데서도 악으로부터 우리를 지키실 수 있는 분이라는 확신을 가진 사람, 하늘나라를 보화로 여김과 동시에 하늘나라를 누룩으로 여겨 이 세상에 하늘나라를 불러오는 사람의 믿음이 훨씬 더 위대한 믿음인 것처럼 보인다. [28]

[이 세상으로부터] 도피하는 것은 이 세상의 바람에 부응하는 것이다. "이 세상은 기꺼이 자신의 터로부터 기독교와 교회를 제거할 것이고 기독교가 개인의 내밀한 장이 되도록 압박을 가할 것이다. 고독에 빠져서 자기 뜻대로 평화롭게 세상을 등지는 것보다 이 세상에 우리가 줄 수 있는 더 큰 만족은 없을 것이다." 이를 받아들이는 것은 교회의 보편성을 거부하는 것이다.

하지만 기독교와 교회의 보편성 둘 다 우리가 이런 바람에 부응하는 것을 금지하고 있다. 진리의 완전한 특성을 거부하지 않는 한 우리는 분파가 되지 않을 것이고, 우리는 절대 혼자가 되길 원하면 안 되며, 우리는 혼자가

---

28 "Catholicity," 248.

될 수도 없다. 하늘나라는 이 세상에 속한 것이 아니지만, 하늘나라는 이 세상의 모든 것이 하늘나라에 복종할 것을 요구한다.[29]

자신의 네덜란드 칼뱅주의자 동료 아브라함 카이퍼와 자주 인용되던 "[삶의] 모든 부분"(every square inch)이라는 그의 확신처럼, 바빙크 역시 삶 속에 존재하는 중립에 대한 모든 개념을 거부했다. 하나님 나라는 "배타적이며 하나님 나라와 독립되는 나라 혹은 중립적 나라를 받아들이기를 거부한다." 우리 주께서 우리에게 기대하시는 제자도는 이 땅에서의 평화, 고요, 그리고 안식을 약속으로 주지 않는다. 바빙크는 사실 "이런 평안한 평화는 여기서 우리에게 허용되지 않는다"라고 말한다. 왜 그럴까? 하나님의 창조물은 선하기 때문에, "하나님의 창조물 중 하나를 향한 거절은 하나님께 배은망덕한 것이며 하나님의 은사를 거부하는 것이다. 우리의 갈등은 피조물과의 갈등이 아니라 오로지 죄와의 갈등이다." 그리스도인들이 문화와 교감해야 한다는 바빙크의 도전은 단호하다.

그리스도를 고백하는 자인 우리가 우리 자신을 우리의 시대 속에서 찾을 때 그 관계들이 아무리 복잡하더라도, 사회, 정치, 그 무엇보다도 학문의 영역들 속에서의 문제가 아무리 심각해 보이고 어려워 보이며 심지어는 해결 불가능해 보인다고 해도, 기독교라는 미명 하에 자신감 있게 이런 싸움에

---

29 "Catholicity," 248-49.

헤르만 바빙크의 성도다운 성도

서 손을 떼고 우리 시대의 문화 전체를 악마적인 것으로 치부하는 것은 우리의 불신과 무력함을 증명하는 것이다.[30]

대신에 우리는 "세상을 이기는 승리는 이것이니 우리의 믿음이니라"(요일 5:4)라는 확신 어린 자신감으로 살아가야만 한다.

문화와 교육 ─────

지금까지 살펴본 문화적 제자도에 대한 논의는 세 가지 단어, 즉 자연, 일, 그리고 역사라는 단어로 요약할 수 있다. 인간의 일이 문화를 창조하며, 목적성 있는 일이 역사를 형성한다. 모든 예 가운데 문화와 문명은 우리 인간들이 자연의 엄격한 육체적, 물질적 영역을 초월하는 영적이고도 정신이 깃든 능력을 반영함으로써 가능하게 된다. 지금부터는 모든 문화와 문명의 핵심적인 요소인 네 번째 단어, 즉 교육에 대해 다룰 것이다.

교육에 대한 질문들, 특별히 교육학은 바빙크의 생애 마지막 10년 동안 바빙크가 했던 주된 일이었다. [교육 분야 외에] 다른 어떤 분야에서도 바빙크의 이론적 작업과 실천의 완전한 통합을 선명하게 볼 수는 없다. 바빙크는 교육에 대해서 여러 주요 작품들을 저술

했고,[31] 기독교 학교 공동체를 구성하는데 도움을 주었으며, 네덜란드의 공공의 영역 가운데 기독교 교육의 열렬한 지지자로 활동했다. 이뿐만 아니라, 이때 집필된 바빙크의 많은 저술들, 특별히 심리학에 대한 그의 저술[32]은 교육학과 교육 기관에 대한 질문들과 직접적 연관이 있는 저술이다.

바빙크의 교육 철학이나 실천적 교육학을 단지 한 장에 걸쳐 완전하게 설명하긴 불가능하다. 이에 대해서는 세 가지의 풍성한 연구가 존재한다.[33] 지금부터 바빙크의 교육 철학을 보다 더 폭넓게 살펴볼 것이며 실천적 교육학에 대해서는 몇몇 요약문을 통해 결론을 지어 볼 것이다. 이 두 영역으로 들어가기 위해서 영어로 이미 번역되어 있는 바빙크의 두 에세이 "교육학의 동향"(Trends in Pedagogy, 1909)[34]과 "고전적 교육"(Classical Education, 1918)[35]을 살펴보도록 하겠다. 이 두 글은 교육에 대한 바빙크의 성숙한 생각이 드러나 있는 글이기 때문에, 교육적 개념에 대한 바빙크의 핵심 생각을 요약

---

31 *Paedagogische beginselen* (Pedagogic Principles, 1904; rev. 1917); *De opvoeding der rijpere jeugd* (The Education of Adolescents, 1916); *De nieuwe opvoeding* (The New Education, 1917).

32 *Beginselen der psychologie* (Principles of Psychology, 1897; rev. 1923); *De overwinning der ziel* (The Triumph of the Soul, 1916); *Bijbelsche en religieuze psychologie* (Biblical and Religious Psychology, 1920).

33 Fr. S. Rombouts, *Prof. Dr. H. Bavinck, gids bij de studie van zijn paedagogische werken* (1922); Jacob Brederveld, *Christian Education: A Summary and Critical Discussion of Bavinck's Pedagogical Principles*, trans. two members of the faculty of Calvin College (Grand Rapids: Smitter, 1928); C. Jaarsma, *The Educational Philosophy of Herman Bavinck* (Grand Rapids: Eerdmans, 1935).

34 *ESSR*, 205-8.

35 *ESSR*, 209-43.

하는 데 유용하다.

바빙크는 당시 많은 사람들이 교육학을 신학적 혹은 철학적 토대로부터 분리시키고 교육학을 "완전하게 독립적 주제"로 만들 시도가 있다는 사실을 관찰하면서 첫 번째 글을 시작한다. 이런 시도는 성과가 없었고 헛된 노력이었다. "그러나 이런 시도들은 성공하지 못할 것인데 그 이유는 교육은 항상 인간의 기원, 본성, 목적에 대한 질문에 답하기 때문이며, 이런 대답은(만약 가능하다면) 그 어떤 정밀 과학을 통해서도 발견되지 못할 것이며 오히려 종교나 철학으로만 찾을 수 있다." 교육은 절대로 실천적 기술들로 축소시키면 안 되는데 그 이유는 교육은 항상 "세계관에 의해 다스림을 받을 뿐만 아니라 문화적 상황과 사회적 환경에 의해 지배를 받기 때문이다."[36]

기독교가 역사 속에서 교육 개혁운동 같은 교육 형성에 지대한 역할을 감당했다는 사실을 관찰한 이후에, 바빙크는 학교를 향한 "비관적 불평"과 "무자비한 판단"을 불러온 유럽 교육의 위기로 주의를 환기시킨다.

[루소(Rousseau)와 톨스토이(Tolstoy)의 낭만주의로부터 시작해] 우리의 모든 문화는 정죄 받았고 우리의 모든 비참함의 원인으로 여겨졌다. 우리의 현대 교육은 특별히 어리석음, 편견, 그리고 실수의 비집고 들어갈 수 없는 덤불로 간주되었다. 교육이 어린아이일 때 선했던 모든 것, 즉 지식의

---

36 *ESSR*, 205.

장. **문화와 교육**   353

갈망, 관찰 능력, 독립성과 인격성을 파괴했다고 말한다. 대신에 교육은 아이들에게 두려움과 섬뜩함을 채워놓았고 어지러움과 불안함을 불러 일으켰으며 종종 자살의 원인이 되었다. 홍수가 와서 이 땅의 교육을 쓸 어버리는 것은 바람직한 일이다.

비록 이 비판들이 다 이치에 맞지는 않지만, 바빙크는 동시에 다음과 같은 말도 남겼다. "수년 동안 거의 완벽하다고 여겨졌던 우리의 학교와 교육 체계에 심각한 결함이 있다고 확신하게 되었다. 그러므로 개혁이 반드시 시작되어야만 하는데 단순히 몇몇 사안에 대한 여기저기의 개혁이 아니라, 오히려 지도자와 구성원들의 완전하고도 근본적인 개혁이 필요하다."[37]

21세기 북미에서 벌어지고 있는 교육적 다툼과 논쟁들이 바빙크의 시대와 닮아있는 모습이 참으로 놀랍다. 앞에서 훑어봤던 [교육을 향한] 비판의 무거운 짐이 학교에 존재하는 지성주의, 특별히 학문 교육의 전성기가 더 좋은 사회를 만들 것이며 학교를 위해 쓰는 돈(막대한 돈!)은 좋은 소비인데 그 이유는 이를 통해 감옥에 돈을 덜 쓰게 될 것이라는 신념에 부과되었다. 그 결과들은 엄청나게 실망스러웠다. 지금 우리 가운데 그런 것처럼, 바빙크의 시대 때도 "가장 하층 계급의 비참함이 극적으로 올라갔다."[38] 우리도 감옥을 위한

---

37 *ESSR*, 206.

38 *ESSR*, 207.

예산이 엄청나게 증가되고 있고 동시에 학교를 위해 더 많은 돈이 쓰이고 있다(하지만 절대 충분치 않다!). 우리는 우리 앞에 놓인 이런 역사적 유사성을 염두에 둘 때 비로소 떠오르는 핵심적인 개혁안들에 접근할 수 있는 채비를 더 잘 갖출 수 있다.

바빙크는 "모든 문명화된 국가의 기획자들과 건축가들" 가운데 교육 개혁가들을 네 가지 그룹으로 나눈다. 현대의 독자들은 바빙크가 간단히 언급하는 첫 번째 그룹으로 인해 놀랄 것이다. "첫째 그룹은 기독교 교회의 신앙고백이 제공하는 토대가 아니면, 우리 모든 문화와 학교 체계에 대한 다른 확고한 토대를 알지 못하는 사람들로 구성된다." 이 그룹에 대한 바빙크의 설명은 더 놀랄 만하다.

이 그룹은 폭넓은 집단을 형성하고, 굳건한 위치를 차지하며, 이 그룹의 반대자가 상상하는 것보다 더 강하다. 게다가 이 그룹은 우리나라의 싸움 속에서 용기로 우리를 격려하고 있으며, 인내심을 종용하고, 심지어 지금보다 더 많이 우리에게 무기를 제공하고 있으며, 수비와 방어를 위해 우리를 구비시키고 있다.[39]

바빙크가 이를 관찰한 시기였던 1909년은 이 부분에서 중요한 시기이다. 분리 측 기독개혁교회에서의 바빙크의 회원권과 더불어

---

[39] *ESSR*, 206-7.

일어났던 자녀들의 교육에 관한 그리스도인 부모들의 양심을 예우하기 위한 19세기 네덜란드의 투쟁을 살펴볼 때, 어떤 사람은 아마도 바빙크가 네덜란드의 삶 속에서 기독교 교육 지지자의 소외된 위치를 강조했다고 예상할 수 있다. 이런 생각은 1880년과 심지어 1890년에는 사실이었지만, 1909년의 상황은 더 이상 그렇지 않았다. 아브라함 카이퍼와 그의 반혁명당은 초기에 네덜란드 공공 교육 정신을 완전히 세속화하려는 사람들과의 전쟁에서 꽤 신중히 싸웠다. 카이퍼와 그의 당이 1901년 선거에서 승리를 거머쥐었고 카이퍼는 1901년부터 1905년까지 네덜란드 수상으로 섬기게 되었다. 비록 반혁명당은 20세기 처음 10년간 몇 차례 선거에서 패배하는 고통을 겪기도 했지만, 그다음 60년 동안에는 반혁명당이 네덜란드의 주류 당이 되었다.

1917년, 네덜란드 정부는 모든 아이를 위한 교육의 자유를 헌법으로 보장했으며, 교육에 대한 국가의 독점을 끝내고 이제는 종교 노선에 따라 조직된 모든 학교가 국가로부터 예산을 받는 체계를 만들어 냈다. 네덜란드에서의 교육의 자유는 종교의 자유에 대한 헌신 덕분이었다. 자유로운 교육은 네덜란드 대부분의 사회적 측면들이 그 고유의 종교적, 이념적 각인을 받는 구조, 즉 "기둥화"(pillarization)라고 알려진 사회학적으로 구별된 형태의 가장 중요한 요소가 되었다. 20세기에 걸쳐, 이런 요소는 종교적으로 구별된 정당, 무역 조합, 상업 협회, 전문인 그룹, 스포츠 클럽 등을 의미했다. 교육에서는 인문주의처럼 그 어떤 특정한 신조의 고백이나 신념으로 정체성을 규정하지 않는 사람들을 소위 중립(openbare) 학교, 조합, 클럽 등으로 불렀다. 비록 이 중 그 어떤 것도 1909년에는 최종적으로 가동되지 않았지만, 바빙크가 첫 번째 기독교 그룹의 강력함과 어떻게 이 그룹이 다른 사람들이 인내하도록 종용하는지에 대한 확신을 표현할 때 그는 상당히 견고한 기반 위에 있었다. 바빙크가 목격한 교육 위기에 대한 첫 반응은 갱신되고 강화된 기독교 교육을 확언하는 것이었다.

그들이[두 번째 그룹이] "이상적인 색깔을 가진 철학 중 하나에 교육학을 위치시키길 원한다"는 말과 더불어 아래의 인용문 외에, 바빙크는 자신이 생각하고 있는 두 번째 그룹의 이름을 명명하지는 않는다.

> [비록 사람들이 호소하는 사상가들의 다양한 폭이 있지만,] 그들 모두 그들이 진화론과 목적론을 연결시키는 것과 진화론이 목적론을 섬긴다는 것에 동의한다. 자연에서는 모든 것이 고정된 법칙에 따라 기계적으로 진행되지만, 최종적으로 자연은 도덕의식이나 자의식 혹은 의지와 더불어 지성이나 영 혹은 직관을 갖춘 인간을 만들어 냈다.

바빙크는 이 그룹을 인간 본성의 기계론적, 결정론적 관점에 반하는 그룹, 그 대신 자연을 초월하고 자신의 의지로 자연을 다스릴 수 있는 능력을 가진 영적인 존재로 인간을 보는 그룹으로 묘사한다.

그러므로 인류는 교육에 열려 있고, 이 교육은 특별히 몸과 영혼을 강화시키고 의지를 훈련하며, 성격을 형성하고, 감정을 풍부하게 만들며, 인격성을 발달시키는 데 도움을 준다. 이런 과정은 교육이나 신체적 연습으로만 되는 것이 아니라, 동시에 예술, 종교, 도덕으로도 된다.[40]

바빙크는 이 그룹에게 단 하나의 서술어만 사용하는 것은 아니지만, 어쩌면 진보적 인본주의(progressive humanism)라는 용어가 적합할 것이다. 이는 인문학 속에서 인간 교육을 통해 성취되는 인간의 완전성에 대한 진화론적이며 점진적인 관점이다.

바빙크의 관점에서 세 번째 그룹은 과학적 교육학(scientific pedagogy)의 관점인데 이는 개인주의적 형태 또는 사회적 형태로 제공되는 접근 방식을 취하는 관점이다. 이기주의적 형태의 지지자들은 "모든 현대 사회와 문화를 경멸했으며, 학교에서는 권리, 자유, 독립성 즉 아이의 존엄성을 위한 엄청난 열정으로 바빴던" 사람들이다. 바빙크는 그들의 문장(紋章)을 "가장 적게 훈련하는 자가 가장 잘 훈련한다"라고 언급한다. 이런 관점은 아이의 본성에 대한 사회과학적 주장들에 의해 지지되는 아이 중심적 교육학이라고 요약할 수 있다. 우리 현대의 배경에서 볼 때는 이를 근대 교육의 "자존감"(self-esteem) 운동으로 생각해 볼 수 있다. 이 계열의 두 번째 지

---

40 *ESSR*, 207.

헤르만 바빙크의 성도다운 성도

점은 아이의 내적 잠재력을 극대화시키기 위해서가 아니라, 오히려 아이들을 사회의 유용한 구성원으로 만들기 위해 교육을 추구하는 그룹이다. 바빙크는 여기서 중요한 독일 교육이론가이며 1895년부터 1919년까지 뮌헨의 공공학교 관리자였던 게오르크 미카엘 케르셴슈타이너(Georg Michael Kerschensteiner, 1854-1932)를 언급한다. 케르셴슈타이너는 교육에 대해 매우 실용주의적 접근을 발전시켰으며 직업학교 망을 설립했다. 바빙크는 케르셴슈타이너의 접근을 "근대 민주주의에서 공업 국가가 직업 훈련을 통해 일반적인 교육을 성취하기를 원하며 이상적 인간을 유용한 인간으로 만들고자 했던 일방적인 국가 교육"[41]이라고 묘사한다. 바빙크는 이런 사회 교육학 그룹 속에서도 "개인의 권리를 완전하게 불허하고 사회의 중요성을 극도로 과장한 파울 베르게만(Paul Bergemann)의 교육학에서" 가장 극단적인 형태를 발견한다. 베르게만의 목적은 "모든 교육의 사회화"이다. 바빙크는 이에 대해 다음과 같이 결론 내린다. "그러므로, 사회적 교육학에서 중요한 차이점들이 얼마나 많이 존재하든, 전체적으로 이 운동은 오직 사회(국가)가 통제하고 사회가 스스로를 유지하며 완전함에 도달할 수 있는 수단으로 학교 교육을 이해하는 것으로 특징지어진다."[42]

---

[41] *ESSR*, 207.

[42] *ESSR*, 208.

"고전적" 교육의 방어 ———

이 마지막 접근법에 대한 바빙크의 비판은 시민 사회 속에서의 제자도를 다룰 다음 장에서 살펴볼 것이며, 여기서는 좋은 교육과 기독교적 교육의 내용에 대해 바빙크가 무슨 말을 했는지만 짧게 살펴보며 결론을 지을 것이다. 바빙크는 "고전적 교육"이라는 글에서 "기독교가 사도들의 설교를 통해 그리스·로마 세계로 들어갔을 때, 이미 풍성하게 발전된 상태로 존재했던 문화를 향해 어떤 자세를 취해야 할지 심각하게 질문하게 되었다"[43]라고 지적한다. 비록 그 당시 세계의 많은 부분이 복음을 향해 적대적이었고 그리스도인들은 박해와 폭력을 경험했지만, 그들은 이 세상으로부터 도피하지 않았다.

그들은 결혼했고 시집 장가를 보냈으며, 자녀를 낳았고 직업을 위해 그들을 교육했다. 그들 자신도 다양한 직업에 종사했으며 생계를 위해 일을 해야만 했다. 그러므로 그들은 육체 노동과 산업, 상업과 운송, 심지어 군복무와 국가를 위한 일에도 참여했다.

그리스도인들은 자신과 자녀들을 위해 "전문 직종"을 추구했는

---

43 *ESSR*, 210.

헤르만 바빙크의 성도다운 성도

데 이로 인해 그들은 궁지에 빠지게 되었다. "이교도 학교들을 제외하고 과연 어디서 이런 훈련을 받을 수 있겠는가? 어쨌든 처음부터 그리스도인들은 교리문답 교육을 제외하고는 자기 고유의 교육 기관을 가지고 있지 않았으며, 오랜 세월 동안 많은 곳에서 이런 기관들이 부족했다."[44] 초대 교회에서 강한 의견 차이가 불거졌는데 테르툴리아누스와 알렉산드리아의 클레멘트와 오리게네스 사이의 유명한 의견 차이였다. "과연 예루살렘이 아테네와 무슨 상관이 있으며, 학교가 교회와 무슨 상관이 있는가? 우리는 예수님 덕분에 더 이상 철학이 필요 없으며, 복음 덕분에 학문적 연구가 필요 없다. 로마 제국의 모든 문화는 악마의 흥행물(pompa diaboli)인데 그 이유는 하나님으로부터 오지 않은 것은 마귀로부터 온 것이기 때문이다." 반대로 알렉산드리아 사람들은 "문학을 사랑했으며 철학과 신학, 문화와 기독교의 연합을 추구했다."[45]

교회는 전체적으로 양극단을 피했고 "중도의 입장을 취했다." 교회는 금욕주의의 가치에 대해 확신했지만, "금욕주의를 보다 더 좁은 범주 안으로 밀어냈고, 중요하지만 배타적인 자리에 두지 않았으며, 받아들여 그 고유의 목적을 달성하게 만들 수도 있었다." 교회가 로마 제국 안에서 점점 더 "존중"받으면서, 교회도 "점차 이 세상

---

44 *ESSR*, 211.

45 *ESSR*, 211. 바빙크는 테르툴리아누스의 "The Prescription against Heretics," 7, in *Ante-Nicene Fathers*, 3:246에 나오는 한 구절을 살짝 바꾸어 인용하고 있다.

에 대해 더 긍정적인 태도를 가지게 되었다." 교회는 "다스리고 인도하는 데 필요한 만큼만 문화를 받아들였을" 뿐만 아니라 "세속적인 삶의 모든 영역을 다스리는 문화의 제국으로 이내 스스로를 드높였다." 일상의 삶이 교회를 통해 성스러운 복을 받을 정도로 "거룩하게" 되었다.

> 그러므로 한편으로 교회는 결혼, 가정, 직업, 학문, 예술 등을 감사해야 하고 누려야 하는 자연적인 은사들로 인정했다(아우구스티누스가 말했듯, 이런 것들은 위대하며 전적으로 인간적이다[magna haec et omnino humana]). 다른 한편으로 이 모든 은사는 그 자체로 지상으로 내려온 초자연적 질서와 그 위계, 신비, 성례보다 열등하고 그것들을 섬기는 낮은 지위에 있는 것이었다.[46]

실천적으로 이런 중용(via media)은 다음을 의미한다.

그러므로 그리스도인들은 그리스·로마 문화가 소유했던 보물들을 자유롭게 쓸 수 있었다. 그들은 마치 압제자들의 금과 은을 취해 이집트로부터 빠져나와 그 금과 은으로 성막을 장식했던 이스라엘 사람들 같았다. 그리스도인들은 고대 문화에서 드러난 인간의 모든 은사와 능력을 최고의 목적을 위해 바칠 때, 그들은 하나님께서 기뻐하시는 일을 수행할 수

---

46 *ESSR*, 212.

있었다. 그러므로 카타콤 안의 그림들은 이미 고대의 형식을 닮았으며, 교회의 건축 양식도 바실리카 형식에 따라 만들어졌고, 철학도 기독교 신앙을 수호하기 위해 활용되었다.[47]

교회는 라틴어를 교회의 언어로 수용했고, 수도원 내에서는 고대의 예술과 문학을 보존했으며, 종국에는 그리스와 로마의 학식을 전수하는 주요한 매개체가 되었던 성당학교(聖堂學校)와 수도원 학교를 설립했는데, 이는 "학식 있는 다양한 사람들이 고대로부터 지혜와 지식을 최대한 수집해 짧은 요약으로 제공"한 덕분이었다. 아리스토텔레스는 "번역과 주석 작업을 통해 서양에도 사용할 수 있게" 되었고, 신학을 섬기는 데 적합하게 되었으며, "소위 일곱 개의 자유학예(自由學藝, artes liberales, 삼학[trivium, 문법학, 논리학, 수사학]과 사학[quadrivium, 산술학, 음악학, 기하학, 천문학]으로 구분)이 고대의 지식을 중세 시대로 전수해주었다."[48]

교회의 지도와 후원으로 이루어지는 교육의 발전에 대한 바빙크의 높은 존경심이 무조건적이지는 않다. 특별히 바빙크는 지나치게 딱딱한 학문적인 본성을 가진 교회 교육에 대해 비판의 칼날을 댄다.

사람들은 자신이 빚어지기 위해 문학 작품을 읽기보다는 오히려 그 안에

---

47 *ESSR*, 212.

48 *ESSR*, 213(역자 주: 삼학과 사학의 구체적인 학문명은 추가로 첨가했다).

있는 지식을 얻기 위해 읽었다. 스콜라주의는 책 외에는 다른 배움의 원천이 없었다. 신학에서 스콜라주의는 그 생명이 성경으로부터 유래되었으며, 심지어 교부 전통으로부터 더 많이 유래되었다. 학문과 철학에서 그 누구도 자연과 역사를 참고하지 않았으며, 오히려 고대에 그 분야에 대해 기록된 저작물을 참고했다. 사람들은 종종 이런 작품들조차 참고하지 않았으며, 안내서들이나 교과서들로 만족하곤 했다.

바빙크는 이런 접근법을 "스콜라주의"로 명명했고, "이런 학문적 체계에 반하는 반작용"은 불가피했으며, "이런 특정한 문화 운동이 르네상스"의 모습으로 왔다고 관찰한다. 바빙크는 르네상스를 "중세적 관점의 권위와 객관성에 대항하여 다시 주체와 개인을 강조하고, 자유에 대한 갈증을 점차 되살린 새로운 정신의 탄생"[49]으로 정의 내린다. 르네상스는 고대의 실제 자료로 되돌아가는 것을 강조했다. 르네상스의 강호는 원천으로(ad fontes) 돌아가는 것이었다. 르네상스 학자들에게 "고전에 대한 이런 공부는 스콜라주의에 의해 의도된 것과는 완전히 다른 목적을 가지고 있었다. 인문주의는 양육과 교육에 큰 관심을 가지고 있었으며, 교육의 목적을 인간성(humanitas)을 찾는 것"으로 이해했는데, 인간성은 단순히 "사람의 본성, 친근감, 인간들의 사랑"을 넘어서는 "국적을 대체하며 반드시

---

49 *ESSR*, 215.

헤르만 바빙크의 성도다운 성도

교육을 통해 획득될 수 있는 인간적인 문화"[50]로 이해될 수 있는 표현이다. 원천으로 되돌아간다는 뜻은 형이상학적이며 신학적인 지식을 면밀하게 살핀다는 뜻이라기보다는 오히려 원천의 언어와 수사를 나름대로 강조한다는 뜻이었다.

그러므로 인문주의자들은 원천으로 돌아갔으며 고대의 저술들을 흡수했고 그들의 눈은 문학과 예술 속에 드러난 아름다움을 향해 열려 있었다. 마치 콜럼버스처럼 그들은 새로운 세상을 발견했다. 고대는 현재 되살리기 위해 노력해야 하는 이상적인 인류의 시대로서, 적어도 인간과 실제 문화를 가치 있게 여기는 모든 사람들을 인도해 주어야 하는 시대로 보였다.[51]

르네상스는 기독교 신앙과 양면적인 관계성을 가지고 있었다. 바빙크는 일부 사람에게 "고전을 향한 이런 숭배는 교회, 기독교, 심지어는 모든 종교에 반하는 적대감으로 변화"되었지만 개신교 종교 개혁에 미친 르네상스의 영향력은 결코 잊어서는 안 된다고 지적한다. "처음에는 이 두 운동 사이에 큰 타협점과 밀접한 관계성이 있었다. 종교 개혁에서 성경으로 되돌아가자는 생각은 고대 고전의 인문주의적 부활과 유사성을 가지고 있었다."

---

50 *ESSR*, 216.

51 *ESSR*, 217.

인문주의는 언어 및 관련 주제 연구의 풍성한 발전에 감사해야 한다. 그리스어와 라틴어 문학에 대한 관심은 무명, 유명 작가들의 수많은 필사본을 발견하게 했고, 이를 비평적으로 분류하여 출판하고 주석을 제공하게 했다.[52]

물론 이런 자료들 중에는 오랜 세월에 걸쳐 원본과 가까운 성경을 교회에 선사했던 신약성경 사본들도 있었다.

고전 교육의 역사와 소위 유럽의 라틴어 학교나 김나지움들(gymnasia)에 대한 바빙크의 구체적인 해설은 뛰어넘을 것이고, 지금부터는 바빙크가 살았던 시대 속으로 들어가 논의해보도록 하겠다. 바빙크는 19세기 때 벌어졌던 고전 연구와 고전 교육을 향한 두 가지의 주요한 도전들에 대해 언급한다. 첫 번째 도전은 신구약 성경이 형성되던 고대 근동 맥락에 대한 이해를 포함한 고대 문명에 대한 지식을 엄청나게 증가시키는 역사적, 특별히 고고학적 발견들이다.

[고고학적 발굴들과 역사적 탐구들은] 이스라엘이 살았던 환경에 대해 이전보다 훨씬 더 많은 지식을 우리에게 줄 수 있으며 아시리아와 바빌론, 메디아와 페르시아, 이집트와 페니키아와 이스라엘 사이의 정치적 관계성에 대한 선명한 설명을 줄 수 있다. 또한 그것들은 고대 국가들의 사회적 상황들, 종교적, 도덕적 삶, 학습과 예술을 이해하는 데 빛을 비춰주

---

52 *ESSR*, 217.

며, 우리가 이스라엘을 통해 만나는 많은 것들을 더 잘 이해하는 데 기여한다.

이런 사실은 성경 계시 그 자체에 대한 풍성한 이해로 우리를 이끈다. "특별 계시가 이스라엘에게 주어졌음에도 불구하고 주변 나라들과 연결된 특별 계시의 가닥과 맥락들은 모든 곳에서 찾을 수 있다."[53] 바빙크는 이런 관계들에 둔감했던 계시의 "옛" 관점에 대해 이의를 제기한다.

> 옛 신학은 꽤 외면적이고 기계적인 관점 하에서 계시를 구성해나갔고, 그 결과 계시를 너무나 쉽게 성경과 동일시했다. 현재 우리는 많은 측면들 속에서 계시가 역사적으로도, 심리적으로도 "중재"(mediated)되었다는 생각을 점점 더 많이 한다. 특별 계시가 일반 계시에 근거한다고 생각할 뿐만 아니라, 특별 계시가 일반 계시로부터 많은 요소들을 취했다고 생각하는 것이다. 구약 성경과 신약 성경은 더 이상 성경 시대의 환경과 동떨어질 수 없다고 생각한다. 그러므로 신구약 성경 사이의 관련성, 종교적 표현들, 그리고 다른 사람들의 관습 역시 인식되어야만 하는 요소라고 생각한다. 이런 측면에서 이스라엘은 셈족과의 연관성 안에 위치할 뿐만 아니라, 성경은 바빌론과의 연관성 안에 위치한다.[54]

---

53 *ESSR*, 222.

54 *PofR*, 22(바빙크, 『계시 철학』, 88-89).

성경 계시에 대한 이런 풍성한 이해는 기독교 교육을 위해 상당히 중요하다. 기독교를 고립시키는 그 어떤 동기도 성경 고유의 증언에 의해 직접적으로 도전받을 수밖에 없게 된다. 신구약 중간기 헬레니즘 세계와 신약성경 시대는 "동방과 서방, 셈족과 아리아 민족의 합작품"이었으므로 그 시대들은 "사람들로 하여금 기독교를 준비할 수 있게 했으며 우리의 현대 문화의 기초를 세웠다."[55] 그러므로, "참된 문명에 대해 평가하는 모든 사람을 통해 반드시 따라야 하는 독특하고 고상하며 타의 추종을 불허하는 예이며, 성숙한 인간성으로 향해 가는 유일한 참된 수단"[56]인 고대 고전 연구를 위한 이전의 동기들은 더 이상 유지될 수 없었다. 고전적 과거와 우리 사이에 존재하는 틈은 너무 깊고 크다. 동시에 바빙크는 다음과 같이 지적한다.

> 우리의 문명을 위한 고대 고전의 중요성이 오늘만큼이나 선명하게 자각된 적이 결코 없었다. 기독교 다음으로, 우리 문화의 뿌리가 발견되는 곳이 고대 고전이다. 그러므로 고대 고전은 중국 혹은 일본의 역사처럼 역사적 가치만을 지닌 것이 아니라, 문화-역사적 중요성도 지니고 있다. 이런 차원에서 현재의 고대 연구는 그 어느 때보다도 더 필요하며 중요하다.[57]

---

55 *ESSR*, 227.

56 *ESSR*, 228.

57 *ESSR*, 229.

바빙크는 공공선을 도모했던 기독교 교육에 헌신했다. 네덜란드의 공공선은 오직 하나님의 법령에 대해 국가적으로 신중을 기함으로써 실현된다고 믿는 가운데, 바빙크는 네덜란드 나라와 하나님 나라를 위한 선한 시민들을 양육하는 데 있어 기독교 교육이 필수적이라고 보았다.

마지막으로 고전 교육의 이상에 가한 또 다른 도전을 살펴볼 필요가 있다. 이미 중세 시대 때도 존재했던 자연을 향한 사랑이 종국에는 로저 베이컨(Roger Bacon, 1214-1294), 그와 같은 이름을 가진 프란시스 베이컨(Francis Bacon, 1561-1626) 같은 사람들로 하여금 지식으로 가는 길로서 관찰과 실험을 강조하게 했고 이를 통해 근대 과학의 경험적, 실험적, 귀납적 방식이 만들어졌다. 그 결과, "새로운 학습은 엄격한 경험론적 실험 방식에 따라 수행되어야만 했고, 지식을 통해 힘을 얻어, 사람들에게 자연을 지배할 권한을 승인해야만 했다." 자연을 향한 이런 지배 욕구가 근대의 산업 사회의 발전과 결합되었을 때, "자연으로부터 유래되고 그 자리를 고대가 아닌 현재에서 취하는 다른 교육"의 발흥이 요청되었으며 "그 다른 교육의 목적은 유용하고 필요한 사회 구성원이 되기 위해 자신의 생각과 판단을 가진 독립적인 존재로 사람을 만드는 것이었다."[58]

수학과 자연 과학에 집중하고 전문대학 공부를 준비하며 의학

---

58 *ESSR*, 231-32.

이나 공학의 영역으로 가려는 의도를 가진 중등교육의 그다음 줄기가 먼저 독일에서 일반화되었고 그다음 다른 나라들에서도 보편화되었다. 모든 아이가 대학 예비 교육에 적합한 것은 아니었기 때문에, 유럽 정부들은 직업 훈련 학교도 발전시키기 시작했다. 네덜란드 정부도 직업학교에 더해 두 개의 중등교육 흐름, 즉 고전적 김나지움과 고등 직업학교(hoogere burgerscholen, 직업학교와 김나지움 사이의 학교)를 만들었다.[59] 네덜란드 중등교육의 발전에 대한 바빙크의 구체적인 조사가 우리의 주된 관심은 아니므로 여기서는 그의 결론 부분에만 주목할 필요가 있다.

바빙크는 자연 과학과 직업 훈련에 집중하는 "현대 학습에 대항하는 기독교적 관점" 자체에 이의를 제기하지 않는다. 하지만 바빙크는 김나지움과 고전 교육을 희생시켜 가면서 고등 직업학교(hoogere burgerscholen)에 특권을 주는 것에는 반대한다. 바빙크는 "오늘날 많은 학자들은 가능하면 빨리 고전 연구가 폐지되는 것을 보길 원한다"[60]라고 언급한다. 바빙크도 특별히 "고전 교육의 본성, 방식, 목표"와 관련해서 김나지움들이 개혁될 필요가 있다는 것을 인정한다. 본문들에 대한 폭 좁은 고서 수집과 언어학적 연구로는 충분하지 않다.

---

59 *ESSR*, 234-37.

60 *ESSR*, 237.

우리나라와 다른 나라들 가운데 오랜 세월 동안 군림했던 일방적인 문법-비평적 방식이 고대 고전을 향한 사랑을 크게 훼손했다는 사실에 대해 반박을 두려워하지 않고 말할 수 있다. 만약 김나지움이나 대학에서 저자들의 인격과 시대, 그 작품들의 내용과 철학적, 미학적, 문화적, 역사적 가치를 학생들에게 알려주기 위한 진지한 노력 없이 호메로스, 플라톤, 소포클레스 등을 몇 주, 몇 달 읽는다면, 그 누구도 학생들이 고대 고전에 대한 관심이나 사랑을 느끼리라고는 기대하지 못할 것이다.

다행스럽게도, 이런 방식을 유지할 필요는 없다. 고대에 대한 역사적 지식의 폭발과 더불어 "문헌학의 새로운 발전"은 고전 교육에 새로운 활력을 주고 촉발시키는 기회를 제공했다.[61]

고전 교육은 여전히 우리에게 가치 있는데 그 이유는 "현대 문화의 기초가 고대에 근거"하기 때문이다. 하지만 바빙크는 제1차 세계 대전이 막바지로 향해 가는 가운데, 즉 국제적 위기와 우려가 그것을 요구한다며 이런 글을 썼다. "현재의 세계 대전은 역사적으로, 종교적으로, 문화적으로 서로 속해 있는 국가들의 관계를 멀어지게 하고 있으며, 모든 연합과 협력은 오랜 기간 동안, 어쩌면 영원토록 원한과 증오 아래에서 행해질 것이다."[62] 바빙크는 세계 대전의 교전국들에 대해 숙고하면서 국제적인 질서 속의 불안정한 힘으로서의

---

61 *ESSR*, 241.

62 *ESSR*, 242.

국수주의와 맹목적 애국주의의 발흥을 지적한다. "독일, 프랑스, 잉글랜드가 고유의 자국 문화로 분주한 가운데 지금까지 공통적으로 이뤄졌던 것들은 뒤로 밀려나고 있다." 이런 상황이야말로 국제적 질서가 "기독교를 통해 형성되는 현대 문화의 기초 위에"[63] 세워져야 할 이유이다. 바빙크는 다음과 같이 결론 내린다.

> 만약 이 중대한 시기에 극히 중요한 일이 하나 있다면, 그것은 기독교 국가들이 서로 화해하는 것이며, 계급을 버리고, 종교와 문화 속에서 그 국가들에게 위임해왔던 보물을 보존하는 소명을 마음으로 취하는 일이다. 이것이야말로 종교를 위해, 기독교를 위해 참된 것이다. … 만약 그 나라들이 성경의 내적 연합을 소유하지 않고 하나의 공동 우물로부터 물을 긴지 않는다면, 어떻게 그 나라들이 또다시 인류를 위해 강한 나라가 될 수 있을 것인가?[64]

21세기 초반의 우리도 똑같이 위험한 시기를 살고 있다는 사실에 의심의 여지가 있는가? 세속적 관념들은 공공의 기독교적 목소리를 점점 더 하찮게 여기고 있지만, 이 전쟁으로부터 도망치고 우리 스스로를 고립시키라는 유혹에 저항하라는 바빙크의 외침은 개혁파 그리스도인들에게 여전히 강력한 깨달음으로 남아 있다. 우리

---

63 *ESSR*, 242.

64 *ESSR*, 243.

는 우리의 제자도에 반드시 신실해야 하는데, 이 제자도는 이 세상 속에서의 성숙한 제자도를 위해 학생들을 준비시키는 기독교 교육을 향한 희생적 헌신이 포함된 제자도이다.

10장

시민 사회

인간 행위의 가장 중요한 문화적 성취는 아마도 사회 그 자체일 것이다. 기본적인 가족 단위부터 시작해서 집단 종교 활동, 무역, 상업으로 확장되고, 구조, 법, 우리 삶의 모든 것에 대한 치안 유지 활동으로 발전하는 것은 항상 공동체 생활의 가장 큰 도전이었으며 앞으로도 계속될 것이다. 지금까지 살펴봤던 모든 것, 즉 하나님의 형상으로의 우리의 창조, 율법, 그리스도와의 연합, 결혼과 가정의 삶, 우리의 일, 우리의 문화 등은 폴리스(polis), 즉 다양한 우리 공동체들의 질서 잡힌 사회적 삶에서 절정에 이르게 된다. 그리스도인의 구체적인 제자도에 대한 이 책의 세 번째 부분의 마지막 장에서 우리는 사회 질서에 대한 바빙크의 성경적 관점에 대해 살피게 될 것이다.

이런 종류의 숙고는 현재 공공 신학(public theology)이라는 큰 범주 내에 포함되어 있다. 공공 신학은 중요한 기독교 교리들의 사회

헤르만 바빙크의 성도다운 성도

적-윤리적 함의에 대한 단순한 설명 이상의 신학이다. 공공 신학은 보편적인 공공의 삶 그 자체에 대해 신학적으로 생각해보려는 시도이다. 이전 단락에서 순서대로 나열했던 주제들은 반드시 창조론을 시작점으로 취한 신학 안에서 설명되어야만 한다. 하나님이 누구시고 그분은 세상에서 무슨 일을 하시는가에 대한 우리의 성찰은 일반적으로는 구원받은 하나님의 사람들이 어떻게 그의 창조물 안에서 살아가고 있는지에 대한 방식과 구체적으로는 어떻게 그들이 하나님의 형상을 담지한 다른 사람들과 관계를 맺는지에 대해 간과하지 않는다. 그러므로 우리는 이미 6장에서 짧게 살펴본 바와 같이 바빙크가 신학적 소명의 연장으로서 어떻게 네덜란드의 정치적 삶에 관여했는지에 대해 반드시 이해해야 한다.

이미 앞선 장들에서 이 주제에 대해 직간접적으로 다루었다. 2장에서 살펴본 하나님의 형상에 대한 우리의 숙고는 전체 인류가 다양성 내에서의 통일성을 지향하는 토대가 되는 형상의 삼위일체적 특징을 역설했다. 성경은 선명하게 인간의 보편적 통일성에 대해 가르친다. 우리는 우리의 아우를 지키는 자들이다. 그 누구도 고립된 피조물로 존재하지 않는다. "우리는 공동체, 가정, 민족, 국가, 나라, 교회와 인류로부터, 그것들 안에서, 다양한 물질적, 영적 선의 공동체로 태어난다."[1] 인류는 하나의 기원을 가지며 동시에 하나의 본성

---

1   Herman Bavinck, *Bijbelsche en religieuze psychologie* (Kampen: Kok, 1920), 77.

을 가지고 있다. 우리 모두는 같은 인간 본성을 공유한다. 우리는 본성상 사회적 존재들이며, 삼위일체 하나님의 형상으로 지음 받았다. 이뿐만 아니라 우리의 이중적 소명, 즉 "이 땅에서의" 소명과 "영원한" 소명은 "그 무엇보다 하나님을 사랑하고 이웃을 네 몸 같이 사랑하라"(마 22:37-40을 보라)라는 대 계명으로 요약되는데, 이는 우리가 교제를 위해, 공동체를 위해, 사회를 위해 창조되었다는 사실을 우리에게 선명하게 가르쳐 준다. 우리는 하나님과의 교제를 위해 지음 받았고, 의지적으로 하나님의 법을 따름으로써 우리의 사회적 관계들과 이 땅의 소명들 안에서 하나님과의 교제를 훈련한다.

기독교적 제자도를 형성할 때 하나님의 법이 가진 중요성이야말로 이 책의 중심 사상(leitmotif)이었다. 1891년 암스테르담에서 열렸던 기독교 사회 총회에서 바빙크가 지적했던 것처럼, "인간의 마음에 새겨진 하나님의 법은 우리의 일상생활과 상업을 포함한 내적, 외적 영역들 속에서의 우리의 전 존재를 위한 규칙과 인도로 주어졌다. 하나님의 법은 하나님을 사랑하고 이웃을 사랑하는 것으로 요약할 수 있다."[2] 이 회의의 첫 번째 결의안은 다음과 같은 지점을 강조했다. "성경은 인간 사회가 우리의 선호에 따라 정리되어서는 안 되며 오히려 하나님 자신께서 피조 세계와 자신의 말씀 속에 굳건히 확립해 주신 법칙에 매여 정리되어야 한다는 사실을 가르친다."[3] 이

---

2   "Gen. Prin.," 438-39.

3   "Gen. Prin.," 445.

미 2장에서 자유와 인간의 존엄성을 간직하고 보호하기 위한 사회적, 정치적 질서의 토대인 하나님의 형상에 대한 기독교적 이해에 대해 살펴보았다.

사회 총회에서의 바빙크의 발표에 대해서는 3장에서 짧게 살펴보았으며, 8장에서는 산업 혁명과 지방에서 유럽의 도시 지역으로 이동하는 거대한 인구에 의해 엄청난 혼란에 빠졌던 19세기 후반의 역사적, 사회적 맥락을 살피면서 바빙크의 발표에 대해 좀 더 구체적으로 살펴보았었다. 일반적으로 "사회 문제"를 거론할 때는 수많은 도시 빈민들의 비참한 곤경은 19세기 후반 유럽의 모든 그리스도인의 마음과 정신을 불붙게 했던 뜨거운 문제였다. 네덜란드 개혁파 사람들도 예외는 아니었으며, 바빙크의 발표에 더해 사회 총회는 아브라함 카이퍼의 "사회 문제와 기독 종교"[4]라는 연설의 장도 열어주었다. 8장에서 집중했던 것은 일과 소명에 대한 사안, 특별히 우리의 노동을 위한 자유와 기회의 조건을 확립하기 위해 정의가 필요하다는 사안이었다.

지금부터는 바빙크의 발표에 대해 다시 한 번 살피면서, 사회적 원리들에 대해 보다 더 폭넓게 살펴볼 것이다. 이를 사회 속에서의 그리스도인의 삶에 대해 다룬 바빙크의 가장 중요한 글로 여겨지

---

4   Abraham Kuyper, *De sociale vraagstuk en de Christelijke religie* (Amsterdam: Wormser, 1891); 영어 번역본은 *The Problem of Poverty*, ed. James W. Skillen (Washington, DC: Center for Public Justice; Grand Rapids: Baker, 1991).

는 "기독교적 원리들과 사회적 관계들"(Christian Principles and Social Relationships)[5]을 중심으로 살펴보도록 하겠다.

혁명과 "사회 문제" ───

제1차 기독교 사회 총회가 1891년 네덜란드에서 열렸는데, 이 해는 근대 세계에서 기독교적 사회 의식 발전의 절정을 대변한 해였다. 이미 이 주제에 대한 아브라함 카이퍼의 유명한 글을 살펴봤지만, 같은 해에 이 주제에 대해 가장 영향력 있게 알려진 것은 교황 레오 13세의 중요한 회칙 레룸 노바룸(*Rerum Novarum*)이었다.[6] 이미 언급했다시피, 유럽 정부들은 생활필수품을 얻기 위해 분투하는 도시의 빈민 노동자의 숫자가 늘어만 가는 상황과 싸웠다. 철강 산업의 기술적 혁신, 철 생산, 방직 산업의 촉발, 가난한 지방 사람들의 유럽 도시로의 유입으로 인한 산업화의 물결 속에서, 사회적 격변과 비참함은 거부나 회피가 불가능할 정도로 매우 단호하게 천명되었다. 절망적인 상황은 해결책을 찾도록 촉구했고, 칼 마르크스 같은 사상가들은 극적인 정치적 행동주의를 고무하는 급진적인 제안들과 함께 전 세계적인 분석을 내놓았다. 단 한 문구로 표현하자면, 이때는

---

5 *ESSR*, 119-44.

6 레오 회칙의 중요성은 그 출판년도가 5개 이상의 교황 기념 회칙, 즉 1931년(*Quadragesimo Anno*), 1961년(*Mater et Magistra*), 1971년(*Octagesima Adveniens*), 1981년(*Laborem Exercens*), 1991년(*Centesimus Annus*) 회칙에서 기념되었다는 사실로 드러난다.

헤르만 바빙크의 성도다운 성도

혁명적인 생각과 행동의 시대였다. 바빙크는 유일하게 출판된 설교문인 요한일서 5장 4절 하반절 설교문의 첫 문장에서 이런 상황을 지적했다. "기껏해야 몇 달 전 마무리된 19세기는 많은 사람들에게 불신앙과 혁명의 시대로 옳게 칭해졌다."

바빙크와 그의 네덜란드 청중들은 전 국민적인 삶에서 혁명을 직접적으로 경험했었다. 1789년 프랑스를 장악했던 혁명적 열심이 1795년 네덜란드 속으로 휩쓸려 들어왔고, 군주제가 전복되었으며, 교권 개입을 극심히 반대하는 바타비아 공화국이 설립되었고, 네덜란드의 모든 생활은 엉망이 되었다. 1815년 워털루에서 나폴레옹이 패배한 이후, 빈 회의는 오란여 가문을 회복시켰고, 빌름(William) 1세는 네덜란드 연합 왕국의 군주가 되었다. 연합은 최종적으로 룩셈부르크 공국과 더불어 벨기에가 된 일곱 개의 남쪽 지방들이 포함되었고, 이런 연합은 본질적으로 불안정한 연합이었다. 대부분 개신교로 구성된 북쪽과 프랑스어권의 많은 인구가 포함된 남쪽 로마 가톨릭 사이를 나눈 역사적 기반 위에 선명히 그어진 분리는 빈 회의에서 새로운 유럽 지도를 그리는 외교관들에게 경고로서 작용해야만 했다. 특별히 연합의 남쪽 지방이 산업화로 인해 경제적으로 번창했지만, 연합 왕국은 오직 15년만 지속되었다. 군주제에 반하는 봉기가 1830년에 시작되었고, 이 봉기에는 벨기에 독립 선언이 포함되어 있었다. 남쪽 지방과 군주국 사이의 전쟁이 1839년까지 지속되었고, 런던 조약에서 두 나라가 서명했을 때 벨기에의 독립과 주권이 보장되었다.

1848년 유럽, 중간 노동자 계급들이 개혁을 요구하며 모든 나라에서 가두시위에 나서면서 혁명적 소용돌이의 긴장이 지속적으로 풀리기 시작했다. 특히 대영제국, 네덜란드, 이베리아 반도, 그리고 러시아와 오스만 제국 같은 나라와 지역들은 이런 혁명적인 맹공격을 모면할 수 있었다. 하지만 심지어 1848년 심각한 불안정을 경험하지 않았던 네덜란드 같은 나라도 아예 이런 혁명 정신의 영향력 밖에 있었던 것은 아니었다. 1848년, 네덜란드는 15년 된 헌법을 대폭 수정했으며 군주의 힘을 효과적으로 무력화하는 "자유" 의회 민주주의를 시작했다. 유럽의 혁명은 19세기 후반에도 지속되었다. 1864년 9월 28일, 세계의 노동자들이 런던에서 국제 노동자 동맹(IWMA, the International Working Men's Association; 이후에는 "First Internationale")을 결성했으며, 1871년 3월 28일에는 파리 코뮌이 권력을 잡게 되어 두 달 후 피어린 패배 때까지 짧은 "공산주의" 규칙을 제정했다. 총파업과 다른 형태의 노동 불안은 1870년대와 1880년 유럽에 공통적으로 남아 있었다. 이 시대야말로 진정으로 "혁명의 시대"였다.

지속적인 혁명의 동요에 대해 염두에 두는 것은 19세기 후반에 발전된 두 개의 구별된 기독교적 사회사상과 행동을 이해하기 위해서 중요하다. 칼 마르크스로부터 언어와 개념적 틀을 빌려 온다면, 그 하나는 "기독교 사회주의"(Christian socialism)라고 부를수 있다. 주목할 만한 지지자들은 미국 침례교주의자 월터 라우셴부쉬(Walter Rauschenbusch)와 프란시스 줄리어스 벨라미(Francis

헤르만 바빙크의 성도다운 성도

Julius Bellamy, 1855-1931)와 더불어 영국 성공회주의자 찰스 킹슬리 (Charles Kingsley)와 F. D. 모리스(Maurice) 등이다. 사회복음 신학자들은 하나님 나라 같은 성경적 주제를 협력과 사랑의 형제애로 이해하며 호소했다. 가난한 사람을 도와주는 문제로 사회복음을 이해했으며, 시대적 문제들은 부자와 권력자, 빈민과 소외자 사이의 계급 갈등에서부터 불거지는 문제로 이해했다. 사회복음 지지자들은 비참하게도 역사 속 교회가 종종 잘못된 쪽을 선택했고, 스스로 부자와 권력자의 편에 섰다고 말했다. [그들은] 이에 대해서 반드시 회개해야 하며 이제는 반드시 변화되어야 한다[고도 말했다]. 이 의미는 구체적으로 교회와 그리스도인들이 우리 시대의 사회-민주주의 운동의 편에 서서 온전히 이 운동을 지지해야만 한다는 뜻이다(즉 사회주의자가 되라는 말이다). 예를 들면, 라우셴부쉬는 예수님을 "혁명가"라고 외쳤으며 "플라톤은 이상적인 공화국을 꿈꿨지만, 그리스도는 이상적인 공화국을 시작했다"라고 주장했다. 실제로 라우셴부쉬는 다음과 같이도 말했다. "프랑스 혁명의 멋진 원리인 '자유, 평등, 박애'는 교회의 사회적 원리들을 포함한다."[7] [라우셴부쉬의 말을] 요약하자면, 예수님은 제자들에게 사회주의를 이룩하라고 의도적으로 설교했다는 것이다.

심지어 잘 알려진 기독교 신학자들과 설교자들에게도 존재하는

---

7 Walter Rauschenbusch, *The Righteousness of the Kingdom*, ed. Max Stackhouse (Nashville: Abingdon, 1968), 172-73.

결합, 즉 혁명적 개념들과 19세기에 있었던 것처럼 보이는 정치적 동요 사이의 결합은 레오 13세의 레룸 노바룸(*Rerum Novarum*), 아브라함 카이퍼의 『빈곤 문제』(*The Problem of Poverty*), 그리고 헤르만 바빙크의 사회적 신학을 통해 드러난 또 다른 형태의 기독교적 반응을 이해하는 데 필수적인 배경이다. 비록 이런 반응들 각각은 사소한 점에서는 서로 다르긴 하지만, 이 세 가지 모두가 공통적으로 가지고 있는 것은 모든 형태의 사회주의를 향한 열렬한 반대이다.

"사회복음"의 문제 ————

우리는 우리의 사회적 삶에 유효한 성경적 원리들에 대한 바빙크의 건설적인 논의를 이해하기 위해서 "사회복음"과 사회주의의 기독교적 형태를 향한 바빙크의 반대를 요약할 필요가 있다. 성경적 해석학, 복음과 율법, 하나님 나라와 구원에 대한 성경의 집중, 불평등의 문제 대신 죄 문제, 그리고 종말론적인 유보와 기독교적 자비의 필요 같은 주제들은 모두 바빙크가 했던 비판과 관련된 주제들이다. 이미 앞선 장들에서 이런 주제들에 대해서 다루었기 때문에 지금부터는 이 내용들을 요약하는 데 집중할 것이다.

바빙크는 기독교적 사회주의 관점들이 신약성경에 호소하고 있고, 특별히 산상수훈과 하나님 나라에 대한 예수님의 가르침에 호소하고 있다는 사실을 뚜렷이 의식하고 있었다. 바빙크는 예수님의 가르침에 호소하는 모든 사회-복음에 반대를 표하며, 하나님 나라를 이런 세속적인 정치적 현실로 활용하는 것에 대해 확실히 저항했다. "하나님 나라는 윤리적 교감도 민주주의 사회도 아니라 오히려 종교적 친교이다."[8] 다른 말로 하면, "하나님 나라는 그 존재의 깊은 중심에서 영적이며 영원하고 보이지 않는다. 하나님 나라는 볼 수 있게 임하는 것이 아니며(눅 17:20) 먹는 것과 마시는 것도 아닐 뿐만 아니라(롬 14:17) 보이지 않고 형태도 없다."[9] 예수님과 제자들이 "하나님 나라의 복된 소식"을 설교했을 때, 그들이 염두에 두었던 것은 진보된 사회 같은 현세적인 것이 아니라 오히려 "하나님을 바라보고 영원한 삶을 사는 그런 … 영적인 것"[10]이었다. 하나님 나라는 주로 미래적 절정으로 간주되는 종말론적 현실이다. 어느 정도까지는 현재적 현실이지만 영적이고도 내밀한 것이다. 이뿐만 아니라 하나님 나라와 교회를 구별하는 것도 중요하다. "교회는 이미 존재한다. 하나님 나라는 생성 중이다. 교회는 역사적이며 가시적 기관이다. 하나님 나라는 보이지 않고 영적이다."[11] 하나님 나라를 "생성 중, 열리는 중, 그 완성을 고대하는 중"으로 말하는 것은 하나님 나라 백성들이 관여하고 있는 영적인 갈등으로 주의를 환기시키는 것이다.[12] "모

---

8   *Handboekje*, 249.

9   H. Bavinck, "The Kingdom of God: The Highest Good," trans. Nelson D. Kloosterman, *The Bavinck Review* 2 (2011): 140.

10 *Handboekje*, 248–49.

11 Bavinck, "The Kingdom of God," 158.

12 Ibid., 148.

든 반대가 완파되고 하나님 나라 그 자체가 완전히 거룩하게 될 때, 그리스도께서는 자신에게 허락된 주권을 수여해주신 분께 그 주권을 되돌리실 것이며, 하나님 나라를 흠과 주름 잡힌 것 없이 성부께 드릴 것"[13]인데 이때 비로소 하나님 나라가 완성될 것이다.

바빙크는 하나님 나라에 대한 예수님의 가르침의 중요성을 비윤리적, 비사회적 방식으로 해석하는데 그 이유는 그의 해석학이(성경을 해석하는 원리가) 모든 사회-복음 해석자와 사뭇 다르기 때문이다. "사람들의 종교적, 도덕적 배교에 반대하는 목소리를 드높인" 구약 선지자들에 주목하면서, 바빙크는 "강도와 무절제, 뇌물 수수와 인색함, 돈에 대한 굶주림과 쾌락, 물건, 단위, 무게에 대한 부정직과 속임수, 임금 미지급, 정의를 매매함, 고아와 과부를 향한 압제" 등에 대한 선지자들의 모든 불만이 항상 이런 죄악들의 영적 뿌리에 대한 불만, 즉 하나님으로부터 돌이켜 우상에게로 마음이 향해 가는 것에 대한 불만이었다는 사실을 반복적으로 주장한다.

그들은[구약 선지자들은] 비참함의 이유를 절대로 법령, 제도와 규정, 국가와 사회의 빈약한 조직, 부자와 가난한 자 사이의 불평등 안에서 찾지 않는다. 그 이유는 하나님께서 그것들을 만드셨기 때문이다. 하지만 그들이 백성들의 마음을 들여다 볼 때, 배교하고 언약을 깨뜨리며, 우상 숭배하고 세상을 본받으며, 하나님과 그분의 말씀을 저버리는 것을 보게 된

---

13 Ibid., 148-49.

다.[14]

유사하게도, 해결책으로서 "그들은[구약 선지자들은] 정치적 반란 혹은 사회적 입법을 통한 회복을 기대하지 않는다. 오히려 하나님과 그분을 향한 예배로 참되게 돌아감으로써 회복을 기대한다. 그들은 온 나라가 율법과 증거로, 정의와 의로움으로 되돌아가도록 요청했고 사람들에게 겸손함과 회개를 종용했다." 선지자들이 가진 궁극적인 시야는 완전한 종말론적인 시야였다.

만약 현재가 이에 대해 약간의 소망도, 아니 어떤 소망도 주지 못한다면, 그들은 하나님께서 자신의 법을 모든 사람의 마음에 새기시게 될 미래를 간절히 소망하며 고대한다. 기름 부음 받은 다윗의 집의 나라가 의와 평화 가운데 번창하게 될 것이며, 거룩한 땅의 모든 사람은 빼앗길 수 없는 유산을 받게 될 것이고(겔 47:14; 46:18), 자기 집에 안전하게 거하게 될 것이기 때문이다. 더 이상 노예가 없을 것인데, 그 이유는 남종이나 여종이나 주의 영을 받게 될 것이며, 심지어 이방인들도 이스라엘의 특권을 나누게 될 것이다.[15]

성경의 집중과 강조는 사회적이거나 윤리적이지 않고 오히려 구원론적이다. 사회적, 윤리적 생각들은 파생적이며 이차적이다. 사회

---

14 *ERSS*, 128-29.

15 *ERSS*, 129.

적 갱신은 개개인 속에서 시작되지만, 그리스도의 몸인 구원 받은 공동체 속에서 역사하게 될 성령 하나님의 사역의 열매이며 부산물이다.

바빙크는 십자가에서 일어난 그리스도의 속죄적 죽음의 의미를 결국에는 뒤바꿔버리는 사회복음과 달리 인간의 문제와 죄에 대해 완전히 다른 이해를 가지고 있다. 사회복음 속에서의 죄는 주로 사회적 용어로 비춰진다.

> (라우셴부쉬에 따르면) 예수님은 기원전 56년 자기 아내를 구타했던 몇몇 고대 영국인들의 죄와 기원후 1917년 술 취했던 몇몇 테네시의 등산객의 죄를 실제적인 의미로 품지 않았다. 오히려 예수님은 매우 실제적인 의미로 조직사회의 공적 죄악들의 무게를 견디셨고, 결국 이런 공적인 죄들이 원인이 되어 모든 개인적인 죄악과 연결된다.[16]

[라우셴부쉬에 따르면] 그리스도를 십자가로 이끌었던 것은 공적인 죄악들이며, 이 죄악들의 구원의 효과는 전가(imputation)라는 "법적 허구"(legal fiction)가 아닌 인류와 함께 하는 연대(solidarity)이다. 라우셴부쉬에 따르면 예수님께서 십자가에서 지셨던 여섯 가지의 사회적 죄악들은 다음과 같다.

---

16 Walter Rauschenbusch, *A Theology for the Social Gospel* (New York: MacMillan, 1917), 247.

종교적 편견, 부정 이득과 정치권력의 야합, 정의의 타락, 군중 정신("사회적 그룹이 미치는" 상태)과 군중 행위, 군국주의, 그리고 계급 혐오이다. 역사를 대하는 모든 학생은 이런 죄악들이 악의 왕국에서 헌법적 권력으로 압축되어 드러난다는 사실을 인식하게 될 것이다. 예수님은 이 죄악들을 법적 혹은 인공적인 의미로 감당하신 것이 아니라 오히려 자기 몸과 영혼에 가해지는 충격으로 감당하셨다. 예수님은 우리처럼 죄의 원인이 아니셨으나, 오히려 죄악들이 그에게 부과되었다. 그 죄악들은 가야바, 빌라도, 혹은 유다의 죄였을 뿐만 아니라, 지금까지 살았던 모든 사람이 기여했고 그 아래 살았던 모든 사람이 고통을 겪었던 모든 인류의 사회적 죄악이다.[17]

바빙크에게 이런 일련의 추상적 개념들은 상황을 완전히 거꾸로 되돌리는 개념이었다. 라우센부쉬가 "사회적 죄악"(social sins)이라고 불렀던 것은 바빙크의 관점에서는 기껏해야 결점의 깊은 증상들이지 결점 그 자체는 아니었다. 인간들 가운데 깨어진 관계들은 하나님과의 깨어진 관계에 근거한다. 실제적이고도 근원적인 인간의 문제는 "불신앙, 불순종, 그리고 하나님께 반하는 적대감"이다. 이 때문에 "인간들 간의 바른 관계 역시 방해받고 말았다." "이기주의가 인간 마음속의 사랑을 대체한 결과 질투심, 속임, 증오, 살인 등이

싹튼다. 그러므로 죄는 인간 삶에 주어진 기본적 요소가 되어 인간 행위의 원동력이 된다."

이것이 인간들의 사회적 존재 전체를 모든 것에 대항하는 모든 전쟁으로 뒤바꾸는 인간 모두의 결점이다. … 이기주의에 이끌린 사람들 모두는 그들이 무엇을 가지고 있는가에 대해서는 더 이상 생각하지 않고, 무엇이 다른 사람에게 속해 있는가에만 집중한다. 사회는 생존 경쟁을 위한 무대극이 되고, 다른 사람들에게 늑대로 행동하는 세상이 된다.[18]

감사하게도, 하나님께서는 이렇게 제멋대로 판을 치는 상황을 그냥 놔두지 않으신다. 하나님은 "죄에 관여해 형벌과 심판"을 보내신다. 게다가 하나님은 "[인간의 타락 이후에도] 자기 형상과 모양의 몇몇 나약한 부분들, 즉 이성과 양심, 하나님의 존재와 속성에 대한 지식 일부, 종교의 씨앗, 선악을 구별하는 도덕성, 그리고 우리의 영원한 운명에 대한 의식을 유지하는 것"을 허락하신다. 하나님께서는 "남자와 여자, 부모와 자녀들 사이의 자연적 사랑을 인간의 마음속에 일깨우신다. 하나님께서는 사람들 속에서 다양한 사회적 덕목들, 즉 사회적 관계와 애정과 우정에 대한 갈망을 성장시키신다." 하지만 비록 하나님의 이런 행위가 인간들을 억제하긴 하지만, 이런

---

18 "Gen. Prin.," 439.

행위가 그들을 갱신시키지는 않는다.[19] 개인적이고도 사회적인 갱신이 가능하기 위해서는 개인들의 구원이 필요하다. 이런 질서는 중요하다. "먼저 죄가 하나님과의 관계를 깨버렸고, 그 결과 인간들이 다른 모든 피조물과 맺은 참된 관계들도 깨어지고 말았다. 그러므로 그 날의[종말론적인 완성인 재림의 날의] 첫 번째 순서는 하나님과 바른 관계를 회복하는 것이다." 바빙크는 "기독 종교의 심장이고 중심부인" 십자가를 염두에 두며 다음과 같이 뚜렷이 말한다.

예수님께서는 먼저 가정을 갱신하고 사회를 개혁하기 위해 오시지 않았고 오히려 하나님의 임박한 진노로부터 죄인들을 구원하고 이 세상을 구속하기 위해 오셨다. 우리 영혼의 이런 구원은 하늘나라를 유산으로 받기 위해 부모, 집, 밭, 심지어 목숨까지 모든 것을 희생할 수 있는 우리의 궁극적인 관심이다(마 6:33; 16:26 등). 그리스도에 대한 믿음으로 이루어진, 하나님과의 새롭고 화해된 관계는, 그로 인해 다른 모든 관계와 구별이 보이지 않을 정도로 매우 중요하고 가치 있는 것이다. 그리스도 안에서는 남자나 여자나 헬라인이나 유대인이나 종이나 자유인이나 다 하나다(갈 3:28; 골 3:11).[20]

모든 사람이 죄인이라는 사실과 인간 문제의 진단으로서 부와 권세의 구조에서 죄를 찾으려는 사회복음의 노력이 초라하게 실패

---

19 "Gen. Prin.," 440-41.

20 "Gen. Prin.," 443.

한 사실을 여기서 굳이 언급할 필요는 없다. 무엇보다 중요하게도 이런 사실이 내포하는 의미는 불평등이 죄가 아니라는 의미이며, 사회주의적 재분배가 인류의 병폐를 고치기 위한 치료제가 아니라는 의미이다. 이 사안은 다음 내용에서 집중적으로 살펴볼 만큼 바빙크에게도 대단히 중요한 사안이었다.

불평등이 죄가 되었을 때 ———

사회복음 지지자들에게 불평등은 선지자적 설교에 도전받아야 할 거대한 죄악이며 사회적 변혁을 통해 극복될 수 있는 죄악이다. 현재 재분배 계획과 정책들을 선호하는 정치인들의 수사는 마치 불평등 그 자체가 "사회 정의"를 해결책으로 필요로 하는 본질적인 악인 것처럼 생각해 1%의 부자와 사회의 나머지 사이의 커져만 가는 불평등을 만들어내고 있다. 이 사안은 지금까지 살펴봤던 기독교의 사회적 가르침의 두 가지 흐름을 근본적으로 나누는 단층선을 대변하는 사안이다. 산업화, 도시화 되는 유럽 사람들의 개탄할 만한 상황에 대해 주목하면서 레오 13세는 "주류 노동 계급을 매우 부당하게 압제하는 비참함과 불쌍함을 해결하기 위해 반드시 일부 적절한 해결책을 빨리 찾아야만 한다"[21]라는 사실에 동의했다. 하지만 레오

---

21 *Rerum Novarum*, par. 3.

13세는 사회주의적 답변을 단호하게 반대했는데 그 이유는 사회주의가 상황을 더 좋게 만들기보다는 오히려 더 악화시킬 것으로 생각했기 때문이며 다른 사람에게 주기 위해 적법한 재산을 부당하게 취할 것으로 생각했기 때문이다.

> 그들은 개인의 재산을 공동체로 이전시킴으로써 현재의 해가 되는 상태가 고쳐질 것인데 그 이유는 그렇게 할 때 비로소 각 시민이 누릴 수 있는 자신의 공정한 몫을 얻게 될 것이기 때문이라고 주장한다. 하지만 그들의 주장은 이 논쟁을 끝내기에는 너무나도 명백히 무기력해서 노동자 자신이 먼저 고통을 겪게 될 수 있는 주장이었다. 이뿐만 아니라 그들은 단연코 부당한데, 그 이유는 그들이 적법한 소유자의 것을 강탈하고 국가의 기능을 왜곡시킬 뿐만 아니라 공동체 내에 대혼란을 야기하기 때문이다.[22]

바빙크의 생각도 이와 비슷하다. 1891년 사회 총회에서의 바빙크의 보고, 즉 성경적 원리들에 대한 그의 조사가 의도적으로 기독교 사회주의의 도전에 대한 응수로 만들어진 것으로 볼 때 이는 자명하다.

바빙크는 자신의 보고문을 일곱 가지 결의안으로 결론지었는데

---

[22] *Rerum Novarum*, par. 4.

이 결의안은 논의되고 논쟁이 된 후 최종적으로 수용되었다. 바빙크의 첫 번째 결의는 명백히 불평등에 대해 다루고 있는 결의였다. "사람들의 모든 영역 속에 존재하는 불평등은 창조, 즉 하나님의 뜻 그 자체에 근거하며, 바로 이 땅에서의 인류의 일을 가능하게 하는 역할을 한다." 그다음 두 가지의 결의들은 죄가 인간의 불평등에 미치는 영향과 구속이 죄의 결과에 미치는 영향을 다루었다. 총회 자체의 최종 결의안들은 일부 변경을 거친 후 새로운 서문을 특별히 첨가한 상태로 바빙크의 결의를 반영했다. "성경은 인간 사회가 우리의 선호에 따라 정리되어서는 안 되며 오히려 하나님 자신께서 피조 세계와 자신의 말씀 속에 굳건히 확립해주신 법칙에 매여 정리되어야 한다는 사실을 가르친다." 총회의 세 번째 결의안도 불평등에 대한 바빙크의 두 번째 결의를 총회 결의의 서문에 결부시켰고 죄의 결과에 대한 다음과 같은 진술을 제안했다.

> 일반적으로 사회의 모든 불행과 남용의 기원은 이런 법령을 무시한 결과이다. 이 때문에 창조 덕에 피조물 가운데 존재했던 차이점들이 통일성을 잃고 대립으로 변질되고 말았으며 하나님과 서로에 대항하는 적대적 관계에 피조물을 두고 말았다.

다시 말하면 그 시대의 사회적 재난들은 불평등 같은 것 때문에 일어난 것이 아니라, 오히려 사람들 사이를 대립과 갈등 관계로 만들어 버린 죄악 된 인간 마음 때문에 일어난 것이다. 그러므로 계급 갈

헤르만 바빙크의 성도다운 성도

등은 부의 불균형이라는 단순한 사실로부터 시작된 것이 아니라, 오히려 죄가 가득한 인간의 마음으로부터 시작된 것이다. 최종적으로 그리스도 안에서 하나님의 백성들에게 선사된 구원은 차이와 불균형을 없애지 않고 오히려 그것들을 새로운 틀 속에 위치시킨다. "구원은 하나님의 뜻에 따라 존재하는 차이들을 무시하지 않으며, 오히려 하나님과 화해하는 관계로 모든 것을 이끎으로써 모든 관계를 그원래 형태로 회복시킨다."[23]

바빙크는 하나님의 창조가 가진 다양성과 다중성에 대해 찬양하고 옹호했지만, 동시에 비록 "다양성 안에 아름다움"이 있긴 하지만 "다양성은 종종 충돌하는 힘 사이의 신비한 투쟁에 대한 가명이기 때문에 많은 모순들을 숨길 수 있다"[24]는 사실을 깊이 절감했다. 타락이 여자의 씨와 뱀의 씨 사이의 적대감을 불러왔기 때문에, "그 어디에서도 평화나 조화로움은 없다. 대신에 불협화음과 투쟁만 사방에 있을 뿐이다." 인간들은 불협화음과 투쟁으로 인해 평안히 살 수 없으며, 지속적으로 성공을 이루지 못한 채 계속해서 거대한 통일성 내의 다양성을 아우르려고 시도한다. 바빙크는 이런 모든 노력을 두 가지의 주된 흐름으로 범주화하는데, 첫 번째 흐름은 "'다양성은 기본적으로 한 실재'라는 구호와 함께 다양성을 실재의 현상으로 낮추려고 시도하는 범신론적 혹은 일원론적 체계"이며, 두 번째

---

23 "Gen. Prin.," 445.

24 *ERSS*, 145.

흐름은 "그 어떤 것도 단 하나의 실재가 될 희망이 없으며, 신들 혹은 정신들, 힘들 혹은 상황이 가진 원래의 영원한 다수성을 받아들이는 것 이상으로 가지 않는 다원주의적 체계"이다. 바빙크는 첫 번째 관점의 대변자들을 영지주의, 신플라톤주의, 그리고 19세기 스피노자, 헤겔, 스펜서 등을 언급한다.[25] 바빙크는 당시의 사상적 흐름을 생각하며 다음과 같이 관찰한다. "우리 시대 속에서 다양성에 대한 개념이 이전보다 훨씬 더 실천적 문제가 되었다는 사실은 꽤 놀랍다. 우리 세계의 거대한 다양성은 오늘날 많은 사람에게 드러나는데, 특별히 사회적 영역 속에서 불평등의 모습으로 드러난다."[26]

그러므로 바빙크는 사회적, 경제적 불평등의 질문을 거대한 철학적 틀, 즉 통일성과 다양성이라는 틀 내에 위치시킨다. 이 질문에 대한 바빙크의 고뇌는 삼위일체 하나님과 그분의 사역에 대한 바빙크의 유기적 이해 속에서 해결책을 찾아볼 수 있다는 사실을 이미 살펴보았다. 하나님의 주권과 의지를 품고 행하는 우리 인간의 책임 사이의 관계, 이 땅에서의 우리의 일과 하늘에서의 우리의 운명 사이의 관계, 칭의와 성화의 관계, 성령 하나님의 사역과 "은혜의 방편"의 중요성 사이의 관계, 언약적 교제와 하나님의 법을 향한 순종 사이의 관계, (성경의) 말씀과 성령 하나님 사이의 관계, 믿음과 행위 사이의 관계, 그 외의 수없이 많은 관계에 대해 우리가 염두에 두든 아

25   *ERSS*, 146.
26   *ERSS*, 146.

니든 간에, 바빙크는 하나님의 삼중적 통일성에 대한 근본적인 기독교적 고백, 즉 성부, 성자, 성령이라는 구별된 세 위격들과 하나의 본질적이고도 근본적인 일체성이라는 고백에 의지한다. 이런 고백이야말로 기독교 세계관의 기초이며, 현실을 있는 그대로 보기 위해 필요한 안경이다. 이뿐만 아니라 피조물 고유의 일체성과 다중성의 토대로서 삼위일체 하나님의 다양성 내에서의 통일성에 대한 생각은 아브라함 카이퍼와 그의 지지자들이 가졌던 일부의 이상주의적 과도함에 저항할 수 있도록 바빙크에게 도움을 주었다. 심지어 우리는 "확고하게 수립된 윤리적" 규범들과 하나님의 법에 "묶여 있기 때문에" 바빙크는 "원리들"과 "적용" 둘 다 필요하다는 사실을 깨달았다.[27] 우리는 이 모든 것 가운데 계시가 필요하다. 성부, 성자, 성령 하나님께서 스스로를 나타내시고(manifests), 스스로를 밝히시며(discloses), 자신이 누구인지에 대해 드러내실(displays) 때에만 우리는 실재에 대한 적절한 이해를 도모할 수 있게 된다. "이 세상 그 자체가 계시에 근거한다. 계시는 이 땅에 존재하는 모든 것의 전제요, 근본 토대일 뿐만 아니라, 비밀 그 자체이다. … 창조의 근본 토대와 구속의 근본 토대는 서로 같다. 육신을 입고 이 땅에 오신 로고스가 이 세상을 만드신 바로 그분이다."[28]

이런 확신에 대한 실천적이고도 수행적인 결과는 하나님과 세계

---

27 Herman Bavinck, "Politieke rede 1918" (날짜 미상인 미출간된 원고), 11.
28 *PofR*, 27(바빙크, 『계시 철학』, 94).

가 하나의 일체성이나 동일성 안으로 흡수된다는 모든 형태의 일원론적, 범신론적 생각, 또는 오직 무질서한 다양성만을 인정하고 그어떤 질서나 통일성도 인정하지 않는 다원주의적 생각에 그리스도인들이 반드시 반대를 표하는 것이다. 바빙크의 유기적인 생각이 어떻게 결혼과 가정에 대한 그의 이해(7장)와 일에 대한 그의 이해(8장)에 영향을 미쳤는지를 살펴보았다. 지금부터는 바빙크의 유기적 생각이 어떻게 부, 빈곤, 불평등 문제에 영향을 미쳤는지에 대해 살펴보도록 하겠다.

다양성과 불평등에 집착하는 자신의 시대를 가리켜 "꽤 놀랍다"[29]라고 지적했던 바빙크의 관찰은 이미 앞에서 살펴보았다. 바빙크는 유럽의 현실적인 삶의 상태가 이런 실천적 집착을 꽤 당연한 것으로 만들었다는 사실에 대해 인정한다. 바빙크는 "일부의 사람들은 사치스럽게 살고 … 호화롭거나 평안하게 꾸며놓은" 집을 소유하고 있지만, 또 어떤 사람들은 "빛과 맑은 공기가 잘 들지 않는 답답한 방, 좁은 골목, 음울한 빈민가를 견디며 살아간다"는 사실에 대해 말하며 "실제 삶 속에 존재하는 대단히 개탄스러운 차이들"에 대해 언급한다.[30] 하지만 이 세상은 19세기 후반 이전에도 빈곤과 고통이 존재했었다. 그렇다면 과연 도대체 무엇이 모든 [유럽] 대륙이 (그리고 대륙 너머가) 평등에 대한 상응하는 열정을 가지고 불평등에

---

29 *ERSS*, 146.

30 *ERSS*, 147.

대해 이런 열정 어린 반대를 감행하도록 이끌었단 말인가? 바빙크는 이런 혁명적인 전환의 원인을 한 사람의 생각 속의 개인적 혁명으로 주로 돌린다. 그 사람은 바로 세계사적으로 제네바에서 두 번째로 중요한 인물인 장 자크 루소(Jean-Jacques Rousseau, 1712-1778)이다.

바빙크는 1749년 여름에 파리의 "응접실로 받아들여졌지만 자기 스스로를 아직 찾지 못했던" 37세의 떠돌이가 "학문과 예술의 진보가 도덕을 왜곡시키거나 정화시키는 경향이 있었는가?"라는 주제로 디종 아카데미(the Academy of Dijon) 후원하에 열린 논문 모집 공고를 접했을 때가 루소의 "회심"한 때였다고 묘사한다. 루소의 세계는 갑작스럽게 변해버렸다. "바로 그 순간 엄청난 변화가 루소 안에서 일어났다. 빛이 그의 마음속으로 갑자기 비춰졌다. 그는 자신의 고백록을 쓰기 시작했다. '그 공고를 읽은 순간 나는 또 다른 우주를 봤고 나는 다른 사람이 되어버렸다.'"[31] 루소가 경험했던 이런 순간적인 변화는 무엇이었을까? 간단히 말하자면, 루소는 문화를 버리고 자연을 품었다. 루소가 봤던 인간의 학습과 획득된 지혜, 모든 관습과 법은 모두 다 "문제 있고 어리석은 것이며 우리의 사회 질서 속에 압제와 고통만 가져다줄 뿐이다." 루소는 "합리화된 이성과 왜곡된 문화"의 산물인 자기 고유의 학습을 자연의 아름다움을 위해 반

---

31 *ERSS*, 148. 인용문은 Jean-Jacques Rousseau, *The Confessions and Correspondence, Including the Letters to Malesherbes*, in *The Collected Writings of Rousseau*, ed. Christopher Kelly, Roger D. Masters, and Peter G. Stillman, trans. Christopher Kelly, vol. 5 (Hanover, NH: University Press of New England, 1995), bk. 8, p. 294이다.

드시 한쪽으로 제쳐놓아야만 하는 것으로 여기게 되었다. 이제 루소의 영혼과 자연은 조화 가운데 존재하게 되었다.

[루소의 영혼과 자연은] 그에게 무엇인가 다르고 훨씬 더 의미 있는 것이 되었다. 외부의 자연과 내부의 영혼은 이제 이성과 문화에 의해 그들에게 부과되었던 부자연스러운 덫으로부터 해방되어 한 분이신 동일한 하나님, 즉 순수한 선이시며 자기 손에서는 그 어떤 악도 나올 수 없는 하나님의 계시로 바뀌게 되었다.

그렇다면 어디서부터 인류의 악과 고통이 나오는 것일까?

우리 세계의 다양한 잘못과 모든 고통은 창조된 사회와 문화에서만 자신의 기원을 찾을 수 있다. 영혼과 자연, 인간과 세계, 주체와 객체, 나 자신과 나 자신이 아님에 대해 이해하는 가운데 그는 자연스러움의 권리를 위한 강하고 영향력 있는 투사가 되었다.[32]

루소는 사회와 문화야말로 문제라고 진단하며 그 해결책은 "문화를 자연으로, 복잡하고 왜곡된 사회를 천진함의 원래 자연 상태로, 마음의 속임수를 감정의 순수한 규칙으로"[33] 바꿀 때에야 비로

---

32 *ERSS*, 151-52.

33 *ERSS*, 151-52.

헤르만 바빙크의 성도다운 성도

소 찾을 수 있다고 확신했다. 우리는 바빙크가 여기서 묘사하는 패턴을 인식할 수 있는데 그 이유는 조리 있는(reasoned) 공적 담론과 신중한 논의로부터 떠나 개인적이고도 주관적인 욕망과 갈망의 감정에 호소하는 모습은 우리 현시대가 가진 특징 중 하나이기 때문이다. 하지만 이 모든 것을 한 남자의 개인적 여정으로 돌릴 수 있을까? 바빙크는 루소의 개념들이 "결코 새롭거나 독창적이지 않은데, 그 이유는 그것들 중 대부분은 루소의 전 시대 사람들, 특별히 영국 이신론자들에게서 발견할 수 있으며 이미 루소의 동료들도 그런 생각의 일부를 의식적으로 했기 때문이다"라고 기록한다. 그다음 바빙크는 루소 이후 세대의 목소리를 인용한다. "스탈(Staël) 부인이 '그는 [루소는] 그 어떤 새로운 것을 창안하진 않았지만, 전 세계에 불을 지폈다'라고 잘 말했다."[34]

바빙크에 따르면, 루소는 "그 당시 사상을 대변했다. 그는 그 당시 언어를 사용했다. 그는 사람들이 잠재의식 가운데 생각했던 것들을 표현했다. 그는 이렇게 할 수 있었는데 그 이유는 그가 진심을 가진 사람이었기 때문이다. 이런 점이 그를 계몽주의의 사람들로부터 구별시켜주었다." 루소는 "프랑스 백과전서파들(the Encyclopedists)이 하나님과 종교를 조롱하기 위해" 사용했던 이성과 과학의 우상

---

34 *ERSS*, 152. 안 루이 제르맹 드 스탈(Anne Louise Germaine de Staël, 1766-1817)은 프랑스어권 스위스 문학자, 루소의 열렬한 지지자, 그리고 19세기 낭만주의에 영향을 끼친 인물이었다.

에 만족하지 못했다. "루소의 마음은 자연의 천진난만함으로 되돌아가려는 향수에 빠져있었다. 루소는 계몽주의의 교만이었던 예술과 학문, 부유함과 풍부함 뒤에서 대중의 고통, 영적인 빈곤, 그리고 비어 있는 마음을 보았다."[35] 루소는 모든 시대의 감정, 갈망, 욕망을 표현했다.

대안으로 루소가 제안했던 것은 차별과 불평등 없는 자연 상태에 대한 개념이었다. 바빙크는 중요한 경고를 이렇게 소개한다.

루소가 절대적인 자연 상태를 소개하길 원했던 것이 아니었음을 반드시 기억해야 한다. 루소는 그것이 불가능하다는 사실을 꽤 잘 이해했다. 루소는 아주 오래 전부터 정말로 존재했던 상태로서의 자연 상태를 묘사했던 것이 아니다. 모두를 위한 공통의 이익과 더불어 모든 것이 사람들을 위해 그리고 사람들을 통해 이루어졌던 것 속에서, 루소는 사회와 국가의 바람직한 준비 방식이 어떤 모습을 지녀야 하는지에 대한 그의 생각을 묘사하는 수단으로서만 이런 개념을 사용했다. 그 당시 존재했던 상황과 반대로, 루소는 그 어떤 계급이나 사람들도 불법적으로나 무력으로 획득된 특권들을 누리지 못하는, 즉 모두를 위한 자유에 근거한 국가를 원했다.[36]

---

36 *ERSS*, 153.

루소의 "자연 상태"(state of nature)는 그의 "억제되지 않는 상상"의 산물이었다. 그럼에도 불구하고 루소의 관점은 18세기 후반, 특별히 19세기의 혁명적인 사회, 정치 운동들 속에서 강력한 힘이 되었다. 루소가 가한 충격은 지금까지도 남아 있는데 그 이유는 "사회적 불평등의 부당함에 대한 이런 개념은 사람들의 마음속 깊숙한 곳에 뿌리내렸고 폭넓은 수용을 이끌어냈기 때문이다. 우리 시대의 양식화된 기본적인 생각은 이런 불평등에 반하며 이를 완전히 없애 버리길 원한다."[37]

바빙크는 경제적으로만 바라보는 시각보다 더 광범위한 시각을 가지고 불평등과 다양성에 대한 반대를 바라본다. 철학적으로, 바빙크는 이를 "모든 기본적인 차이를 파괴하기 위해 애쓰는 혁명적 사고방식" 속에서 바라보는데, 그 기본적인 차이들은 "하나님과 세상, 사람과 동물, 영혼과 육체, 진실과 거짓, 선과 악, 기독교와 이교 사이"의 차이다. 바빙크는 "마치 밑에서부터 남편과 아내, 부모와 자녀, 정부와 피지배자, 고용인과 피고용인, 부자와 가난한 자 사이의 차이들을 없애길 시도하는 현대의 모든 운동을 통해"[38] 또 다른 공격이 오고 있다고 말한다.

---

37 *ERSS*, 154.

38 *ERSS*, 155.

불평등은 죄가 아니다 ──

바빙크는 루소에 대한 자기 생각을 중요하고도 영향력 있는 첫 번째 "제네바 시민" 즉 "2세기 전 제네바에서 살며 사역했던 강력한 개혁자 장 칼뱅"으로 자연스럽게 이어간다. 루소에 대한 바빙크의 비판에 칼뱅이 영감을 주었다는 사실은 바빙크가 다음과 같이 말했을 때 분명해진다. "하지만 엄청난 대비가 이루어지는 순간은 이 두 이름이 함께 언급될 때이다."

두 사람 모두 다 자기 삶 속에서 변화를 경험했지만, 칼뱅 같은 경우 로마 가톨릭 교회의 문제들에 대한 거부와 복음의 진리와 자유를 품는 것을 그 변화에 포함시킨다면, 루소 같은 경우 기껏해야 모든 문화를 깨는 것과 자연의 본능으로 되돌아가는 것뿐이었다.

만약 그렇다면, 이 두 인물 사이에 존재하는 차이점은 우리를 놀라게 만들지 않는다.

칼뱅은 모든 고통의 원인을 하나님의 법에 불순종한 개인적 행동인 죄에서 찾았다. 루소는 사회와 문명을 탓했으며, 루소가 자기 자신의 선에 대해 생각했을 때 그는 감격의 눈물을 흘렸다. 자신만큼 선하고 동정적인 사람이 존재하지 않았던 것처럼 말이다! 칼뱅은 그 어떤 것도 자연으로부터 [온다고] 기대하지 않았고, 오히려 모든 것은 그리스도 안에서의 하나님의 은혜로부터 [온다고] 기대했다. 한마디로 말하면 칼뱅은 인간과 모든 피조물을 하나님의 압도적인 장엄하심 앞의 티끌로 여겼다. 반대로 루소는 하나님의 정의와 거룩성을 희생시켜가면서 그 무엇보다 인간 그 자체를 왕좌 위에 두었다.[39]

이런 핵심적인 차이점에 대해 풀어 놓기 시작하면서 바빙크는 수사적 역작(tour de force)이라고 불릴 수 있는 것을 이끌어낸다. 바빙크는 이를 불평등에 대한 주제로 지속시킨다.

하지만 18세기 파괴자가 불평등의 산적한 문제를 숙고하는 유일한 사람이 아니었다. 16세기 개혁자도 마찬가지였다. 하지만 그는[칼뱅은] 이 문제를 다른 각도에서 접근했다. 칼뱅을 먼저 가격했던 것은 정치적, 사회적 불평등이 아니라 오히려 종교적 불평등이었다. 모든 인간의 본성이 동등하게 부패할 때 어떻게 복음을 받아들이는 사람들과 거부하는 사람들 사이, 또는 구원받은 사람들과 그렇지 않은 사람들 사이의 지속되는 깊은 차이점에 대해 설명할 수 있을까?[40]

바빙크가 불평등의 질문에 대해 다룰 때 그는 인간의 도덕적 관점에서 볼 때 이 문제를 덜 어렵게 만들기보다는 더 어렵게 만든다.

---

39 *ERSS*, 155-56.

40 *ERSS*, 156.

그중 하나가 바로 신정론 문제, 즉 어떤 사람들은 구걸과 굶주림으로 죽어가는 반면, 또 다른 사람들은 사치스러운 타락 가운데 살아가는 것을 허락하신 하나님과 관련된 문제이다. 이는 하나님에 대한 또 다른 의문, 즉 불평등한 방식으로 인간들의 궁극적이고도 영원한 운명을 주권적으로 계획하신 하나님에 대한 의문과도 관련된다. 만약 모두 다 동등하게 죄인이라면, 왜 모두 다 구원받지 못하는가?

칼뱅과 칼뱅 이후 개혁파 전통은 실존적인 문제에 대해 언급하지 않으면서 이런 진지하고도 신비스러운 질문이 최종적으로는 오직 "하나님의 선하신 기쁨, 그의 주권적이고도 전능하신 자유 의지"의 결과라고 답한다. 택자와 유기자의 영원한 운명에 대한 참된 사실이 창조 속의 다양성과 불평등의 경우에서도 명백히 드러난다.

하나님의 예정하심은 피조물들, 즉 종, 성별, 은사들, 있는 것과 있는 그대로의 모든 것의 차이점들 모두의 최종적이고도 가장 심오한 원인이다. 인간의 자유 의지, 공로와 가치, 문화 혹은 창조 속의 모든 다중성의 자료인 자연도 예정의 원인이 아니다. 오히려 비록 불가해하며 설명하기 힘들지만 지혜롭고 거룩한 동시에 전능하고 무소불능한 하나님의 의지가 예정의 원인이다.

심지어 바빙크는 다양성의 원인을 "자연"으로 돌리는 것에 대해 이의를 제기한다. "자연도 다양성의 원인이 아니다. 그 이유는 자연은 존재를 만들 수 없고 자연 스스로 존재하지도 않기 때문이며, 오히려 자연은 태초부터 항상 하나님 말씀의 능력을 통해 존재하기 때문이다. 하나님의 뜻에 의해 만물이 창조되었다."[41]

루소와 칼뱅의 사회적 관점들에 대한 바빙크의 비교를 논하기 전 먼저 사회적 관계에 대한 바빙크의 보다 더 건설적이고도 성경적인 글 "기독교적 원리들과 사회적 관계들"을 살펴보도록 하겠다. 이를 통해 바빙크가 하나님께서 명하신 사회적 질서, 즉 다양성과 불균형이 비난받지 않고 오히려 그 가치를 인정받는 사회적 질서를 어떻게 성경적으로 묘사하고 있는지에 대한 그림을 그릴 수 있다. 이글 역시 그 배경에는 "사회 문제"에 대한 현실을 포함하고 있으며, 쌍둥이 같은 도전들이었던 사회복음과 기독교 사회주의에 대한 반응도 수록되어 있다.

바빙크는 자신이 "놀라운" 사실이라고 칭했던 내용, 즉 "오늘날까지 모든 연구에도 불구하고 과학은 만물의 기원에 대해 확실하게 아는 것이 없다. 그 이유는 과학은 항상 존재하는 것을 기반으로 입장을 취하기 때문에, 과학은 만물의 기원으로 꿰뚫고 들어갈 수 없다"[42]라는 사실을 관찰한다. 이런 사실은 우리가 서술(description)을 처방(prescription)으로, 존재(is)를 의무(ought) 즉 사회적 삶을 위한 규범적 유형으로 넘어서길 원할 때 우리에게 큰 문제를 드러낸다.

---

41 *ERSS*, 156.

42 *ERSS*, 121.

과학적 관점에서 볼 때 우리는 하늘과 땅, 동식물과 인간, 남편과 아내, 결혼과 가정, 사회와 국가, 종교와 도덕과 정의, 언어, 예술, 학문의 기원에 대해 확실히 알지 못한다. 모든 기관과 현상이 이미 어디서나 존재하며, 비록 연구 단계는 여전히 원시적이지만 우리는 과학적 연구의 빛 아래서 이것들을 조사한다. 하지만 우리는 그 어디에서도 결코 이런 현상들의 기원에 대한 증인이 아니다.

하지만 이런 사실이 우리가 무지의 인질로 잡혀 있다는 뜻은 아니며, 우리가 할 수 있는 것은 단지 추정하고 가장 큰 힘을 가진 사람들이 우리가 어떻게 함께 살아야 하는지에 대해서 결정하도록 놔두라는 뜻도 아니다. "하지만 과학이 우리에게 주지 않은 것은 성경으로부터 우리에게 온 특별 계시에 의해 주어진다. 이것이 우리에게 피조물의 기원에 대한 이야기를 준다. 이 이야기는 피조물들의 존재와 운명을 위한 근본적인 중요성을 가지고 있다."[43]

바빙크가 자신의 글에서 논의했던 주제들, 즉 결혼과 가정, 일, 소명 등과 같은 사회적 관계들에 대해서는 이미 앞에서 살펴보았기 때문에 여기서 또 다루지는 않을 것이며 지금부터는 사회 전체에 대한 보다 더 큰 그림에 집중하도록 하겠다. 바빙크는 사회에 대한 모든 논의를 결혼과 가정에서부터 시작한다. 남자와 여자 사이의 성적

---

[43] *ERSS*, 121.

인 차이와 결혼은 창조 때부터 시작되었다. 바빙크는 이를 다음과 같이 설명한다.

> 이 결혼은 하나님의 특별한 복을 받는다. 이 복은 인류의 번성이다. 결혼에 내포된 것은 가정이며, 가정에 내포된 것은 사회다. 사회에 내포된 것은 인류의 통일성, 공동체성, 그리고 협력성이다. 결혼과 가정은 이후 사회에서 전개될 모든 관계의 출발점과 원리를 포함한다.[44]

구약 성경의 이스라엘이 이런 발전의 모형인데 그 이유는 "모든 사회의 근본 기초로서 가족의 중요성이 이스라엘만큼 두드러진 특징을 보인 나라는 없었기 때문이다."[45] 바빙크에 따르면 야곱 자손들의 혈통에 근거한 이스라엘의 지파 구조는 계급적이기 보다는 가부장적이었다. 이는 신정 체제였다.

> 하나님은 이스라엘의 입법자, 심판자, 그리고 왕이셨다. 그리고 이스라엘은 하나님의 백성, 그의 유산, 그의 나라였다(출 15:18; 민 23:21; 신 33:5; 삿 8:23; 삼상 8:7; 사 33:22 등). 이스라엘에게 단 한 가지 요구된 것은 하나님께서 주신 법에 따라 종교적으로, 도덕적으로, 시민답게, 사회적으로 사는 것이었다. 그러므로 이스라엘의 모든 권력은 섬기는 특징을 가지고 있었다. 그

---

44 *ERSS*, 122.

45 *ERSS*, 123.

것은 모든 면에서 하나님의 법에 결부되었다.[46]

심지어 "성전에서 섬겼던" 제사장들과 레위 지파도 이스라엘 주변의 이방인들과 달리 "비밀스러운 교리 혹은 예술을 소유하지 않았으며 계급적이고도 양심을 구속하는 권력을 확실히 가지고 있지 않았다." 그들은 이스라엘 기업을 가지고 있지 않아서 "사람들의 기부로 살아야만 했으며 그러므로 그들은 매우 의존적인 존재"였다.[47] 심지어 바빙크는 "교회와 국가가 연합되었음에도 불구하고 구성원뿐만 아니라 직임과 행정, 기관과 법들도 달랐다"라는 사실을 지적한다. 이뿐만 아니라 "외국인들도 이스라엘의 영적인 특권에 참여할수 있었으므로, 이는 말하자면 시민권 없이도 교회의 구성원이 될수 있었다는 의미이다."[48]

[비록 신정 체제였지만] 이스라엘은 종교적으로 꽤 많은 자유를 누렸다. 불신앙과 이단은 벌 받지 않았다. 종교재판도 없었다. 양심의 제약에 대해서도 전혀 알려진 바가 없다. 선지자들이 하나님으로부터 멀어지는 상황에 대해 반대 증언을 하고 왕과 제사장들에게 저항할 때도 그들은 율법으로 돌아가길 말로 호소했지 결코 무력을 사용하겠다고 주장하지 않았다.[49]

---

46 *ERSS*, 123-24.

47 *ERSS*, 124-25.

48 *ERSS*, 124.

49 *ERSS*, 125.

헤르만 바빙크의 성도다운 성도

성경적으로 주어진 것에서 권력자든 약자든, 부자든 가난한 자든, 건강하고 생산적인 자든, 허약하고 장애가 있는 자든, 젊은 자든 늙은 자든, 그들을 묶는 율법이 지배하는 사회-정치적 자유 질서를 상상하는 일은 어렵지 않다. 비록 이스라엘은 신정국가로서 종교적인 기반 위에 세워지고 운영되는 나라였지만, 양심의 자유에 가장 높은 중요성을 두는, 영향력이 오직 설득으로서 도덕적으로 수용되는, 강압이 거부되는, 국가의 도덕적 범위가 자발적이고 종교적이며 도덕적이고 시민적인 기관들을 통해 기획되는 정치-사회적 질서를 가진 나라로 이스라엘을 상상하는 것 또한 어렵지 않은 일이다. 요약하자면, 바빙크의 이런 요약으로부터 질서정연하고 헌법적으로 틀이 잡힌 자유에 대한 미국적 경험의 이상향으로 이동하는 것은 먼 여행은 아니다.

이런 결론, 특별히 이 장 초반부에서 다양성과 불평등에 대한 불평들을 해소하기 위해 하나님의 주권적 의지와 선한 뜻을 강조했던 부분은 많은 독자에게 부당함 어쩌면 심지어 불쾌함까지도 줄 수 있기 때문에, 다시 한 번 아래에 제네바 동료 장 자크 루소와 대비되는 장 칼뱅에 대한 바빙크의 묘사로 돌아가 논의를 진전시키도록 하겠다.

정의와 자비 ———

자연과 사람들 가운데 존재하는 차이점들이 문화 혹은 자연으로부터 비롯되지 않고 오히려 "불가해하며 설명하기 힘들지만 지혜롭고 거룩한 동시에 전능하고 무소불능한 하나님의 의지"로부터 비롯된다는 진술에 대한 논의는 이제 마무리되었다. 이에 대한 일반적인 반응은 공평성과 숙명론에 대한 깊은 우려이다. 미국 교외의 유복하고도 안정적인 집안에서 태어난 사람과 같은 시간에 제3세계 빈민촌에서 미혼 청소년들 사이에서 태어난 사람의 사정은 썩 공평해 보이지 않는다. 만물에 대한 하나님의 주권적이고도 섭리적인 방향성을 믿는 사람들에게는 이런 사정이 체념과 절망으로 다가오지 않을 수 있을까? 만약 그렇다면, 변화를 위해 우리가 할 수 있는 것은 아무것도 없다.

바빙크는 하나님의 주권에 대한 이런 확신이 주는 어려움에 대해 인정한다. 바빙크는 "오직 강한 세대만이 이를 받아들일 수 있다"라고 말한다. 칼뱅의 생각에 대한 바빙크의 적용은 개혁 신학을 향해 불타오르는 반대의 불길에 기름을 더 끼얹는 격인 것처럼 보이기도 한다. "이런 고백을 통해 … 칼뱅은 자기를 따르는 자들에게 갈등과 압제의 시간 속에서도 먼저 수용, 순종, 자족을 가르쳤다." 의심할 나위 없이 이런 주장에 대한 저항을 예상하며 바빙크는 상상할 수 있는 엷은 미소를 띠며 다음과 같이 첨언한다. "하지만 오늘날 일부 사람들만 이에 대해 그에게[칼뱅에게] 감사할 것이다." 바빙크 시대에 벌어졌던 일은, 또한 지금도 우리 안에서 일어나고 있는 상황은 "갈등과 압제의 시간 속에서의 수용, 순종, 자족"과는 정확히 반대의 상황이다. 대신에 "불만을 심고 모든 우세한 상황과 방식을 향

헤르만 바빙크의 성도다운 성도

해 적대적인 방향을 취하라고 조직적으로 사람들을 못살게 구는 것이 많은 사람에 의해 훨씬 더 높은 존경을 받는" 상황이 현재 상황이다. 이는 루소에 의해 영감 받은 정신인데 그 이유는 "그가[루소가] 바로 사회와 문화에 대한 모든 것을 비난하고 사람들을 교만하고 반항적으로 만든 인물"이기 때문이다. 하지만 불안정과 무질서가 이런 태도의 유일한 결과는 아니다. 루소는 "사람들에게 일련의 끝없는 실망의 원인도 제공했는데 그 이유는 자연과 반하는 혁명은 항상 그것을 휘두르는 사람에게 겨눠지는 칼이 되기 때문이다."[50]

수동적인 물러남과 실망스러운 행동주의 사이의 선택에 직면하고 있는 사회적으로 민감한 그리스도인들은 여전히 두 번째를 선택할 것이다. 이런 선택은 이웃을 사랑하고 가난한 사람을 돌보며 소외당하는 사람들을 찾아가고 약하고 힘없는 사람들을 위한 정의를 추구하라는 성경의 가르침을 진지하게 여기는 사람들에게는 당연한 선택이다.

묵인은 칼뱅이 자신을 신실하게 따르는 사람들을 명심하게 만들었던 유일하고도 가장 중요한 자세가 아니다. 칼뱅의 고백에 따르면, 하나님의 뜻은 완전하게 주권적이며 전능하고 불가해하기 때문에 거룩한 경외와 진심 어린 존경심과 함께 인정된다. 하지만 하나님의 뜻은 자기 자녀 모두를 영원한 사랑으로 사랑하시는 자비롭고 은혜로우신 성부 하나님의 뜻을

---

50 *ERSS*, 156.

믿는 모든 사람을 위한 뜻이다. 하나님의 뜻은 감춰져 있지만 하나님은 종종 자기 자녀들을 이끄는 어두운 모든 길에 대해 지혜롭고도 거룩한 이유를 항상 가지고 계신다. 이런 뜻은 좋든 싫든 인간이 따라야 하는 운명이 아니라 오히려 어린아이 같은 믿음의 대상, 위로의 무한한 샘, 그리고 굳건하고 든든한 소망의 강한 닻이다.

우리가 절대 잊지 말아야 할 사실은 칼뱅에게는 예정의 중심이 그리스도 안에서의 하나님의 풍성한 은혜라는 사실이다.

그에게[칼뱅에게] 이것은 하나님께서 얼마나 우리를 많이 사랑하시는지 우리에게 알려주는 기독교의 본질이었다. 칼뱅은 만물 가운데, 심지어 인류의 부당함 가운데 계시된 하나님의 뜻을 목도했다. 하지만 기본적으로 하나님의 뜻은 본질적으로 이 세상과 인류를 어둠을 통과해 빛으로, 죽음을 통과해 영생으로 이끄시는 구원의 은혜이다.[51]

복음의 이런 위로는 고통 가운데 있는 사람들에게 지극히 중요한 위로이다.

칼뱅은 하나님의 거룩하고 자비로운 뜻에 대한 설교를 통해 가장 작고 천한 자, 복음을 위해 박해받는 자들, 감옥에 갇힌 죄수들, 교수대와 장작더

---

51 *ERSS*, 157.

헤르만 바빙크의 성도다운 성도

미 위의 순교자들이 모든 고통과 압제를 경멸하도록 믿음, 의협심, 그리고 영감을 제공했다. 이런 종류의 위로야말로 바로 우리 시대에도 꼭 필요한 위로이다.

바빙크는 여기서 "사람들의 마음에 불만족을 심고 사람들로 자신들 고유의 운명과 사회에 전반적으로 반대하게끔 만드는 일"은 상대적으로 쉽다는 사실을 관찰한다. 하지만 이런 움직임은 기껏해야 "빵 한 덩이 혹은 물고기 한 마리를 위해 기도하는 사람에게 돌과 뱀을 던져주는" 대중들의 "잔인한 아첨"이다. 루소와 그의 지지자들에게는 이 세상보다 더 나은 세상에 대한 기독교적 소망이 지상낙원에 대한 유토피아적인 꿈으로 대체되었다. 이런 꿈은 절대 성취되지 못할 꿈이며, 실패한 여정은 피와 시체로 온통 뒤덮인 여정이다. 이는 불가피한 결과이다. "그 이유는 사람이 더 높고 더 좋은 세상에 대한 믿음을 잃을 때, 이 땅에서의 삶은 점점 더 자기 머리를 무감각적으로 벽에 부딪히는 감옥처럼 보이기 시작하기 때문이다."[52]

이제 우리에게 남아 있는 것은 완전한 정의가 이 시대 속에서 우리가 만족할 만큼 절대 성취될 수 없다는 필연적인 결론을 내리는 것이다. 오로지 마지막 때, 즉 의로운 재판관이신 하나님께서 만물을 새롭고 온전하게 만드실 때에만 하나님의 생각과 하나님 나라가

---

[52] *ERSS*, 157.

온전히 입증될 수 있을 것이다. 이런 사실이 불평등, 폭압, 압제 앞에 선 개혁파 사람들을 패배주의적 체념으로 이끄는가? 여기서 바빙크는 루소와 칼뱅 사이에 존재하는 세 번째의 중대한 차이점으로 주의를 환기시킨다. 비록 루소가 사회를 탓했고 "사람들에게도 사회를 탓하라고 가르쳤으며, 군주를 희생양으로 바꾸는 그 당시의 관습 가운데서 비참한 상황에 대한 책임을 군주에게 떠넘겼지만, 결국 그는[루소는] 사회 개혁을 위해 손가락 하나 까닥하지 않은 채 조용하고 호젓하게 물러났다." 이는 칼뱅과 대조적인 모습이다. "반면 칼뱅[의 생각]은 그가 그리스도 안에서 은혜의 뜻, 강하고 활동적이며 광범위한 행위에 대한 동기로서 알게 되었던 하나님의 동일한 뜻에서부터 비롯되었다." 바빙크는 특별한 훈련을 받지 않은 사람 속에 쥐어진 예정론이 [사람들을] 영적인 오용과 절망으로 이끄는 두려움의 수단이 되었다는 사실을 인식한다. 하지만 바빙크는 이것을 "개혁파 신앙고백을 서투르게 풍자한 것"이라고 주장한다. 하나님의 뜻을 향한 참된 존경은 우리를 행위로 이끈다. 바빙크는 제네바의 두 시민 사이를 이렇게 대조한다.

> 만약 당신이 루소와 함께 사회가 모든 악의 원인이라고 믿는다면, 당신은 사형 선고를 선언하고 사람들을 처형할 권리를 지니게 되며 혁명을 합법화할 수 있게 된다. 하지만 만약 칼뱅과 함께 하나님의 선하신 기쁨의 뜻이 만물의 원인이라고 믿는다면, 그 동일한 뜻이 하나님의 계시 된 뜻과 우리 삶의 원동력과 규범이 될 것이다. "당신의 뜻이 이루어지리라"는 말

은 묵묵히 따를 수 있는 힘뿐만 아니라 행동할 수 있는 힘까지도 준다.[53]

정의와 자비 둘 다 하나님의 뜻과 하나님의 법에 의해 요구된 행위의 중요한 부분이다. 1891년 기독교 사회 총회에서 채택된 다섯 번째와 일곱 번째 결의안 둘 다 정의의 필요성에 대해 말하고 있다. 다섯 번째 결의안은 다음과 같다.

> 성경에 의하면 사회적 문제 해결을 위한 중요한 일반적 원리는 정의 [gerechtigheid]가 존재하는 것이다. 이 의미는 각 사람은 자신의 본성에 따라 하나님과 다른 피조물들에 관한 하나님의 법령에 따라 살아갈 수 있는 위치를 부여받았다는 의미이다.[54]

이런 내용이 정의(justice)에 대한 완전하고도 만족할 만한 정의 (definition)는 아니지만 그 방향성만은 선명하다는 사실을 반드시 기억해야 한다. 정의는 "평등" 같은 추상적 용어의 방식으로 정의되어서는 절대 안 되며, 오히려 절차적으로 하나님 뜻의 규범적인 기준 하에 있는 모든 사람, 일, 직임, 역할, 은사의 다양성을 존중하면서 정의 내려야 한다. 정의가 현 상황의 보수적인 유지보다는 오히려 소외당하고 약하며 힘없는 사람들의 필요에 대한 풍성한 설명을 수

---

53 *ERSS*, 158.

54 "Gen. Prin.," 445.

반한다는 사실은 이 결의안의 구체적인 결론에서 명백해지며 3장 마지막에서 전체적으로 인용했던 여섯 번째 결의안에서도 선명해진다.[55] 여기서의 목적에 따라, 종교적 특성, 영원하고도 일시적인 행복을 위한 고민, 정의로운 질서는 "영원한 운명을 위해 사람들을 준비시키는 것뿐만 아니라 이 땅에서의 그들의 소명을 성취하는 일도 가능하게 만드는 것"이라는 이 결의안의 주장에 주목하는 것은 중요하다. 일곱 번째 결의안은 정의를 수행하기 위한 하나님의 법령에 주목하면서 행정 당국을 "사회 속에서 정의를 유지시키기 위해 소명 받은 하나님의 종"이 되도록 요청한다. 여덟 번째와 마지막 결의안은 완전한 정의가 이 시대 속에서는 결코 성취될 수 없다는 사실을 상기시킨다. "이에 더해 자비 사역을 위한 매우 큰 역할이 존재하는데 그 이유는 죄와 오류 때문에 모든 종류의 고통이 항상 우리 곁에 있고 이 땅에서는 이런 고통들이 [오직] 정의를 통해서는 절대 제거되지 않을 것이기 때문이다."

바빙크는 칼뱅과 루소에 대한 자신의 글을, 처음에는 제네바에서만 활동했지만 나중에는 더 넓은 영역 속에서 사회 개혁가와 영향력 있는 입법가로 활동한 칼뱅의 유산을 짧게 지적함으로 마무리한다. 바빙크는 법과 시민 생활을 개혁했던 제네바 개혁가 칼뱅을 향한 루소의 칭송을 인용하며 거장답게 아름다운 수사를 구사하고 있다. 바

---

55 120-121쪽을 살펴보라.

헤르만 바빙크의 성도다운 성도

빙크는 다음과 같이 언급하며 제네바에서의 칼뱅의 성공을 묘사하고 있다. "삶에 대한 칼뱅의 종교적 철학이 오늘날의 사회를 위한 약속을 포함하고 있다. 개신교주의가 대부분 문명과 국가들의 번영에 유익을 끼쳤다는 사실이 종종 드러나지 않았는가?" 바빙크에 의하면, 칼뱅주의적 개혁은 혁명이 아니었는데 그 이유는 이 개혁이 "위로부터의 기준과 현실을 넘어서는 기준"으로 수행되었기 때문이다.

> [칼뱅주의적 개혁이 없었다면] 우리는 비역사적 급진주의 속에서 우리의 행복을 쉽게 찾았을 것이다. 하지만 우리가 사물의 더 높은 질서, 즉 역사적 사실뿐만 아니라 하나님 말씀의 증언을 통해 우리에게 다가오는 하나님의 거룩하고 자비로운 뜻을 믿을 때에야 우리는 비로소 현재를 평가하고 변화시키는 규범을 찾게 된다. 현실을 무조건적으로 비난하거나 정당화하는 위험은 적어도 원리 속에서 극복된다.[56]

실천적으로, "우리는 루소와 그의 피상적 지지자들이 죄짓는 방식으로 행했던 사회 비난을 삼가게 될 것이며, 우리는 곧 하나님의 인도 아래 발전되었고 수 세기에 걸쳐 수많은 사람에게 복이 되었던 훌륭한 인공적 유기체인 사회를 존중하는 법을 배우게 될 것이다." 동시에 우리는 "모든 곳에서 지속적으로 세력이 강해지는 새로운

---

56 *ERSS*, 160-61.

상황과 새로운 관계들"에 감사해야만 한다. 바빙크가 근대 사회 속에서 커져만 갔던 민주주의적, 사회적 실용주의적 방향성을 염두에 두었다는 것은 그가 계급이 지배하는 사회에 대한 향수를 불러일으키는 갈망을 혐오했던 것으로 볼 때 명백하다.

그럼에도 불구하고 우리 가운데 누가 거의 카스트 제도처럼 사회 계급들이 서로에게 분리되었던 시대로 되돌아가길 원하며, 사람들은 자기 주인들이 결정하는 무엇이든지 칭송해야만 한다는 기대를 하며, 학문을 하는 사람들은 육체노동을 통해 생활비를 벌어야만 했던 모든 사람을 우습게 바라보았는가?

심지어 바빙크의 특별한 맹비난은 자기가 속했던 교수 계급으로까지 향해있다.

17세기 중반으로 더 많이 접근하면 접근할수록 얼마나 교수들이 자기 동료 시민들을 멀리하고 분리된 카스트를 형성하는 경향이 있었는지에 대해 더 많이 인지하게 된다. 그들은 사회적 삶에 전혀 참여하지 않았고, 학식이 없는 사람들의 영역 속에서는 거의 자취를 감추었으며, 모든 사람은 경악했지만 자신들의 옷매무새, 특별히 머리에서 허리로 떨어지는 끔찍한 가발을 쓰는 등의 형식상의 절차와 예의를 드러냈다. 많은 이들이 하나님으로 영광 받길 원했다. 그들의 교만과 자만심은 종종 끝이 없었기 때문에 그들과 어울렸던 학식 있는 사람들도 그들의 자만심에 대해 불평했을 정

헤르만 바빙크의 성도다운 성도

도였다.[57]

이런 논의는 정치 속에서 공적 인물이었던 바빙크 교수에 대해 짧게 살펴보게 될 이 장의 마지막 부분으로 이어지는 완벽한 연결이다.

정치인 바빙크 ————

6장에서 이미 바빙크가 어떻게 아브라함 카이퍼의 반혁명당과 정치 행위에 관여했는지에 대해 전기적으로 짧게 살펴보았으므로 여기서 다시 반복하지는 않을 것이다. 대신에 네덜란드 상원 의회의 의원이었던 바빙크의 사역을 맛보기 위해 네덜란드 동인도령 예산에 관한 주제로 1912년 12월 29일에 했던 그의 의회 연설을 짧게 살펴보도록 하겠다.[58] 이 연설은 주목할 만한 연설인데 그 이유는 그 내용이 고상하며 사려 깊고 조리 있는 주장이 담겨 있어 신학자와 정치인으로서의 바빙크의 풍모가 잘 드러나 있기 때문이다. 바빙크는 자신의 적극적인 정치적 여정 가운데서도 예수 그리스도를 따르는 자로서 기독교적 원리들을 일관되게 유지했다.

출판된 연설문의 제목은 의심할 필요 없이 바빙크 스스로가

---

57 *ERSS*, 162.

58 *ERSS*, 81-104.

정했는데 그 제목은 "기독교와 자연 과학"(Christianity and Natural Science)이었다. 이 주제에 대한 바빙크의 담론이 그의 주장의 핵심이었지만, 더 큰 사안은 바빙크의 대화 상대였던 네덜란드 상원의원 C. Th. 판 데펜터르(van Deventer)에 의해 다음과 같이 요약되었다. "무엇이 [인도네시아] 원주민들 교육의 토대가 되어야 하는가: 종교에 근거해야 하는가 아니면 일반적인 인문주의에 근거해야 하는가; 신앙 고백적이어야 하는가 아니면 중립적이어야 하는가?"[59] 판 데펜터르의 관점은 중립적, 세속적, 인문주의적 교육을 강력하게 선호했던 관점이었는데, 이를 통해 이슬람교도들의 종교적 민감성을 자극하지 않은 채 서양적인 가치와 기독 종교를 소개할 수 있다고 생각했다. "이슬람교가 그 결과물인 유일신론과 함께 확립된 곳에서는 기독교가 확립될 확률이 제로와 다름없다는 사실을 역사가 보여주기" 때문에 판 데펜터르는 직접적인 교감이 역효과를 낳을 수 있다고 생각했지만, 그럼에도 그는 "자바의 이슬람교도들의 기독교화"를 선호했다. 판 데펜터르는 "이슬람교에 의해 아직 정복당한 적이 없는 다도해의 지방들, 즉 성공확률이 훨씬 더 높은 지역을 향한 노력에 집중하기 위해" 인도네시아 속에서의 기독교 선교를 촉구했다. 판 데펜터르는 이슬람교도들을 기독교로 끌어오려는 소망을 가지기 위해 개방이 저절로 이루어지길 희망하면서 자바의 이슬람교도들을

---

59 *ERSS*, 81.

헤르만 바빙크의 성도다운 성도

먼저 서양화시키는 정책을 촉구했다. 그러므로 판 데펜터르는 다음과 같이 주장했다. 서양 인문주의는 "정신을 지속적으로 일깨우고 감정을 달래고 도덕의 품격을 높일 것이다. 어쩌면 이런 길을 따름으로써 그리스도의 가르침에 보다 더 수용적인 태도를 무슬림교도들 가운데 만들어낼 수 있을 것이다."[60]

바빙크의 답변은 동료 상원의원에게 자연 과학의 발전을 포함한 근대 문화는 기독교로부터 분리될 수 없다는 사실을 아주 간결하게 상기시켰다. 이런 주장의 사례를 보여주기 위해 바빙크는 "역설적으로 들릴 수 있겠지만 자연 과학은 그 기원을 기독교에 빚지고 있다"라고 주장했던 베를린의 교수였으며 생리학자였던 무신론자 에밀 뒤 부아-레몽(Emil du Bois-Reymond, 1818-1896) 같은 국제적으로 명망 높았던 과학자에게 호소했다. 바빙크는 "지금 우리가 아는 바와 같이 역사학은 그 본질과 가치 둘 다에 있어 기독교와 밀접한 관련이 있다"라고 언급했던 또 다른 독일 관념론 철학자였으며 1908년 노벨 문학상 수상자였던 루돌프 크리스토프 오이켄(Rudolf Christoph Eucken, 1846-1926)의 증언도 이런 사례에 포함시킨다. 바빙크는 다음과 같이 결론 짓는다.

기독교가 한결같은 역사를 가능하게 만들었으며, 모든 사람, 전 세계, 그리고 인류의 모든 것을 포함하는 하나의 웅장하고도 거대한 드라마로서 역

---

60 *ERSS*, 82-83.

사를 우리에게 드러내 주었다. 이에 근거해 나는 종교와 기독교 없는 문화가 우리 식민지 사람들에게 필요한 것을 제공하기 위해 확실히 적절할 것이라는 주장에 이의를 제기해야 한다고 믿는다.[61]

네덜란드 상원 앞에서 했던 이런 증언은(충분치 않은 요약이긴 하지만) 네덜란드에서 "하나님의 법령"을 적용하기 위해 가장 높은 수준의 합리성과 설득의 기준으로 주장한 헌신적이고도 설득력 있는 기독교 정치인으로 바빙크를 규정하기에 충분한 증언이다. 더 놀라운 것은 공적 생활에서의 부당한 대우를 대하는 바빙크의 태도와 어조이다. 같은 연설에서 바빙크는 공적 언론의 평론가가 이전의 상원 연설에서 비슷한 주제로 했던 자기 연설을 형편없이 잘못 인용했던 방식에 대해 주의를 환기시킨다. 그 평론가는 뒤 부아-레몽의 글에 있는 바빙크에 대한 내용을 인용한 후, 이를 바빙크의 말로 돌렸으며, 그 진술의 내용을 근거로 삼아 바빙크를 계속해서 공격했다. 바빙크는 이런 설명이 얼마나 왜곡된 설명인지에 대해 주의 깊고도 구체적으로 질책하면서 연사가 연설에서 누군가를 인용할 때는 "연사가 그 인용한 내용에 동의하는지 아닌지에 대한 여부는 그다지 중요하지 않다"[62]라고 옳게 지적했다. 연설의 진술은 반드시 그 자체의 가치로 평가받아야 한다. 그 연설문 저자의 주장은 바빙크의 주장이 아니었

---

61   *ERSS*, 83-84.
62   *ERSS*, 85.

으며 오히려 뒤 부아-레몽의 주장이 그 진술의 자료였다.

그다음 바빙크의 답변 속에서 주목할 만한 움직임이 포착된다. 뒤 부아-레몽의 진술을 주머니에 품고 있던 바빙크는 언제든 사용할 수 있는 다량의 설득력 있는 자본을 가지고 있었다. 만약 바빙크가 단지 정치적 논쟁에서 이기고 싶어 했다면, 그는 원래 있었던 곳에 사안들을 놔둘 수 있었다. 바빙크는 자신의 주장을 펼쳐 이길 수 있었을 것이다. 하지만 바빙크는 이 사안을 그렇게 놔두지 않았다. 바빙크는 대신 충격을 완화시키고 그 기사의 저자를 "아주 좋은 방법으로" 만족시킬 수 있는 자신의 능력을 드러냈다. "만약 내 고유의 표현으로 기독교와 자연 과학 사이의 관계에 대해 연설하길 원했었다면, 나는 확실히 뒤 부아-레몽보다 덜 독단적으로, 덜 강압적으로 나 자신을 표현했을 것이다." 바빙크의 비판은 "기독교는 자연 과학의 유일한 자료이며, 자연 현상들에 대한 유사한 연구 그 무엇도 그리스나 아라비아나 그 어느 곳에서도 있었던 적이 없다는 이상한 주장"을 뒤 부아-레몽의 탓으로 돌렸다. 다행스럽게도 바빙크는 이런 극단적인 관점을 견지한 적이 없다는 증거를 자신의 『개혁교의학』으로 밝히고 있다. 바빙크는 자신의 주장이 항상 기독교가 과학에 적대적이었다고 주장했던 비평가들에 대한 대응이었다고 말했다. "초자연주의를 지닌 기독교가 자연 질서와 적대적이어서 과학을 불가능한 것으로 만들었다는 견해는 그릇된 것이다"[바빙크, 『개혁교의학』, 2:760)]. 반대로, "기독교는 과학, 특히 자연 과학을 가능하게 했고, 이를 위한 토대를 마련했다." 어떻게 그것이 가능했는가? 신성모독이라고 생각했기 때문에 자연 세계에 대한 모든 과학적 조사를 거부하는 다신론적인 이교 배경 속에서의 생각, 즉 자연을 신격화하는 행태를 기독교는 거부한다. "기독교는 하나님과 세상을 구분하고, 하나님을 만물의 창조자로 고백함으로써, 하나님을 자연과의 결합으로부터 분리시켜 이 결합 위에 높이 두었다. 자연에 대한 연구는 더 이상 신성에 대한 공격이 아니다."[63]

이 연설의 나머지 내용도 그 박식함과 차분하고도 주의 깊은 논리 전개, 기독교 복음과 기독교 세계관에 대한 선명한 증언, 국가들의 안녕과 번영에 미치는 복음의 영향력과 변혁시키는 힘에 대한 설득력 있는 개관이 담겨있는 주목할 만한 내용이다. 바빙크는 이 세상의 모든 사람이 복음 덕분에 유럽 사람들이 받았던 문화적, 사회적, 정치적 복과 유익들을 누리게 될 것이라는 소망을 표명하며 연설을 마무리 짓는다. 이 역시 하나님의 섭리적 지혜의 열매이지 우리의 가치나 공로 때문에 얻어낸 것이 아니다. 만약 우리가 진정으로 이 세상의 가난한 사람들을 돌본다면, 만약 그들의 소외감과 고통이 우리를 괴롭게 한다면(반드시 그렇게 되어야만 한다!), 우리는 단순히 우리의 문화를 제공함으로, 아니면 오로지 육체적 필요를 제공하거나 심지어는 불평등을 감소시키기 위한 재분배 계획 정도로 만족해서는 절대 안 된다. 과연 우리는 어떻게 "심각한 삶의 고통 가운데서

---

63 *RD*, 2:611 (바빙크, 『개혁교의학』, 2:760).

[그들에게] 믿음의 위로"를 안겨다 줄 수 있을까?

[우리는] 하늘과 땅과 모든 피조물을 자신의 손으로 전능하고 항존하는 힘으로 붙잡고 계시는 주 예수 그리스도의 아버지 하나님에 대해 전해야 한다. 이 분은 모든 것, 즉 잎과 잎새, 비와 가뭄, 풍년과 흉년, 먹을 것과 마실 것, 건강과 병듦, 빈곤과 번영을 다스리시는데 이 모든 것은 사실 우연이 아니며 아버지의 손으로부터 우리에게로 오는 것이다.

"본질적으로 교회의 사명은 이것 외에 다른 목적을 가지고 있지 않다."[64]

인류 속에 존재하는 많은 문제, 고통, 괴로움에 대한 중요한 질문들에 직면하는 우리에게는 겸손과 인내가 필요하다. 바빙크는 이 모든 것은 우리에게 신비로 남아 있을 것이라는 사실을 인정하면서 루소와 칼뱅에 대한 자신의 글을 마친다. 우리는 복음의 풍성함을 신실하게 수종드는 청지기가 되어야 한다.

우리는 어쩌면 [이 질문에 대한] 답을 하나님 나라가 비유로 설명된 것처럼 오랜 시간에 걸쳐 천천히 찾게 될 것이다. "이것이 바로 하나님 나라이다. 한 사람이 땅에 씨를 뿌린다. 밤낮에 걸쳐 그가 자든 깨어있든 뿌려진 씨앗이 싹을 트고 자라지만 정작 씨를 뿌린 사람은 어떻게 그렇게 되는지

---

64 *ERSS*, 104.

알지 못한다."[65]

우리의 관심은 순종에 관한 것이어야 한다. 결과는 하나님의 손에 달려 있다.

이런 생각이야말로 하나님의 주권에 대한 궁극적인 확신이다. 그리스도의 나라는 우리의 행함이 아니라 그리스도의 사역으로 형성되며 그리스도만이 승리를 보장하는 분이다. 이를 이해하기 위해, 우리는 바빙크의 "세상을 정복하는 믿음의 능력"이라는 설교를 살펴볼 준비가 되었다.

---

[65] *ERSS*, 163.

헤르만 바빙크의 성도다운 성도

헤르만 바빙크의
성도다운 성도

Bavinck
on the Christian Life

마무리 설교,
**"세상을 정복하는
믿음의 능력"**

마무리 설교

세상을 정복하는 믿음의 능력

1901년 6월 30일,

깜픈 부르흐발 교회에서 요한일서 5장 4절 하반절 말씀으로 한
설교

헤르만 바빙크 박사[1]

---

1 H. Bavinck, *De wereldverwinnende kracht des geloofs* (Kampen: Zalsman, 1901). 바빙크는 이 책
의 서문에 이렇게 설명했다. "이 설교는 1901년 6월 30일 주일에 깜픈을 방문한 [남아프리카
공화국의] 크루거 대통령과 그 측근들이 회중으로 참석했을 때 전한 것이다. 설교를 들은 많
은 사람이 이 설교를 출판물로 갖고 싶다는 소망을 표현했다. 나는 그 말을 그대로 재현할 수
는 없었지만, 그 우호적 요청을 반대하지 않았다. 이 설교문은 당시 전달된 메시지와 완전히
일치한다." 동료이자 친구인 아리 리더(Ari Leader)와 넬슨 클루스트먼(Nelson Kloostman)에
게 진심으로 감사드린다. 그들은 필자의 번역 초고를 주의 깊게 읽고 수정과 개선을 위해 많
은 제안을 주었으며, 그것들을 최종본에 포함하게 되어 기쁘게 생각한다. (역자 주: 바빙크의
출간된 설교문의 한글 번역본은 헤르만 바빙크, 『헤르만 바빙크의 설교론: 설교는 어떻게 사
람을 변화시키는가』, 제임스 에글린턴 편, 신호섭 역 [군포: 도서출판 다함, 2021], p.156–89
에 전문이 수록되어 있다. 이 설교에 대한 제임스 에글린턴의 영어 번역본과 존 볼트의 영어
번역본에 단어나 조사 선택 등의 다소 지엽적인 차이가 있긴 하지만, 한글로 번역할 때 내용
상의 큰 차이가 없다고 판단되어 굳이 새로 번역하지 않고 『헤르만 바빙크의 설교론: 설교는
어떻게 사람을 변화시키는가』에 수록된 설교문을 그대로 실었다. 단, 각주는 이 책의 원서를

[독자들을 위한 메모: 나는 이 책의 10개 장의 구조와 병행하여 바빙크의 에세이 "하나님의 나라: 최고선"과 요한복음 5장 4절 하반절로 한 그의 유일한 설교인 "세상을 정복하는 믿음의 능력"을 주로 참고하여 원래 여기서 희망적인 기독교 제자도에 대한 결론적인 "설교"를 쓰려고 했다. 그 내용은 개혁교의학 4권과 『하나님의 큰 일』 마지막 장인 "영생" 파트에서 바빙크가 종말론을 다룬 주요 내용으로 보완되었을 것이다. 당신 앞에 있는 책의 나머지 부분처럼, 내 이야기는 바빙크의 인용문을 다양하게 수집할 수 있는 구조를 제공했을 것이다. 그러나 집필을 마칠 무렵 두세 가지 고민 끝에 방향을 바꾸었다.

첫째, 서문에서 밝혔듯이 가능한 한 바빙크 자신의 목소리가 많이 들리도록 하고 싶었고, 내 목소리는 그의 목소리게 종속되게 하고 싶었다. 그러나 내가 결론으로 쓰려고 했던 설교문에서 두 목소리를 결합하려는 계획에 불만을 갖게 되었다. 여러 저자가 쓴 설교는 옳지 않아 보였고, 무엇보다도 -오경의 문서설에도 불구하고- 성경 자체를 제외하고 좋은 설교는 출처를 적은 각주로 가득 하서는 안 된다! 그리고 바빙크 자신이 전하고 출판한 설교문이 주요 출처가 될 것이기 때문에 전체를 다루지 않을 이유가 없었다. 바빙크 설교의 일부만 발췌하는 것보다 낫다고 생각하여 아래에 전체를 번역하

따랐다).

여 제공하기로 결정했다.

두 번째 고려한 사항은 균형을 맞추는 것이었다. 내가 참고하려고 했던 또 다른 자료인 "하나님의 나라: 최고선"은 이미 영어 번역본이 제공되었지만[2], 바빙크의 설교는 그렇지 않았다. 단지 설교를 번역하고 결론 강론으로 사용함으로써, 나는 바빙크의 온전한 목소리로 이 책을 마무리하고 네덜란드어를 읽지 못하는 많은 바빙크의 팬들에게 진정한 서비스를 제공하는 두 가지 목표를 달성할 수 있었다.

마지막으로, 내가 이 설교를 다시 주의 깊게 살펴보면서, 이것이 오늘날 우리가 처한 사회적 상황에 얼마나 선견지명이 있고 관련이 있는지에 놀랐다. 그것에 대해 세 가지만 언급할 것이다.

① 비록 바빙크의 역사적인 예시들은 분명히 연대가 오래된 것이고 남아프리카 공화국의 보어 전쟁(Boers)에 대한 언급과 같이 논쟁의 여지가 일부 있지만, 세상을 정복할 수 있는 유일한 방법으로서 믿음으로 받아들인 복음에 대한 그의 강력한 호소는 여전히 시기적절하다. 특히 오늘날 기독교인과 교회가 세상을 변화시키는 방법으로 사회 운동가들의 혼란스러운 유혹에 눈을 돌릴 때 더욱 그렇다. 바빙크는 우리에게 직접 도전장을 내밀며, 그것이 효과가 없을 것이라고 말했다. ② 이 설교는 기독교 제자도에 대한 바빙크의 이해

---

2   H. Bavinck, "The Kingdom of God: The Highest Good," trans. Nelson D. Kloosterman, *The Bavinck Review* 2 (2011): 133–70.

헤르만 바빙크의 성도다운 성도

를 내가 그린 묘사와 완전히 일치한다. 그것은 우리가 하나님의 세계에서 새로운 형상을 지닌 자로서 번성할 수 있도록 은혜가 우리를 진정한 인성으로 회복시키겠다는 그의 비전이 어떻게 성경 본문에 기초를 두고 있는지를 보여준다. ③ 바빙크는 자신이 직접 행한 것을 분명하게 설교했다.

그러므로 집어들고 읽으라(tolle lege)! 우리 주 예수 그리스도를 따르는 사람으로서 덕을 세우고, 격려하고, 도전을 받으라! 하나님의 더 큰 영광을 위하여(Ad maiorem Dei gloriam)![3]

설교 ─────

지금으로부터 단 몇 개월 밖에 지나지 않은 19세기는, 많은 이들에게 불신앙과 혁명의 시대로 적절하게 이름 붙여졌습니다.[4] 이제 우리는 20세기에 막 들어서기는 했지만, 우리도 모르는 사이에 우리 안에 어떤 문제가 일어나고 있다는 것을 느끼게 됩니다. 과연 이 새로운 20세기에 기독교 신앙이 회복되고 모든 삶의 국면에 종교 개혁의 원리가 적용되는 것을 볼 수 있을까요?[5]

---

3 *tolle lege*의 뜻은 "집어들고 읽으라." *Ad maiorem Dei gloriam*의 뜻은 "하나님의 더 큰 영광을 위하여"이다.

4 바빙크는 여기서 역사가이자 정치가인 흐룬 판 프린스터러의 유명한 작품 『불신앙과 혁명』 (*Unbelief and Revolution*, 1847)을 언급하고 있다.

5 네덜란드 역사의 배경 지식은 바빙크의 소망의 핵심 키워드를 이해하는 데 필수적이다. 자세한 내용은 다음 각주를 참고하라.

이런 질문이 우리 마음에 떠오를 수 밖에 없는 3가지 징후들이 있습니다. 첫째로, 세기가 바뀌면서 국가들 사이에서 생각하는 것과 노력하는 것에 눈에 띄는 흐름의 변화가 있습니다. 혁명은 기대를 충족시키지 못했습니다. 혁명이 약속했던 것 중에 그 어떤 것도 성취되지 않았습니다. 우리 눈앞에 매달려 있던 낙원은 이 땅에서 이루어지지 않았습니다. 도리어 실망과 불만족이 도처에 만연해 있습니다. 사람들은 한편으로는 문화에 대한 만족이 부족하고, 다른 한편으로는 사회의 상태에 대한 불만과 쓰디쓴 불평이 늘어난 삶에 지쳐버렸습니다. 급진주의자들이나 사회주의자들이 혁명의 원리를 더욱 엄격하고 광범위하게 적용함으로써 구원을 기대하는 반면에, 이런 불신앙적인 교리의 실제적인 결과에 반발하는 사람들과, 인간의 삶의 다양한 국면에 신앙의 영역을 또 다시 포함시키려는 경향을 띤 사람들도 있습니다. 우리 시대의 많은 자녀들 가운데 신앙에 대한 관심이 확실히 돌아왔습니다. 보이지 않는 것을 대담하게 부정하기보다는 그것에 대한 인식과 존중이 있습니다. 현상으로부터 본질에 이르기까지 접근하기 어려운 기나긴 길을 따르고자 하는 노력, 보이는 세계로부터 그 세계를 지탱하는 신비한 배경으로 나아가려는 노력을 우리는 볼 수 있습니다. 이 새로운 지성적 경향에 문제가 있음에도 불구하고 여기에는 행복과 감사의 원인이 되는 무언가가 포함되어 있습니다. 지성의 지배는 종말을 고했습니다. 양심[gemoed]이 다시 제자리를 찾았습니다. 믿음이 물질의 숭배와 이성의 폭정에서 그 첫 승리를 거둔 것입니다.

헤르만 바빙크의 성도다운 성도

두 번째 사건은, 남아프리카 전쟁입니다. 이는 우리의 관심을 끌기에 충분하며 위의 질문에 대한 근거를 제공합니다. 지난 세기 내내 그리고 끝 무렵에 많은 전쟁들이 발발했습니다만, 자유와 독립을 유지하기 위해 싸운 두 남아프리카 공화국보다 더 깊고 광범위한 영향을 끼친 전쟁은 없습니다. 우리는 그 이유를, 최근에 발생한 그 어떤 전쟁도 소수의 국민들이 강력한 국가를 대항해 싸운 이 전쟁처럼 정의와 권력이 날카롭게 대립했던 전쟁이 없었다는 사실에서 찾아야 합니다. 왜냐하면, 영국이 정의에 대한 [폭넓은] 감각을 가장 사악한 방식으로 학대했기 때문인데, 그 결과 모든 사람은 동정심으로, 실질적인 지원과 기도로 압제당하는 아프리카너들의 편에 섰습니다. 정의에 대한 부당함으로 고무된 이런 관심은, 이 투쟁에 참여한 영웅적인 보어 전사들의 마음에서 보게 된 순전하고 강력한 신앙에 대하여 찬사를 동반하게 했습니다. 문명화된 세상에 불신앙이 가파르게 증가하고 있을 때 남아프리카에서 한 국민이 일어섰습니다. 비록 수가 적고 힘이 약했고, 조직적인 전투에 능한 것도 아니었으나, 그들은 강력한 믿음으로 분연히 일어났으며 정의에 영감을 받아 어떤 대가를 치른다 할지라도 자유를 위해 희생할 준비가 되어 있었습니다. 바로 이 믿음이 세상을 놀라게 했고 폭력과 권력을 이기는 힘을 보여주었습니다.

마지막으로 믿음의 능력에 관하여 우리에게 말해주는 세 번째 사건은 우리나라의 정치 선거의 결과입니다.[6] 시민으로서 하나님께 영광을 돌리기 위해 존재하는 이 제단에 낯선 불이 들어온 것은 의심의 여지가 없습니다. 이 일에 참여한 모든 사람은 그들의 선택을 기독교적 원리가 요구하는 바에 한정시키는 것과 거리가 먼 사람들이었습니다. 그럼에도 이 선거의 결과에 대해 기뻐할 수 있으며 그 일에 전율하며 즐거워할 수 있습니다. 누구라도 현재 이 세기의 시작을 지난 세기와 비교해본다면, 기대를 많이 뛰어넘었다는 것을 발견할 수 있습니다. 하나님은 이 땅에서 자기 백성들을 선대하셨고, 찬미와 감사가 넘치게 하셔서서 (그 백성들이) 날마다 확장되고 세워져 가도록 역사하셨습니다. 이제 선거의 결과에 따라 대다수의 네덜란드 백성들은 더 이상 불신앙과 혁명의 길을 따라가지 않을 것임을 온 천하에 천명했습니다. 또한 이 나라의 정부를 위해서 우리는 기독교적인 원리가 고려되기를 갈망하고 있습니다. 우리 국민들은 이 투표함 속에 아름다운 신앙 고백을 밀어 넣은 것입니다. 우리는 이 고백을 통해 세상을 이긴 승리가 바로 우리의 믿음이었음을 나타낸 것입니다.

저는 오늘 남아프리카 공화국의 대통령과 그의 수행원들이 하나

---

6 네덜란드 의회 하원 총선거는 불과 2주 전에 치러졌다. 2주 전인 1901년 6월 14일, 아브라함 카이퍼가 이끄는 반혁명당이 자유당에 근소한 차이로 2위를 차지했다(27.4% vs 27.6%). 1888년과 1891년 선거에서는 반혁명당이 더 많은 득표율을 기록했지만, 1901년 선거는 반혁명당이 이전에 지배적이었던 자유당과 실질적으로 동등한 위치에 서게 된 최초의 선거였다. 아브라함 카이퍼는 연립 정부를 구성하라는 요청을 받고 1901년 8월 1일 수상에 취임하여 1905년 8월 17일까지 수상직을 수행했다.

헤르만 바빙크의 성도다운 성도

님의 기도의 집인 이 그리스도의 교회에 함께 모여 있는 바로 이 시간에, 이 세 가지 사건을 통하여 여러분에게 세상을 정복하는 믿음의 능력에 대해 말하고자 합니다. 그 전에 먼저 주의 얼굴 앞에 감사와 기도로 나아가며 우리의 모임을 향하여 주님께서 주실 복을 간구합시다.

"세상을 이기는 승리는 이것이니 우리의 믿음이니라"(요일 5:4 下)

요한은 일반적으로 사랑의 사도로 불리는데, 아무 이유 없이 그런 것은 아닙니다. 그러나 그런 점은 요한이 끊임없이 믿음을 다루고 있다는 [사실을] 조금도 배제하지 않습니다. 우리가 다루려는 본장의 첫 다섯 절에서 요한은 믿음에 관한 영광스러운 세 가지 진실을 증언합니다. 첫째로, 요한은 믿음이 사람 안에 삶의 새로운 원리를 심어준다고 말합니다. 누구든지 예수를 그리스도라고 믿는 자는 하나님으로부터 난 자입니다. 믿음으로 그는 사망에서 생명으로 옮겼습니다. 이제 그는 더 이상 땅에 속하지 않고 하늘에 속합니다. 그는 이제 더 이상 세상에 속하지 않고 하나님의 자녀, 천국의 시민, 영생의 상속자가 됩니다. 누구든지 예수님을 그리스도로 영접하는 자에게는 하나님의 자녀가 되는 권세를 주셨기 때문입니다. 말하자면, 예수님의 이름을 믿는 자들은 혈통으로나 육정으로나 사람의 뜻으로 나지 않고 하나님의 뜻으로 난 자이기 때문입니다.

둘째로, 요한은 예수님을 그리스도로 믿는 그 믿음은 하나님의 계명을 향한 사랑과 순종 의 강력한 능력이라고 증언합니다. 예수님을 하나님의 아들이신 그리스도로 믿는 자는 누구든지 그 믿음 안에서 자기 아들을 보내시고 우리와 화목하신 하나님께서 우리에게 계시해 주신 위대한 사랑을 경험하게 됩니다. 이 비할 데 없는 사랑이 생명을 주신 분을 온 마음과 뜻과 힘을 다하여 사랑하도록 강권합니다. 왜냐하면, 사랑이 여기 있으니 이 사랑은 우리가 하나님을 먼저 사랑한 것이 아니라 하나님께서 먼저 우리를 사랑하사 그의 아들을 보내셔서 우리 죄를 속하기 위한 화목제물로 삼으셨기 때문입니다. 그러므로 하나님이 먼저 우리를 사랑하셨기에 이 사랑 때문에 우리 또한 그분을 사랑하게 된 것입니다. 바로 이런 감사의 사랑으로 인해 하나님을 사랑하는 사람은 누구든지 하나님으로부터 나서 같은 하나님 아버지의 가족에 속한 모든 사람을 사랑합니다. 그렇습니다. 그는 믿음으로 말미암아 하나님의 계명 가운데 일부만이 아니라 모든 계명을 올곧게 지켜 행하려는 열망을 갖게 됩니다.[7] 이러한 계명들은 전혀 무겁지 않습니다. 세상이 부과하는 계명들은 무거우며 세상을 섬기는 일은 고된 일입니다. 그러나 하나님을 사랑하는 자에게는 그의 계명들이 온종일 기쁨이 됩니다. 예수님의 제자들에게는, 그분의 멍에가 쉽고 그분의 짐이 가볍습니다.

셋째로, 요한은 우리가 다루고 있는 본 장의 4절과 5절에서 심지

---

7 이 언급은 요한일서 4장과 5장을 매우 강하게 상기시키기 때문에 바빙크가 하이델베르크 요리문답 44번째 주일 114번 문답의 내용도 자연스럽게 포함시켰다는 점을 간과하기 쉽다.

헤르만 바빙크의 성도다운 성도

어 믿음이 세상을 이긴다고 확언합니다. 하나님으로부터 난 사람은 세상을 이깁니다. 그는 믿음을 통해 세상을 이기는데, 예수님이 하나님의 아들이심을 믿는 믿음을 통해 세상을 이기는 것입니다. 다음의 세 가지 요점에 차례대로 관심을 기울일 때, 우리는 이 세상을 정복하는 믿음을 보게 될 것입니다.

이 믿음이 겪게 되는 반대
이 믿음이 나타내는 특징들
이 믿음에 약속된 승리

I. ———

요한은 믿음에 반하는 모든 것, 곧 믿음이 겪게 되는 모든 반대, 믿음이 분투하는 것에 맞서 적대하는 모든 힘을 "세상"이라는 이름으로 요약합니다. "세상"이라고 번역된 그리스어 단어는 실제로 "보석"[또는 "장신구"]을 의미하며, 이는 그리스어를 사용하는 사람들이 주로 세상을 아름다운 것으로 바라보았다는 점을 가리킵니다. 이 세상은 그 형태와 색상, 조화로운 질서와 규칙성이 풍부하기 때문에, 그리스인들(The Greeks)은 아름다운 예술작품인 세상에 경탄했습니다.

성경 역시 이 세상에서 발견되는 아름다움을 잘 인식하고 있습니다. 성경은 그리스 철학자들이 추정하지 못한, 시야의 범위 너머에 관한 것을 우리에게 들려줍니다. 존재하지 않던 것을 불러 존재하도록 온 세상을 말씀으로 창조하신 전능하시고 영원하신 하나님이 계시며, 모든 창조 사역을 마치고 당신이 만드신 것을 보시며 매우 좋았더라고 말씀하신 하나님이 계신다는 사실 말입니다. 그러나 동시에 성경은 타락 이후에도 강력하고 경건한 언어로 세상의 아름다움을 노래합니다. 하늘이 하나님의 영광을 선포하고 궁창이 그의 손으로 하신 일을 나타냅니다. 하나님의 음성이 큰 물 위에 있습니다. 하나님의 호흡이 지면을 새롭게 합니다. 하나님의 발자취가 풍요로움으로 흘러넘칩니다. 천사들보다 조금 못하게 된 인간조차도 영예와 영광으로 관을 씌우셨습니다. 여호와는 모든 사람에게 선하시고, 그분의 이름은 온 땅 위에 영화로우며, 그분의 자비는 행하신 일에 충만합니다.

그러나 성경은 그저 심미적 세계관에서 멈추지 않습니다. 성경은 광대한 창조사역과 그분의 미덕을 널리 알리시는 하나님의 사역을 찬탄하고 있다는 점에서, 이방인들이 시도하는 자연의 신성화 작업과는 크게 다릅니다. 그럼에도 [성경이] 세상의 아름다움을 찬미하는 것만으로는 충분하지 않습니다. 성경은 창조된 피조물들에 대하여 구별된, 더 높은 도덕적 기준을 설정하고 신적인 의의 요구에 따라 모든 것을 시험합니다. 그리고 바로 이 표준을 따라 성경은 이 세상이 본래 의도되었던 그 세상이 아니라고 선포합니다. 세상은 타락했으며 그 이상을 완전히 상실하고 말았습니다. 피조물은 하나님을 대적하고 죄를 섬기는 세상이 되어 버렸습니다. 이런 의미에서 타락

헤르만 바빙크의 성도다운 성도

한 천사들은 이 세상에 속합니다. 그들은 하나님 보좌의 발등상에 아름답게 위치해 있었음에도 불구하고 그들이 마땅히 지켜야 할 원리를 따르지 않았습니다. [언약적인] 머리 안에서 타락한 사람들, 곧 죄 가운데 출생하여 매일 하나님 앞에서 죄책을 증가시키는 사람들이 이 세상에 속해 있습니다. 바로 이 세상에 죄로 어두워진 인간의 지성과, 악에 기울어진 의지와, 모든 악한 생각이 흘러나오는 마음과, 하나님에게서 멀어져 물질에 애착을 갖는 영혼과, 그 온 지체를 불의의 병기로 바치는 몸이 속해 있습니다. 바로 여기에, 가족과 사회와 국가의 제도, 직업과 사업, 과학과 예술 그리고 산업과 상업과 같은 사람들이 만들고 세운 모든 것이 속해 있습니다. 바로 이 세상에 첫 사람 아담으로부터 여자에게서 태어난 모든 마지막 사람까지 인류 전체가 속해 있습니다. 모든 세대와 가족과 언어와 사람, 역사의 모든 시대, 발전하고 확장되는 모든 세기, 전투와 승리, 문명화와 쇠퇴, 국가와 제국의 설립까지도 바로 이 세상에 속해 있습니다. 심지어 인간의 의지로 말미암아 세상이 저주를 받았기 때문에 무의미하고 생명이 없는 피조물들이 이 세상에 속해 있습니다. 온 피조물이 탄식하며 지금까지 고통 가운데 노동하고 있습니다. 뜻하지 않게 피조 세계 전체가 허무함에 굴복되었는데, 그것은 그 허영심에 복종한 한 사람의 의지 때문이었습니다.

하나님의 창조로서의 피조세계 전체와 태양계에 존재하는 질서, 거기에 고정되어 있는 가시적이며 비가시적인 부분들 모두가 불의의 도구로 사용되는 한, 요한은 그것을 "세상"이라는 단어로 요약하고 있습니다. 요한은 이것을 하나의 이름으로 부르고 있는데, 왜냐하면 죄가 온 세상을 손상시켰고 세상이 (그 안에 있는 모든 것)이 소위 단 하나의 목적 즉 창조주이시자 주님이신 하나님을 대적하고 반역하게 만드는 단 하나의 원리로 살아가게 만들었기 때문입니다.

오, 우리는 날마다 그저 무의식적으로 하나님은 사랑이시라고 말하고 선포합니다. 물론 하나님은 의로우시고 영원하신 사랑이시며 비할 데 없는 위로가 되십니다. 심지어 하나님은 이 죄악 되고 잃어버린 바 된 세상을 사랑하사 독생자를 주셨으니, 이는 누구든지 그를 믿는 자마다 멸망하지 않고 영생을 얻게 하려 하심입니다. 그러니 그리스도 밖에서 누가 감히 하나님의 사랑을 자랑할 수 있다는 말입니까? 하나님의 호의가 피조물에 임하지 않고 도리어 하나님께서 그들과 논쟁하시며 모든 피조물은 그분의 진노로 멸망 받고 그분의 분노하심으로 두려움에 떤다는 사실을, 온 자연 만물과 우리 자신의 마음과 지성이 우리에게 설교하고 있지 않습니까?

이것이야말로 실로 두려운 일이 아닙니까? 죄로 인해 하나님과 세상이 서로 대립하고 있다니 말입니다. 창조주와 그의 피조물, 지으신 분과 지음 받은 대상, 전능하시고 영원하신 하나님과 그 자체로는 존재조차 없는 먼지와 재 밖에 안 되는 무능력한 피조물 사이의 이 반목과 혐오, 분쟁과 전쟁의 상태는 실로 놀라운 일이 아닐 수 없습니다. 이 세상과 그 안에 있는 모든 것은 그 자체의 토대로 존재하지 못하며, 순간순간마다 하나님의 능력의 말씀을 통해 유지됩니다. 하나님은 모든 존재와 생명을 가능케 하시는 분이며 그 능력과 힘,

헤르만 바빙크의 성도다운 성도

그것이 존재하고 소유한 모든 것을 주시는 분이십니다. 사탄 또한 위에서 주시지 않으셨다면 그 어떤 힘도 없었을 것입니다. 그러나 죄는 온 우주와 그 안에 있는 모든 피조물을 하나님과 그분의 왕국에 대항하는 도구로 만들어 버립니다. 이 모든 것을 통해 죄는 세상이 어두움의 군주를 그 사령관으로 두고, 사악함 가운데 놓이게 하며, 불의한 상태로 살게 하고, 죄와 부정의 나라를 형성하게 하며, 폭력과 속임수로 하나님과 그분의 이름과 왕국을 이기려고 분투하게 만듭니다.

그리고 명백하게 이를 통해, 죄는 하나님의 모든 피조물과 은사가 그 일을 섬기게 하며, 세상은 막강한 힘을 형성하게 됩니다. 그 누가 이 지배에 맞서 대항할 수 있으며, 그 영향에서 벗어날 수 있겠습니까? 세상에게 사면의 벽으로 둘러싸이고 올무에 빠져버린 한 피조물이 그렇게 할 수 있겠습니까? 몸과 영혼과 생각과 욕망이 모두 이 세상에 속한 사람이 그렇게 할 수 있겠습니까? 결국 이 세상은 우리에게 외적인 것일 뿐만 아니라 우리 안의 가장 높은 곳, 곧 우리 마음과 지성과 의지와 모든 정서에 거하고 있는 것입니다. 그리하여, 죄는 우리를 지배하며, 육신의 정욕과 안목의 정욕과 이생의 자랑으로 우리를 유혹하는 힘을 갖게 됩니다. 이 모든 것은 아버지로부터 오는 것이 아니라 세상으로부터 옵니다. 죄를 범하는 자마다 죄의 종입니다.

그러나 우리는 우리의 의지와 상관없이 세상을 섬기는 존재가 아닙니다. 비록 우리가 때로는 [이와 관련하여] 기꺼이 스스로를 속임에도 불구하고, 우리는 존재의 중심으로는 세상을 대항하여 하나님 편에 서지 않습니다. 우리는 모두 하나님과 그리스도 없이는 이 세상에서 아무런 소망이 없는 본질상 진노의 자녀입니다. 사람들인 우리는 이 타락한 세상에서 가장 두드러진 역할을 하는 존재들입니다. 우리 안에 가장 강력한 증거들과 죄의 전사들이 있습니다. 우리는 자원해서 기꺼이 하나님이 우리에게 주신 재능과 능력들을 사용하여 죄를 섬깁니다. 우리는 아무런 이의 없이 죄의 방향을 따릅니다. 우리 모두는 온 세상과 함께 하나님의 면전에서 범죄하고, 부정하며, 부패하고, 정죄 받은 자들입니다. 그것은 우리 안에, 그리고 우리 주변에 부인할 수 없는 권세로 존재합니다. 죄는 그 지배권을 모든 피조물에게로 확장시킵니다. 실로 누가 비참한 인생들인 우리를 이 세상의 권세로부터 구원하겠습니까? 누가 우리를 죄책의 선고와 부정함의 얼룩과 악에 대한 종속과 사망의 폭력으로부터 자유롭게 할 수 있겠습니까? 도대체 그 누가 이 세상을 정복하게 하고 승리자의 왕관을 씌워 줄 수 있다는 말입니까?

II. ───

사랑하는 여러분, 구원을 갈망하는 우리가 절망적으로 헛되이 피조물을 바라보고 있을 때, 주 예수 그리스도의 사도인 요한이 우리에게 와서 우리 눈앞에 하나님의 말씀을 들어 보여주고 있습니다. 세상을 정복하는 승리는 이것이니 바로 우리의 믿음이라고 말입니다.

헤르만 바빙크의 성도다운 성도

믿음이야말로 세상을 이기는 승리입니다!

우리가 이 말씀을 처음 들을 때, 요한이 우리의 비참함을 조롱하고 있으며, 세상의 능력이 얼마나 강한지 짐작도 못하고 그저 믿음에 대한 불충분한 과학적 견해를 제시하고 있다는 감정이 우리 안에 일어날지도 모릅니다. 어쨌든 믿음이라는 것이 일종의 의견 이상이 될 수 있겠지만 여전히 지식보다 훨씬 못하며 어느 정도의 개연성 이상으로 여겨지지는 않습니다. 그리고 불확실과 불안정한 견해에 지나지 않는 이런 믿음은 하나의 사상이나 욕망이 아니라, 내부와 외부에서 우리를 지배하는 모든 세상과 그 안에 있는 모든 권세에 대한 승리가 되어야 합니다.

그런데 사실상 수리아의 나아만 장군처럼 선지자 엘리사가 요단강에 가서 자신을 치료하기 위해 일곱 번 몸을 씻으라고 명령했을 때, 불같이 화를 내며 "다메섹 강 아바나와 바르발은 이스라엘 모든 강물보다 낫지 아니하냐 내가 거기서 몸을 씻으면 깨끗하게 되지 아니하랴 하고 몸을 돌려 분노하여 떠나니"라고 말하며 행동하는 것이 더 합리적이지 않겠습니까? 요한이 이 싸움에서 우리에게 믿음 외에 싸울 다른 무기를 주지 않는다는 것을 깨달을 때, 우리도 이렇게 말하고 떠나버리지 않을까요? "사람들에 의해 만들어진 국가와 왕국들, 예술과 학문들, 수많은 발견과 발명들이 이 전쟁에서 요한이 우리에게 주는 단순한 믿음보다 훨씬 좋은 무기가 아닌가?" 세상에 맞선 이 전쟁에 우리를 준비시키고자 한다면, 왜 요한은 하나님의 손이 이룬 모든 역사를 인간이 주관하게 하는 과학이라는 이름을 말하지 않는 것입니까? 왜 요한은 완고한 물질세계에 인간으로 말미암아 구현된 예술, 강력한 기술, 가장 높고 아름다운 사상을 언급하지 않는 것입니까? 왜 요한은 인간의 내면에 존재하는 짐승 같은 야성을 제어하고 의의 길을 걸어가도록 강압하는 국가라는 무기를 말하지 않는 것입니까? 왜 요한은 폭군의 승리 열차에 모든 사람을 묶고 모든 나라를 한 나라로 통일시키는 제국의 이름들을 말하지 않는 것입니까? 도대체 왜 요한은 인간의 영광과 위대함에 대해서는 단 한 마디도 하지 않고 단지 적은 무리만이 공유하고 있는 믿음에 대해서만 말하는 것입니까?

하지만 우리가 분노 때문에 요한의 말을 포기하기 전에, 그가 말하는 이 믿음이 의미하는 바가 무엇인지, 그리고 왜 그가 이 믿음이 세상을 정복하는 믿음이라고 말하는지 주의 깊게 살펴보도록 합시다. 편견에 치우치지 않는 진지한 연구는 우리로 하여금 사물의 겉모습에 속지 않게 도와줍니다. 우리가 여기서 발견한 싸움을 제대로 그려낼 수만 있다면, 현재 우리가 당면한 문제는 성격이 변할 것입니다. 우리가 사는 세상은 죄와 불의의 세상, 멸망과 죽음의 세상이며 반드시 이겨내야 할 세상입니다. 영예로운 과학이 그 분야에서 성취한 것이 무엇이든지, 과학은 결코 한 영혼을 죄에서 구원한 적이 없고 하나님의 면전에서 두려움 없이 나타날 수 있게 만들지 못했습니다. 예술이 인간의 삶을 약간 더 즐겁게 해 주었다 할지라도, 예술 역시 사나 죽으나 유일한 위로가 되는 것을 단 한 영혼에게도 제공하지 못했습니다. 비록 국가와 제국들이 많은 사람들과 백성들을 이겨 승리했더라도, 그들은 단 한 번도 그들의 마음을 바꾼 적이 없으며 기꺼운 순종으로 만왕의 왕 되신 하나님 앞에서 복종한 적이 없습니다. 사람들이 사용해왔던 이 모든 무기는 이 세상에서 빌려온 것이며 세상에서 왔다가 세상 속으로 사라져 버렸습니다. 죄 가운데 잉태하여 출생한 그들은 이 세상을 섬기며 그 권세와 지배력을 더욱 넓혀갔습니다.

하지만 요한이 언급하고 있는 믿음은 다른 종류의 승리를 말해 줍니다. 이 승리는 잃어버린 낙원에서 시작하는 역사로, 대대로 계속되어 온 전체 역사 배후에 존재하는 승리입니다. 잠시 동안만 여러분의 마음에 몇몇 믿음의 영웅들을 말씀드리기 원합니다. 믿음으로 노아는 아직 보이지 않는 일에 대해 하나님의 경고하심을 받아 경외함으로 그의 가족을 구원할 방주를 건설했습니다. 이로 말미암아 노아는 세상을 정죄하고 믿음을 따르는 의의 상속자가 되었습니다. 믿음으로 아브라함은 장래의 유업으로 받은 땅을 향하여 가라는 말씀에 순종했습니다. 그는 갈 바를 알지 못하고 길을 떠났습니다. 믿음으로 모세는 장성하여 바로의 공주의 아들이라 칭함 받기를 거절하고 죄악의 낙을 누리기보다 하나님의 백성들과 함께 고난 받는 것을 선택했습니다. 모세는 그리스도를 위하여 받는 수모를 애굽의 모든 보화보다 더 크게 여겼는데 이는 그가 상 주심을 바라보았기 때문입니다. 믿음으로 이스라엘 백성들은 홍해를 육지 같이 건넜지만, 애굽 사람들은 같은 일을 시도하다가 빠져 죽었습니다. 믿음으로 이스라엘 백성들이 여리고 성을 7일 동안 돌았을 때 성벽이 무너져 내렸습니다. 믿음으로 바울은 이방인의 땅에 들어가 문명의 중심지에 십자가 복음의 깃발을 꽂았습니다. 믿음으로 그리스도의 교회는 1세기 로마 제국의 박해를 견뎌냈고 유럽의 백성들로 하여금 그리스도께 순종하게 만들었습니다. 믿음으로 루터는 로마 교회 시대에 목소리를 높였고, 다시 한 번 복음의 순수한 불빛을 새롭게 밝혔습니다. 믿음으로 우리 조상들은 지난 80년 동안 로마 교회의 우상숭배와 스페인 제국의 폭정에 맞서 싸웠고, 자유를 위한 두 싸움 모두에서 승리했습니다. 믿음으로 남아프리카의 영웅들은 자유와 정의를 위해 싸워 강력한 영국의 무기들을 무용지물로 만들었고, 이를 바라본 전 세계는 지금까지도 여전히 놀라워하고 있습니다. 믿음으로 나라들을 이기기도 하며 의를 집행하기도 하며 약속을 받기도 하며 사자들의 입을 막기도 하며 불의 세력을 멸하기도 하며 칼날을 피하기고 하며 연약한 가운데서 강하게 되기도 하며 전쟁에 용감하게 되어 이방 사람들의 진을 물리치기도 한 수백 수천 명의 이름을 어찌 다 말할 수 있겠습니까?

그러므로 세상을 정복하는 믿음의 능력에 대한 증거로 역사를 인식하십시오! 그러나 그러한 증거는 각각의 [특정한] 역사 속에 발생한 믿음을 제쳐두지 않으며, 그 대상과 기원과 본질과 상관없이 이 믿음을 단순히 심리적 현상으로서 다루지 않습니다. 이 세상에는 다양한 종류의 믿음이 있습니다. 한 사람으로부터 나오는 믿음, 세상에 속한 믿음, 우상 앞에 절하는 믿음 등은 단순히 불신앙이거나 미신과 같은 믿음입니다. 이런 믿음은 세상을 대적하여 싸우거나 세상을 정복하는 믿음이 아니라, 도리어 그것을 지지하고 세워가는 믿음입니다.

주님의 사도 요한은 세상을 정복하는 힘을 가리켜, 그의 형제자매들과 함께 공유한 믿음, 곧 예수께서 그리스도이시며 살아계신 하나님의 아들이심을 믿는 믿음이라고 말합니다. 확실하고 분명하게 정의된 이 믿음만이 승리를 쟁취할 수 있습니다. 왜냐하면 이 믿음만이 하나님의 아들 예수님을 그리스도로 고백하기 때문입니다. 다시 말해, 예수님은 여자에게서 나신 역사적 인물이셨고, 19세기 전에 팔레스타인에서 사셨으며, 모든 면에서 우리와 같이 되셨으나 죄는 없으셨고, 온 땅을 다니시며 설교하시고 선한 일을 행하시며 사람들 가운데 병을 치유하시고, 멸시 받고 수치스러운 십자가에서 자신의 생명을 바치신 분이십니다. 이 예수님께서 우리 가운데 오셨을 때, 그분은 고운 모양도 없으셨고 우리가 흠모할 만한 영광을 지니지도 않으신, 인간 이상의 다른 어떤 존재로도 여겨지지 않았을 것입니다. 그럼에도 불구하고 예수님은 하나님의 아들이시며, 은혜와 진리가 충만한 성부 하나님의 유일하신 독생자이시고, 육신으로 하면 조상들에게 나셨으나 또한 만물 위에 계셔서 세세에 찬양 받으실 참 하나님이십니다. 이 예수님이 바로 그리스도이십니다. 그분은 그저 우리의 미덕이나 선행, 학문적 기술, 국가나 권력, 하늘이나 땅의 어떤 독자적인 피조물이 아니라, 오직 그분만이 그리스도이시며, 여호와의 종이시며, 기름부음 받은 자이시며, 가장 위대한 선지자, 우리의 유일한 대제사장, 우리의 영원한 왕이십니다.

이를 통해, 곧 그 내용과 대상을 볼 때, 바로 이 믿음이야말로 세상을 정복하는 능력이라 할 수 있습니다. 그것은 단순히 역사적 진실에 대한 입술의 고백이나 지성적인 동의 정도가 아닙니다. 믿음은 강력한 확실성이며 흔들리지 않는 신념이며 지워지지 않는 확신입니다. 믿음은 혈과 육으로 된 것이 아니고 인간의 뜻으로 된 것도 아니며, 오직 하나님으로부터 나와 그분의 성령에 의해 마음에 역사한 것입니다. 믿음은 인간의 영혼을 중보자에게 묶고 보이지 않는 세상을 보는 것처럼 굳게 붙잡는 것입니다. 믿음은 사람을 어두움에서 하나님의 사랑의 아들의 나라로 옮기고, 흔들리지 않는 실재하는 세상에서 그를 지지해주고 안식하게 해 줍니다. 믿음은 그가 바라는 것들에 대한 확고한 근거이며, 보이지 않는 것들에 대한 논박할 수 없는 증거입니다. 믿음은 그로 하여금 온 세상을 향해 기뻐하며, "하나님이 우리를 위하시면 누가 우리를 대적하리요"라고 외치는 용기입니다. 믿음은 그로 하여금 밤에 시편을 노래하게 하며, 가장 무시무시한 압제 가운데서도 분연히 일어나 노래하게 만드는 참된 위로입니다.[8]

여호와는 나의 능력과 찬송이시요

또 나의 구원이 되셨도다.

---

8 다음은 바빙크가 당시 네덜란드 개혁교회에서 사용하던 시편찬송 118편의 7절을 인용한 것이다. 이 구절은 필자가 직접 자유롭게 번역한 것이다.

헤르만 바빙크의 성도다운 성도

의인들의 장막에는 기쁜 소리,

구원의 소리가 있음이여

"여호와의 오른손이 권능을 베푸시며

여호와의 오른손이 높이 들렸으며

여호와의 오른손이 권능을 베푸시는도다."

Ⅲ. ————

셋째로 믿음은 세상을 이기는 믿음인데, 왜냐하면 그 믿음 안에, 즉 예수를 그리스도로 믿는 믿음 안에 세상을 이기는 승리가 약속되었고 보장되었기 때문입니다.

믿음의 원리와 본질상 그것은 이미 세상을 이기는 믿음입니다. 믿음은 그 결과와 열매를 통해 세상을 패퇴시킬 뿐만 아니라 처음부터 지금까지 이미 세상을 이기고 있었습니다. 예수님을 그리스도로 믿는 일은 생각할 수 있는 가장 단순한 일이며, 죄인 된 자녀가 순전히 은혜로 인하여, 천상의 지복과 영생과 하나님과의 평화를 누리는, 새롭고 살아있는 유일한 길입니다.

그러나 여기에는 그 믿음을 받아들이고 실천해야 할 엄청난 필요성이 제기됩니다. 이는 인간이 이 믿음을 자신에게 줄 수 없고 얻을 수도 없다는 사실을 부인하지 않습니다. 예수님이 그리스도라는 진리를 믿기 위해서는 우리 자신을 부인해야 하고, 우리 육체와 욕망을 십자가에 못 박고 우리의 모든 생각과 이해를 사로잡아 그리스도게 복종해야 하며, 우리의 모든 의를 더러운 넝마로 간주하고 우리가 모든 계명을 지키지 못하고 있다는 사실을 정죄하고, 피조물에 대한 모든 소망을 포기하며, 오직 전적으로 하나님의 공의만을 인정하며 그분의 은혜만을 간청해야 합니다. 이런 믿음을 반대하는 일들이 얼마나 많이 일어나는지요! 우리 안과 밖에서 모든 것이 이 믿음을 반대합니다. 우리의 이해와 마음, 의지와 정서, 우리의 혈과 육, 우리의 이름과 지위, 우리의 돈과 물건들, 우리의 장소와 사회, 우리 내부와 외부의 모든 세상 그리고 그 무엇보다도 이 세상의 주인, 이 시대의 신인 사탄이 우리를 현혹합니다. 참되게 믿기 위해 우리는 세상에 못 박히고 세상도 우리를 향해 못 박혀야 합니다.

그러나 [믿음]은 또한 그 기원과 본질상 세상에 대한 승리입니다. 누구든지 예수님을 믿는 사람은 새 생명을 받았습니다. 그는 새로운 피조물이 되었습니다. 그는 어두움의 나라에서 하나님의 놀라운 빛의 나라로 부름 받았습니다. 그는 이제 더 이상 세상의 거민이 아니라 하나님과 그분의 영으로 말미암아 위로부터 난 사람입니다. 그의 시민권은 하늘에 있습니다. 그의 불의는 용서 받았습니다. 그의 연약은 치유되었습니다. 그의 생명은 저주에서 구원을 얻었습니다. 그에게는 사랑과 자비의 관이 씌워졌습니다. 누가 하나님께서 택하신 자들을 고발하겠습니까? 의롭다 하신 이는 바로 하나님이십니다. 누가 정죄하겠습니까? 우리를 위해 죽으실 뿐 아니라 다시 사신 이는 그리스도 예수시니, 그분은 하나님 우편에 계신 분이며 참으로 우리를 위해 간구하시는 분이십니다. 누가 우리를 그리스도의 사랑에서 끊을 수 있겠습니까? 환난이나 곤고나 박해나 기근이나 적신이나 위험이나 칼이겠습니까? 그러나 이 모든 일에 우리를 사랑하시는 이로 말미암아 우리는 넉넉히 이깁니다.

믿음으로 말미암아 신자는 먼저 세상의 폭정으로부터 자신을 분리시키지만, 더 나아가 선지자적이며 제사장적이며 왕적인 권세를 가지고 세상을 지배하게 됩니다. 예수님을 그리스도로 믿는 믿음은 엄숙한 정지 상태가 결코 아닙니다. 믿음은 고요함과 고립으로 자신을 후퇴시키지 않습니다. 도리어 믿음은 생명과 능력이며 용맹함으로 세상을 향해 나아가게 만듭니다. 믿음은 그저 즐기는 것만이 아니라 역사합니다. 믿음은 무엇인가를 말하며 무엇인가를 행하게 만듭니다. 믿음은 증언하고 믿음은 구원합니다. 믿음은 말하고 활동합니다. 믿음은 말씀의 능력으로 공격합니다. 믿음은 성령의 나타남과 능력으로 세워집니다. 믿는 사람은 그저 가만히 있을 수 없습니다. 믿음의 증인들은 세상의 한 가운데로 나가 예수님이 그리스도이심을 전해야 합니다. 그들은 그것이 비록 세상의 눈에 어리석어 보인다 할지라도 자신의 지혜를 전하지 않고 하늘로부터 온 지혜를 전합니다. 그들은 예수님께서 그리스도이심을 전하며 그 외에 그 이상, 그 이하의 다른 어떤 것도 전하지 않습니다. 금이나 권세나 폭력이나 명성이나 덕이나 과학이나 예술을 전하지 않고 오직 그리스도이신 예수님만을 전합니다. 오직 예수님만이 세상의 구주시며, 완전하시고 충분하신 구세주이십니다. 주 예수님 외에 그 옆이나 아래나 그 주변이나 그 어디에도, 다른 구세주는 없습니다.

바로 이런 증언을 통해 다시 한 번 믿음이 세상을 정복하는 힘이라는 것을 말할 수 있습니다. 왜냐하면 세상은 증언할 수 있는 것이 아무것도 없기 때문입니다. 세상은 믿지 않으므로 증언할 수 없습니다. 세상은 말씀의 능력을 알지 못합니다. 교회가 세상을 향해 신앙의 고백을 증언하기만 하면, 세상은 비하와 강압과 학대와 압제의 무기를 꺼내듭니다. 이런 것들이 세상이 그리스도의 교회를 대항해 전쟁을 벌일 때 쓰는 무기입니다. 하지만 믿음은 증언 하나만으로도 강력합니다. 믿음은 명성을 따르지 않고, 분노하지 않으며, 다른 것을 추구하지도 않습니다. 믿음은 마지막 순간까지, 심지어 화형장에 보내진다 할지라도 신속하게, 확실하게, 흔들림 없이, 끊임없이 증언을 계속합니다. 믿음은 마치 파도의 한 가운데 우뚝 서 있는 바위와 같습니다. 세상으로 하여금 그 무기의 달그락거리는 소리와 강력한 힘을 가지고 우리에게 오게 하십시오! 그 어떤 폭력과 강압도 그 어떤 죽음의 장작더미라 할지라도, 반석 위에 세워진 견고한 믿음을 이길 수 없습니다. 믿음은 압제 가운데서 영광을 돌립니다. 믿음은 패배 가운데에서 승리합니다. 믿음은 죽음으로부터 다시 살아납니다. 순교자들의 피는 바로 교회의 씨앗입니다.

하지만 믿음은 단순히 증언만 하지 않습니다. 믿음은 또한 일하며 행동합니다. 믿음은 사랑을 통해 역사합니다. 믿음은 열매인데 잘 익은 영광스럽고 아름다운 열매입니다. 누구든지 예수님께서 그리스도이심을 믿는 자는 하나님의 사랑을 경험했고, 따라서 그에게 생명을 주신 분을 사랑합니다. 왜냐하면 사랑이 없이는 하나님을 알지 못하며, 하나님은 사랑이시기 때문입니다. 믿는 자는 누구든지 하나님으로부터 나고 예수님의 이름을 믿는 사람들을 사랑하는 사랑을 가지고 있습니다. 왜냐하면 우리는 사망에서 생명으로 옮겨져 우리 형제를 사랑하게 되었다는 것을 알기 때문입니다. 자기 형제를 사랑하지 않는 자는 여전히 죽은 자와 같습니다. 누구든지 예수님을 믿는 자는 하나님의 계명을 사랑합니다. 왜냐하면 바로 우리가 계명에 순종하는 것이 하나님을 사랑하는 것이기 때문입니다. 그의 계명은 무겁지 않으며 모두 사랑으로 성취되기 때문입니다.

바로 이 사랑을 통해 믿음은 세상을 정복하는 힘이 됩니다. 세상은 사랑의 비밀을 알지 못하기 때문에 예수님과 그의 아버지를 미워하고 그리스도께서 그의 아버지의 말씀을 주신 모든 사람을 미워합니다. 이유는 이들이 세상에 속하지 않았기 때문입니다. 하지만 그리스도의 교회는 교회의 주인 되신 주님의 명령과 요구에 따라, 저주하는 자를 축복하고 미워하는 자를 향해 선을 행하며 폭력적으로 박해하는 자들을 위해 기도함으로 원수를 사랑할 때 더욱 강력해집니다. 사랑은 죽음보다 강하며 모든 두려움을 내쫓습니다. 사랑은 모든 것을 덮고 모든 것을 믿고 바라며 참아냅니다. 사랑은 영원합니다.

이런 모든 세상을 정복하는 믿음은 그 믿음 자체에서 나오는 것이 아니라 오직 그리스도에게서만 나옵니다. 그러므로 이 믿음은 궁극적으로 아버지의 기름 부음을 받으신 그리스도를 믿는 믿음이기에 세상을 이기는 완벽한 승리가 됩니다. 모든 것이 그리스도이신 예수님을 가리킵니다. 모든 것이 그에게 달려 있습니다. 예수 그리스도만이 믿음의 내용이요 대상입니다. 그리스도만이 믿음을 주시는 분이고 유지시키시는 분이며 온전케 하시는 분입니다. 믿음으로 우리는 그리스도께서, 오직 그분만이 홀로 세상을 정복하셨다고 단순히 고백합니다. 그리스도께서 정복하셨습니다. 심지어 주님은 죽으시기 전에도 제자들에게 이렇게 말씀하셨습니다. "세상에서 너희가 환난을 당하나 담대하라 내가 세상을 이기었노라." 그리스도는 그분의 죽음이라는 고난을 통해 세상을 이기셨습니다. 그분은 죽음을 통해 승리하신 것입니다. 그리스도는 십자가를 통해 정사와 권세자들을 이기셨습니다. 주님은 승리하시기 위해, 승리를 향해 나아가셨습니다. 이제 주님은 하늘의 하나님의 보좌 우편에서 진리의 허리띠와 의의 흉배, 믿음의 방패, 구원의 투구, 그리고 성령의 검으로 무장한 하늘의 은사와 능력으로 구비된 그의 군대인 교회의 믿음을 통하여 세상과 싸우십니다. 마지막 날에 그리스도는 모든 대적이 그의 발등상 아래 놓일 때까지 통치하실 것이기에 마침내 승리하실 것입니다. 이 세대의 마지막 날, 거의 세상에서 믿음을 찾아보기가 어려울 때 그리스도 자신께서 다시 오셔서 마지막 타격을 날리시고 모든 적을 제압하실 것입니다. 바로 그 시간에 모든 무릎이 예수님 앞에 꿇어 절하며 모든 혀가 하나님 아버지의 영광을 위하여 그리스도께서 주님이심을 고백하게 될 것입니다.

헤르만 바빙크의 성도다운 성도

★ ————

　형제자매 여러분! 이 믿음을 소유하고 계십니까? 여러분은 그 믿
음이 그 안에 세상을 정복하는 기이하고도 놀라운 능력이 있음을
아십니까? 여러분은 신자라는 이름을 지녔습니다. 하지만 실제로
그렇게 불리고 있습니까? 바울은 고린도교회 교인들에게 이렇게 권
면합니다. "너희는 믿음 안에 있는가 너희 자신을 시험하고 너희 자
신을 확증하라 예수 그리스도께서 너희 안에 계신 줄을 너희가 스
스로 알지 못하느냐 그렇지 않으면 너희는 버림받은 자니라" 누가 실
패자이며 불명예스러운 사람입니까? 세상과 평화롭게 살면서, 아직
도 세상과 맞서 싸우려 하지 않는 사람입니다. 아버지를 사랑하는
그 사랑은 세상을 사랑하는 사람들 가운데 있지 않습니다. 세상과
벗된 사람은 누구든지 하나님의 원수라고 불립니다.

　세상과의 싸움은 참으로 무섭고 고된 일입니다. 이 싸움은 혈과
육에 대한 싸움이요 사상과 유혹에 맞서는 싸움입니다. 하지만 이
싸움은 선하고 고귀한 싸움입니다. 이 지구상에 사람들 간에 나라
들 간에 수많은 싸움들이 있습니다. 그 싸움들 중에 어떤 싸움은 모
든 비참함과 애석함에도 불구하고, 고상하고 위대한 싸움으로 여겨
야 합니다. 부인들과 아이들을 위한 싸움, 가정과 가족을 지키기 위
한 싸움, 왕과 나라를 위한 싸움, 자유와 정의를 위한 싸움 등은 고
상하고 위대한 싸움입니다. 우리 아버지 하나님의 싸움은 고귀하고
위대했습니다. 남아프리카 공화국의 싸움은 고귀하고 위대했습니

다. 하나님께서 그들의 무기에 복주시고 완전한 승리에 곧 이르게 되기를 기도합니다. 하지만 이런 전쟁이 고귀하고 위대하다 할지라도, 그것은 하나의 정의 혹은 또 다른 거룩한 정의를 위한 싸움이었고 여전히 제한된 정의와 자유를 위한 싸움입니다.

하지만 여기 사람이 누릴 수 있는 가장 완전한 자유와 가장 높고 거룩한 선을 위한 더욱 정의로운 전쟁, 의가 그 원리이며 본질인 하나님의 정의를 위한 전쟁이 있습니다. 이 싸움은 사람이 싸울 수 있는 가장 고귀하고 아름다우며 가장 영광스러운 전투입니다. 이 싸움은 세상을 대항하는 싸움이며, 그 세상 안에 있는 모든 것, 우리 자신과 우리 재물과 소유물, 육신의 정욕과 안목의 정욕과 이생의 자랑을 대항하는 싸움입니다.

그러나 이 싸움은 또한 우리 자신의 구원을 위한, 우리 영혼의 구원을 위한 싸움이며, 천국의 기업을 위한 싸움이자 의로우신 재판장이 선한 싸움을 싸우고 달려갈 길을 다 마친 이들에게 주실 의의 면류관을 위한 싸움이기도 합니다. 이 싸움은 의와 진리와 자유와 그리스도와 그의 나라를 위한 싸움이며 하나님의 이름과 그의 모든 덕의 영광을 위한 싸움입니다.

우리 모두 우리 주님의 권세와 믿음의 능력으로 이 싸움을 받고 시작하며 끝까지 인내하기를 소망합니다. 오직 예수님께서 그리스도이심을 믿는 믿음 이외에 우리를 강하게 하고 단련시키는 다른 무기는 없습니다. 우리에게는 아무런 힘도 없으며 하늘 아래 땅 위에 그 어떤 피조물에게도 없습니다. 그러나 마리아에게 난 아들, 곧 성부의 독생하신 아들 예수님, 바로 그분이 유다의 혈통으로 따라 오셔서 십자가로 세상을 정복하신 영웅이십니다! 우리 모두 그분의 역사에 동참하고 그분의 승리 안에서 안식하며 그분이 이루신 공로를 얻게 됩니다.

그렇다면, 세상을 정복하는 이 승리가 우리의 믿음이기에 승리는 우리의 것입니다. 이 세상에서의 많은 전쟁들이 자유와 정의를 위해 올바르게 수행된다 할지라도 패배로 끝났습니다. 하지만 여기 승리가 보장된 전쟁이 있습니다. 그리스도, 하나님의 보좌 우편까지 높아지신 그리스도께서 이 승리의 보증이십니다. 그리스도는 하나님의 거룩한 산에서 기름 부음 받으신 분이십니다. 나라들이 그리스도의 기업이며, 모든 땅 끝이 그리스도의 소유입니다. 후에 그리스도께서는 하나님을 모르고 우리 주 예수 그리스도의 복음에 순종하지 않는 자들을 향하여 무시무시한 형벌을 내리기 위해 불꽃 가운데 다시 나타나실 것입니다. 동시에 모든 성도에게 영광을 받으시고 그를 믿었던 모든 이로부터는 성탄을 받으실 것입니다. 그러니 주 예수여 오시옵소서! 속히 오시옵소서!

아멘!

인명 색인 <small>(성, 이름, 가나다 순)</small>

주제 색인 (가나다 순)

헤르만 바빙크의 성도다운 성도

헤르만 바빙크의 성도다운 성도

헤르만 바빙크의 성도다운 성도

헤르만 바빙크의 성도다운 성도

성구 색인

헤르만 바빙크의 성도다운 성도

헤르만 바빙크의 성도다운 성도

01.

헤르만 바빙크의
기독교 세계관

혼돈의 시대를 살아가는
그리스도인을 위한 치유

헤르만 바빙크 지음 | 김경필 옮김 | 강영안 해설
15,000원 | 248쪽

바빙크는 온갖 사상이 범람하는 시대 상황에서 오직 하나님께서 사유와 존재를 합치하도록 세상을 창조하셨으며, 그리스도의 십자가만이 죄로 인한 분열을 치유한다는 것을 말하는 기독교 세계관이 참된 세계관이라고 주장합니다. 본서를 통해서 독자들은 기독교 세계관이 이 시대를 향해 제공하는 학문적 사상적 치유와 회복을 얻을 수 있을 것입니다.

02.

헤르만 바빙크의
찬송의 제사

신앙고백과 성례에 대한 묵상

헤르만 바빙크 지음 | 박재은 옮김
14,000원 | 208쪽

신앙고백의 본질과 의미, 그리고 그 실천을 교회 언약 공동체의 은혜의 방편인 성례의 의미를 통해 때로는 날카롭고, 때로는 잔잔하게 그려내는 책입니다. 갈수록 공적 신앙고백과 성례의 진중함과 깊은 의미가 퇴색되어가고 형식적으로만 남는 이 시대에 신앙고백과 세례, 입교, 유아세례, 그리고 성찬의 의미를 다시 한번 굳건히 되새기는 기회가 될 것입니다.

03.

헤르만 바빙크의
설교론

설교는 어떻게 사람을 변화시키는가

헤르만 바빙크 지음 | 신호섭 옮김
15,000원 | 232쪽

바빙크의 유일한 설교문이 수록되어 있는 이 작품
은 역사상 가장 위대한 개혁 신학자 가운데 한 사
람이었던 바빙크 역시 설교자이자 목회자이었으
며, 설교가 얼마나 중대한 교회의 사역임을 잘 보
여주고 있습니다. 바빙크는 이 책에서 설교가 무엇
이며, 설교자는 어떤 사람이어야 하는지를 적실성
있게 설명합니다. 모든 설교자가 읽어야 할 필독서
입니다

04.

헤르만 바빙크의
교회를 위한 신학

거룩한 신학과 보편적 교회

헤르만 바빙크 지음 | 박태현 옮김
13,000원 | 184쪽

바빙크는 학문이 급속도로 세속화되어가는 시대
에 신학의 원리, 내용, 목적을 신본주의로 규정하
며 신학이 거룩한 학문임을 당당하게 선언합니다.
또한 시대와 장소를 초월한 교회와 기독교 신앙의
우주적 보편성을 설득력 있게 제시함으로 세계 종
교로서의 기독교와 기독교 신앙이 가진 공적 역할
에 대해 큰 울림을 줍니다.

05.

헤르만 바빙크의
일반은총

차별없이 베푸시는 하나님의 선물

헤르만 바빙크 지음 ┃ 박하림 옮김 ┃ 우병훈 감수 및 해설
12,000원 ┃ 168쪽

일반은총 교리는 신칼뱅주의 신학의 최대 공헌이
라고 할 수 있을만큼 중요한 사상입니다. 바빙크는
이 책에서 자연이 하나님의 선물임을 역설하며, 창
조자의 주권과 그리스도의 구속이 펼쳐지는 장이
라 주장합니다. 참된 그리스도인은 일반 은총에 따
라 현실에 직면하고 향유하며, 특별 은총에 따라
현실을 구속합니다.

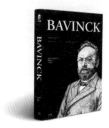

계시철학

개정·확장·해제본

바빙크

비평적 전기

헤르만 바빙크 지음 | 박재은 옮김 및 해제

27,000원 | 548쪽

제임스 에글린턴 지음 | 박재은 옮김 | 이상웅 감수

53,000원 | 744쪽

이 책은 헤르만 바빙크가 1909년 미국 프린스턴 대학교의 스톤 강연에서 했던 강의들의 모음집으로, 『개혁교의학』에서 이미 선보였던 진리 체계를 '계시'라는 공통분모 위에 확장·적용해, 보다 포괄적으로 갈무리하는 성격을 지닌 소중한 자료입니다. 특히 개정·확장·해제의 형식을 지니고 있어 이전 판들과는 뚜렷한 차별성을 가지고 있습니다.

이 책은 보편교회를 사랑한 전환기의 개혁신학자 헤르만 바빙크의 삶에 대한 이야기입니다. 저자는 이 책에서 특별하고도 정통적인 한 칼뱅주의 신학자가 급속도로 현대화되는 문화에 어떻게 참여하게 되었고 그 안에서 어떤 발전을 경험하게 되었으며 어떻게 고뇌했는지를 살핌으로써, 개인의 서사가 신학적일 수밖에 없는 그리스도인이 급변하는 세상 속에서 신앙의 삶을 사는 것이 가능한지를 끊임없이 탐구하여 제시합니다.